PRIMEIRAS LINHAS
DE DIREITO TRIBUTÁRIO

Aldemario Araujo Castro

PRIMEIRAS LINHAS
DE DIREITO TRIBUTÁRIO

5ª edição revista e atualizada

Belo Horizonte

2009

© 2005, 2006 e 2007 Editora Fortium
2008 Aldemario Araujo Castro
2009 Editora Fórum Ltda.

É proibida a reprodução total ou parcial desta obra,
por qualquer meio eletrônico,
inclusive por processos xerográficos,
sem autorização expressa do Editor.

Editora Fórum Ltda.
Av. Afonso Pena, 2770 – 15º/16º andar
Funcionários – CEP 30130-007
Belo Horizonte – Minas Gerais
Tel.: (31) 2121.4900 / 2121.4949
www.editoraforum.com.br
editoraforum@editoraforum.com.br

Editor responsável: Luís Cláudio Rodrigues Ferreira
Coordenação editorial: Olga M. A. Sousa
Revisão: Marcelo Belico
Bibliotecária: Fernanda de Paula Moreira – CRB 2629 – 6ª Região
Capa, projeto gráfico e formatação: Walter Santos

C355p   Castro, Aldemario Araujo

     Primeiras linhas de direito tributário / Aldemario Araujo Castro. 5. ed. rev. e atual. Belo Horizonte: Fórum, 2009.

     327 p.
     1ª, 2ª e 3ª edição publicada com o título: Direito tributário
     4ª edição publicada com o com o título: Primeiras linhas de direito tributário, possui tão-somente formato eletrônico.
     ISBN 978-85-7700-217-7

     1. Direito tributário. I. Título. II. Direito tributário.

CDD: 341.39
CDU: 336.2

Informação bibliográfica deste livro, conforme a NBR 6023:2002 da Associação Brasileira de Normas Técnicas (ABNT):

CASTRO, Aldemario Araújo. *Primeiras linhas de direito tributário*. 5. ed. rev. e atual. Belo Horizonte: Fórum, 2009. 327 p. ISBN 978-85-7700-217-7.

Dedico a 5ª edição desta obra à Luciana, uma pérola de rara beleza, em toda extensão da palavra.

Sumário

Apresentação..15

Capítulo 1
Atividade financeira do Estado..17
1.1 Conceito..17
1.2 Conteúdo monetário e caráter instrumental..17
1.3 Classificação dos ingressos ou entradas..18
1.4 Tributação..18
1.5 Jurisprudência..20
1.5.1 Intervenção do Estado sobre o domínio econômico.................................20
1.5.2 Tributo como receita pública..22

Capítulo 2
Tributo: conceito, norma jurídico-tributária, natureza jurídica, espécies, classificações,
natureza jurídica específica..23
2.1 Conceito..23
2.2 Norma jurídico-tributária..26
2.3 Natureza jurídica..27
2.4 Espécies de tributo..27
2.4.1 Impostos..28
2.4.2 Taxas..29
2.4.3 Contribuições de melhoria..32
2.4.4 Empréstimos compulsórios..32
2.4.5 Contribuições sociais (parafiscais ou especiais).......................................33
2.4.6 Tributo *versus* tarifa (ou preço público)..34
2.5 Classificações..34
2.6 Natureza jurídica específica do tributo..36
2.7 Exigências pecuniárias existentes na ordem jurídica brasileira.............36
2.7.1 Impostos, taxas, contribuições de melhoria e empréstimos compulsórios........36
2.7.2 Contribuições sociais, especiais ou parafiscais...38
2.7.2.1 Intervenção no domínio econômico..38
2.7.2.2 Corporativas..39
2.7.2.3 Sociais..39
2.7.2.4 Seguridade social..39
2.7.2.5 Seguridade social exigida do empregador..40
2.7.2.6 Seguridade social exigida do empregador sobre a folha de salários.......40
2.7.2.7 Seguridade social exigida do empregador sobre o faturamento ou receita........40
2.7.2.8 Seguridade social exigida do empregador sobre o lucro.........................42
2.7.2.9 Seguridade social exigida do trabalhador..42
2.7.2.10 Seguridade social sobre a concursos de prognósticos............................43
2.7.2.11 Seguridade social do importador..43
2.7.2.12 Outras de seguridade social..43
2.7.2.13 Seguridade social constitucionalmente nominadas.................................44

2.7.2.14	Sociais gerais	44
2.7.2.15	Sociais gerais constitucionalmente inominadas	44
2.7.2.16	Sociais gerais constitucionalmente nominadas	44
2.7.3	Outras exigências pecuniárias	45
2.8	Jurisprudência	46
2.8.1	Contribuições	46
2.8.1.1	Intervenção no domínio econômico	46
2.8.1.2	Melhoria	48
2.8.1.3	Previdenciária	48
2.8.1.4	Salário-educação	49
2.8.1.5	Seguridade social	51
2.8.1.6	Sindical	55
2.8.1.7	Social geral	56
2.8.2	Compulsoriedade	57
2.8.3	Dação em pagamento	58
2.8.4	Empréstimos compulsórios	59
2.8.5	Exigência pecuniária desprovida de natureza tributária	59
2.8.5.1	Parcela do solo criado	59
2.8.6	Fundo de Garantia por Tempo de Serviço	60
2.8.7	Pedágio	61
2.8.8	Tarifa	62
2.8.9	Taxas	63
2.8.10	Tributo e ilícito	68

Capítulo 3
Sistema Tributário Nacional: limitações ao poder de tributar (princípios constitucionais-tributários) 69

3.1	Introdução	69
3.2	Princípio da legalidade	70
3.3	Princípio da igualdade ou da isonomia	71
3.4	Princípio da irretroatividade	72
3.5	Princípio da anterioridade	74
3.5.1	Princípio da anterioridade qualificada	77
3.5.2	Exceções	77
3.6	Princípio do não-confisco	78
3.7	Princípio da liberdade de tráfego	79
3.8	Imunidades	79
3.8.1	Imunidade recíproca (alínea "a" e parágrafos 2° e 3°)	80
3.8.2	Imunidade religiosa (alínea "b" e §4°)	80
3.8.3	Imunidade prevista na alínea "c" (e §4°)	81
3.8.4	Imunidade cultural (alínea "d")	82
3.8.5	Outras imunidades tributárias	83
3.8.6	Aspectos importantes das imunidades tributárias	84
3.9	Princípio da competência	86
3.10	Princípio da uniformidade geográfica	87
3.11	Princípio da isonomia das pessoas constitucionais	87
3.12	Princípio da não-discriminação tributária em razão da procedência ou do destino dos bens	87
3.13	Princípio da capacidade contributiva	88
3.14	Princípio da autoridade tributária	89
3.15	Princípio da tipologia tributária	89

3.16	Jurisprudência	89
3.16.1	Anterioridade	89
3.16.2	Confisco	92
3.16.3	Igualdade	97
3.16.4	Imunidades	98
3.16.5	Irretroatividade	108
3.16.6	Legalidade	109
3.16.7	Liberdade de tráfego	111
3.16.8	Não-discriminação tributária em razão da procedência ou do destino dos bens	111
3.16.9	Tratados	111
3.16.10	Vários	112

Capítulo 4
Sistema Tributário Nacional: impostos da União, dos Estados, do Distrito Federal
e dos Municípios. Repartição das receitas tributárias 115

4.1	Introdução	115
4.2	Impostos da União	117
4.2.1	Imposto de importação (II)	117
4.2.2	Imposto de exportação (IE)	118
4.2.3	Imposto sobre a renda e proventos de qualquer natureza (IR)	118
4.2.4	Imposto sobre produtos industrializados (IPI)	120
4.2.5	Imposto sobre operações financeiras (IOF)	121
4.2.6	Imposto territorial rural (ITR)	121
4.2.7	Imposto sobre grandes fortunas	122
4.2.8	Impostos residuais	122
4.2.9	Impostos extraordinários	122
4.3	Impostos dos Estados	123
4.3.1	Imposto sobre transmissão *causa mortis* e doação de quaisquer bens ou direitos (ITCMD)	123
4.3.2	Imposto sobre operações relativas a circulação de mercadorias e sobre prestações de serviços de transporte interestadual e intermunicipal e de comunicações (ICMS)	123
4.3.3	Imposto sobre a propriedade de veículos automotores (IPVA)	130
4.3.4	Adicional ao imposto de renda (AIR)	131
4.4	Impostos do Distrito Federal	131
4.5	Impostos dos Municípios	131
4.5.1	Imposto predial e territorial urbano (IPTU)	131
4.5.2	Imposto sobre a transmissão *inter vivos* de bens imóveis por ato oneroso (ITBI)	132
4.5.3	Imposto sobre serviços de qualquer natureza (ISS)	133
4.5.4	Imposto sobre a venda a varejo de combustíveis líquidos e gasosos, exceto óleo diesel (IVVC)	134
4.6	Repartição das receitas tributárias	134
4.6.1	Imposto de renda	134
4.6.2	Imposto sobre produtos industrializados	135
4.6.3	Imposto territorial rural	135
4.6.4	Imposto sobre operações financeiras incidente sobre o ouro como ativo financeiro ou instrumento cambial	136
4.6.5	Impostos residuais	136
4.6.6	Imposto sobre a propriedade de veículos automotores	136
4.6.7	Imposto sobre a circulação de mercadorias e serviços	136
4.6.8	Contribuição de intervenção no domínio econômico incidente sobre combustíveis	136
4.6.9	Aspectos complementares	137

4.7	Jurisprudência	138
4.7.1	ICMS	138
4.7.2	IOF	148
4.7.3	IPI	148
4.7.4	IPTU	149
4.7.5	IPVA	150
4.7.6	IR	151
4.7.7	ISS	156
4.7.8	ITBI	158
4.7.9	Repartição de receitas tributárias	158
4.7.10	Vinculação de receita de impostos	158

Capítulo 5
Legislação tributária: hierarquia, Código Tributário Nacional, vigência e aplicação da legislação tributária, interpretação e integração da legislação tributária 161

5.1	Legislação tributária	161
5.2	Legislação tributária: tipos, hierarquia e finalidades	161
5.3	Código Tributário Nacional	167
5.4	Vigência e aplicação da legislação tributária	167
5.5	Interpretação e integração da legislação tributária	169
5.6	Jurisprudência	170
5.6.1	Concorrência	170
5.6.2	Cooperativas	171
5.6.3	Emenda constitucional	171
5.6.4	Interpretação	171
5.6.5	Lei complementar	173
5.6.6	Normas complementares	174
5.6.7	Tratados	174
5.6.8	Vigência	177

Capítulo 6
Obrigação tributária: fato gerador, sujeito ativo e sujeito passivo, solidariedade, capacidade, domicílio 179

6.1	Introdução	179
6.2	Disposições gerais	181
6.3	Fato gerador	182
6.4	Sujeito ativo e sujeito passivo	184
6.5	Solidariedade	185
6.6	Capacidade	187
6.7	Domicílio	187
6.8	Jurisprudência	188
6.8.1	Domicílio	188
6.8.2	Fato gerador	189
6.8.3	Obrigação acessória	189
6.8.4	Solidariedade	189
6.8.5	Tributo e ilícito	189

Capítulo 7
Responsabilidade tributária 191

7.1	Introdução	191
7.2	Sujeito passivo ou contribuinte *lato sensu*	192
7.2.1	Contribuinte	192

7.2.2	Responsável	192
7.2.2.1	Por transferência	192
7.2.2.2	Por substituição	198
7.3	Jurisprudência	201
7.3.1	Contribuinte	201
7.3.2	Denúncia espontânea	201
7.3.3	Infração objetiva	204
7.3.4	Responsabilidade tributária de terceiros	204
7.3.5	Responsabilidade tributária por sucessão empresarial	205
7.3.6	Responsabilidade por sucessão imobiliária	206
7.3.7	Responsabilidade tributária por infração	206
7.3.8	Substituição tributária	207

Capítulo 8
Crédito tributário: lançamento, legislação aplicável, espécies de lançamento, declaração e confissão de dívida tributária 211

8.1	Crédito tributário e lançamento	211
8.2	Legislação aplicável ao lançamento	213
8.3	Espécies de lançamento	216
8.3.1	Lançamento direito, de ofício ou *ex officio*	216
8.3.2	Lançamento misto ou por declaração	216
8.3.3	Lançamento por homologação ou autolançamento	217
8.4	Declaração e confissão de dívida tributária realizadas pelo contribuinte nos tributos submetidos à sistemática de lançamento por homologação	218
8.5	Jurisprudência	220
8.5.1	Constituição definitiva	220
8.5.2	Declaração e confissão de dívida tributária	221
8.5.3	Lançamento (depósito)	223
8.5.4	Lançamento (espécies)	223
8.5.5	Lançamento (legislação aplicável)	224
8.5.6	Notificação (do lançamento)	225
8.5.7	Revisão (do lançamento)	226
8.5.8	Termo de responsabilidade	227

Capítulo 9
Crédito tributário: suspensão, extinção, exclusão 229

9.1	Suspensão da exigibilidade do crédito tributário	229
9.1.1	Moratória	229
9.1.2	Parcelamento	230
9.1.3	Depósito do montante integral	231
9.1.4	Reclamações e recursos administrativos	232
9.1.5	Concessão de medida liminar em mandado de segurança	232
9.1.6	Concessão de medida liminar ou tutela antecipada em outras espécies de ação judicial	233
9.1.7	Aspectos gerais	233
9.2	Extinção do crédito tributário	233
9.2.1	Pagamento	233
9.2.2	Compensação	237
9.2.3	Transação	239
9.2.4	Remissão	239
9.2.5	Prescrição	239

9.2.6	Decadência	239
9.2.7	Conversão de depósito em renda	240
9.2.8	Pagamento antecipado e homologação posterior	240
9.2.9	Consignação em pagamento	240
9.2.10	Decisão administrativa irreformável	240
9.2.11	Decisão judicial passada em julgado	241
9.2.12	Dação em pagamento em bens imóveis	241
9.3	Exclusão do crédito tributário	241
9.3.1	Isenção	241
9.3.2	Anistia	242
9.3.3	Aspectos gerais	243
9.4	Jurisprudência	243
9.4.1	Compensação	243
9.4.2	Consignação em pagamento	243
9.4.3	Conversão de depósito em renda	245
9.4.4	Dação em pagamento	245
9.4.5	Decisão judicial passada em julgado	246
9.4.6	Depósito	246
9.4.7	Juros	247
9.4.8	Liminar em Mandado de Segurança	248
9.4.9	Parcelamento	249
9.4.10	Restituição	250
9.4.11	Suspensão da exigibilidade	252
9.4.12	Transação	252

Capítulo 10
Decadência e prescrição tributárias ... 255

10.1	Significado dos institutos da decadência e da prescrição	255
10.2.	Representação gráfica no âmbito tributário	256
10.3	Quadro normativo	257
10.4	Decadência e prescrição como prazos	257
10.4.1	Decadência tributária	258
10.4.1.1	Termo inicial	258
10.4.1.2	Duração	259
10.4.1.3	Suspensão	260
10.4.1.4	Interrupção	261
10.4.2	Prescrição tributária	261
10.4.2.1	Termo inicial	261
10.4.2.2	Duração	262
10.4.2.3	Suspensão	263
10.4.2.4	Interrupção	263
10.5	Prazo para a repetição de indébito	264
10.6	Jurisprudência	264
10.6.1	Constituição definitiva do crédito tributário	264
10.6.2	Débitos declarados	264
10.6.3	Lançamento por homologação	265
10.6.4	Lei complementar	267
10.6.5	Lei de execução fiscal	270
10.6.6	Prescrição intercorrente	271
10.6.7	Processo administrativo	272
10.6.8	Repetição de indébito	273

Capítulo 11
Crédito tributário: garantias e preferências..275
11.1   Garantias do crédito tributário..275
11.2   Preferências do crédito tributário 279
11.3   Jurisprudência 282
11.3.1 Mecanismo indutor de pagamentos 282
11.3.2 Penhora e bem de família 285
11.3.3 Penhora e preferência..286

Capítulo 12
Administração Tributária..287
12.1   Administração Tributária...287
12.2   Fiscalização..288
12.3   Sigilo comercial 289
12.4   Dever de informar e sigilo profissional 289
12.5   Sigilo fiscal...290
12.6   Convênios de cooperação 290
12.7   Inscrição e Dívida Ativa 291
12.8   Certidão negativa 292
12.9   Certidão positiva com efeito de negativa 293
12.10   Tipos de certidão...294
12.11   Outras regras acerca de certidões...294
12.12   Jurisprudência 294
12.12.1 Certidão de dívida ativa 294
12.12.2 Certidão e caução...296
12.12.3 Certidão e débito declarado...296
12.12.4 Fiscalização...297
12.12.5 Inscrição em dívida ativa e prescrição 297

Capítulo 13
Noções do processo administrativo tributário....................................299
13.1   Acepções e espécies 299
13.2   Determinação e exigência do crédito tributário....................299
13.3   Consulta...302
13.4   Jurisprudência 302
13.4.1 Arrolamento...302
13.4.2 Consulta...303
13.4.3 Depósito recursal 303
13.4.4 Discussão administrativa e discussão judicial 305
13.4.5 Processo administrativo fiscal 306
13.4.5.1 Avocatória..306
13.4.5.2 Duração 306
13.4.5.3 Notificação...307
13.4.6 Locatário 307

Capítulo 14
Noções do processo judicial tributário 309
14.1   Garantias constitucionais 309
14.2   Espécies de processos..310
14.3   Ações de iniciativa do Fisco...310
14.3.1 Execução fiscal 310

14.3.2	Cautelar fiscal	311
14.4	Ações de iniciativa do contribuinte	312
14.4.1	Ação cautelar	312
14.4.2	Ação anulatória	312
14.4.3	Ação declaratória	312
14.4.4	Ação de consignação em pagamento	312
14.4.5	Ação de repetição de indébito	313
14.4.6	Mandado de segurança	313
14.5	Ações de controle de constitucionalidade	313
14.6	Ação civil pública	314
14.7	Desnecessidade de depósito prévio para discussão judicial do tributo	315
14.8	Modulação temporal de efeitos de decisões judiciais	315
14.9	Jurisprudência	315
14.9.1	Ação cautelar	315
14.9.2	Ação civil pública	315
14.9.3	Ação de consignação em pagamento	316
14.9.4	Ação declaratória	316
14.9.5	Ação declaratória de constitucionalidade	317
14.9.6	Depósito prévio ou preparatório	317
14.9.7	Execução fiscal, anulatória e declaratória	318
14.9.8	Execução fiscal. Exceção de pré-executividade	318
14.9.9	Execução fiscal. Penhora	319
14.9.10	Inconstitucionalidade (efeitos)	320
14.9.11	Mandado de segurança	322
14.9.12	Modulação temporal de efeitos de decisões judiciais	322

Referências 325

Apresentação

Este livro foi elaborado com dois objetivos bem definidos. Em primeiro lugar, servir como uma primeira leitura sobre os conceitos, institutos e princípios de direito tributário. Nesse sentido, busca apontar os traços fundamentais caracterizadores de cada tema, sem enveredar, no entanto, por longas digressões teóricas. Em segundo lugar, pretende ser um importante guia na preparação de candidatos para os concursos públicos onde o direito tributário seja exigido. Nesse último caso, notadamente nos certames para cargos das carreiras jurídicas, recomenda-se uma especial atenção para o estudo dos itens de jurisprudência.

O texto apresentado resulta de uma razoável experiência em cursos preparatórios para concursos públicos, em aulas ministradas em cursos de graduação e pós-graduação em direito e na atuação, consultiva e contenciosa, como Procurador da Fazenda Nacional.

Os estudos iniciados com este livro podem ser complementados com exercícios e questões inseridas em provas de concursos públicos e legislação pertinente no site <http://www.aldemario.adv.br/tributario>.

Registre-se que o texto do livro, com todos os seus acertos e desacertos, foi construído pelo autor dentro dos limites legais e científicos adotados no Brasil. Assim, se trechos desta obra forem encontrados alhures, com indicação de autoria diversa, a responsabilidade pela ocorrência não deve ser imputada ao autor.

Brasília, março de 2009.

O autor

Capítulo 1

Atividade financeira do Estado

Sumário: **1.1** Conceito - **1.2** Conteúdo monetário e caráter instrumental - **1.3** Classificação dos ingressos ou entradas - **1.4** Tributação - **1.5** Jurisprudência - **1.5.1** Intervenção do Estado sobre o domínio econômico - **1.5.2** Tributo como receita pública

1.1 Conceito

Entende-se por atividade financeira do Estado o conjunto de atos voltados para a obtenção, gestão e aplicação de recursos pecuniários nos fins perseguidos pelo Poder Público. Pode-se arrolar, entre outras, as seguintes responsabilidades estatais cujo atendimento demanda recursos pecuniários: manutenção da ordem, solução de litígios, prestação de serviços públicos, fiscalização de atividades e realização de ações sociais nos campos da saúde e da educação.

Os fins a serem alcançados pelo Poder Público estão indicados ou institucionalizados em inúmeros diplomas legais ou instrumentos jurídicos. Essas finalidades são encontradas já na Constituição e em incontáveis leis infraconstitucionais. Nesse campo, a lei orçamentária assume papel de extremo relevo. Afinal, a chamada "lei de meios" cumpre a missão básica de definir com razoável nível de precisão em quais atividades os recursos públicos serão aplicados a cada ano.

1.2 Conteúdo monetário e caráter instrumental

Entre as várias características da atividade financeira do Estado destacam-se duas: o conteúdo monetário e o caráter instrumental.

Com efeito, a atividade financeira do Estado envolve recursos monetários, movimenta ou manipula dinheiro. Não interessa ao Poder Público, ao menos nessa seara, obter, gerir e aplicar bens e serviços de uma forma geral.

A atividade financeira, por outro lado, não está incluída entre os fins do Estado. Trata-se de atividade-meio, de instrumento ou ponte para o cumprimento dos objetivos públicos. Afinal, sem dinheiro, sem recursos financeiros, não seria possível movimentar a máquina administrativa em direção ao atendimento das necessidades públicas (necessidades coletivas priorizadas institucionalmente).

1.3 Classificação dos ingressos ou entradas

Os ingressos ou entradas de recursos pecuniários nos cofres públicos podem ser assim classificados:[1]

Movimentos de Caixa (ou de Fundos) Não significam aumento do patrimônio público	- Empréstimos ao Tesouro; - Restituições de empréstimos do Tesouro; - Cauções; - Fianças; - Depósitos; - Indenizações de Direito Civil.
Receitas Significam aumento do patrimônio público	**Receitas originárias** (de direito privado): - Bens vacantes; - Doações; - Preços públicos (ou tarifas).
	Receitas derivadas (de direito público): - Tributos (impostos, taxas, contribuições de melhoria, etc.); - Multas; - Reparações de guerra.

1.4 Tributação

A sociedade humana contemporânea exige de todos os seus partícipes a realização de atividade financeira, vale dizer, o manuseio de recursos pecuniários. O fluxo de ingressos e dispêndios, aspectos capitais do fenômeno financeiro, é traço comum aos vários integrantes das sociedades organizadas. Tal situação decorre da utilização da moeda como viabilizador das relações interpessoais de conteúdo econômico, como medida de valor e, portanto, instrumento de troca por excelência.

Só o Estado, entretanto, dentre os entes participantes da sociedade, pode, nos marcos da legalidade, exigir recursos de terceiros para financiar sua existência e a consecução de seus objetivos. Os demais entes — pessoas naturais

---

[1] HARADA. *Direito financeiro e tributário*, p. 36-47.

e jurídicas — somente podem obter recursos financeiros lícitos de terceiros por intermédio de obrigações, onde a marca essencial é a participação voluntária desses terceiros, ao menos no momento da adesão ao vínculo jurídico formado entre as partes.[2]

Essa atividade, tipicamente estatal, de compulsoriamente transferir parte do patrimônio particular para os domínios públicos, denomina-se, em suas múltiplas facetas, de *tributação*. Justamente por constituir, do ponto de vista ontológico, exceção ao direito de propriedade e ao direito de livremente se obrigar, a imposição tributária encontra minudente disciplina legal. Toda atividade estatal de exigência e arrecadação dos tributos deve ser pautada na lei. Trata-se de garantia do contribuinte contra os excessos e os desvios do Fisco.

Não é possível perder de vista, entretanto, que se existem objetivos a serem alcançados (erradicar a pobreza e a marginalização, reduzir as desigualdades sociais e regionais, promover o bem de todos — nos termos do art. 3º da Constituição), reclamando ações do Poder Público e de segmentos da sociedade, inúmeros deles materializados em prestações de serviços e benefícios, deve ser admitida como necessária às suas consecuções a instituição das respectivas fontes de financiamento. Nessa linha, os valores jurídicos da propriedade e da liberdade devem conviver com os valores da igualdade e da solidariedade social postos na Constituição. Assim, o fenômeno da tributação, notadamente num Estado Democrático de Direito, com objetivos fundamentais a serem viabilizados, não pode encontrar freios absolutos nos valores da liberdade e da propriedade, desprezando ou anulando os valores da igualdade e da solidariedade.

Registre-se que o Supremo Tribunal Federal, ao julgar a ADIN nº 1.950, reconheceu a constitucionalidade de lei estadual que assegura aos estudantes o pagamento de meia-entrada do valor cobrado para o ingresso em eventos esportivos, culturais e de lazer. A decisão é de fundamental importância porque admitiu, com base nos fundamentos e objetivos constitucionais do Estado brasileiro (arts. 1º e 3º), a possibilidade e a necessidade de intervenção do Estado sobre o domínio econômico para garantir o interesse da coletividade representado pelo efetivo exercício dos direitos à educação, à cultura e ao desporto. No mesmo sentido, o STF reconheceu a constitucionalidade de lei estadual instituidora da meia-entrada para doadores regulares de sangue em todos os locais públicos de cultura, esporte e lazer mantidos pelas entidades e pelos órgãos das Administrações Direta e Indireta do Estado (ADIN nº 3.512). Ainda nessa linha, ao julgar a ADIN nº 3.768, o STF entendeu constitucional a gratuidade nos transportes coletivos públicos urbanos e semi-urbanos aos

---

[2] Cumpre registrar que a obrigação alimentar entre parentes decorre de imposição legal. Ela será efetivada mesmo contra a vontade do alimentante, desde que esse último tenha condições econômicas de prestar os alimentos e o alimentado tenha necessidade de recebê-los.

maiores de 65 anos e ao julgar a ADIN nº 2.649, definiu a constitucionalidade da concessão de passe livre no sistema de transporte coletivo interestadual às pessoas portadoras de deficiência, comprovadamente carentes.

No mundo moderno, as receitas decorrentes da tributação representam a maioria esmagadora dos ingressos ou entradas de recursos pecuniários nos cofres públicos, ressalvados casos particulares e situações transitórias.

1.5 Jurisprudência

1.5.1 Intervenção do Estado sobre o domínio econômico

Ação Direta de Inconstitucionalidade. Lei nº 7.844/92, do Estado de São Paulo. Meia entrada assegurada aos estudantes regularmente matriculados em estabelecimentos de ensino. Ingresso em casas de diversão, esporte, cultura e lazer. Competência concorrente entre a União, Estados-Membros e o Distrito Federal para legislar sobre direito econômico. Constitucionalidade. Livre iniciativa e ordem econômica. Mercado. Intervenção do estado na economia. Artigos 1º, 3º, 170, 205, 208, 215 e 217, §3º, da Constituição do Brasil. 1. É certo que a ordem econômica na Constituição de 1988 define opção por um sistema no qual joga um papel primordial a livre iniciativa. Essa circunstância não legitima, no entanto, a assertiva de que o Estado só intervirá na economia em situações excepcionais. 2. Mais do que simples instrumento de governo, a nossa Constituição enuncia diretrizes, programas e fins a serem realizados pelo Estado e pela sociedade. Postula um plano de ação global normativo para o Estado e para a sociedade, informado pelos preceitos veiculados pelos seus artigos 1º, 3º e 170. 3. A livre iniciativa é expressão de liberdade titulada não apenas pela empresa, mas também pelo trabalho. Por isso a Constituição, ao contemplá-la, cogita também da "iniciativa do Estado"; não a privilegia, portanto, como bem pertinente apenas à empresa. 4. Se de um lado a Constituição assegura a livre iniciativa, de outro determina ao Estado a adoção de todas as providências tendentes a garantir o efetivo exercício do direito à educação, à cultura e ao desporto [artigos 23, inc. V, 205, 208, 215 e 217 §3º, da Constituição]. Na composição entre esses princípios e regras há de ser preservado o interesse da coletividade, interesse público primário. 5. O direito ao acesso à cultura, ao esporte e ao lazer, são meios de complementar a formação dos estudantes. 6. Ação direta de inconstitucionalidade julgada improcedente. (STF. Pleno. ADI nº 1.950. Rel. Min. Eros Grau. Julgado em 03.11.2005)

O Tribunal, por maioria, julgou improcedente pedido formulado em ação direta de inconstitucionalidade ajuizada pelo Governador do Espírito Santo contra a Lei estadual 7.735/2004, promulgada pela Assembléia Legislativa, que institui a meia entrada para doadores regulares de sangue em todos os locais públicos de cultura, esporte e lazer mantidos pelas entidades e pelos órgãos das Administrações Direta e Indireta do Estado. Entendeu-se que se trata, no caso, de norma de intervenção do Estado por indução, que visa tão-só ao incentivo à doação de sangue, conferindo um benefício àquele que adira às suas prescrições. Vencido o Min. Marco Aurélio que julgava o pleito procedente por considerar que a norma impugnada consiste em uma forma de remunerar a doação de sangue. (ADI nº 3.512/ES, Rel. Min. Eros Grau, 15.2.2006. *Informativo STF*, n. 416)

O Tribunal, por maioria, julgou improcedente pedido formulado em ação direta de inconstitucionalidade ajuizada pela Associação Nacional das Empresas de Transportes Urbanos – NTU contra o art. 39, caput, da Lei 10.741/2003 (Estatuto do Idoso), que garante a gratuidade dos transportes coletivos públicos urbanos e semi-urbanos aos maiores de 65 anos. Salientando que a norma do §2º do art. 230 da CF é de eficácia plena e aplicabilidade imediata, entendeu-se que o legislador ordinário nada mais fez que dotar de efetividade um dos direitos sociais do idoso (CF: "Art. 230. A família, a sociedade e o Estado têm o dever de amparar as pessoas idosas, assegurando sua participação na comunidade, defendendo sua dignidade e bem-estar e garantindo-lhes o direito à vida. ... §2º - Aos maiores de sessenta e cinco anos é garantida a gratuidade dos transportes coletivos urbanos"). Asseverou-se que o direito dos idosos ao transporte gratuito não é um fim em si mesmo, e que a facilidade de seu deslocamento físico pelo uso de transporte coletivo deve ser assegurada como garantia da qualidade digna de vida para os que não podem pagar ou já colaboraram com a sociedade em períodos pretéritos, de modo a lhes caber, nesta fase da vida, tal benefício, a ser custeado pela sociedade. Aduziu-se, também, que mesmo nos contratos de concessão ou permissão assinados antes da promulgação da Constituição, em respeito à garantia do equilíbrio econômico-financeiro dos contratos, os delegados dos serviços de transporte municipal e intermunicipal apenas poderiam requerer a alteração dos contratos para cobrir-se, financeiramente, com os ônus comprovados em planilha sobre o uso dos transportes delegados pelos idosos. Acrescentou-se que, após a promulgação da Constituição da República, todos os concessionários e permissionários estão submetidos às suas normas, não podendo, desde então, alegar que não sabiam do direito dos idosos ao transporte coletivo gratuito. Dessa forma, a compensação pela gratuidade de transporte coletivo urbano aos idosos, pleiteada pela requerente, além de não prevista na Constituição Federal, só seria admitida se fosse comprovado prejuízo real para as empresas em regime de concessão ou permissão, ante um desequilíbrio extraordinário e inesperado, o que não ocorrera, haja vista ser habitual, entre concessionários e permissionários, a previsão dos custos e dos lucros. Por fim, esclareceu-se que o direito dos idosos à gratuidade de transporte coletivo urbano não estaria incluído no rol de benefícios da seguridade social, razão por que as normas constitucionais a ela atinentes (CF, artigos 194 a 204) não se aplicariam à específica disciplina do direito dos idosos. Vencido, em parte, o Min. Marco Aurélio que emprestava interpretação conforme a Constituição à primeira parte do art. 39, da Lei 10.741/2003, excluindo toda interpretação que afastasse o ônus do próprio Estado e, no tocante ao seu §2º, concluía pela inconstitucionalidade, por afronta ao art. 30, V, da CF. (ADI nº 3.768/DF, Rel. Min. Cármen Lúcia, 19.9.2007. *Informativo STF*, n. 480)

O Tribunal, por maioria, julgou improcedente pedido formulado em ação direta ajuizada pela Associação Brasileira das Empresas de Transporte Rodoviário Intermunicipal, Interestadual e Internacional de Passageiros – ABRATI contra a Lei nacional 8.899/94, que concede passe livre no sistema de transporte coletivo interestadual às pessoas portadoras de deficiência, comprovadamente carentes. Mencionando o contexto social e constitucional vigentes, destacou-se, inicialmente, a existência da Convenção sobre os Direitos das Pessoas com Deficiência, assinado pelo Brasil, na sede da ONU, em 30.3.2007, e em tramitação no Congresso Nacional, e os valores que norteiam a Constituição, contidos no seu preâmbulo. Asseverou-se que, na esteira desses valores, é que se afirmaria, nas normas constitucionais, o princípio da solidariedade, projetado no art. 3º. Ressaltou-se que, na linha dos princípios fundamentais da República, a Constituição teria acolhido como verdadeira situação, a ser alterada pela implementação de uma ordem jurídica que recriasse a organização social, a discriminação contra os deficientes, tendo em conta sua inegável dificuldade para superar, na vida em sociedade, os seus limites. (...) Afastou-se, em seguida, a alegação de ofensa ao art. 170, da CF. Afirmou-se, no ponto, que a livre iniciativa presta-se à garantia de liberdade empresarial para atividades desta natureza, sendo que para os concessionários e permissionários de serviço público o regime não seria de livre iniciativa, mas de iniciativa de liberdade regulada nos termos da lei, segundo as necessidades da sociedade. Tendo em conta o disposto no art. 175, parágrafo único, II, da CF ("Art. 175. Incumbe ao poder público, na forma a lei, diretamente ou sob regime de concessão ou permissão, ... a prestação de serviços públicos. Parágrafo único. A lei disporá... II - sobre os direitos dos usuários..."), aduziu-se que a pessoa portadora de carências especiais haveria de ser considerada como um potencial usuário do serviço público de transporte coletivo interestadual, e tratando-se de titular de condição diferenciada, nesta condição haveria de ser cuidado pela lei, tal como se deu com o diploma questionado. Rejeitou-se, de igual modo, a apontada ofensa ao princípio da igualdade, ao fundamento de que a lei em questão teria dado forma justa ao direito do usuário que, pela sua diferença, haveria de ser tratado nesta condição desigual para se igualar nas oportunidades de ter acesso àquele serviço público. (...) Reputou-se, ademais, improcedente o argumento de que a norma combatida teria instituído uma "ação de assistência social", com inobservância ao art. 195, §5º, da CF, haja vista que o passe livre não constituiria benefício ou serviço da seguridade social. Julgou-se insubsistente, também, a afirmação de que a lei impugnada consubstanciaria forma de confisco, porque o ônus das passagens usadas pelos portadores de deficiência seria assumido pelas empresas. Considerou-se que o que a requerente estaria querendo demonstrar seria que o direito reconhecido aos portadores de deficiência conduziriam ao desequilíbrio da equação econômico-financeira do contrato firmado pelas prestadoras do serviço com o poder concedente. Salientou-se que eventual desequilíbrio nessa equação seria resolvido na comprovação dos dados econômicos a serem apresentados quando da definição das tarifas nas negociações contratuais. Concluiu-se que a Constituição, ao assegurar a livre concorrência, também, determinou que o Estado deveria empreender todos os seus esforços para garantir a acessibilidade, para que se promovesse a igualdade de todos, em cumprimento aos fundamentos da República de cidadania e dignidade da pessoa humana, o que se realizaria pela definição de meios para que eles fossem atingidos. Um desses meios se poria na lei analisada que dotaria de concretude os valores constitucionais percebidos e acolhidos pelos constituintes e adotados como princípios e regras da CF/88. Vencido o Min. Marco Aurélio, que julgava o pleito procedente. Precedente citado: ADI 2163 MC/RJ (*DJU* de 12.12.2003). (ADI nº 2.649/DF, Rel. Min. Cármen Lúcia, 8.5.2008. *Informativo STF*, n. 505)

1.5.2 Tributo como receita pública

Fundo de Garantia por Tempo de Serviço. Sua natureza jurídica. Constituição, art. 165, XIII. Lei nº 5.107, de 13-9-1966. As contribuições para o FGTS não se caracterizam como crédito tributário ou contribuições a tributo equiparáveis. (...) Não exige o Estado, quando aciona o empregador, valores a serem recolhidos ao Erário, como receita pública. Não há, aí, contribuição de natureza fiscal ou parafiscal. Os depósitos do FGTS pressupõem vínculo jurídico, com disciplina do Direito do Trabalho. Não se aplica às contribuições do FGTS o disposto nos arts. 173 e 174, do CTN. (STF. Pleno. RE nº 100.249. Rel. Min. Oscar Corrêa. Julgado em 2.12.87)

Capítulo 2

Tributo: conceito, norma jurídico-tributária, natureza jurídica, espécies, classificações, natureza jurídica específica

Sumário: **2.1** Conceito - **2.2** Norma jurídico-tributária - **2.3** Natureza jurídica - **2.4** Espécies de tributo - **2.4.1** Impostos - **2.4.2** Taxas - **2.4.3** Contribuições de melhoria - **2.4.4** Empréstimos compulsórios - **2.4.5** Contribuições sociais (parafiscais ou especiais) - **2.4.6** Tributo *versus* tarifa (ou preço público) - **2.5** Classificações - **2.6** Natureza jurídica específica do tributo - **2.7** Exigências pecuniárias existentes na ordem jurídica brasileira - **2.7.1** Impostos, taxas, contribuições de melhoria e empréstimos compulsórios - **2.7.2** Contribuições sociais, especiais ou parafiscais - **2.7.2.1** Intervenção no domínio econômico - **2.7.2.2** Corporativas - **2.7.2.3** Sociais - **2.7.2.4** Seguridade social - **2.7.2.5** Seguridade social exigida do empregador - **2.7.2.6** Seguridade social exigida do empregador sobre a folha de salários - **2.7.2.7** Seguridade social exigida do empregador sobre o faturamento ou receita - **2.7.2.8** Seguridade social exigida do empregador sobre o lucro - **2.7.2.9** Seguridade social exigida do trabalhador - **2.7.2.10** Seguridade social sobre a concursos de prognósticos - **2.7.2.11** Seguridade social do importador - **2.7.2.12** Outras de seguridade social - **2.7.2.13** Seguridade social constitucionalmente nominadas - **2.7.2.14** Sociais gerais - **2.7.2.15** Sociais gerais constitucionalmente inominadas - **2.7.2.16** Sociais gerais constitucionalmente nominadas - **2.7.3** Outras exigências pecuniárias - **2.8** Jurisprudência - **2.8.1** Contribuições - **2.8.1.1** Intervenção no domínio econômico - **2.8.1.2** Melhoria - **2.8.1.3** Previdenciária - **2.8.1.4** Salário-educação - **2.8.1.5** Seguridade social - **2.8.1.6** Sindical - **2.8.1.7** Social geral - **2.8.2** Compulsoriedade - **2.8.3** Dação em pagamento - **2.8.4** Empréstimos compulsórios - **2.8.5** Exigência pecuniária desprovida de natureza tributária - **2.8.5.1** Parcela do solo criado - **2.8.6** Fundo de Garantia por Tempo de Serviço - **2.8.7** Pedágio - **2.8.8** Tarifa - **2.8.9** Taxas - **2.8.10** Tributo e ilícito

2.1 Conceito

A idéia de tributo, em torno da qual se desenvolve o direito tributário, possui, enquanto instituto jurídico, definição legal.

Diz o art. 3º do Código Tributário Nacional:

> Tributo é toda prestação pecuniária compulsória, em moeda ou cujo valor nela se possa exprimir, que não constitua sanção de ato ilícito, instituída em lei e cobrada mediante atividade administrativa plenamente vinculada.

Nesses termos, pode-se decompor a definição em seis traços ou características inafastáveis.

1. *Prestação pecuniária* – O tributo é pago em unidades de moeda de curso forçado (atualmente, em reais). Não há, em regra, tributo *in natura* (pago em bens) ou *in labore* (pago em trabalho).

Segundo a Lei nº 8.880, de 1994 (art. 2º), e a Lei nº 9.069, de 1995 (art. 1º), o real é a unidade do Sistema Monetário Nacional, tendo curso legal e poder liberatório em todo o território nacional. Assim, a lei pode fixar, em caráter excepcional, que determinados bens possuem poder liberatório para o pagamento de tributos, a exemplo da Lei nº 10.179, de 2001 (art. 6º), quanto aos títulos da dívida pública federal vencidos e expressamente enumerados.

No julgamento da ADInMC nº 2.405, o Supremo Tribunal Federal, modificando posição anterior, entendeu que os entes da Federação podem estabelecer, em leis específicas, regras de quitação de seus próprios créditos tributários. No caso em análise, admitiu-se como válida lei estadual que instituía dação em pagamento de créditos tributários. Em momento posterior, por ocasião do julgamento da ADIN nº 1.917, o STF reconheceu a inconstitucionalidade de lei distrital que previa a quitação de débitos tributários mediante dação em pagamento de materiais destinados a atender a programas governamentais. Houve ofensa, segundo o STF, a exigência: a) de processo licitatório (art. 37, inc. XXI, da Constituição); e b) de definição de nova hipótese de extinção de crédito tributário por lei complementar (art. 146, inc. III, da Constituição).

2. *Compulsória* – É obrigatória. Independe da vontade do contribuinte. No julgamento da ADIN nº 2.056, o STF afastou a natureza tributária de determinada contribuição estadual justamente pela falta de compulsoriedade.

3. *Em moeda ou cujo valor nela se possa exprimir* – Pode ser expresso em moeda (exemplo: reais) ou por intermédio de indexadores (exemplos: ORTN, OTN, BTN, UFIR).

4. *Que não constitua sanção de ato ilícito* – As penalidades pecuniárias ou multas não se incluem no conceito de tributo. Significa dizer que o pagamento do tributo não decorre da infração de determinada lei. Pelo contrário, se algo é pago por descumprimento da lei não se trata de tributo. Exemplo simples dessa afirmação é o pagamento de multa pela não utilização de cinto de segurança nos veículos automotores.

Entretanto, o fato gerador de um tributo pode ocorrer em circunstâncias ilícitas, embora ele em si não seja um ilícito. Exemplo: quando uma pessoa aufere rendimentos mediante a exploração da prostituição ou do tráfico ilícito de entorpecentes o tributo (imposto de renda) é devido. Não será realizada uma pesquisa da forma, ou do caminho utilizado, para percepção dos rendimentos, apenas que existe a disponibilidade econômica, ou seja, ocorreu o fato gerador do imposto. Foi nesse sentido a decisão do Supremo Tribunal Federal no HC nº 77.530 e do Superior Tribunal de Justiça no HC nº 7.444.

Ausência de disponibilidade econômica	*Campo da licitude* **Trabalho assalariado**	Disponibilidade econômica (fato gerador do IR)
	Tráfico de entorpecentes *Campo da ilicitude*	
Momento inicial	Momento intermediário (tributariamente irrelevante)	Momento final

5. *Instituída em lei* – Só existe a obrigação de pagar o tributo se uma norma jurídica com força de lei estabelecer a exigência. São exemplos de normas jurídicas com força de lei: lei complementar, lei ordinária e medida provisória. Assim, um decreto (expedido pelo Presidente da República) ou uma portaria (expedida pelo Ministro da Fazenda, pelo Secretário da Receita Federal do Brasil ou pelo Procurador-Geral da Fazenda Nacional) não podem criar ou instituir tributo.

6. *Cobrada mediante atividade administrativa plenamente vinculada* – Nesse tipo de atividade, a autoridade não goza de liberdade para apreciar a conveniência ou oportunidade de agir. A lei já estabelece minudentemente os caminhos a serem seguidos. Portanto, a autoridade fiscal age segundo previsão legal expressa.

O mecanismo do "efeito vinculante administrativo" compreende os procedimentos necessários para a não constituição de crédito tributário ou extinção, parcial ou total, de crédito já constituído quando a jurisprudência pacificada do STF ou do STJ, conforme o caso, apontar nesse sentido (crédito indevido por razões de inconstitucionalidade ou ilegalidade).[3] O "efeito vinculante administrativo", por interferir na atividade de constituição de créditos tributários pelos agentes da Administração Tributária, foi instituído e é regulado

---

[3] Cf. CASTRO. Efeito vinculante administrativo em matéria tributária: virtudes e vicissitudes. Disponível em: <http://www.aldemario.adv.br/efevin2.htm>.

por lei (art. 131 da Lei nº 8.213, de 1991; art. 77 da Lei nº 9.430, de 1996; e art. 19 da Lei nº 10.522, de 2002).

Encontra-se outra definição legal de tributo no art. 9º da Lei nº 4.320, de 1964. Segundo aquele dispositivo: "Tributo é a receita derivada, instituída pelas entidades de direito público, compreendendo os impostos, as taxas e contribuições, nos termos da Constituição e das leis vigentes em matéria financeira, destinando-se o seu produto ao custeio de atividades gerais ou específicas exercidas por essas entidades". Assim, pode-se acrescentar mais uma característica à noção de tributo: ser receita pública. Esse traço é de fundamental importância. Afinal, o Supremo Tribunal Federal não incluiu o FGTS na seara tributária justamente por não ser receita pública (RE nº 100.249).[4] Nessa linha, a Súmula nº 353 do STJ estabelece que "as disposições do Código Tributário Nacional não se aplicam às contribuições para o FGTS".

2.2 Norma jurídico-tributária

A exigência de instituição (ou criação) do tributo por lei, como destaca a definição presente no art. 3º do Código Tributário Nacional, implica que os elementos componentes do instituto devem estar presentes na norma em questão. Tradicionalmente, são identificados como elementos indispensáveis à criação do tributo: o fato gerador, a base de cálculo, a alíquota e o sujeito passivo (contribuinte *lato sensu*). Nesse sentido, inclusive, o art. 97, incisos III e IV do Código Tributário Nacional. Por fato gerador (abstrato) ou hipótese de incidência entende-se a situação necessária e suficiente à ocorrência da obrigação. A base de cálculo ou base imponível consiste na grandeza contida no critério quantitativo utilizada para mensurar ou medir o fato gerador. Já alíquota é uma porcentagem ou fator a ser aplicado sobre a base de cálculo para determinar precisamente o valor da prestação tributária. Sujeito passivo (ou contribuinte *lato sensu*) é a pessoa obrigada ao pagamento do tributo. Se existe o obrigado ao pagamento como sujeito passivo, existe, também, aquele beneficiário do adimplemento chamado de sujeito ativo.

Os elementos componentes do tributo, quando organizados abstrata e logicamente, dão lugar à norma jurídico-tributária ou regra-matriz de incidência tributária.[5] A norma tributária, assim como as normas jurídicas de uma forma geral, apresenta uma hipótese (previsão de um fato) e uma conseqüência

---

[4] Cf. CASTRO. Constitucionalidade da exigência pecuniária, efetivada pelo Poder Público, desprovida de natureza tributária. Disponível em: <http://www.aldemario.adv.br/exigpecu.htm>.

[5] Quem melhor trata do tema na literatura luso-hispano-americana é Paulo de Barros Carvalho. Cf. MAIA. *Imposto sobre a renda e proventos de qualquer natureza*: princípios, conceitos, regra-matriz de incidência, mínimo existencial, retenção na fonte, renda transnacional, lançamento e apreciações críticas, p. 103.

(previsão de relação jurídica, a obrigação tributária) que vai se instalar, onde e quando acontecer o evento cogitado na hipótese. Assim, a norma jurídico-tributária apresenta a seguinte estrutura lógica:

$$Se\ Cm\ [v + c] + Ce + Ct\ \textit{então deve ser}\ Cp\ [Sa + Sp] + Cq\ [Bc \times Al]$$

Onde:
Cm = critério material;
v = verbo;
c = complemento;
Ce = critério espacial;
Ct = critério temporal;
Cp = critério pessoal;
Sa = sujeito ativo;
Sp = sujeito passivo;
Cq = critério quantitativo;
Bc = base de cálculo;
Al = alíquota.

Exemplo: IPTU – Se alguém for (*verbo*) proprietário, titular do domínio útil ou possuidor de bem imóvel (*complemento*) no perímetro urbano (*critério espacial*) no 1º dia do ano (*critério temporal*) então como proprietário (*sujeito passivo*) deve pagar ao Município (*sujeito ativo*) uma determinada quantia composta pela multiplicação do valor venal do imóvel (*base de cálculo*) por 1% (*alíquota*).

2.3 Natureza jurídica

A natureza jurídica ou característica fundamental do tributo, numa de suas acepções mais comuns, é ser o objeto da prestação presente na relação jurídico-obrigacional de dar decorrente de lei (ou *ex lege*). Ao contrário das obrigações privadas (civis e comerciais), onde predomina a manifestação de vontade e o acordo entre as partes, a obrigação tributária, como se vê a partir do próprio conceito de tributo, nasce ou surge a partir de uma situação estabelecida em lei onde a vontade do contribuinte é irrelevante.

2.4 Espécies de tributo

O art. 5º do Código Tributário Nacional e o art. 145 da Constituição Federal elencam três espécies de tributos. No entanto, a própria Constituição disciplina, no Título XI, *Da Tributação*, outras duas modalidades, tipos ou espécies tributárias. Assim, vem se generalizando o entendimento, já consagrado pelo Supremo Tribunal Federal (RE nº 138.284, RE nº 146.733, entre outros), de que existem cinco modalidades, tipos ou espécies de tributos, a saber: impostos, taxas, contribuições de melhoria, empréstimos compulsórios e contribuições sociais (especiais ou parafiscais).

O Código Tributário Nacional, assim como fez com a idéia de tributo, consagra definições legais para as primeiras três espécies do gênero tributo. Nesses termos, encontram-se nos artigos 16, 77 e 81 da Lei de Normas Gerais do Sistema Tributário Nacional as seguintes definições, respectivamente:

> Imposto é o tributo cuja obrigação tem por fato gerador uma situação independente de qualquer atividade estatal específica.
>
> As taxas cobradas pela União, pelos Estados, pelo Distrito Federal ou pelos Municípios, no âmbito de suas respectivas atribuições, têm como fato gerador o exercício regular do poder de polícia, ou a utilização, efetiva ou potencial, de serviço público específico e divisível, prestado ao contribuinte ou posto à sua disposição.
>
> A contribuição de melhoria cobrada pela União, pelos Estados, pelo Distrito Federal ou pelos Municípios, no âmbito de suas respectivas atribuições, é instituída para fazer face ao custo de obras públicas de que decorra valorização imobiliária, tendo como limite total a despesa realizada e como limite individual o acréscimo de valor que da obra resultar para cada imóvel beneficiado.

Vale registrar não ter o legislador constituinte, ou mesmo o da lei de normas gerais do Sistema Tributário Nacional, fixado de forma expressa definições ou conceitos para as duas últimas espécies de tributos (empréstimos compulsórios e contribuições sociais).

Quanto a esses últimos, são distinguidos a partir dos seguintes traços caracterizadores: o empréstimo compulsório é tributo restituível e causal e a contribuição social apresenta destinação constitucional específica (para a seguridade social, para as corporações, para intervenção no domínio econômico, entre outros).

2.4.1 Impostos

É de se verificar, a partir do conceito legal de imposto, que essa espécie de tributo é simplesmente exigida do contribuinte, sem qualquer contraprestação específica. Nesse sentido, o pagamento do IPTU, por exemplo, não está relacionado, ligado, vinculado ou condicionado a benefícios específicos em relação ao contribuinte. Esse, apesar de sua rua não ter asfalto ou calçamento, iluminação pública, coleta de lixo, ser servida por transporte coletivo, entre outros benefícios, deverá recolher o imposto devido.

A receita decorrente da arrecadação dos impostos é utilizada para custeio geral da administração e das atividades públicas. Em regra, segundo o art. 167 da Constituição, não pode ocorrer a vinculação de receita de impostos a órgão, fundo ou despesa.

A Constituição, no art. 145, §1º, determina que, sempre que possível, os impostos terão caráter pessoal e serão graduados segundo a capacidade econômica do contribuinte. Portanto, o legislador, ao instituir um imposto, deve, na medida do possível, conformar a tributação às características peculiares da pessoa de cada contribuinte. Exemplo típico da técnica a ser utilizada, no caso do imposto de renda, consiste em graduar o tributo devido em função da quantidade de dependentes do contribuinte.

Além dos sete impostos atribuídos à União, dos três impostos dos Estados e do Distrito Federal e dos três impostos afetos aos Municípios, detalhados adiante, a Constituição, no art. 154, estabeleceu competência exclusiva para a União instituir impostos residuais (não previstos na Constituição), mediante lei complementar, e impostos extraordinários, no caso de guerra externa ou sua iminência.

2.4.2 Taxas

São dois os tipos tradicionais de taxas existentes em nossa ordem jurídica: as taxas de polícia e as taxas de serviços. Eles estão previstos no art. 145, inc. II, da Constituição, e no art. 77 do Código Tributário Nacional.

As taxas de polícia podem ser instituídas e cobradas em função do exercício regular do poder de polícia. O art. 78 do Código Tributário Nacional define o que deve ser entendido por poder de polícia. Em resumo, são as atividades da administração pública voltadas para o disciplinamento ou limitação de direitos, interesses ou liberdades privadas em respeito ao interesse público. Um excelente exemplo de exercício do poder de polícia, que pode ser identificado simplificadamente como atividade de fiscalização, são as exigências e as ações administrativas da vigilância sanitária dirigidas aos estabelecimentos que produzem e comercializam alimentos. Vale frisar que o *potencial* exercício do poder de polícia não autoriza a instituição e a cobrança de taxas.

Como já decidiram os Tribunais, as atividades públicas de controle e fiscalização ambiental e fiscalização dos mercados de títulos e valores mobiliários, por exemplo, ensejam a instituição e a cobrança de taxas de polícia (ADIn nº 453, RE nº 416.601 e Súmula STF nº 665).

As taxas de serviços podem ser instituídas e cobradas em função da utilização, efetiva ou potencial, de serviços públicos específicos e divisíveis, prestados ou postos a disposição do contribuinte. O art. 79 do Código Tributário

Nacional define o que deve ser entendido por utilização efetiva, por utilização potencial, por serviço específico e por serviço divisível. Na utilização efetiva, o contribuinte usufrui de fato do serviço prestado. Já na utilização potencial, que pressupõe um serviço compulsório e em efetivo funcionamento administrativo, não ocorre a utilização de fato, mas poderia ocorrer. Figure-se um exemplo. O contribuinte que fizer uma viagem por um ano para outro país, embora não seja beneficiário direto da coleta de lixo, poderia, a qualquer momento, se interrompesse a ausência, vir a ser beneficiário do serviço. O serviço específico, por sua vez, por ser destacado em unidades autônomas, pode ser medido ou mensurado. Por fim, o serviço divisível pode ser utilizado separadamente por cada um dos usuários.

A coleta domiciliar de lixo, como mencionado, viabiliza a instituição e a cobrança de taxa de serviço (RE nº 576.321). Segundo o STJ, não é lícita a cobrança de taxa por uso potencial do sistema público de esgoto sanitário quando o imóvel considerado não é por ele atendido (REsp nº 1.032.975). Não há uniformidade de entendimentos acerca da natureza jurídica do pagamento pela impressão do selo especial de controle do IPI. O recolhimento já foi considerado taxa (REsp nº 637.756) e já foi considerado obrigação acessória (REsp nº 836.277).

As custas e os emolumentos judiciais já foram considerados como taxas pelo Supremo Tribunal Federal (ADInMC nº 1.772) e, por força da Emenda Constitucional nº 45, de 2004 (Reforma do Judiciário), serão destinadas exclusivamente ao custeio dos serviços afetos às atividades específicas da Justiça. Registre-se que o STF não admite a destinação dos valores arrecadados como taxas e emolumentos para entidades dotadas de personalidade jurídica de direito privado (ADIn nº 2.982 e ADIN nº 3.660), mas admite a destinação dos recursos arrecadados, particularmente em cartórios extrajudiciais, para fundos de aprimoramento das atividades judiciais (ADIn nº 2.129, ADIn nº 2.059 e ADIn nº 3.643).

O Supremo Tribunal Federal, no julgamento do RE nº 181.475 e do RE nº 194.862, reconheceu a natureza jurídica de taxa do pedágio previsto no art. 150, inc. V, da Constituição. Teríamos, então, uma modalidade singular de taxa pelo uso de bem público. Deve ser registrado que o enquadramento do pedágio como taxa pode decorrer, segundo alguns, do serviço de conservação da estrada. Entretanto, o mesmo STF, ao decidir a ADInMC nº 800 e a ADIN nº 2.733, concluiu pela natureza de preço público ou tarifa para o pedágio. Assim, a matéria não está claramente delineada. Registre-se que a conclusão pela natureza jurídica de preço público ou tarifa, especificamente na ADInMC nº 800, levou em consideração a presença das seguintes características: a) tratar-se de estrada especial (pelas condições de tráfego ou pelos melhoramentos em benefício do usuário), e b) a existência de via alternativa, para cobrir o mesmo trecho, a ser utilizada pelos usuários que não quiserem pagar o preço estipulado para o pedágio. O Superior Tribunal de Justiça entendeu que a necessidade de colocar uma via alternativa gratuita para os usuários, em caráter obrigatório, não deve ser imposta para a cobrança de pedágio (REsp nº 617.002).

Ao contrário dos impostos, a cobrança das taxas pressupõe um nexo ou relação com uma atividade pública em benefício do contribuinte. Conforme estabelece o art. 80 do Código Tributário Nacional, a instituição de uma taxa por um dos entes da Federação depende, obviamente, da existência prévia de competência administrativa para prestar ou realizar o serviço público subjacente.

Tanto o art. 145, §2º, da Constituição, quanto o art. 77, parágrafo único, do Código Tributário Nacional, estabelecem a impossibilidade de a taxa ter base de cálculo própria de impostos (Súmula STF nº 595). A vedação encerra, em verdade, uma impossibilidade lógica. Afinal, a base de cálculo da taxa mede uma ação ou atividade estatal. Já a base de cálculo do imposto mede uma grandeza onde não há participação do Poder Público. O STF já admitiu: a) que um dos elementos utilizados na fixação da base de cálculo do IPTU (a metragem da área construída do imóvel) possa integrar a determinação da taxa de coleta de lixo (RE nº 346.695/AgR), e b) a variação do valor de taxa em função de padrões que envolvem, como parâmetro, a base de cálculo (preço do imóvel) (ADIN nº 3.887). Para o STF, um ou mais dos elementos que compõem a base de cálculo própria de determinado imposto podem ser utilizados na apuração do montante devido de taxa, vedada a identidade integral entre uma base e a outra (RE nº 576.321).

Inúmeras "taxas" geram discussões jurídicas intermináveis acerca da licitude da instituição e cobrança das mesmas. Não são raras as taxas de iluminação pública, taxas de limpeza pública, taxas de bombeiros, taxas de segurança pública, taxas de solo criado, entre outras. Vários dos problemas identificados decorrem da tentativa de se exigir taxas a partir de serviços públicos gerais (ou *ut universi*). Nessa linha, o STF já considerou inconstitucional a instituição e cobrança das taxas de iluminação e limpeza públicas (RE nº 231.764, RE nº 188.391, RE nº 576.321 e Súmula STF nº 670) e das taxas de segurança pública (ADIn nº 2.424).

A Emenda Constitucional nº 39, de 2002, estabeleceu que os Municípios e o Distrito Federal poderão instituir contribuição para o custeio do serviço de iluminação pública. Assim, restou constitucionalizada a cobrança de um tributo que venha a cobrir as despesas com o serviço (geral) de iluminação das vias e logradouros públicos.

2.4.3 Contribuições de melhoria

A fórmula lingüística utilizada pela Constituição de 1988 para tratar das contribuições de melhoria é muito limitada. Entretanto, dela derivam duas premissas: a) necessidade de melhoria em determinado imóvel, e b) relação entre a melhoria observada e a realização de uma obra pública.

Destaca-se, desde logo, que as contribuições de melhoria somam ao lado das taxas como tributos onde é essencial uma atividade estatal diretamente relacionada ao contribuinte. Nessa medida, essas duas espécies de tributos se afastam da espécie denominada imposto, onde inexiste uma contraprestação estatal pelo seu pagamento.

Já está assentado, inclusive pelo Supremo Tribunal Federal (RE nº 116.147), que não é qualquer benefício a imóvel, resultante de obra pública, que autoriza a instituição e cobrança de contribuição de melhoria. Nessa seara, é requisito fundamental a ocorrência de valorização imobiliária.

Por outro lado, a contribuição de melhoria visa a ressarcir parte ou a totalidade dos gastos com a realização da obra. O tributo em questão não está vocacionado para viabilizar o levantamento de recursos para obra futura. Afinal, depreende-se do discurso constitucional que a contribuição de melhoria *decorre* de obras públicas. Esse entendimento está consagrado no art. 9º do Decreto-Lei nº 195, de 1967, diploma legal veiculador de normas gerais acerca da presente espécie tributária. Nessa linha, o STJ já decidiu que não cabe a cobrança de contribuição de melhoria em relação à obra inacabada (REsp nº 647.134).

Regulam a instituição e cobrança das contribuições de melhoria os arts. 81 e 82 do Código Tributário Nacional, além do Decreto-Lei nº 195, de 1967, já mencionado. Importa destacar a existência de dois limites para a cobrança do tributo. O limite total ou global é o custo da obra (ou despesa realizada). Já o limite individual é o acréscimo de valor que da obra resultar para cada imóvel beneficiado. Entende-se que a contribuição de melhoria ao ser cobrada deve respeitar o menor desses valores. O Superior Tribunal de Justiça, considerando que a contribuição de melhoria tem como fato gerador a real valorização do imóvel, decidiu que a base de cálculo do tributo não pode observar somente o custo da obra pública realizada (REsp nº 629.471).

Por fim, deve ser dispensado especial cuidado para a essencial presença da obra pública. Em algumas situações pretende-se cobrar a contribuição de melhoria a partir de serviços, como é o caso do recapeamento de via pública já asfaltada. Tem-se aí um mero serviço de manutenção e conservação, conforme já consignou o Supremo Tribunal Federal (RE nº 116.148).

2.4.4 Empréstimos compulsórios

Os principais traços identificadores do empréstimo compulsório como espécie tributária própria são a restituibilidade e a causalidade.

A restituição, conforme já decidiu o Supremo Tribunal Federal (RE nº 121.336 e RE nº 175.385), deve ser realizada em moeda de curso forçado (dinheiro). Por outro lado, segundo a Constituição (art. 148, parágrafo único), a aplicação dos recursos provenientes de empréstimo compulsório será vinculada à despesa que fundamentou sua instituição.

São duas as causas ou situações que autorizam a União, somente a União, mediante lei complementar, a instituir empréstimos compulsórios: a) atender despesas extraordinárias nos casos de calamidade pública ou guerra externa (inclusive sua iminência), e b) investimento público de caráter urgente e de relevante interesse nacional. Na segunda hipótese deve ser observado o princípio da anterioridade, conforme expressa exigência constitucional originária (art. 148, inc. II). Na primeira hipótese não se aplica nem a anterioridade, nem a "anterioridade qualificada", conforme a Emenda Constitucional nº 42, de 2003 (art. 150, §1º). A hipótese de instituição de empréstimo compulsório para absorção temporária de poder aquisitivo, prevista no art. 15, inc. III, do Código Tributário Nacional, não foi recepcionada pela Constituição de 1988.

2.4.5 Contribuições sociais (parafiscais ou especiais)

A característica viabilizadora da natureza jurídica específica das contribuições sociais, parafiscais ou especiais, é o fato de o produto da arrecadação desses tributos estar vinculado a determinados fins de interesse público. Esse traço distintivo recebe a denominação de *afetação* ou *destinação*.

No voto do Ministro Ilmar Galvão, no julgamento do RE nº 146.733 pelo Supremo Tribunal Federal, colhem-se estas importantes ponderações: "A especificidade da destinação do produto da arrecadação do tributo em causa é que, obviamente, lhe confere o caráter de contribuição. Eventual desvio de finalidade que se possa verificar na administração dos recursos por ela produzidos não pode ter o efeito de transmudar-lhe a natureza jurídica".

A União possui competência exclusiva para instituir contribuições sociais, conforme fixa o art. 149 da Constituição. As únicas ressalvas, previstas no mesmo artigo, consistem: a) na instituição de contribuições previdenciárias para custeio dos sistemas de previdência e assistência social dos servidores dos Estados, Distrito Federal e Municípios e b) na criação da contribuição para o custeio da iluminação pública por parte dos Municípios e do Distrito Federal.

O Supremo Tribunal Federal firmou o entendimento de que não existe proibição constitucional à coincidência da base de cálculo de contribuição social com a base de cálculo de imposto (RE nº 228.321).

A enorme variedade de contribuições sociais e suas normas de regência podem ser analisadas adiante (seção 2.7).

2.4.6 Tributo *versus* tarifa (ou preço público)

O preço público (ou tarifa) não possui natureza tributária. Entretanto, não raras vezes é extremamente difícil precisar, no caso concreto, qual das figuras está presente. Entre outros fatores de complicação, encontra-se uma significativa variedade de critérios distintivos construídos pela doutrina jurídica.

O núcleo dos problemas está, obviamente, nos serviços públicos específicos e divisíveis. Afinal, para os serviços públicos gerais não cabe a instituição de taxas, muito menos preços públicos (ou tarifas). Conforme já mencionado, o financiamento dessas atividades será feito, em regra, pelos impostos. Por sua vez, o exercício regular do poder de polícia não permite a remuneração por meio de preços públicos (ou tarifas), conforme estabelece o Supremo Tribunal Federal (ADInMC nº 2.247).

Para os serviços públicos específicos e divisíveis deve ser analisado o regime jurídico aplicável à exação. A utilização compulsória do serviço público a ser remunerado, assim fixada em lei, denuncia a presença de taxa, inclusive com a possibilidade de exigência pela mera disponibilidade do serviço. Em outras palavras, se o usuário não encontra outra forma juridicamente lícita de satisfazer a sua necessidade, a remuneração do serviço prestado é efetivada mediante taxa. Já a facultatividade e a possibilidade de rescisão demonstram a presença de preço público ou tarifa (Súmula STF nº 545 e REsp nº 665.738).

A remuneração dos serviços de fornecimento de água e recolhimento de esgotos, segundo o STF, possui a natureza de preço público ou tarifa (RE nº 447.536/ED). O STJ, que pugnava pela natureza tributária do valor cobrado pelas concessionárias de serviço público de água e esgoto, revisou sem posicionamento para se alinhar com a jurisprudência do STF (REsp nº 802.559 e EREsp nº 690.609).

2.5 Classificações

Existem inúmeras classificações para os tributos segundo os mais variados critérios. Destacam-se, a seguir, aquelas mais relevantes.

a) *Vinculados* – a cobrança do tributo depende de uma atuação ou atividade do Estado em relação ao contribuinte. São as taxas e as contribuições de melhoria. *Não-Vinculados* – a cobrança do tributo independe de uma atuação estatal em relação ao contribuinte. São os impostos.

A teoria dos tributos (ou fatos geradores) vinculados e não-vinculados constitui a viga-mestra da construção do Sistema Tributário Nacional. Por meio dela tem-se a competência tributária privativa no campo dos impostos (cada ente da Federação possui um rol de impostos que pode instituir) e a competência tributária comum no campo das taxas e contribuições de melhoria (desde que realize o serviço, a obra ou exercite o poder de polícia, segundo as competências administrativas, qualquer dos entes estatais pode criar e cobrar taxas ou contribuições de melhoria).

b) *Diretos* – são aqueles em que o contribuinte não tem possibilidade de transferir o ônus econômico da carga fiscal. Exemplo: imposto de renda pessoa física. *Indiretos* – são aqueles em que o contribuinte de direito transfere para outros (contribuintes de fato) o ônus econômico da carga tributária. Exemplos: imposto sobre produtos industrializados e imposto sobre circulação de mercadorias e serviços.

c) *Fiscais* – são aqueles cujo principal objetivo é a arrecadação de recursos. Exemplo: imposto de renda. *Extrafiscais* – são aqueles cujo principal objetivo é a interferência no domínio econômico. Exemplo: imposto de importação. *Parafiscais* – são aqueles cujo objetivo é a arrecadação de recursos para custeio de atividades específicas realizadas paralelamente às funções tradicionais do Estado, como a fiscalização do exercício de profissões, a Seguridade Social, etc. Exemplo: contribuições para a Seguridade Social.

d) *Fixos* – são aqueles em que o valor a ser pago é fixado em lei, independentemente do valor da base de cálculo. Exemplo: ISS dos autônomos. *Proporcionais* – são aqueles em que a alíquota é um percentual (*ad valorem*) aplicado sobre a base de cálculo. Esses podem ser *progressivos* ou *regressivos*, dependendo, respectivamente, se as alíquotas aumentam ou diminuem de acordo com determinado critério.

e) *Monofásicos* (ou de incidência única) – são aqueles em que a legislação de regência prevê uma única incidência entre as sucessivas operações do ciclo econômico. Exemplo: o art. 149, §4º, da Constituição, estabelece que a lei definirá as situações em que as contribuições incidirão uma única vez. *Plurifásicos* – são aqueles em que a legislação de regência determina a incidência em vários momentos do ciclo econômico. Exemplos: IPI e ICMS.

f) *Cumulativos* – são aqueles em que não há previsão legal de compensação ou dedução em relação à operação anterior. Exemplo: IOF. *Não-Cumulativos* – são aqueles em que a legislação de regência estabelece um mecanismo de compensação ou dedução do valor do tributo pago na operação anterior. Exemplos: IPI e ICMS.

g) *Sobre o comércio exterior* – importação e exportação. *Sobre o patrimônio e a renda* – territoriais, rendas e proventos, transmissão, propriedade de veículos e grandes fortunas. *Sobre a produção e circulação* – produtos industrializados, circulação de mercadorias, operações financeiras e serviços.

Essa última classificação, segundo critério ou objeto econômico, foi contemplada explicitamente pelo Código Tributário Nacional.

2.6 Natureza jurídica específica do tributo

Segundo o art. 4º do Código Tributário Nacional, a identificação da espécie tributária se faz mediante análise do fato gerador da respectiva obrigação. São irrelevantes para a determinação, ainda segundo o Código, a denominação e características formais e a destinação legal do produto da arrecadação.

Assim, se for instituída uma exação denominada como "taxa", mas não se encontre em seu fato gerador a ação estatal correspondente (exercício do poder de polícia ou prestação de serviço específico e divisível), tem-se, em verdade, a criação de um outro tributo. Por outro lado, a criação de um "imposto" a partir de um fato gerador onde esteja presente uma ação estatal, na realidade, faz surgir uma taxa ou contribuição de melhoria (dependendo da ação estatal prevista).

Num bom número de casos, somente a análise da base de cálculo permitirá a identificação segura. Portanto, quando a base de cálculo mede ação estatal, ainda que por estimativa ou presunção, está-se diante de um tributo vinculado (taxa ou contribuição de melhoria). Ao revés, quando a base de cálculo mede fato, aspecto ou circunstância alheia ao Estado, existente independente do Estado, está-se diante de um tributo não-vinculado (imposto).

2.7 Exigências pecuniárias existentes na ordem jurídica brasileira

2.7.1 Impostos, taxas, contribuições de melhoria e empréstimos compulsórios

Agrupadas as principais características das diversas espécies de tributos tem-se, de forma esquemática, os seguintes quadros demonstrativos:

	Impostos	Taxas	Contribuições de melhoria	Empréstimos compulsórios
Divisões	Federais, estaduais e municipais	De polícia e de serviço	-	Calamidade/guerra e investimento
CF	Arts. 145, I; 153 a 156	Art. 145, II	Art. 145, III	Art. 148
CTN	Arts. 16 a 76	Arts. 77 a 80	Arts. 81 e 82	Art. 15
Competência	Privativa	Comum	Comum	União
Vinculação	Não-vinculado	Vinculado	Vinculado	Vinculado ou não
Instituição	Lei Ordinária	Lei Ordinária	Lei Ordinária	Lei Complementar

Impostos Federais	Impostos Estaduais	Impostos Municipais
Imposto de importação (II)	Imposto sobre transmissão *causa mortis* e doação de quaisquer bens ou direitos (ITCMD)	Imposto predial e territorial urbano (IPTU)
Imposto de exportação (IE)	Imposto sobre operações relativas a circulação de mercadorias e sobre prestações de serviços de transporte interestadual e intermunicipal e de comunicações (ICMS)	Imposto sobre a transmissão *inter vivos* de bens imóveis por ato oneroso (ITBI)
Imposto sobre a renda e proventos de qualquer natureza (IR)	Imposto sobre a propriedade de veículos automotores (IPVA)	Imposto sobre serviços de qualquer natureza (ISS)
Imposto sobre produtos industrializados (IPI)		
Imposto sobre operações financeiras (IOF)		
Imposto territorial rural (ITR)		
Imposto sobre grandes fortunas		
Impostos residuais		
Impostos extraordinários		

A hipótese do art. 15, inc. III do CTN (instituição de empréstimo compulsório em conjuntura que exija a absorção temporária de poder aquisitivo) não foi recepcionada pela Constituição de 1988, conforme esclarecido anteriormente.

O imposto sobre grandes fortunas (art. 153, inc. VII, da Constituição) e os impostos residuais (art. 154, inc. I, da Constituição) reclamam leis complementares para as respectivas criações (ou instituições).

Competem à União, em Território Federal, os impostos estaduais e, se o Território não for dividido em Municípios, cumulativamente, os impostos municipais; ao Distrito Federal cabem os impostos municipais (art. 147 da Constituição).

2.7.2 Contribuições sociais, especiais ou parafiscais

Observe as subdivisões das contribuições sociais, especiais ou parafiscais:
a) interveção no domínio econômico;
b) corporativas;
c) sociais;
    c.1) seguridade social;
        c.1.1) empregador, empresa ou entidade e ela equiparada a forma da lei;
            c.1.1.1) folha de salários e demais rendimentos do trabalho pagos ou creditdos, a qualquer título, à pessoa física ue lhe preste seriço, mesmo sem vínculo empregatício;
            c.1.1.2) faturamento ou receita;
            c.1.1.3) lucro;
        c.1.2) trabalhador;
        c.1.3) concurso de prognósticos;
        c.1.4) importador ou de quem a lei a ele equiparar;
        c.1.5) outras de seguridade social;
        c.1.6) constitucionalmente nominadas;
    c.2) gerais;
        c.2.1) constitucionalmente inominadas;
        c.2.2) constitucionalmente nominadas.

2.7.2.1 Intervenção no domínio econômico

A Emenda Constitucional nº 33, de 2001, estabeleceu que as contribuições sociais e de intervenção no domínio econômico: a) não incidirão sobre as receitas decorrentes de exportação; b) poderão incidir sobre a importação de petróleo e seus derivados, gás natural e seus derivados e álcool combustível; e c) poderão ter alíquotas: c.1) *ad valorem*, tendo por base o faturamento, a receita bruta ou o valor da operação e, no caso de importação, o valor aduaneiro; e c.2) específicas, tendo por base a unidade de medida adotada. A Emenda Constitucional nº 42, de 2003, fixou que as contribuições sociais e de intervenção no domínio econômico incidirão também sobre a importação de produtos estrangeiros ou serviços.

Por força da Lei nº 10.336, de 2001, foi instituída a contribuição de intervenção no domínio econômico incidente sobre a importação e a comercialização de petróleo e seus derivados, gás natural e seus derivados e álcool etílico combustível (Emenda nº 33, de 2001).

O STF já decidiu que as contribuições sociais de intervenção no domínio econômico estão sujeitas à lei complementar do art. 146, inc. III, da CF.

Entretanto, isto não significa que deverão ser instituídas por lei complementar. Não se exige, para as contribuições de intervenção no domínio econômico, que a lei complementar defina a hipótese de incidência, a base imponível e os contribuintes. Entendeu-se, ainda, ser inexigível a vinculação direta do contribuinte ou a possibilidade de que ele se beneficie com a aplicação dos recursos por ela arrecadados, mas sim a observância dos princípios gerais da atividade econômica (RE n$^\circ$ 396.266, RE n$^\circ$ 389.016/AgR e AI n$^\circ$ 526.629/AgR).

2.7.2.2 Corporativas

O art. 240 da Constituição trata expressamente das "(...) contribuições compulsórias dos empregadores sobre a folha de salários, destinadas às entidades privadas de serviço social e de formação profissional vinculadas ao sistema sindical".

O STJ, baseado em decisões do STF, entende que as contribuições previstas no art. 240 da Constituição têm a natureza de "contribuição social geral", e não, de contribuição especial de interesse de categorias profissionais (REsp n$^\circ$ 608.101 e REsp n$^\circ$ 475.749).

No julgamento do RE n$^\circ$ 396.266, o STF considerou que "a contribuição instituída em favor do Serviço de Apoio às Micro e Pequenas Empresas – SEBRAE possui natureza de contribuição social de intervenção no domínio econômico".

2.7.2.3 Sociais

A primeira subdivisão das contribuições sociais, especiais ou parafiscais identifica, ao lado das contribuições interventivas e das corporativas, uma categoria de contribuições com a mesma denominação da figura mais geral.

As "contribuições sociais sociais" podem, ainda, ser dividas em dois grandes grupos: a) de seguridade social, e b) gerais.

2.7.2.4 Seguridade social

As "contribuições sociais de seguridade social" são particularmente numerosas e extremamente relevantes no quadro dos instrumentos de financiamento das atividades públicas. Com efeito, em 2007, segundo dados da Secretaria da Receita Federal do Brasil, a arrecadação total das contribuições de seguridade social federais atingiu o nível de R$353 bilhões contra R$213 bilhões de ingressos decorrentes dos impostos federais.

2.7.2.5 Seguridade social exigida do empregador

A Emenda Constitucional nº 20, de 1998, alterou o art. 195, inc. I, da Constituição, para contemplar "empregador", "empresa" e "entidade a ela equiparada na forma da lei".

O STF decidiu que o termo "empregador" compreende a pessoa jurídica empregadora em potencial (RE nº 364.215/AgR).

Nos termos da Emenda Constitucional nº 47, de 2005, as contribuições sociais previstas no art. 195, inc. I, da Constituição, poderão ter alíquotas ou bases de cálculo diferenciadas, em razão da atividade econômica, da utilização intensiva de mão-de-obra, do porte da empresa ou da condição estrutural do mercado de trabalho. Assim, restou superada a redação do art. 195, §9º, incluído pela Emenda Constitucional nº 20, de 1998.

2.7.2.6 Seguridade social exigida do empregador sobre a folha de salários

A Emenda Constitucional nº 20, de 1998, alterou o art. 195, inc. I, al. "a", da Constituição, para contemplar "folha de salário" e "demais rendimentos do trabalho pagos ou creditados, a qualquer título, à pessoa física que lhe preste serviço, mesmo sem vínculo empregatício".

2.7.2.7 Seguridade social exigida do empregador sobre o faturamento ou receita

1. *Isenção de COFINS por lei ordinária* – Registre-se que o STJ adotou a Súmula nº 276 com o seguinte teor: "As sociedades civis de prestação de serviços profissionais são isentas da Cofins, irrelevante o regime tributário adotado". O fundamento da súmula em questão consiste no raciocínio de que lei ordinária não pode revogar determinação de lei complementar, revelando-se ilegítima a revogação instituída pela Lei nº 9.430, de 1996, da isenção conferida pela Lei Complementar nº 70, de 1991, às sociedades prestadoras de serviços, por colidir com o princípio da hierarquia das leis.

Ocorre que o STF (ADC nº 1, RE nº 146.733 e RE nº 138.284) empresta à Lei Complementar nº 70, de 1991, *status* de lei ordinária. Segundo o STF, as contribuições de seguridade social contempladas no *caput* do art. 195, ao contrário daquelas tratadas no §4º do mesmo artigo, não reclamam, para instituição, a edição de lei complementar. Assim, por aplicação do princípio da *lex posterius derrogat priori* (art. 2º, §1º, da Lei de Introdução ao Código Civil), não há inconstitucionalidade ou ilegalidade no disposto no art. 56 da Lei nº 9.430, de 1996, ao revogar isenção originariamente prevista na Lei Complementar nº 70, de 1991.

No julgamento do RE n° 377.457 e do RE n° 381.964, o STF, fiel aos cânones mencionados no parágrafo anterior, reconheceu como lícita a revogação da isenção do recolhimento da COFINS pelas sociedades civis de prestação de serviços de profissão legalmente regulamentada, prevista no art. 6°, inc. II, da Lei Complementar n° 70, de 1991, pelo art. 56 da Lei n° 9.430, de 1996. Em atenção ao posicionamento fixado pelo Supremo Tribunal Federal, o STJ cancelou o enunciado de sua Súmula n° 276 (AR n° 3.761). Ainda nessa linha, o STF admitiu a majoração da alíquota da COFINS pela Lei (ordinária) n° 9.718, de 1998.

2. *Conceito constitucional de faturamento* – O STF entendeu inconstitucional a ampliação da base de cálculo da COFINS e do PIS pela mesma Lei n° 9.718, de 1998. Houve, segundo o STF, ampliação indevida do conceito de receita bruta para toda e qualquer receita, violando, assim, a noção de faturamento veiculada no art. 195, inc. I, al. "b", da CF, na redação anterior à Emenda Constitucional n° 20, de 1998, que equivaleria ao de receita bruta das vendas de mercadorias, de mercadorias e serviços e de serviços de qualquer natureza (RE n° 357.950 e RE n° 346.084).

Esse último entendimento do Supremo Tribunal Federal está inserido no contexto mais amplo de um embate de duas diretrizes hermenêuticas que apontam em sentidos diametralmente opostos. Com efeito, o Direito Tributário testemunha, durante décadas, uma tensão crescente entre técnicas de "fechamento" e de "abertura" para lidar com os fatos potencialmente tributáveis.

A primeira diretriz hermenêutica mencionada (fechada), apegada aos conceitos determinados (ou "tipos fechados", como quer, equivocadamente, parte da doutrina tributária), busca a determinação dos elementos da norma-matriz tributária em conceitos presentes na lei formal e na seara do direito privado (considerando o direito tributário como direito de sobreposição). Pugna, ainda, pela técnica de enumeração taxativa de situações fáticas.

A segunda diretriz hermenêutica referida (aberta) busca trabalhar com as outras categorias teórico-científicas, vale dizer, os conceitos indeterminados, as cláusulas gerais e os tipos. Diferentemente do raciocínio voltado para o "fechamento", aposta em enumerações legais exemplificativas, abertas para as interpretações evolutivas, extensivas e até mesmo analógicas.

Assim, uma postura mais sensível para com os conceitos utilizados na Constituição reconhece a legitimidade do processo de densificação, pelo legislador ordinário ou complementar, conforme o caso, de uma norma constitucional aberta (não claramente delineada no Texto Maior). Portanto, não se revela adequada a eternização do conteúdo específico de um conceito constitucional diante de uma realidade econômica e social complexa e em frenética mutação. Somente a riqueza de certas categorias teórico-científicas (conceitos determinados e indeterminados, cláusulas gerais e tipos) pode dar conta da apreensão adequada da realidade para fins de tributação.

Em suma, o conceito de faturamento, assim como o de rendimentos, de receita ou de lucro, não é estático ou imutável. Justamente a dinâmica de interpretação e aplicação de conceitos constitucionais, sob o influxo da realidade econômico-social em movimento, apontam para a adequação de um sentido amplo para o faturamento como sendo o conjunto de todas as receitas.

Nesse último rumo, O STJ já firmou o entendimento de que: a) incide COFINS sobre o produto da atividade de locação de lojas em shopping center (EREsp nº 727.245), mesmo quando o valor da locação resulta de percentual sobre o faturamento do lojista locatário (AgRg no REsp nº 748.260); e b) os salários e encargos sociais referentes à mão-de-obra que a sociedade intermediadora dispõe ao tomador do serviço caracterizam-se como faturamento para efeito de cálculo do PIS e da COFINS (REsp nº 954.719).

Com a edição da Emenda Constituição nº 20, de 1998, o termo "faturamento" ganhou a companhia do termo "receita". Assim, o comando constitucional passou a consignar a possibilidade de tributação sobre "a receita ou o faturamento" (art. 195, inc. I, al. "b").

Já sob a proteção autorizadora e explicitadora das disposições da Emenda Constitucional nº 20, de 1998, foram editadas a Lei nº 10.637, de 2002, no que tange ao PIS, e a Lei nº 10.833, de 2003, no que tange à COFINS, fixando que o faturamento deve ser entendido como o total das receitas auferidas pela pessoa jurídica, independentemente de sua denominação ou classificação contábil.

A Emenda Constitucional nº 42, de 2003, estabeleceu que: a) a lei definirá os setores de atividade econômica para os quais a contribuição em questão será não-cumulativa; e b) aplica-se a não-cumulatividade na hipótese de substituição gradual, total ou parcial, da contribuição incidente sobre a folha de salários, pela incidente sobre a receita ou o faturamento.

2.7.2.8 Seguridade social exigida do empregador sobre o lucro

A contribuição de seguridade social exigida do empregador sobre o lucro foi instituída pela Lei nº 7.689, de 1988. A constitucionalidade da referida instituição foi reconhecida pelo STF em várias decisões (RE nº 138.284 e RE nº 146.733).

2.7.2.9 Seguridade social exigida do trabalhador

A Emenda Constitucional nº 20, de 1998, alterou o art. 195, inc. II, para contemplar "trabalhador" e "demais segurados da previdência social, não incidindo contribuição sobre aposentadoria e pensão concedidas pelo regime geral de previdência social".

Os Estados, o Distrito Federal e os Municípios poderão instituir contribuição a ser paga por seus servidores para custear seus sistemas de previdência e assistência social (art. 149, §1º, da Constituição). A Emenda Constitucional nº 41, de 2003, estabeleceu que a alíquota não será inferior à da contribuição dos servidores titulares de cargos efetivos da União. A mesma EC nº 41, de 2003, fixou que a contribuição em questão será cobrada dos servidores ativos e inativos e dos pensionistas. Assim, restou superada a jurisprudência do STF que apontava no sentido de que após a edição da EC nº 20, de 1998, não seria válida a incidência de contribuição previdenciária sobre aposentadorias e pensões de servidores públicos. O STF decidiu explicitamente nesse sentido na ADIn nº 3.105.

2.7.2.10 Seguridade social sobre a concursos de prognósticos

A contribuição social (de seguridade social) incidente sobre a receita de concursos de prognósticos está prevista genericamente no art. 11, parágrafo único, al. "e" da Lei nº 8.212, de 1991. Disposição mais específica pode ser encontrada na Lei nº 7.856, de 1989.

2.7.2.11 Seguridade social do importador

A Emenda Constitucional nº 42, de 2003, definiu uma nova contribuição de seguridade social: "do importador de bens ou serviços do exterior, ou de quem a lei a ele equiparar". Também foi estabelecido que a lei definirá os setores de atividade econômica para os quais a contribuição em questão será não-cumulativa.

Foram instituídas, pela Lei nº 10.865, de 2004, a Contribuição para os Programas de Integração Social e de Formação do Patrimônio do Servidor Público incidente na Importação de Produtos Estrangeiros ou Serviços (PIS/PASEP – Importação) e a Contribuição Social para o Financiamento da Seguridade Social devida pelo Importador de Bens Estrangeiros ou Serviços do Exterior (COFINS – Importação).

2.7.2.12 Outras de seguridade social

A Lei nº 7.787, de 1989, foi declarada inconstitucional pelo STF ao instituir contribuição sobre fonte diversa das previstas no *caput* do art. 195 da Constituição, na redação anterior à Emenda Constitucional nº 20, de 1998 (RE nº 166.772 e RE nº 177.296). Com efeito, o STF entendeu que a relação jurídica mantida entre a empresa e os autônomos, administradores e avulsos, conforme o art. 3º, inc. I, da Lei nº 7.787, de 1989, não resulta de contrato de trabalho, descaracterizando a condição de empregadora e o conseqüente enquadramento no art. 195, inc. I, da Constituição. Assim, segundo o STF, a criação de contribuição de seguridade social nova, nos termos do art. 195, §4º, da Constituição, reclamava lei complementar, e não, simples lei ordinária. Nessa linha, a Lei Complementar nº 84, de 1996, foi editada para viabilizar a cobrança de contribuição sobre os valores pagos a empresários, autônomos e avulsos (RE nº 223.085 e RE nº 228.321).

2.7.2.13 Seguridade social constitucionalmente nominadas

A contribuição para o PIS/PASEP foi recepcionada expressamente pela Constituição de 1988 no seu art. 239. No dispositivo constitucional em questão foi estabelecida a destinação dos recursos arrecadados pela exação para o financiamento do seguro-desemprego. Assim, a contribuição para o PIS/PASEP caracteriza-se como contribuição de seguridade social de competência da União, arrecadada e fiscalizada pela Secretaria da Receita Federal e disciplinada por lei ordinária (RE nº 232.896).

2.7.2.14 Sociais gerais

A categoria das "contribuições sociais gerais" decorre da constatação da existência de contribuições com arrecadação destinada a atividades distintas da seguridade social (conjunto integrado de ações relativas à saúde, à previdência e à assistência social).

2.7.2.15 Sociais gerais constitucionalmente inominadas

O Supremo Tribunal Federal, ao julgar a ADInMC nº 2.556, reconheceu a natureza jurídica de contribuição social geral para as exações instituídas pela Lei Complementar nº 110, de 2001.[6]

2.7.2.16 Sociais gerais constitucionalmente nominadas

A Emenda Constitucional nº 39, de 2002, estabeleceu que os Municípios e o Distrito Federal poderão instituir contribuição para o custeio do serviço de iluminação pública.

O Supremo Tribunal Federal concluiu pela natureza de contribuição social do salário-educação. Decidiu, ainda, pela constitucionalidade e pela desnecessidade de seu tratamento por intermédio de lei complementar (ADC

---

[6] Cf. CASTRO. Breves considerações acerca das exações instituídas pela Lei Complementar nº 110/2001. Disponível em: <http://www.aldemario.adv.br/fgtsald.htm>.

nº 3, RE nº 290.079 e Súmula STF nº 732). A Emenda Constitucional nº 53, de 2006, definiu a contribuição social do salário-educação como fonte adicional de financiamento da educação básica pública. A redação anterior consignava que o aludido tributo financiaria o ensino fundamental público.

2.7.3 Outras exigências pecuniárias

1. *Contribuição Sindical* – O Supremo Tribunal Federal e o Superior Tribunal de Justiça já decidiram pela natureza tributária da contribuição sindical prevista na CLT e pela ausência de compulsoriedade da contribuição, aprovada em assembléia geral, destinada ao custeio do sistema confederativo da representação sindical (RE nº 180.745, RE 224.885/AgR, AI nº 498.686/AgR, RE nº 279.393/AgR e REsp nº 625.177).

2. *CPMF e IPMF* – As instituições do IPMF (Imposto Provisório sobre Movimentação Financeira) e da CPMF (Contribuição Provisória sobre Movimentação Financeira – contribuição para a seguridade social) decorreram da edição de uma série de emendas à Constituição (EC nº 3, EC nº 12, EC nº 21, EC nº 31, EC nº 37 e EC nº 42). A CPMF teve, pela Emenda Constitucional nº 42, de 2003, prorrogada a sua cobrança até 31 de dezembro de 2007 com alíquota de trinta e oito centésimos por cento. Registre-se que no final do ano de 2007 o Congresso Nacional, no papel de Poder Constituinte Derivado, rejeitou emenda constitucional definidora da manutenção da cobrança da CPMF.

3. *FGTS* – Na linha de precedentes do Supremo Tribunal Federal e do Superior Tribunal de Justiça (RE nº 100.249, REsp nº 491.326 e Súmula STJ nº 353), não se trata de tributo pela ausência de caracterização como receita pública.[7] Registrem-se entendimentos no sentido da natureza tributária do FGTS. No julgamento do RE nº 138.284, por exemplo, o relator, Ministro Carlos Velloso, arrolou duas vezes o FGTS como tributo, mais especificamente como contribuição social geral.

4. *Seguro Obrigatório* – O Seguro de Danos Pessoais Causados por Veículos Automotores de Vias Terrestres (DPVAT), conhecido como "Seguro Obrigatório" e recolhido pelos proprietários dos veículos, foi instituído pela Lei nº 6.194, de 1974. Ao instituir o "Seguro Obrigatório", a referida lei estabeleceu a fixação de medidas garantidoras do não licenciamento e não circulação de veículos automotores de vias terrestres, em via pública ou fora dela, a descoberto do referido seguro. Trata-se, por não ser receita pública, de exigência pecuniária desprovida de natureza tributária.[8]

---

[7] Cf. CASTRO. Constitucionalidade da exigência pecuniária, efetivada pelo Poder Público, desprovida de natureza tributária. Disponível em: <http://www.aldemario.adv.br/exigpecu.htm>.

[8] Cf. CASTRO. Constitucionalidade da exigência pecuniária, efetivada pelo Poder Público, desprovida de natureza tributária. Disponível em: <http://www.aldemario.adv.br/exigpecu.htm>.

5. *Parcela de solo criado* – Trata-se da remuneração, ao Município, pelo proprietário de determinada edificação com área superior a um coeficiente único não oneroso de aproveitamento. No julgamento do RE nº 387.047 e do RE nº 226.942, o STF definiu que não se trata de tributo, mas de compensação financeira pelo ônus causado em decorrência da sobrecarga da aglomeração urbana. Com efeito, o Poder Público arcará com despesas maiores ou adicionais para evitar ou corrigir distorções no crescimento urbano. Para o Supremo, o tributo é uma prestação de dar de caráter obrigacional ("vínculo imposto àquela mesma vontade, porém no interesse de outrem") que convive com outras prestações de dar decorrentes de ônus ("vínculo imposto à vontade do sujeito em razão do seu próprio interesse"). As decisões em questão reforçam a tese da existência, no direito brasileiro, de exigências pecuniárias desprovidas de natureza tributária.[9]

6. *SIMPLES e SIMPLES NACIONAL* – O Sistema Integrado de Pagamento de Impostos e Contribuições das Microempresas e das Empresas de Pequeno Porte (SIMPLES), criado pela Lei nº 9.317, de 1996, não é um tributo. Trata-se de uma forma simplificada (pagamento unificado) e facultativa de recolhimento de certos tributos.

Com a edição da Lei Complementar nº 123, de 2006, que estabelece normas gerais relativas ao tratamento diferenciado e favorecido a ser dispensado às microempresas e empresas de pequeno porte (Estatuto Nacional da Microempresa e da Empresa de Pequeno Porte), o SIMPLES foi substituído pelo SIMPLES NACIONAL, mais abrangente. O SIMPLES NACIONAL, assim como o SIMPLES, consiste num regime especial unificado de arrecadação de tributos. Nos termos da lei aludida, mediante documento único de arrecadação, faz-se o recolhimento mensal de uma série de impostos e contribuições (IRPJ, IPI, CSLL, COFINS, PIS/PASEP, ICMS, ISS e Contribuição Previdenciária). Registre-se que a Lei Complementar nº 123, de 2006, foi alterada pela Lei Complementar nº 127, de 2007, e pela Lei Complementar nº 128, de 2008.

2.8 Jurisprudência

2.8.1 Contribuições

2.8.1.1 Intervenção no domínio econômico

Constitucional. Tributário. Contribuição devida ao instituto do açúcar e do álcool – IAA. A CF/88 recepcionou o DL 308/67, com as alterações dos Decretos-Leis 1712/79 e 1952/82. Ficou afastada a ofensa ao art. 149, da CF/88, que exige lei complementar para a instituição

---

[9] Cf. CASTRO. Constitucionalidade da exigência pecuniária, efetivada pelo Poder Público, desprovida de natureza tributária. Disponível em: <http://www.aldemario.adv.br/exigpecu.htm>.

de contribuições de intervenção no domínio econômico. A contribuição para o IAA é compatível com o sistema tributário nacional. Não vulnera o art. 34, §5º, do ADCT/CF/88. É incompatível com a CF/88 a possibilidade da alíquota variar ou ser fixada por autoridade administrativa. Recurso não conhecido. (STF. Pleno. RE nº 214.206. Rel. Min. Nelson Jobim. Julgado em 15.10.97)

Constitucional. Tributário. Contribuição: SEBRAE: Contribuição de intervenção no domínio econômico. Lei 8.029, de 12.4.1990, art. 8º, §3º. Lei 8.154, de 28.12.1990. Lei 10.668, de 14.5.2003. CF, art. 146, III; art. 149; art. 154, I; art. 195, §4º. I. - As contribuições do art. 149, CF — contribuições sociais, de intervenção no domínio econômico e de interesse de categorias profissionais ou econômicas — posto estarem sujeitas à lei complementar do art. 146, III, CF, isto não quer dizer que deverão ser instituídas por lei complementar. A contribuição social do art. 195, §4º, CF, decorrente de "outras fontes", é que, para a sua instituição, será observada a técnica da competência residual da União: CF, art. 154, I, ex vi do disposto no art. 195, §4º. A contribuição não é imposto. Por isso, não se exige que a lei complementar defina a sua hipótese de incidência, a base imponível e contribuintes: CF, art. 146, III, a. Precedentes: RE 138.284/CE, Min. Carlos Velloso, *RTJ* 143/313; RE 146.733/SP, Min. Moreira Alves, *RTJ* 143/684. II. - A contribuição do SEBRAE — Lei 8.029/90, art. 8º, §3º, redação das Leis 8.154/90 e 10.668/2003 — é contribuição de intervenção no domínio econômico, não obstante a lei a ela se referir como adicional às alíquotas das contribuições sociais gerais relativas às entidades de que trata o art. 1º do DL 2.318/86, SESI, SENAI, SESC, SENAC. Não se inclui, portanto, a contribuição do SEBRAE, no rol do art. 240, CF. III. - Constitucionalidade da contribuição do SEBRAE. Constitucionalidade, portanto, do §3º, do art. 8º, da Lei 8.029/90, com a redação das Leis 8.154/90 e 10.668/2003. IV. - R.E. conhecido, mas improvido. (STF. Pleno. RE nº 396.266. Rel. Min. Carlos Velloso. Julgamento em 26.11.2003)

Contribuição em favor do Serviço Brasileiro de Apoio às Micro e Pequenas Empresas – SEBRAE: constitucionalidade reconhecida pelo plenário do STF, ao julgar o RE 396.266, Velloso, *DJ* 27.2.2004, quando se afastou a necessidade de lei complementar para a sua instituição e, ainda — tendo em vista tratar-se de contribuição social de intervenção no domínio econômico —, entendeu-se ser inexigível a vinculação direta do contribuinte ou a possibilidade de que ele se beneficie com a aplicação dos recursos por ela arrecadados, mas sim a observância dos princípios gerais da atividade econômica. (STF. 1ª Turma. RE nº 389.016/AgR. Rel. Min. Sepúlveda Pertence. Julgamento em 30.6.2004)

Agravo Regimental. Constitucional. Tributário. Contribuição: SEBRAE: Contribuição de intervenção no domínio econômico. Lei 8.029, de 12.4.1990, art. 8º, §3º. Lei 8.154, de 28.12.1990. Lei 10.668, de 14.5.2003. CF, art. 146, III; art. 149; art. 154, I; art. 195, §4º. I. - As contribuições do art. 149, CF contribuições sociais, de intervenção no domínio econômico e de interesse de categorias profissionais ou econômicas, posto estarem sujeitas à lei complementar do art. 146, III, CF, isso não quer dizer que deverão ser instituídas por lei complementar. A contribuição social do art. 195, §4º, CF, decorrente de "outras fontes", é que, para a sua instituição, será observada a técnica da competência residual da União: CF, art. 154, I, ex vi do disposto no art. 195, §4º. A contribuição não é imposto. Por isso, não se exige que a lei complementar defina a sua hipótese de incidência, a base imponível e contribuintes: CF, art. 146, III, a. Precedentes: RE 138.284/CE, Min. Carlos Velloso, *RTJ* 143/313; e RE 146.733/SP, Min. Moreira Alves, *RTJ* 143/684. II. - A contribuição do SEBRAE

— Lei 8.029/90, art. 8º, §3º, redação das Leis 8.154/90 e 10.668/2003 — é contribuição de intervenção no domínio econômico, não obstante a lei a ela se referir como adicional às alíquotas das contribuições sociais gerais relativas às entidades de que trata o art. 1º do DL 2.318/86, SESI, SENAI, SESC, SENAC. Não se inclui, portanto, a contribuição do SEBRAE no rol do art. 240, CF. III. - Constitucionalidade da contribuição do SEBRAE. Constitucionalidade, portanto, do §3º do art. 8º da Lei 8.029/90, com a redação das Leis 8.154/90 e 10.668/2003. IV. - Inexigibilidade de vinculação direta do contribuinte ou da possibilidade de que ele se beneficie com a aplicação dos recursos por ela arrecadados. Precedentes. V. - Agravo não provido. (STF. 2ª Turma. AI nº 526.629/AgR. Rel. Min. Carlos Velloso. Julgamento em 22.11.2005)

2.8.1.2 Melhoria

Não obstante alterada a redação do inc. II do art. 18 pela Emenda Constitucional nº 23/83, a valorização imobiliária decorrente de obra pública — requisito ínsito a contribuição de melhoria — persiste como fato gerador dessa espécie tributária. (STF. 2ª Turma. RE nº 116.147. Rel. Min. Célio Borja. Julgado em 29.10.91)

Contribuição. Melhoria. Obra pública inacabada. Obra pública inacabada não autoriza a cobrança de contribuição de melhoria, porquanto a obrigação fiscal decorre da valorização do imóvel, ou seja, o valor do imóvel antes do início e após a conclusão da obra, segundo o critério da mais valia na definição da incidência e do fato gerador. Precedentes citados: REsp 615.495-RS, *DJ* 17.5.2004, e REsp 143.996-SP, *DJ* 6.12.1999. (REsp 647.134-SP, Rel. Min. Luiz Fux, julgado em 10.10.2006. *Informativo STJ*, n. 300)

Contribuição de melhoria. Recapeamento de via pública já asfaltada, sem configurar a valorização do imóvel, que continua a ser requisito ínsito para a instituição do tributo, mesmo sob a égide da redação dada, pela Emenda nº 23, ao art. 18, II, da Constituição de 1967. (STF. 1ª Turma. RE nº 116.148. Rel. Min. Octávio Gallotti. Julgado em 16.2.93)

Tributário. Contribuição de melhoria. Fato gerador valorização do imóvel. 1. A contribuição de melhoria tem como fato gerador a real valorização do imóvel, não servindo como base de cálculo tão-só o custo da obra pública realizada. (REsp nº 280.248/SP, Rel. Min. Francisco Peçanha Martins, Segunda Turma, *DJ* de 28.10.2002). 2. Recurso especial provido. (STJ. 2ª Turma. REsp nº 629.471. Rel. Min. João Otávio de Noronha. Julgado em 13.2.2007)

2.8.1.3 Previdenciária

1. Inconstitucionalidade. Seguridade social. Servidor público. Vencimentos. Proventos de aposentadoria e pensões. Sujeição à incidência de contribuição previdenciária. Ofensa a direito adquirido no ato de aposentadoria. Não ocorrência. Contribuição social. Exigência patrimonial de natureza tributária. Inexistência de norma de imunidade tributária absoluta. Emenda Constitucional nº 41/2003 (art. 4º, caput). Regra não retroativa. Incidência sobre fatos geradores ocorridos depois do início de sua vigência. Precedentes da Corte. Inteligência

dos arts. 5º, XXXVI, 146, III, 149, 150, I e III, 194, 195, caput, II e §6º, da CF, e art. 4º, caput, da EC nº 41/2003. No ordenamento jurídico vigente, não há norma, expressa nem sistemática, que atribua à condição jurídico-subjetiva da aposentadoria de servidor público o efeito de lhe gerar direito subjetivo como poder de subtrair ad aeternum a percepção dos respectivos proventos e pensões à incidência de lei tributária que, anterior ou ulterior, os submeta à incidência de contribuição previdencial. Noutras palavras, não há, em nosso ordenamento, nenhuma norma jurídica válida que, como efeito específico do fato jurídico da aposentadoria, lhe imunize os proventos e as pensões, de modo absoluto, à tributação de ordem constitucional, qualquer que seja a modalidade do tributo eleito, donde não haver, a respeito, direito adquirido com o aposentamento. 2. Inconstitucionalidade. Ação direta. Seguridade social. Servidor público. Vencimentos. Proventos de aposentadoria e pensões. Sujeição à incidência de contribuição previdenciária, por força de Emenda Constitucional. Ofensa a outros direitos e garantias individuais. Não ocorrência. Contribuição social. Exigência patrimonial de natureza tributária. Inexistência de norma de imunidade tributária absoluta. Regra não retroativa. Instrumento de atuação do Estado na área da previdência social. Obediência aos princípios da solidariedade e do equilíbrio financeiro e atuarial, bem como aos objetivos constitucionais de universalidade, equidade na forma de participação no custeio e diversidade da base de financiamento. Ação julgada improcedente em relação ao art. 4º, caput, da EC nº 41/2003. Votos vencidos. Aplicação dos arts. 149, caput, 150, I e III, 194, 195, caput, II e §6º, e 201, caput, da CF. Não é inconstitucional o art. 4º, caput, da Emenda Constitucional nº 41, de 19 de dezembro de 2003, que instituiu contribuição previdenciária sobre os proventos de aposentadoria e as pensões dos servidores públicos da União, dos Estados, do Distrito Federal e dos Municípios, incluídas suas autarquias e fundações. 3. Inconstitucionalidade. Ação direta. Emenda Constitucional (EC nº 41/2003, art. 4º, §únic, I e II). Servidor público. Vencimentos. Proventos de aposentadoria e pensões. Sujeição à incidência de contribuição previdenciária. Bases de cálculo diferenciadas. Arbitrariedade. Tratamento discriminatório entre servidores e pensionistas da União, de um lado, e servidores e pensionistas dos Estados, do Distrito Federal e dos Municípios, de outro. Ofensa ao princípio constitucional da isonomia tributária, que é particularização do princípio fundamental da igualdade. Ação julgada procedente para declarar inconstitucionais as expressões "cinquenta por cento do" e "sessenta por cento do", constante do art. 4º, §único, I e II, da EC nº 41/2003. Aplicação dos arts. 145, §1º, e 150, II, cc. art. 5º, caput e §1º, e 60, §4º, IV, da CF, com restabelecimento do caráter geral da regra do art. 40, §18. São inconstitucionais as expressões "cinqüenta por cento do" e "sessenta por cento do", constantes do §único, incisos I e II, do art. 4º da Emenda Constitucional nº 41, de 19 de dezembro de 2003, e tal pronúncia restabelece o caráter geral da regra do art. 40, §18, da Constituição da República, com a redação dada por essa mesma Emenda. (STF. ADI 3.105. Pleno. Rel. para o Acórdão Min. Cézar Peluzo. Julgamento em 18/08/2004)

2.8.1.4 Salário-educação

É constitucional a cobrança da contribuição do salário-educação, seja sob a Carta de 1969, seja sob a Constituição Federal de 1988, e no regime da Lei 9.424/1996. (Súmula STF nº 732)

O Tribunal, por maioria, julgou procedente ação declaratória de constitucionalidade promovida pelo Procurador-Geral da República para, com força vinculante, eficácia erga omnes e efeito *ex tunc*, declarar a constitucionalidade do art. 15, §1º, I e II e §3º da Lei 9.424/96, que dispõe sobre a contribuição social do salário-educação previsto no §5º do art. 212 da CF (EC 14/96). Afastou-se a necessidade de lei complementar para sua instituição, dado que o salário-educação possui natureza tributária de contribuição, não se aplicando os arts. 146, III, a e 154, I, da CF, que se referem aos impostos. Salientou-se, ainda, que a contribuição do salário-educação está expressamente prevista no art. 212 da CF, o que afasta a aplicação do art. 195, §4º da CF — que faculta, na forma do art. 154, I, da CF, a instituição de outras fontes destinadas à seguridade social (CF, art. 212. §5º: "O ensino fundamental público terá como fonte adicional de financiamento a contribuição social do salário-educação recolhida, pelas empresas, na forma da lei"). Considerou-se, também, não estar caracterizado o vício de inconstitucionalidade formal por ofensa ao parágrafo único do art. 65 da CF — determina que o projeto de lei emendado voltará à Casa iniciadora —, porquanto as alterações introduzidas pelo Senado Federal não importaram alteração do sentido da proposição legislativa e, somente nesta hipótese, o projeto de lei deveria ser devolvido à Câmara dos Deputados. Vencido o Min. Marco Aurélio que declarava a inconstitucionalidade formal do caput do art. 15, por inobservância da regra do art. 65 da CF, tendo em vista que o Senado Federal, ao substituir a expressão "folha de salários" por "total de remunerações pagas ou creditadas, a qualquer título", alargou a base de incidência da contribuição, promovendo alteração substancial na proposição legislativa. Vencido, também, o Min. Sepúlveda Pertence, que acompanhava o voto do Min. Marco Aurélio para, em menor extensão, declarar a inconstitucionalidade formal, no caput do art. 15, da expressão "a qualquer título". [Lei 9.424/96, art. 15: "O Salário-Educação, previsto no art. 212, §5º, da Constituição Federal é devido pelas empresas, na forma em que vier a ser disposto em regulamento, é calculado com base na alíquota de 2,5 % (dois e meio por cento) sobre o total de remunerações pagas ou creditadas, a qualquer título, aos segurados empregados, assim definidos no art. 12, inc. I, da Lei nº 8.212/91]. (ADC 3-DF, Rel. Min. Nelson Jobim, 2.12.99. *Informativo STF*, n. 173)

Tributário. Salário-educação. Período anterior à Lei nº 9.424/96. Alegada inconstitucionalidade, em face da EC 01/69, vigente quando da edição do Decreto-Lei nº 1.422/75, por ofensa ao princípio da estrita legalidade tributária, consagrado nos arts. 153, §2º, e 178, e ao princípio da vedação da delegação de poderes, previsto no art. 6º, parágrafo único. Alegada contrariedade, ainda, ao art. 195, I, da CF/88. Contribuição que, de resto, fora revogada pelo art. 25 do ADCT/88. Contribuição que, na vigência da EC 01/69, foi considerada pela jurisprudência do STF como de natureza não tributária, circunstância que a subtraiu da incidência do princípio da legalidade estrita, não se encontrando, então, na competência do Poder Legislativo a atribuição de fixar as alíquotas de contribuições extratributárias. O art. 178 da Carta pretérita, por outro lado, nada mais fez do que conferir natureza constitucional à contribuição, tal qual se achava instituída pela Lei nº 4.440/64, cuja estipulação do respectivo quantum debeatur por meio do sistema de compensação do custo atuarial não poderia ser cumprida senão por meio de levantamentos feitos por agentes da Administração, donde a fixação da alíquota haver ficado a cargo do Chefe do Poder Executivo. Critério que, todavia, não se revelava arbitrário, porque sujeito à observância de condições e limites previstos em lei. A CF/88 acolheu o salário-educação, havendo mantido de forma expressa — e, portanto, constitucionalizado —, a contribuição, então vigente, a exemplo do que fez com o PIS-PASEP (art. 239) e com o FINSOCIAL (art. 56 do ADCT), valendo dizer que a recepcionou nos termos em que a encontrou, em outubro/88. Conferiu-lhe, entretanto, caráter tributário, por sujeitá-la, como as demais contribuições sociais, à norma do seu art. 149, sem prejuízo de havê-la mantido com a mesma estrutura normativa do Decreto-Lei nº 1.422/75 (mesma hipótese de incidência, base de cálculo e alíquota), só não tendo subsistido à nova Carta a delegação contida no §2º do seu art. 1º, em face de sua incompatibilidade com o princípio da legalidade a que, de pronto, ficou circunscrita. Recurso não conhecido. (STF. Pleno. RE nº 290.079. Rel. Min. Ilmar Galvão. Julgamento em 17.10.2001)

2.8.1.5 Seguridade social

O Tribunal, por maioria, reconhecendo a constitucionalidade da referida contribuição social (art. 1º, I, da LC 84/96), entendeu que a CF/88 não proíbe a coincidência da base de cálculo da contribuição com a base de cálculo de imposto já existente. Considerou-se que a remissão contida na parte final do art. 195, §4º, da CF, restringe-se à necessidade de lei complementar para a criação de novas contribuições. (*Informativo STF*, n. 125. Pleno, RE nº 228.321, Rel. Min. Carlos Velloso, não conheceram, maioria, julg. 1.10.88, *DJU* 30.5.03)

Não é inconstitucional a instituição da contribuição social sobre o lucro das pessoas jurídicas, cuja natureza é tributária. (STF. Pleno. RE nº 146.733. Rel. Min. Moreira Alves. Julgado em 29.06.92)

A contribuição da Lei 7.689, de 15.12.88, é uma contribuição social instituída com base no art. 195, I, da Constituição. As contribuições do art. 195, I, II, III, da Constituição, não exigem, para a sua instituição, lei complementar. Apenas a contribuição do §4º do mesmo art. 195 é que exige, para a sua instituição, lei complementar, dado que essa instituição deverá observar a técnica da competência residual da União (CF, art. 195, §4º; CF, art. 154, I). Posto estarem sujeitas a lei complementar do art. 146, III, da Constituição, porque não são impostos, não há necessidade de que a lei complementar defina o seu fato gerador, base de cálculo e contribuintes (CF, art. 146, III, "a"). (STF. Pleno. RE nº 138.284. Rel. Min. Carlos Velloso. Julgado em 01.07.92)

Constitucional. Tributário. Contribuição Social. PIS-PASEP. Princípio da anterioridade nonagesimal: Medida Provisória: reedição. I. - Princípio da anterioridade nonagesimal: CF, art. 195, §6º: contagem do prazo de noventa dias, medida provisória convertida em lei: conta-se o prazo de noventa dias a partir da veiculação da primeira medida provisória. II. - Inconstitucionalidade da disposição inscrita no art. 15 da Med. Prov. 1.212, de 28.11.95 "aplicando-se aos fatos geradores ocorridos a partir de 1º de outubro de 1995" e de igual disposição inscrita nas medidas provisórias reeditadas e na Lei 9.715, de 25.11.98, art. 18. III. - Não perde eficácia a medida provisória, com força de lei, não apreciada pelo Congresso Nacional, mas reeditada, por meio de nova medida provisória, dentro de seu prazo de validade de trinta dias. IV. - Precedentes do STF: ADIn 1.617-MS, Min. Octavio Gallotti, "DJ" de 15.8.97; ADIn 1.610-DF, Min. Sydney Sanches; RE nº 221.856-PE, Min. Carlos Velloso, 2ª T., 25.5.98. V. - RE conhecido e provido, em parte. (STF. Pleno. RE nº 232.896. Rel. Min. Carlos Velloso. *DJ* de 01.10.1999)

Concluído julgamento de uma série de recursos extraordinários em que se questionava a constitucionalidade das alterações promovidas pela Lei 9.718/98, que ampliou a base de cálculo da COFINS e do PIS, cujo art. 3º, §1º, define o conceito de faturamento ("Art. 3º O faturamento a que se refere o artigo anterior corresponde à receita bruta da pessoa jurídica. §1º. Entende-se por receita bruta a totalidade das receitas auferidas pela pessoa jurídica, sendo irrelevantes o tipo de atividade por ela exercida e a classificação contábil adotada para as receitas") – v. *Informativos* 294, 342 e 388. O Tribunal, por unanimidade, conheceu dos recursos e, por maioria, deu-lhes provimento para declarar a inconstitucionalidade do §1º do art. 3º da Lei 9.718/98. Entendeu-se que esse dispositivo, ao ampliar o conceito de receita bruta para toda e qualquer receita, violou a noção de faturamento pressuposta no art. 195, I, b, da CF, na sua redação original, que equivaleria ao de receita bruta das vendas de mercadorias, de mercadorias e serviços e de serviços de qualquer natureza, conforme reiterada jurisprudência do STF. Ressaltou-se que, a despeito de a norma constante do texto atual do art. 195, I, b, da CF, na redação dada pela EC 20/98, ser conciliável com o disposto no art. 3º, do §1º da Lei 9.718/97, não haveria se falar em convalidação nem recepção deste, já que eivado de nulidade original insanável, decorrente de sua frontal incompatibilidade com o texto constitucional vigente no momento de sua edição. Afastou-se o argumento de que a publicação da EC 20/98, em data anterior ao início de produção dos efeitos da Lei 9.718/97 — o qual se deu em 1º.2.99 em atendimento à anterioridade nonagesimal (CF, art. 195, §6º) —, poderia conferir-lhe fundamento de validade, haja vista que a lei entrou em vigor na data de sua publicação (28.11.98), portanto, 20 dias antes da EC 20/98. Reputou-se, ademais, afrontado o §4º do art. 195 da CF, se considerado para efeito de instituição de nova fonte de custeio de seguridade, eis que não obedecida, para tanto, a forma prescrita no art. 154, I, da CF ("Art. 154. A União poderá instituir: I - mediante lei complementar, impostos não previstos no artigo anterior, desde que sejam não-cumulativos e não tenham fato gerador ou base de cálculo próprios dos discriminados nesta Constituição;"). Em relação aos recursos extraordinários RE 357950/RS; RE 358273/RS; RE 390840/MG, todos de relatoria do Min. Marco Aurélio, ficaram vencidos: em parte, os Ministros Cezar Peluso e Celso de Mello, que declaravam também a inconstitucionalidade do art. 8º da lei em questão; e, integralmente, os Ministros Eros Grau, Joaquim Barbosa, Gilmar Mendes e o Nelson Jobim, presidente, que negavam provimento ao recurso. Em relação ao RE 346084/PR, ficaram vencidos: em parte, o Min. Ilmar Galvão, relator originário, que dava provimento parcial ao recurso para fixar como termo inicial do prazo nonagesimal o dia 1º.2.99, e os Ministros Cezar Peluso e Celso de Mello, que davam parcial provimento para declarar a inconstitucionalidade apenas do §1º do art. 3º da Lei 9.718/97; integralmente, os Ministros Maurício Corrêa, Gilmar Mendes, Joaquim Barbosa e Nelson Jobim, presidente, que negavam provimento ao recurso, entendendo ter havido a convalidação da norma impugnada pela EC 20/98. RE 357950/RS, Rel. Orig. Min. Marco Aurélio e RE 346084/PR, Rel. Orig. Min. Ilmar Galvão, 9.11.2005. (RE-357950 e RE-346084. *Informativo STF*, n. 408)

Constitucional. Tributário. Previdenciário. Contribuição: Cofins – PIS – Finsocial. CF, art. 195, I. I. - Pessoa jurídica habilitada a operar, admitindo trabalhadores. O vocábulo empregador inscrito no art. 195, I, CF, compreende a pessoa jurídica empregadora em potencial. II. - Agravo não provido. (STF. 2ª Turma. RE nº 364.215/AgR. Rel. Min. Carlos Velloso. Julgamento em 17.8.2004)

Cofins. Shopping center. Aluguel percentual. Discutia-se a imposição do pagamento de Cofins à administradora de shopping center, particularmente quanto à atividade de locação de lojas remuneradas mediante aluguel variável, dito percentual calculado sobre o faturamento de cada uma. Assim, a Seção, por maioria, afastou a preliminar de não-conhecimento dos embargos de divergência, apesar de se ter defendido, em voto vencido, a nulidade do julgamento do REsp ora embargado por erro material. Quanto ao mérito, decidiu, também por maioria, a incidência da exação, visto tratar-se, em suma, de contrato de locação cujo produto integra o conceito de faturamento. Anotou não existir bis in idem pelo fato de o faturamento do próprio lojista já ser tributado pela Cofins, pois cuida-se, ao final, de imposto cumulativo. Os votos vencidos realçavam a peculiaridade do contrato de locação de shopping center, de natureza mista, a englobar vários pactos adjetos, e a ocorrência de velada bitributação. (EREsp 727.245-PE, Rel. Min. Teori Albino Zavascki, julgado em 9.8.2006. *Informativo STJ*, n. 292)

A Turma, mesmo com a ressalva da Min. Relatora, por unanimidade, adotou o entendimento da Primeira Seção, que assentou incidir a Cofins e o PIS sobre as receitas oriundas da locação de lojas em shopping center, mesmo quando o valor do aluguel seja em percentual sobre o faturamento do lojista locatário. Precedentes citados: EREsp 727.245-PE, *DJ* 6.8.2007; EREsp 662.978-PE, *DJ* 5.3.2007, e EREsp 712.080-PR, *DJ* 16.6.2008. (AgRg no REsp 748.260-RS, Rel. Min. Eliana Calmon, julgado em 4.9.2008. *Informativo STJ*, n. 366)

Em conclusão, o Tribunal, por maioria, desproveu dois recursos extraordinários, e declarou legítima a revogação da isenção do recolhimento da Contribuição para o Financiamento da Seguridade Social sobre as sociedades civis de prestação de serviços de profissão legalmente regulamentada, prevista no art. 6º, II, da LC 70/91, pelo art. 56 da Lei 9.430/96 ("Art. 56. As sociedades civis de prestação de serviços de profissão legalmente regulamentada passam a contribuir para a seguridade social com base na receita bruta da prestação de serviços, observadas as normas da Lei Complementar nº 70, de 30 de dezembro de 1991") – v. *Informativos* 436, 452 e 459. Considerou-se a orientação fixada pelo STF no julgamento da ADC 1/DF (*DJU* de 16.6.95), no sentido de: a) inexistência de hierarquia constitucional entre lei complementar e lei ordinária, espécies normativas formalmente distintas exclusivamente tendo em vista a matéria eventualmente reservada à primeira pela própria CF; b) inexigibilidade de lei complementar para disciplina dos elementos próprios à hipótese de incidência das contribuições desde logo previstas no texto constitucional. Com base nisso, afirmou-se que o conflito aparente entre o art. 56 da Lei 9.430/96 e o art. 6º, II, da LC 70/91 não se resolve por critérios hierárquicos, mas, sim, constitucionais quanto à materialidade própria a cada uma dessas espécies normativas. No ponto, ressaltou-se que o art. 56 da Lei 9.430/96 é dispositivo legitimamente veiculado por legislação ordinária (CF, art. 146, III, b, a contrario sensu, e art. 150, §6º) que importou na revogação de dispositivo inserto em norma materialmente ordinária (LC 70/91, art. 6º, II). Concluiu-se não haver, no caso, instituição, direta ou indireta, de nova contribuição social a exigir a intervenção de legislação complementar (CF, art. 195, §4º). Vencidos os Ministros Eros Grau e Marco Aurélio que davam provimento aos recursos, para que fosse mantida a isenção estabelecida no art. 6º, II, da LC 70/91. Em seguida, o Tribunal, por maioria, rejeitou pedido de modulação de efeitos. Vencidos, no ponto, os Ministros Menezes Direito, Eros Grau, Celso de Mello, Carlos Britto e Ricardo Lewandowski, que deferiam a modulação, aplicando, por analogia, o disposto no art. 27 da Lei 9.868/99. O Tribunal também rejeitou questão de ordem que determinava a baixa do processo ao STJ, pela eventual falta da prestação jurisdicional, vencidos o Min. Marco Aurélio, que a suscitara, e o Min. Eros Grau. Por fim, o Tribunal acolheu questão de ordem suscitada pelo Min. Gilmar Mendes, relator, para permitir a aplicação do art. 543-B do CPC, vencido o Min. Marco Aurélio. Não participou da votação nas questões de ordem o

Min. Joaquim Barbosa, ausente naquele momento. (RE 377457/PR, Rel. Min. Gilmar Mendes, 17.9.2008; RE 381964/MG, Rel. Min. Gilmar Mendes, 17.9.2008. *Informativo STF*, n. 520)

A Seção adotou o entendimento de que a revogação, por lei ordinária, da isenção do recolhimento da Cofins concedida pela Lei Complementar n° 70/1991 não afronta o princípio da hierarquia das leis. A referida LC, apesar de seu caráter formalmente complementar, tratou de matéria não submetida à reserva constitucional de lei complementar, a permitir, daí, que mudanças no texto daquele diploma legal pudessem ser introduzidas por meio de simples leis ordinárias. Assim, a Seção julgou procedente a ação rescisória e, em questão de ordem, anulou o enunciado n° 276 da Súmula deste Superior Tribunal: as sociedades civis de prestação de serviços profissionais são isentas da Cofins, irrelevante o regime tributário adotado. (AR n° 3.761-PR, Rel. Min. Eliana Calmon, julg. em 12.11.2008. *Informativo STJ*, n. 376)

As sociedades civis de prestação de serviços profissionais são isentas da Cofins, irrelevante o regime tributário adotado. (Súmula STJ n° 276)

Interpretação – Carga Construtiva – Extensão. Se é certo que toda interpretação traz em si carga construtiva, não menos correta exsurge a vinculação a ordem jurídico-constitucional. O fenômeno ocorre a partir das normas em vigor, variando de acordo com a formação profissional e humanística do intérprete. No exercício gratificante da arte de interpretar, descabe "inserir na regra de direito o próprio juízo — por mais sensato que seja — sobre a finalidade que "conviria" fosse por ela perseguida" – Celso Antônio Bandeira de Mello, em parecer inédito. Sendo o Direito uma ciência, o meio justifica o fim, mas não este aquele. Constituição – Alcance político – Sentido dos vocábulos – Interpretação. O conteúdo político de uma Constituição não é conducente ao desprezo do sentido vernacular das palavras, muito menos ao do técnico, considerados institutos consagrados pelo Direito. Toda ciência pressupõe a adoção de escorreita linguagem, possuindo os institutos, as expressões e os vocábulos que a revelam conceito estabelecido com a passagem do tempo, quer por força de estudos acadêmicos quer, no caso do Direito, pela atuação dos Pretórios. Seguridade social – Disciplina – Espécies – Constituições Federais – Distinção. Sob a égide das Constituições Federais de 1934, 1946 e 1967, bem como da Emenda Constitucional n° 1/69, teve-se a previsão geral do tríplice custeio, ficando aberto campo propício a que, por norma ordinária, ocorresse a regência das contribuições. A Carta da República de 1988 inovou. Em preceitos exaustivos — incisos I, II e III do art. 195 — impôs contribuições, dispondo que a lei poderia criar novas fontes destinadas a garantir a manutenção ou expansão da seguridade social, obedecida a regra do art. 154, inc. I, nela inserta (§4° do art. 195 em comento). Contribuição social – Tomador de serviços – Pagamentos a administradores e autônomos – Regência. A relação jurídica mantida com administradores e autônomos não resulta de contrato de trabalho e, portanto, de ajuste formalizado a luz da Consolidação das Leis do Trabalho. Daí a impossibilidade de se dizer que o tomador dos serviços qualifica-se como empregador e que a satisfação do que devido ocorra via folha de salários. Afastado o enquadramento no inc. I do art. 195 da Constituição Federal, exsurge a desvalia constitucional da norma ordinária disciplinadora da matéria. A referência contida no §4° do art. 195 da Constituição Federal ao inc. I do art. 154 nela insculpido, impõe a observância de veículo próprio — a lei complementar. Inconstitucionalidade do inc. I do art. 3° da Lei n° 7.787/89, no que abrangido o que pago a administradores e autônomos. Declaração de inconstitucionalidade limitada pela controvérsia dos autos, no que não envolvidos pagamentos a avulsos. (STF. Pleno. RE nº 166.772. Rel. Min. Marco Aurélio. Julgamento em 12.5.1994)

Contribuição social. Argüição de inconstitucionalidade, no inc. I do art. 3. da Lei 7.787/89, da expressão "avulsos, autônomos e administradores". Procedência. – O Plenário desta Corte, ao julgar o RE 166.772, declarou a inconstitucionalidade do inc. I do art. 3º da Lei 7.787/89, quanto aos termos "autônomos e administradores", porque não estavam em causa os avulsos. A estes, porem, se aplica a mesma fundamentação que levou a essa declaração de inconstitucionalidade, uma vez que a relação jurídica mantida entre a empresa e eles não resulta de contrato de trabalho, não sendo aquela, portanto, sua empregadora, o que afasta o seu enquadramento no inc. I do art. 195 da Constituição Federal, e, consequentemente, impõe, para a criação de contribuição social a essa categoria, a observância do disposto no §4º desse dispositivo, ou seja, que ela se faça por lei complementar e não — como ocorreu — por lei ordinária. Recurso extraordinário conhecido e provido, declarando-se a inconstitucionalidade dos termos "avulsos, autônomos e administradores" contidos no inc. I do art. 3º da Lei 7.787/89. (STF. Pleno. RE nº 177.296. Rel. Min. Moreira Alves. Julgamento em 15.9.1994)

Os salários e encargos sociais referentes à mão-de-obra que a sociedade intermediadora dispõe ao tomador do serviço integram a base de cálculo do PIS e da Cofins, visto que esses valores ajustam-se ao conceito de faturamento. Precedentes citados: REsp 727.245-PE, *DJ* 21.11.2005, e REsp 761.413-PR, *DJ* 12.4.2007. (REsp 954.719-SC, Rel. Min. Herman Benjamin, julgado em 13.11.2007. *Informativo STJ*, n. 339)

Constitucional. Tributário. Previdenciário. Contribuições sociais: empresários. Autônomos e avulsos. Lei Complementar nº 84, de 18.01.96: constitucionalidade. I. - Contribuição social instituída pela Lei Complementar nº 84, de 1996: constitucionalidade. II. - RE não conhecido. (STF. Pleno. RE nº 228321. Rel. Min. Carlos Velloso. Julgamento em: 01.10.1998)

Contribuição social. Constitucionalidade do art. 1º, I, da Lei Complementar nº 84/96. – Recentemente, o Plenário desta Corte, ao julgar o RE 228.321, deu, por maioria de votos, pela constitucionalidade da contribuição social, a cargo das empresas e pessoas jurídicas, inclusive cooperativas, incidente sobre a remuneração ou retribuição pagas ou creditadas aos segurados empresários, trabalhadores autônomos, avulsos e demais pessoas físicas, objeto do art. 1º, I, da Lei Complementar nº 84/96, por entender que não se aplica às contribuições sociais novas a segunda parte do inc. I do art. 154 da Carta Magna, ou seja, que elas não devam ter fato gerador ou base de cálculos próprios dos impostos discriminados na Constituição. – Dessa orientação não divergiu o acórdão recorrido. Recurso extraordinário não conhecido. (STF. 1ª Turma. RE nº 223.085. Rel. Min. Moreira Alves. Julgamento em: 27.10.1998)

2.8.1.6 Sindical

Sindicato: contribuição sindical da categoria: recepção. A recepção pela ordem constitucional vigente da contribuição sindical compulsória, prevista no art. 578 CLT e exigível de todos os integrantes da categoria, independentemente de sua filiação ao sindicato resulta do art. 8º, IV, in fine, da Constituição; não obsta à recepção a proclamação, no caput do art. 8º, do princípio da liberdade sindical, que há de ser compreendido a partir dos termos em que a Lei Fundamental a positivou, nos quais a unicidade (art. 8º, II) e a própria contribuição sindical de natureza tributária (art. 8º, IV) — marcas características do modelo corporativista resistente —, dão a medida da sua relatividade (cf. MI 144, Pertence, *RTJ* 147/868, 874); nem impede a recepção questionada a falta da lei complementar prevista no art. 146, III, CF, à qual alude o art. 149, à vista do disposto no art. 34, §§3º e 4º, das Disposições Transitórias (cf. RE 146733, Moreira Alves, *RTJ* 146/684, 694). (STF. 1ª Turma. RE nº 180.745. Rel. Min. Sepúlveda Pertence. Julgamento em 24.3.1998)

Recurso Extraordinário. Agravo Regimental. Contribuições destinadas ao custeio de sindicatos. Exigibilidade. 1. A contribuição assistencial visa a custear as atividades assistenciais dos sindicatos, principalmente no curso de negociações coletivas. A contribuição confederativa destina-se ao financiamento do sistema confederativo de representação sindical patronal ou obreira. Destas, somente a segunda encontra previsão na Constituição Federal (art. 8º, IV), que confere à assembléia geral a atribuição para criá-la. Este dispositivo constitucional garantiu a sobrevivência da contribuição sindical, prevista na CLT. 2. Questão pacificada nesta Corte, no sentido de que somente a contribuição sindical prevista na CLT, por ter caráter parafiscal, é exigível de toda a categoria independente de filiação. 3. Entendimento consolidado no sentido de que a discussão acerca da necessidade de expressa manifestação do empregado em relação ao desconto em folha da contribuição assistencial não tem porte constitucional, e, por isso, é insuscetível de análise em sede de recurso extraordinário. 4. Agravo regimental improvido. (STF. 2ª Turma. RE nº 224.885/AgR. Rel. Min. Ellen Gracie. Julgamento em 8.6.2004)

Constitucional. Contribuição sindical rural. Natureza tributária. Recepção. I. - A contribuição sindical rural, de natureza tributária, foi recepcionada pela ordem constitucional vigente, sendo, portanto, exigível de todos os integrantes da categoria, independentemente de filiação à entidade sindical. Precedentes. II. - Agravo não provido. (STF. 2ª Turma. AI nº 498.686/AgR. Rel. Min. Carlos Velloso. Julgamento em 5.4.2005)

Constitucional. Contribuição sindical. Art. 589, IV, da CLT. I. - A contribuição sindical prevista no art. 589 da CLT não fere o princípio da liberdade sindical e foi recepcionada pela Constituição de 1988. II. - É legítima a destinação de parte da arrecadação da contribuição sindical à União. III. - Agravo não provido. (STF. 2ª Turma. RE nº 279.393/AgR. Rel. Min. Carlos Velloso. Julgamento em 6.9.2005)

Contribuição sindical rural patronal. Legitimidade. CNA. A contribuição sindical rural tem natureza de tributo, sendo, portanto, compulsória e, por isso, não se confunde com a contribuição confederativa voluntária a que alude o art. 8º, IV, da CF/1988. Com esse entendimento, a Turma conheceu em parte do recurso e, nessa parte, deu-lhe provimento para reconhecer a legitimidade da Confederação Nacional da Agricultura – CNA para cobrança da contribuição sindical rural patronal. (REsp 625.177-SP, Rel. Min. Humberto Martins, julgado em 21.11.2006. *Informativo STJ*, n. 305)

2.8.1.7 Social geral

Julgado o pedido de medida liminar em duas ações diretas ajuizadas pela Confederação Nacional da Indústria – CNI e pelo Partido Social Liberal – PSL contra a Lei Complementar

110, de 29.6.2001, que instituiu a contribuição social devida pelos empregadores em caso de despedida de empregado sem justa causa, à alíquota de 10% sobre o montante de todos os depósitos referentes ao FGTS durante a vigência do contrato de trabalho, bem como instituiu, pelo prazo de 60 meses, contribuição social devida pelos empregadores à alíquota de 5% sobre a remuneração devida, no mês anterior, a cada trabalhador. Alega-se que a Lei Complementar em questão ofende os artigos 5º, LIV, 149, 150, III, b, 154, 157, II, 167, IV, 195, §§4º e 6º, e o inc. I do art. 10 do ADCT. O Tribunal, considerando que as exações em questão têm a natureza jurídica de contribuições sociais de caráter geral nos termos do art. 149 da CF, não se tratando, portanto, de contribuições para a seguridade social, deferiu em parte, por maioria, o pedido de medida liminar para suspender, com efeitos *ex tunc*, a expressão que aplica o princípio da anterioridade nonagesimal à referida LC 110/2001, uma vez que a mesma está sujeita ao art. 150, III, b, da CF, que veda a cobrança dessas contribuições no mesmo exercício financeiro em que haja sido publicada a lei que as instituiu (a expressão "produzindo efeitos" constante do caput do art. 14 da LC 110/2001, bem como os incisos I e II do mesmo art. 14). Vencido parcialmente o Min. Marco Aurélio, que deferia a medida liminar em maior extensão, suspendendo a eficácia da lei nos termos dos pedidos formulados. ADI (MC) 2.556-DF e ADI (MC) 2.568-DF, Rel. Min. Moreira Alves, 9.10.2002. (ADI nº 2.556; ADI nº 2.568. *Informativo STF*, n. 285)

Tributário. Exigibilidade da contribuição ao SEBRAE da pessoa jurídica independentemente da natureza de micro ou pequena empresa. 1. Ao instituir a referida contribuição como um "adicional" às contribuições ao SENAI, SENAC, SESI e SESC, o legislador indubitavelmente definiu como sujeitos ativo e passivo, fato gerador e base de cálculo, os mesmos daquelas contribuições e como alíquota, as descritas no §3º do art. 8º da Lei nº 8.029/90. 2. Assim, a contribuição ao SEBRAE é devida por todos aqueles que recolhem as contribuições ao SESC, SESI, SENAC e SENAI, independentemente de seu porte (micro, pequena, média ou grande empresa). 3. Recurso especial provido. (STJ. 2ª Turma. REsp nº 608.101. Rel. Min. Castro Meira. Julgamento em 24.8.2004)

Tributário. Contribuição social autônoma. Adicional ao SEBRAE. Empresa de grande porte. Exigibilidade. Precedentes do STF. 1. As contribuições sociais, previstas no art. 240, da Constituição Federal, têm natureza de "contribuição social geral" e não contribuição especial de interesses de categorias profissionais (STF, RE nº 138.284/CE) o que derrui o argumento de que somente estão obrigados ao pagamento de referidas exações os segmentos que recolhem os bônus dos serviços inerentes ao SEBRAE. 2. Deflui da ratio essendi da Constituição na parte relativa ao incremento da ordem econômica e social, que esses serviços sociais devem ser mantidos "por toda a coletividade" e demandam, a fortiori, fonte de custeio. 3. Recurso especial improvido. (STJ. 1ª Turma. REsp nº 475.749. Rel. Min. Luiz Fux. Julgamento em 17.6.2004)

2.8.2 Compulsoriedade

O Tribunal, por maioria, julgou improcedente pedido formulado em ação direta ajuizada pela Confederação Nacional da Agricultura – CNA contra os artigos 9º, 10, 11 e 22 da Lei 1.963/99, do Estado do Mato Grosso do Sul, que criou o fundo de desenvolvimento do sistema rodoviário estadual – FUNDERSUL e condicionou o diferimento do ICMS de produtos agropecuários a que os produtores rurais remetentes das mercadorias contribuam para a construção, manutenção, recuperação e melhoramento das rodovias estaduais. Entendeu-se que a contribuição criada pela lei impugnada não possui natureza tributária, porquanto despida de compulsoriedade (CTN, art. 3º), razão por que não se submete aos limites constitucionais ao poder de tributar, não se podendo falar em ofensa aos princípios da não-cumulatividade, da igualdade, da anterioridade e da vedação à bitributação. Asseverou-se, também, que o diferimento, pelo qual se transfere o momento do recolhimento do tributo cujo fato gerador já ocorreu, não se confunde com a isenção ou com a imunidade e, por isso, quanto ao ICMS, pode ser disciplinado pela legislação estadual sem a prévia celebração de convênio, não havendo, assim, afronta aos artigos 150, §6º, e 155, §2º, XII, g, todos da CF. Vencido o Min. Marco Aurélio, que, por considerar tratar-se, na espécie, de imposto, julgava procedente o pleito, reputando violados os artigos 155 e 167, IV, ambos da CF. (ADI nº 2.056/MS, Rel. Min. Gilmar Mendes, 30.5.2007. *Informativo STF*, n. 469)

2.8.3 Dação em pagamento

Iniciado o julgamento de medida liminar em ação direta ajuizada pelo Governador do Estado do Rio Grande do Sul contra a Lei 11.475/2000 do mesmo Estado, que introduz alterações em leis estaduais relativas ao procedimento tributário administrativo e à cobrança judicial de créditos inscritos em dívida ativa da fazenda pública estadual. Inicialmente, o Tribunal, por maioria, indeferiu a suspensão cautelar do inc. III do art. 1º da Lei atacada, que cria, como modalidade de extinção de crédito tributário, a dação em pagamento. O Tribunal, alterando o entendimento proferido na ADInMC 1.917-DF (v. *Informativo* 136), considerou ausente a relevância jurídica da alegação de inconstitucionalidade por ofensa ao art. 146, III, b, da CF ("Art. 146. Cabe à lei complementar: ... III - estabelecer normas gerais em matéria de legislação tributária, especialmente sobre: ... b) obrigação, lançamento, crédito, prescrição e decadência tributários;"), por entender que o Estado-membro pode estabelecer regras específicas de quitação de seus próprios créditos tributários. Vencidos os Ministros Maurício Corrêa e Marco Aurélio que, reafirmando o que decidido na ADInMC 1.917-DF, deferiam a suspensão cautelar do dispositivo mencionado. Em seguida, o Tribunal, também por maioria, indeferiu o pedido de medida liminar quanto ao art. §1º do art. 114 da Lei estadual 9.298/73, na redação dada pela Lei 11.475/2000 — que determina, quando feita a dação em pagamento e o bem oferecido não for suficiente para cobrir o débito, "o saldo eventualmente remanescente deverá ser pago de uma só vez, integralmente ou mediante moratória" — por considerar juridicamente irrelevante a alegada ofensa aos arts. 150, §6º, e 155, §2º, XII, g, da CF, por se tratar de norma pendente de regulamentação por meio de lei específica e por não ser a moratória hipótese de favor fiscal. Vencidos o Min. Maurício Corrêa, que deferia a liminar com base no precedente citado, e o Min. Marco Aurélio, que também deferia a liminar para suspender a expressão "ou mediante moratória", contida no mencionado §1º do art. 114 por entender que a moratória é um benefício que instala a guerra fiscal, ofendendo, aparentemente, o art. 155, §2º, XII, g, da CF — que exige, em se tratando de ICMS, a celebração de convênio entre os Estados para a concessão de isenções, incentivos e benefícios fiscais. Em seguida, verificada a quebra do quorum, o julgamento foi suspenso. (STF. Pleno. ADInMC nº 2.405-RS, Rel. Min. Ilmar Galvão, j. 14.3.2002. *Informativo STF*, n. 260)

O Tribunal julgou procedente pedido formulado em ação direta ajuizada pelo Governador do Distrito Federal para declarar a inconstitucionalidade da Lei distrital 1.624/97, que dispõe sobre o pagamento de débitos das microempresas, das empresas de pequeno porte e das médias empresas, mediante dação em pagamento de materiais destinados a atender a programas de Governo do Distrito Federal. Entendeu-se que a norma impugnada viola o art. 37, XXI, da CF, porquanto afasta a incidência do processo licitatório, por ele exigido, para aquisição de materiais pela Administração Pública, bem como o art. 146, III, da CF, que prevê caber à lei complementar o estabelecimento de normas gerais em matéria de legislação tributária, eis que cria nova causa de extinção de crédito tributário. (ADI nº 1.917/DF, Rel. Min. Ricardo Lewandowski, 26.4.2007. *Informativo STF*, n. 464)

2.8.4 Empréstimos compulsórios

(...) a Constituição vinculou o legislador a essencialidade da restituição na mesma espécie, seja por força do princípio explícito do art. 110 do Código Tributário Nacional, seja porque a identidade do objeto das prestações recíprocas e indissociável da significação jurídica e vulgar do vocábulo empregado. (STF. Pleno. RE nº 121.336. Rel. Min. Sepúlveda Pertence. Julgado em 11.10.90)

O empréstimo compulsório alusivo a aquisição de combustíveis – Decreto-Lei nº 2.288/86 mostra-se inconstitucional tendo em conta a forma de devolução — quotas do Fundo Nacional de Desenvolvimento — ao invés de operar-se na mesma espécie em que recolhido. (STF. Pleno. RE nº 175.385. Rel. Min. Marco Aurélio. Julgado em 01.12.94)

2.8.5 Exigência pecuniária desprovida de natureza tributária

2.8.5.1 Parcela do solo criado

A Turma, por maioria, desproveu recurso extraordinário em que questionada a exigência do pagamento da remuneração alusiva à "parcela do solo criado", instituída pela Lei 3.338/89, do Município de Florianópolis. Sustentava-se, na espécie, tratar-se de imposto criado sem base constitucional, o que ofenderia os artigos 5º, XXII; 156 e 182, §2º, todos da CF. Inicialmente, em votação majoritária, assentou-se a competência da Turma para apreciar o presente recurso, porquanto envolvida apenas discussão sobre a natureza jurídica dessa exação. Vencido, no ponto, o Min. Marco Aurélio que, tendo em conta a alegação de inconstitucionalidade da referida lei, suscitava questão de ordem no sentido de submeter ao Plenário o julgamento do caso. No mérito, entendeu-se que a parcela impugnada não atenta contra o direito de propriedade, uma vez que seu alcance é a remuneração, ao Município, pelo proprietário da edificação em decorrência da utilização de área superior ao coeficiente único não oneroso de aproveitamento. Com base nessa mesma orientação, afastou-se, ainda, o argumento de que a "parcela do solo criado" configuraria tributo. Reiterou-se que se cuida de compensação financeira pelo ônus causado em decorrência da sobrecarga da aglomeração urbana, destinada à formação de um Fundo de Obras Urbanas, sendo dispensada em hipóteses próprias. Dessa forma, concluiu-se pela impossibilidade de sua identificação com qualquer figura tributária a impor uma disciplina legal específica. Vencido o Min. Marco Aurélio que, por considerar que as posturas municipais estabelecem um gabarito para construções verticais, as quais não poderiam ser colocadas em plano secundário com o pagamento efetuado pelo proprietário, provia o extraordinário e declarava a inconstitucionalidade da lei municipal. Precedente citado: RE 387047/SC (*DJe* de 2.5.2008). (RE nº 226.942/SC, Rel. Min. Menezes Direito, 21.10.2008. *Informativo STF*, n. 525)

Recurso Extraordinário. Lei nº 3.338/89 do Município de Florianópolis/SC. Solo criado. Não configuração como tributo. Outorga onerosa do direito de criar solo. Distinção entre ônus, dever e obrigação. Função social da propriedade. Artigos 182 e 170, III da Constituição do Brasil. 1. Solo Criado – Solo criado é o solo artificialmente criado pelo homem [sobre ou sob o solo natural], resultado da construção praticada em volume superior ao permitido nos limites de um coeficiente único de aproveitamento. 2. Outorga onerosa do direito de criar solo. Prestação de dar cuja satisfação afasta obstáculo ao exercício, por quem a presta, de determinada faculdade. Ato necessário. Ônus – Não há, na hipótese, obrigação. Não se trata de tributo. Não se trata de imposto. Faculdade atribuível ao proprietário de imóvel, mercê da qual se lhe permite o exercício do direito de construir acima do coeficiente único de aproveitamento adotado em determinada área, desde que satisfeita prestação de dar que consubstancia ônus. Onde não há obrigação não pode haver tributo. Distinção entre ônus, dever e obrigação e entre ato devido e ato necessário. 3. Ônus do proprietário de imóvel urbano – Instrumento próprio à política de desenvolvimento urbano, cuja execução incumbe ao Poder Público municipal, nos termos do disposto no art. 182 da Constituição do Brasil. Instrumento voltado à correção de distorções que o crescimento urbano desordenado acarreta, à promoção do pleno desenvolvimento das funções da cidade e a dar concreção ao princípio da função social da propriedade [art. 170, III da CB]. 4. Recurso Extraordinário conhecido, mas não provido. (STF. Pleno. RE nº 387.047. Rel. Min. Eros Grau. Julgamento em 6.3.2008)

2.8.6 Fundo de Garantia por Tempo de Serviço

Fundo de Garantia por Tempo de Serviço. Sua natureza jurídica. Constituição, art. 165, XIII. Lei nº 5.107, de 13-9-1966. As contribuições para o FGTS não se caracterizam como crédito tributário ou contribuições a tributo equiparáveis. (...) Não exige o Estado, quando aciona o empregador, valores a serem recolhidos ao Erário, como receita pública. Não há, aí, contribuição de natureza fiscal ou parafiscal. Os depósitos do FGTS pressupõem vínculo jurídico, com disciplina do Direito do Trabalho. Não se aplica às contribuições do FGTS o disposto nos arts. 173 e 174, do CTN. (STF. Pleno. RE nº 100.249. Maioria. Rel. Min. Oscar Corrêa. Julgado em 2.12.87)

As disposições do Código Tributário Nacional não se aplicam às contribuições para o FGTS. (Súmula STJ nº 353)

Processo civil. Execução fiscal. Débitos do FGTS. Natureza não-tributária. Sucessão de empresas. Art. 133 do CTN e art. 4º, §2º, da Lei nº 6.830/80. Analogia. Impossibilidade de aplicação. Responsabilidade patrimonial. 1. A 1ª Turma assentou que: "3. A contribuição para o FGTS não tem natureza tributária. Sua sede está no art. 165, XIII, da Constituição Federal. É garantia de índole social. 4. Os depósitos de FGTS não são contribuições de natureza fiscal. Eles pressupõem vínculo jurídico disciplinado pelo Direito do Trabalho.

5. Impossibilidade de, por interpretação analógica ou extensiva, aplicarem-se ao FGTS as normas do CTN. 6. Precedentes do STF RE nº 100.249-2. Idem STJ Resp nº 11.089/MG. 7. Recurso parcialmente conhecido e, nesta parte, improvido" (RESP 383.885/PR, Rel. Min. José Delgado, *DJ* 10.06.2002). Em conseqüência, tratando-se de execução fiscal relativa a débitos do FGTS, incabível a aplicação das regras do CTN por interpretação analógica ou extensiva. 2. Não ostentando natureza tributária os débitos ao Fundo de Garantia por Tempo de Serviço – FGTS, aos mesmos aplicam-se as regras gerais de responsabilidade patrimonial insculpidas nos artigos 592 e seguintes do CPC. 3. Dívida contraída por empregador anterior que não é sucedido por nova empresa, nem dela faz parte sob o enfoque societário. Dívida datada de janeiro de 1967 a fevereiro de 1976 e constituição da nova firma em 01 de agosto de 1985. 4. A responsabilidade patrimonial pelos débitos das contribuições para o FGTS é do "empregador", indicado na Lei especial 8.036/90 que regula a imposição. Destarte, o débito para com o FGTS pressupõe o tempo de serviço que o empregado dispõe para o empregador, por isso que intuitu personae a responsabilidade, como se extrai dos artigos 25 e 29 da Lei, que inclusive permite que este deduza do lucro disponível o montante da contribuição, como "despesa operacional". Estes fatos, por si sós, acrescidos dos precedentes excludentes da natureza tributária da contribuição, impedindo a aplicação analógica dos artigos 131 a 133 do CTN, excluem a responsabilidade do sucessor, in casu acrescida pela aquisição, apenas, do título do estabelecimento, sem a continuação do negócio pelo componente da firma individual anterior. 5. Deveras, o próprio art. 30 da Lei nº 6.830/80, que versa a responsabilidade patrimonial para efeito da execução fiscal, dispõe que o devedor responde pelo pagamento da Dívida Ativa com a totalidade dos bens e das rendas, de qualquer origem ou natureza, "sem prejuízo dos privilégios especiais sobre determinados bens, que sejam previstos em lei". 6. Recurso especial provido. (STJ. 1ª Turma. REsp nº 491.326. Rel. Min. Luiz Fux. Julgamento em 18.3.2004)

2.8.7 Pedágio

Pedágio: natureza jurídica: taxa: CF, art. 145, II, art. 150, V. (STF. 2ª Turma. RE nº 181.475. Rel. Min. Carlos Velloso. Julgado em 4.5.99)

Ação Direta de Inconstitucionalidade. Decreto nº 34.417, de 24.7.92, do Governador do Estado do Rio Grande do Sul, que institui e autoriza a cobrança de pedágio em rodovia estadual. Alegada afronta aos princípios da legalidade e da anterioridade. Tudo está a indicar, entretanto, que se configura, no caso, mero preço público, não sujeito aos princípios invocados, carecendo de plausibilidade, por isso, a tese da inconstitucionalidade. De outra parte, não há falar-se em periculum in mora, já que, se risco de dano existe no pagar o pedágio, o mesmo acontece, na frustração de seu recebimento, com a diferença, apenas, de que, na primeira hipótese, não e ele de todo irreparável, como ocorre na segunda. Cautelar indeferida. (STF. Pleno. ADIN nº 800. Rel. Min. Ilmar Galvão. Julgamento em 26.11.1992)

Considerando configurada a afronta aos artigos 2º; 37, XXI; e 175, da CF, o Tribunal julgou procedente pedido formulado em ação direta proposta pelo Governador do Estado do Espírito Santo para declarar a inconstitucionalidade da Lei Estadual 7.304/2002, resultante de iniciativa parlamentar, que exclui as motocicletas da relação de veículos sujeitos ao pagamento de pedágio e concede aos estudantes desconto de 50% sobre o valor do mesmo. Afastou-se, primeiramente, a alegação de inconstitucionalidade formal por vício de iniciativa, uma vez que os casos de limitação da iniciativa parlamentar estão previstos, numerus clausus, no §1º do art. 61 da CF, que trata de matérias relativas ao funcionamento da Administração, em especial as atinentes a servidores e órgãos do Poder Executivo, não se podendo ampliar o rol para qualquer situação que gere aumento de despesas para o Estado-Membro. Por outro lado, entendeu-se que a lei em análise, ao conceder isenções sem prever nenhuma forma de compensação, afetou o equilíbrio econômico-financeiro do contrato de concessão celebrado entre a Administração capixaba com a empresa concessionária, avançou sobre a política tarifária estabelecida contratualmente e sob o controle do poder concedente, e introduziu elemento novo na relação contratual, incorrendo em indevida ingerência do Poder Legislativo na esfera própria das atividades da Administração Pública. (STF. Pleno. ADIN nº 2.733. Rel. Min. Eros Grau. *Informativo*, n. 407)

O Tribunal a quo entendeu que, para a cobrança de pedágio por parte de empresa concessionária que administra rodovia federal, torna-se necessário que haja uma via pública alternativa que seja gratuita para seus usuários e concluiu indevida a cobrança de pedágio uma vez que não há essa alternativa. Contudo a Turma deu provimento aos recursos da concessionária, do Estado e da União, pois entendeu que a necessidade de colocar uma via alternativa gratuita para seus usuários, em caráter obrigatório, não deve ser imposta para a cobrança do pedágio, pois para tal haveria de existir previsão expressa na lei, o que não ocorre na espécie. Precedentes citados: REsp 417.804-PR, *DJ* 16.5.2005, e REsp 927.810-RS, *DJ* 11.6.2007. (REsp 617.002-PR, Rel. Min. José Delgado, julgado em 5.6.2007. *Informativo STJ*, n. 322)

2.8.8 Tarifa

Embargos de declaração opostos à decisão do relator: conversão em agravo regimental. Constitucional. Tributário: taxa de esgoto sanitário. Prestação de serviço por concessionária. Natureza jurídica de preço público. I. - Embargos de declaração opostos à decisão singular do Relator. Conversão dos embargos em agravo regimental. II. - A jurisprudência do Supremo Tribunal Federal é no sentido de que não se trata de tributo, mas de preço público, a cobrança a título de água e esgoto. Precedentes. III. - Embargos de declaração convertidos em agravo regimental. Não-provimento deste. (STF. 2ª Turma. RE nº 447.536/ED. Rel. Min. Carlos Velloso. Julgamento em 28.6.2005)

Tributário. Serviço de fornecimento de água. Natureza jurídica. Taxa. Recurso Especial provido. 1. Em exame Recurso Especial pelas letras "a" e "c" do permissivo constitucional, contra acórdão assim ementado: "Apelação cível. Serviço de fornecimento de água. Natureza jurídica. Prescrição. Juros legais. Incidência. Lei Complementar Municipal 170/87. Multa de mora. Código de Defesa do Consumidor. Aplicação. 1. Nos termos do art. 1062 do Código Civil de 1916, os juros moratórios serão de 6% ao ano, quando não convencionados. A LCM 170/87 estabelece, no seu art. 50, que os juros serão de 1% ao mês em caso de falta de pagamento das contas de consumo de que trata. Não há falar em violação ao disposto no Decreto nº 22.626/33 (Lei de usura), tampouco o disposto no art. 192, §3, da Constituição Federal, havendo previsão em lei especial. 2. O serviço de água e esgoto prestado pelo DMAE não é compulsório, não tendo, portanto, natureza de tributo, razão porque a prescrição não é qüinqüenal. 3. A despeito de considerações acerca da hierarquia das normas, o CDC, por ser posterior à Lei Municipal, derrogou-a tacitamente no que se refere à estipulação da multa contratual, não havendo falar no princípio da especialidade, visto que o Código de Defesa do Consumidor não abriu exceções às suas disposições. Apelação desprovida. Sentença modificada em parte em reexame necessário, por maioria". 2. O serviço de fornecimento de água e esgoto é cobrado do usuário pela entidade fornecedora como sendo taxa, quando tem compulsoriedade. Trata-se, no caso em exame, de serviço público concedido, de natureza compulsória, visando atender necessidades coletivas ou públicas. 3. Não tem amparo jurídico a tese de que a diferença entre taxa e preço público decorre da natureza da relação estabelecida entre o consumidor ou usuário e a entidade prestadora ou fornecedora do bem ou do serviço. 4. O art. 11, da Lei nº 2.312, de 3.9.94 (Código Nacional de Saúde) determina: "É obrigatória a ligação de toda construção considerada habitável à rede de canalização de esgoto, cujo afluente terá destino fixado pela autoridade competente". 5. "A remuneração dos serviços de água e esgoto normalmente é feita por taxa, em face da obrigatoriedade da ligação domiciliar à rede pública" (Hely Lopes Meirelles, in "Direito Municipal Brasileiro", 3ª ed., RT – 1977, p. 492). 6. "Se a ordem jurídica obriga a utilização de determinado serviço, não permitindo o atendimento da respectiva necessidade por outro meio, então é justo que a remuneração correspondente, cobrada pelo Poder Público, sofra as limitações próprias de tributo". (Hugo de Brito Machado, in Regime Tributário da Venda de Água, "Rev. Juríd. da Procuradoria-Geral da Fazenda Estadual/Minas Gerais", nº 05, p. 11). 7. Adoção da tese, na situação específica examinada, de que a contribuição pelo fornecimento de água é taxa. Aplicação da prescrição tributária, em face da ocorrência de mais de cinco anos do início da data em que o referido tributo podia ser exigido. 8. Recurso especial provido para reconhecer prescrita a exigibilidade tributária dos valores referentes aos períodos anteriores a 01/08/1996, nos termos fixados pelo art. 177 do Código Tributário Nacional. Ônus sucumbenciais na forma como fixados na sentença. (STJ. 1ª Turma. REsp nº 690.609. Rel. Min. José Delgado. Julgamento em 28.6.2005). Observação: A Lei nº 2.312, de 1954, foi revogada expressamente pela Lei nº 8.080, de 1990 (art. 55).

A jurisprudência deste Superior Tribunal é no sentido de que a natureza jurídica do valor cobrado pelas concessionárias de serviço público de água e esgoto é tributária, motivo pelo qual a sua instituição está adstrita ao princípio da estrita legalidade, por isso que, somente por meio de "lei em sentido estrito", pode exsurgir a exação e seus consectários. Entretanto a jurisprudência do STF uniformizou-se no sentido de considerar a remuneração paga pelos serviços de água e esgoto como tarifa, afastando, portanto, seu caráter tributário, ainda quando vigente a constituição anterior (RE 54.491-PE, *DJ* 15.10.1963). Isso posto, a Turma, reiterando a jurisprudência mais recente sobre o tema, ao prosseguir o julgamento, conheceu parcialmente do recurso e, nessa parte deu-lhe provimento, entendendo tratar-se de tarifa pública. (REsp 802.559-MS, Rel. Min. Luiz Fux, julgado em 14.8.2007. *Informativo STJ*, n. 327).

2.8.9 Taxas

Taxa judiciária e custas: são espécies tributárias, classificando-se como taxas, resultando da prestação de serviço público específico e divisível e que têm como base de cálculo o valor da atividade estatal referida diretamente ao contribuinte, pelo que deve ser proporcional ao custo da atividade do Estado a que está vinculada, devendo ter um limite, sob pena de inviabilizar o acesso de muitos à Justiça. Rep. 1.077-RJ, Moreira Alves, *RTJ* 112/34; ADIn 1.378-ES, Celso de Mello, "DJ" de 30.05.97; ADIn 948-GO, Rezek, Plen., 09.11.95. (STF. Pleno. ADInMC nº 1.772. Rel. Min. Carlos Velloso. Julgado em 15.4.98)

O serviço de iluminação pública não pode ser remunerado mediante taxa, uma vez que não configura serviço público específico e divisível prestado ao contribuinte ou posto a sua disposição (CF, art. 145, II)."(*Informativo STF*, n. 141. RE nº 231.764 e RE nº 233.332)

Dispositivo (Portaria) por meio do qual o Ministério do Meio Ambiente, sem lei que o autorizasse, instituiu taxa para inspeção de importações e exportações de produtos da indústria pesqueira, a ser cobrada pelo Instituto Brasileiro do Meio ambiente e dos Recursos Naturais Renováveis – IBAMA, com ofensa ao princípio da legalidade estrita, que disciplina o Direito Tributário. (STF. Pleno. ADIMC nº 2.247. Min. Ilmar Galvão. Julgado em 13.9.2000)

Preços de serviços públicos e taxas não se confundem, porque estas, diferentemente daquelas, são compulsórias e têm sua cobrança condicionada à prévia autorização orçamentária, em relação à lei que as instituiu. (Súmula STF nº 545)

É inconstitucional a taxa municipal de conservação de estradas de rodagem cuja base de cálculo seja idêntica à do imposto territorial rural. (Súmula STF nº 595)

É constitucional a taxa de fiscalização dos mercados de títulos e valores mobiliários instituída pela Lei 7.940/1989. (Súmula STF nº 665)

O serviço de iluminação pública não pode ser remunerado mediante taxa. (Súmula STF nº 670)

O Tribunal negou provimento a recurso extraordinário interposto contra acórdão do Tribunal Regional Federal da 1ª Região que declarara a constitucionalidade da Lei 10.165/2004, que instituiu a taxa de controle de fiscalização ambiental – TCFA. Entendeu-se que a Lei 10.165/2004, ao alterar a redação dos artigos 17-B, 17-C, 17-D, 17-F, 17-G, 17-H e 17-I da Lei 6.938/81 — inseridos pela Lei 9.960/2000 e impugnados na ADI 2178/DF (*DJU* de 21.2.2001), a qual fora julgada prejudicada — corrigiu as inconstitucionalidades antes apontadas no julgamento da medida cautelar na citada ação direta. Inicialmente, conheceu-se do recurso apenas em relação à alegada violação ao art. 145, II, da CF, em face da ausência de prequestionamento quanto aos demais dispositivos. No mérito, manteve-se o entendimento do acórdão recorrido, salientando-se que a taxa em questão decorre do poder de polícia exercido pelo IBAMA, e tem por hipótese de incidência a fiscalização de atividades poluidoras e utilizadoras de recursos ambientais, sendo dela sujeitos passivos todos os que exerçam referidas atividades, as quais estão elencadas no anexo VIII da lei. Além disso, a base de cálculo da taxa varia em razão do potencial de poluição e do grau de utilização de recursos naturais, tendo em conta o tamanho do estabelecimento a ser fiscalizado, em observância aos princípios da proporcionalidade e da retributividade. RE 416601/SC, Rel. Min. Carlos Velloso, 10.8.2005. (RE nº 416.601. *Informativo STF*, n. 396).

O Tribunal julgou improcedente pedido formulado em ação direta ajuizada pela Confederação Nacional das Profissões Liberais na qual se objetivava a declaração de inconstitucionalidade da Lei 7.940/89, que instituiu a taxa de fiscalização dos mercados de títulos e valores mobiliários, exigida pela Comissão de Valores Mobiliários – CVM, estabelecendo, como contribuintes, os auditores independentes. Inicialmente, com base em orientação da Corte no sentido da viabilidade do lançamento desse tributo como resultado do poder de polícia conferido à CVM, afastou-se a alegação de inexistência dessa possibilidade. Asseverou-se que a Lei 6.835/76, instituidora da CVM, confere-lhe o exercício do poder de polícia para o custeamento de suas despesas e para a fiscalização do mercado mobiliário e que existe previsão constitucional (art. 145, II) e legal (CTN, art. 78) a embasar o lançamento e a cobrança de taxas feitas por ela. Ademais, ressaltou-se que a aludida taxa somente é exigida daqueles que são fiscalizados pela autarquia. Rejeitou-se, de igual modo, o argumento de ofensa ao princípio da isonomia (CF, art. 150, III), por se considerar que a lei impugnada não contém distinção arbitrária. No ponto, aduziu-se que a classificação dos contribuintes em tabelas respeita as respectivas capacidades contributivas, diferenciadas de acordo com a referência no patrimônio líquido (Tabela A), com o modelo de serviços prestados (Tabela B) e com o número de estabelecimentos do contribuinte (Tabela C). Concluiu-se que, no caso do referido tributo, esta variação reflete a quantidade de serviço público dispensado, uti singuli, devendo ser remunerado na exata proporção do trabalho de fiscalização efetivado. Leia a íntegra do voto condutor na seção "Transcrições" deste Informativo. (ADI 453/SP, Rel. Min. Gilmar Mendes, 30.8.2006. *Informativo STF*, n. 438)

O Tribunal julgou procedente o pedido formulado em ação direta ajuizada pelo Partido Comunista do Brasil – PC do B, para declarar a inconstitucionalidade de dispositivos da Lei 13.084/2000, do Estado do Ceará, que criavam taxas de exercício do poder de polícia e de utilização de serviços prestados pelos órgãos de segurança pública e defesa da cidadania. Entendeu-se, no caso, que a segurança pública somente pode ser sustentada por impostos, dado que consubstancia dever do Estado e direito de todos, sendo exercida para a preservação da ordem pública e da incolumidade das pessoas e do patrimônio (CF, art. 144, caput, inc. V e §5º). Precedentes citados: ADI 1942 MC/PA (*DJU* de 22.10.99) e Rp 992/AL (*RTJ* 96/959). (ADI 2424/CE, Rel. Min. Gilmar Mendes, 1º.4.2004. *Informativo STF*, n. 342)

O Tribunal julgou procedente pedido de ação direta de inconstitucionalidade proposta pelo Procurador-Geral da República contra os artigos 22 e 28 da Lei 12.381/94, do Estado do Ceará, que instituiu o Regimento de Custas desse Estado ("Art. 22 - A taxa judiciária e as contribuições respectivas para a Associação Cearense dos Magistrados, Associação Cearense do Ministério Público e para a Caixa de Assistência dos Advogados corresponderá a cinco por cento do valor das custas do Fundo de Reaparelhamento e Modernização do Poder Judiciário (FERMOJU). ... Art. 28 - A quota para a Associação Cearense dos Magistrados incidirá também sobre os serviços notariais e de registro"). Considerou-se a jurisprudência do STF no sentido de não se admitir a vinculação do produto das custas e dos emolumentos a entidades de classe dotadas de personalidade jurídica de direito privado. Precedente citado: ADI 1145/PB (*DJU* de 8.11.2002). (ADI 2982/CE, Rel. Min. Gilmar Mendes, 9.6.2004. *Informativo STF*, n. 351)

O Tribunal, por maioria, julgou improcedente pedido formulado em ação direta de inconstitucionalidade ajuizada pela Associação dos Notários e Registradores do Brasil - ANOREG/BR contra o inc. III do art. 104 da Lei 1.071/90, com a redação dada pelo art. 50 da Lei 2.049/99, ambas do Estado do Mato Grosso do Sul, que destina 3% dos emolumentos cobrados pelas serventias extrajudiciais ao Fundo Especial para Instalação, Desenvolvimento e Aperfeiçoamento das Atividades dos Juizados Especiais Cíveis e Criminais do referido Estado. Entendeu-se que não há infringência ao art. 167, IV, da CF, porquanto os emolumentos têm natureza tributária e caracterizam-se como taxas remuneratórias de serviços públicos. Além disso, a taxa instituída é destinada ao Poder Judiciário, que detém a competência constitucional para fiscalizar a atividade notarial (CF, art. 236, §1º). Vencido o Min. Marco Aurélio, que julgava o pedido procedente, ao fundamento de haver descompasso entre os emolumentos cobrados e sua destinação. Precedentes citados: ADI 2059 MC/PR (*DJU* de 21.9.2001) e ADI 1707 MC/MT (*DJU* de 16.10.98). (ADI nº 2.129/MS, Rel. Min. Eros Grau, 26.4.2006. *Informativo STF*, n. 424)

Pelas mesmas razões acima expostas, o Tribunal, por maioria, julgou improcedente pedido formulado em ação direta de inconstitucionalidade ajuizada pelo Partido do Movimento Democrático Brasileiro – PMDB e pela Confederação Nacional do Comércio – CNC contra o inc. VII do art. 3º da Lei 12.216/98, com redação dada pela Lei 12.604/99, ambas do Estado do Paraná, que fixa o percentual de 0,2% sobre o valor do título do imóvel ou da obrigação nos atos praticados pelos cartórios, destinado ao Fundo de Reequipamento do Poder Judiciário. Vencido o Min. Marco Aurélio que, pelos fundamentos supracitados, julgava o pedido procedente. (ADI nº 2.059/PR, Rel. Min. Eros Grau, 26.4.2006. *Informativo STF*, n. 424)

O Tribunal, por maioria, julgou improcedente pedido formulado em ação direta de inconstitucionalidade proposta pela Associação dos Notários e Registradores do Brasil – ANOREG contra o inc. III do art. 4º da Lei fluminense 4.664/2005, que destina 5% (cinco por cento) das receitas incidentes sobre o recolhimento de custas e emolumentos extrajudiciais ao Fundo Especial da Defensoria Pública do Estado do Rio de Janeiro – FUNDPERJ. Entendeu-se não haver violação ao art. 167, IV, da CF, ao fundamento de não se tratar de imposto, mas de taxa, gerada em razão do exercício do poder de polícia que assiste aos Estados-membros, mediante atuação pelos órgãos diretivos do Poder Judiciário, no plano da vigilância, orientação e correição da atividade notarial e de registro (CF, art. 236, §1º). Afastou-se, de igual modo, a alegação de usurpação da competência da União para editar normas gerais sobre a fixação de emolumentos (CF, art. 236, §2º), tendo em conta ser tal competência para dispor sobre as relações jurídicas entre o delegatário da serventia e o público usuário em geral. Asseverou-se, ademais, não haver impedimento quanto à destinação da taxa ao FUNDPERJ, já que vinculada à estrutura e ao funcionamento de órgão estatal essencial à função jurisdicional (CF, art. 134), que efetiva o valor da universalização da justiça (CF, art. 5º, XXXV). Vencido o Min. Marco Aurélio que julgava o pedido procedente, por considerar ter havido ofensa ao art. 236, §2º, da CF, ressaltando o que disposto no art. 28 da Lei federal 8.935/94, bem como não se estar diante de taxa, ante a inexistência de elo entre o serviço prestado pelos cartórios, os emolumentos recolhidos para fazerem frente a esse serviço, e a atuação da Defensoria Pública. (ADI nº 3.643/RJ, Rel. Min. Carlos Britto, 8.11.2006. *Informativo STF*, n. 447)

Taxa de Limpeza Pública. Município de Belo Horizonte. Base de cálculo. Coincidência com a do IPTU. Art. 145 da Constituição Federal. 1. A corte de origem deliberou sobre a correspondência entre as bases de cálculo do IPTU e da taxa de limpeza pública, mesmo não tendo se referido expressamente ao art. 145, §2º, da Constituição Federal. Questão devidamente prequestionada. 2. A posição adotada pelo Tribunal a quo, contudo, encontra-se coerente com o decidido pelo Plenário desta Corte, que, no julgamento do RE 232.393 (Sessão de 12.8.1999) fixou entendimento no sentido de que "o fato de um dos elementos utilizados na fixação da base de cálculo do IPTU — a metragem da área construída do imóvel — que é o valor do imóvel (CTN, art. 33), ser tomado em linha de conta na determinação da alíquota da taxa de coleta de lixo, não quer dizer que teria essa taxa base de cálculo igual à do IPTU". 3. Falta de prequestionamento do disposto no inc. II do mesmo art. 145 da Constituição. Controvérsia referente à especificidade e divisibilidade da taxa de limpeza pública não dirimida pelo Tribunal a quo. Súmulas STF nºs 282 e 356. 4. Agravo regimental improvido. (STF. 2ª Turma. RE nº 346.695/AgR. Rel. Min. Ellen Gracie. Julgamento em 2.12.2003)

O Tribunal, por maioria, julgou improcedente pedido formulado em ação direta de inconstitucionalidade proposta pelo Conselho Federal da Ordem dos Advogados do Brasil contra os incisos II e III do art. 7º da Lei 11.331/2002, do Estado de São Paulo, que dispõe sobre os emolumentos relativos aos atos praticados pelos serviços notariais e de registro, em face das disposições da Lei federal 10.169/2000 ("Art. 7º. O valor da base de cálculo a ser considerado para fins de enquadramento nas tabelas de que trata o art. 4º, relativamente aos atos classificados na alínea 'b' do inc. III do art. 5º, ambos desta lei, será determinado pelos parâmetros a seguir, prevalecendo o que for maior. ... II - o valor tributário do imóvel...; III - a base de cálculo utilizada para o recolhimento do imposto de transmissão 'intervivos' de bens imóveis"). Entendeu-se que os dispositivos impugnados indicam referências que não se confundem com identidade capaz de atrair a vedação do art. 145, §2º, da CF. Asseverou-se que a variação do valor da taxa (emolumento), em função dos padrões levados em conta nesses preceitos, não significa que o valor do imóvel seja sua base de cálculo. Afirmou-se que o preço do imóvel é utilizado apenas como parâmetro para determinação do valor daquela espécie de tributo. Concluiu-se, portanto, tratar-se de taxa, não se confundindo com imposto porque não estabelece base de cálculo específica. Vencidos os Ministros Marco Aurélio e Carlos Britto que julgavam o pleito procedente por reputarem violado o aludido dispositivo constitucional. Precedente citado: ADI 1948/RS (*DJU* de 7.2.2003). (ADI nº 3.887/SP, Rel. Min. Menezes Direito, 15.10.2008, *Informativo STF*, n. 524)

O Tribunal resolveu questão de ordem em recurso extraordinário interposto contra acórdão que julgara inconstitucional a taxa de coleta, remoção e destinação de lixo instituída pelo Município de Campinas, para: a) reconhecer a existência de repercussão geral relativamente à questão constitucional versada no recurso; b) ratificar o entendimento firmado pelo Tribunal sobre o tema; c) denegar a distribuição dos demais processos que versem sobre a matéria, determinando a devolução dos autos à origem para a adoção dos procedimentos previstos no art. 543-B, §3º, do CPC. Quanto ao mérito, por maioria, o Tribunal deu provimento ao recurso. Reportou-se à jurisprudência da Corte segundo a qual as taxas cobradas em razão exclusivamente dos serviços públicos de coleta, remoção e tratamento ou destinação de lixo ou resíduos provenientes de imóveis são constitucionais, ao passo que é inconstitucional a cobrança de valores tidos como taxa em razão de serviços de conservação e limpeza de logradouros e bens públicos. Citou-se, ademais, a orientação fixada no sentido de que a taxa que, na apuração do montante devido, adote um ou mais dos elementos que compõem a base de cálculo própria de determinado imposto, desde que não se verifique identidade integral entre uma base e a outra, não ofende o §2º do art. 145 da CF. Vencidos os Ministros Carlos Britto e Marco Aurélio que o desproviam. O relator, em seguida, apresentou proposta de novas súmulas vinculantes e a remeteu à Comissão de Jurisprudência. Alguns precedentes citados: RE 579431 QO/RS (*DJe* de 24.10.2008); RE 582650 QO/BA (*DJe* de 24.10.2008); RE

580108 QO/SP (j. em 11.6.2008); RE 591068 QO/PR (j. em 7.8.2008); RE 585235 QO/MG (j. em 10.9.2008); RE 256588 ED-Edv/RJ (*DJU* de 3.10.2003); AI 460195 AgR/MG (*DJU* de 9.12.2005); RE 440992 AgR/RN (*DJU* de 17.11.2006); AI 684607 AgR/SP (*DJe* de 19.9.2008); RE 232393/SP (*DJU* de 4.5.2002); RE 346695 AgR/MG (*DJU* de 19.12.2003). (RE 576321 QO/SP, Rel. Min. Ricardo Lewandowski, 4.12.2008. *Informativo STF*, n. 531)

A Turma entendeu incabível a cobrança de taxa (CTN, art. 77) por uso potencial de sistema público de esgoto sanitário, porquanto, na hipótese, a companhia de esgoto não dispõe de sistema de tratamento que atenda o imóvel da autora, cujo condomínio tem estação própria de tratamento de esgoto, de acordo com os padrões ambientais da fundação estadual responsável pela disciplina da engenharia de meio ambiente. (REsp 1.032.975-RJ, Rel. Min. Castro Meira, julgado em 1º.4.2008. *Informativo STJ*, n. 350)

O recurso aborda interessante questão que corresponde à investigação da natureza jurídica do pagamento efetuado pela impressão do selo especial de controle do IPI exigido para determinados produtos, com vista ao controle quantitativo de sua fabricação. Após ampla abordagem, a Min. Relatora destaca que a jurisprudência, ao longo dos anos, nos pouquíssimos precedentes encontrados, identifica o pagamento do selo como taxa. Noticia que, recentemente, a Primeira Turma, examinando o tema discutido nos autos, decidiu que o selo do IPI tem natureza de obrigação acessória, porque o desiderato da obrigação, embora apresente um custo para o contribuinte, amolda-se ao teor do art. 113, §2º, do CTN (REsp 836.277-PR). Estabeleceu, também, que a imposição discutida difere das taxas, assim como do preço público. A Min. Relatora não compartilhou, entretanto, desse entendimento. Em resumo, definiu que: 1) a exigência da aposição do selo de controle do IPI tem natureza jurídica de obrigação acessória; 2) o pagamento devido em razão da impressão de selos de controle de IPI corresponde a uma taxa devida em razão da prestação de um serviço público; 3) a obrigação acessória de selar determinados produtos não se confunde com a obrigação de pagar o custo advindo da impressão dos selos. O ressarcimento dos custos e demais encargos pelo fornecimento dos selos de controle do IPI corresponde, portanto, a uma taxa devida em razão da prestação de um serviço público. É tributo que atende a todos os pressupostos jurídicos para sua instituição. Assim, entre outras colocações, entende a Min. Relatora, que é devida a cobrança da taxa pelo fornecimento dos selos de controle do IPI, porque legalmente instituída a exação, no que foi seguida pela Turma. (REsp 637.756-RS, Rel. Min. Eliana Calmon, julgado em 17.4.2008. *Informativo STJ*, n. 352)

2.8.10 Tributo e ilícito

Sonegação fiscal de lucro advindo de atividade criminosa: "non olet". (...) A exoneração tributária dos resultados econômicos de fato criminoso — antes de ser corolário do princípio da moralidade — constitui violação do princípio de isonomia fiscal, de manifesta inspiração ética. (STF. 1ª Turma. HC nº 77.530. Rel. Min. Sepúlveda Pertence. Julgamento em 25.8.1998)

É possível a tributação sobre rendimentos auferidos de atividade ilícita, seja de natureza civil ou penal; o pagamento de tributo não é uma sanção, mas uma arrecadação decorrente de renda ou lucro percebidos, mesmo que obtidos de forma ilícita. (STJ. 5ª Turma. HC nº 7.444. Rel. Min. Edson Vidigal. Julgamento em 23.6.1998)

Capítulo 3

Sistema Tributário Nacional: limitações ao poder de tributar (princípios constitucionais-tributários)

Sumário: **3.1** Introdução - **3.2** Princípio da legalidade - **3.3** Princípio da igualdade ou da isonomia - **3.4** Princípio da irretroatividade - **3.5** Princípio da anterioridade - **3.5.1** Princípio da anterioridade qualificada - **3.5.2** Exceções - **3.6** Princípio do não-confisco - **3.7** Princípio da liberdade de tráfego - **3.8** Imunidades - **3.8.1** Imunidade recíproca (alínea "a" e parágrafos 2° e 3°) - **3.8.2** Imunidade religiosa (alínea "b" e §4°) - **3.8.3** Imunidade prevista na alínea "c" (e §4°) - **3.8.4** Imunidade cultural (alínea "d") - **3.8.5** Outras imunidades tributárias - **3.8.6** Aspectos importantes das imunidades tributárias - **3.9** Princípio da competência - **3.10** Princípio da uniformidade geográfica - **3.11** Princípio da isonomia das pessoas constitucionais - **3.12** Princípio da não-discriminação tributária em razão da procedência ou do destino dos bens - **3.13** Princípio da capacidade contributiva - **3.14** Princípio da autoridade tributária - **3.15** Princípio da tipologia tributária - **3.16** Jurisprudência - **3.16.1** Anterioridade - **3.16.2** Confisco - **3.16.3** Igualdade - **3.16.4** Imunidades - **3.16.5** Irretroatividade - **3.16.6** Legalidade - **3.16.7** Liberdade de tráfego - **3.16.8** Não-discriminação tributária em razão da procedência ou do destino dos bens - **3.16.9** Tratados - **3.16.10** Vários

3.1 Introdução

Consta que a ordem jurídica pátria é a única possuidora de um sistema tributário constitucional. Tal fato gera inúmeros problemas e considerações, a exemplo das imunidades, tipicamente brasileiros.

As regras e princípios jurídico-tributários consagrados na Carta Magna funcionam como poderosos obstáculos ou limitações ao poder de tributar. Essas restrições, dirigidas aos poderes constituídos, revelam-se um verdadeiro Estatuto do Contribuinte (PET n° 1.466).

3.2 Princípio da legalidade

O princípio da legalidade consiste num dos fundamentos do Estado Democrático de Direito. Notável conquista da humanidade, na medida em que suprime da vontade do detentor do poder a fixação da obrigatoriedade das condutas, não poderia deixar de estar presente no universo tributário. Nesse sentido, a obrigação de o cidadão transferir parte de seu patrimônio para os cofres do Poder Público não pode prescindir da edição da lei competente.

Só a lei pode criar (ou instituir), majorar (elevar alíquotas ou ampliar a base de cálculo), reduzir ou extinguir tributos. O princípio da legalidade quando visto sob a ótica do conteúdo a ser veiculado pela norma (fato gerador abstrato ou hipótese de incidência, base de cálculo, alíquota e contribuinte *lato sensu* ou sujeito passivo) também é chamado, por boa parte da doutrina tributária, de princípio da legalidade estrita, reserva legal, tipicidade cerrada ou fechada. Essas últimas denominações, típicas de um entendimento muito específico do direito tributário, devem ser vistas com significativas reservas. Registre-se que o STF, ao julgar a contribuição social destinada ao custeio do Seguro de Acidente do Trabalho – SAT (RE nº 343.446), admitiu que a lei fixasse padrões e parâmetros deixando para o regulamento a delimitação dos conceitos necessários à aplicação concreta da norma.

O princípio está positivado no art. 150, inc. I, da Constituição, e no art. 97 do Código Tributário Nacional. Entende-se que o art. 97 do Código Tributário Nacional é exaustivo na enumeração das matérias reservadas ao tratamento por lei. Confirmam tal assertiva as decisões do Supremo Tribunal Federal no sentido da possibilidade de alteração do prazo de pagamento ou recolhimento de tributo por decreto (RE nº 182.971 e RE nº 193.531).

O Supremo Tribunal Federal também já fixou entendimento acerca da impossibilidade de delegação legislativa (do Poder Legislativo para o Poder Executivo) em relação às matérias submetidas à reserva legal (ADIN nº 3.462). Não se admite, portanto, o decreto ou regulamento autônomo no direito tributário brasileiro.

Em regra, a lei a ser utilizada é a ordinária. No entanto, em casos expressamente previstos na Constituição exige-se a lei complementar. Segundo a jurisprudência sedimentada do Supremo Tribunal Federal, o antigo Decreto-Lei e a Medida Provisória são instrumentos equivalentes à lei ordinária em matéria tributária. O art. 62, §2º da Constituição, dispositivo introduzido pela Emenda Constitucional nº 32, de 2001, consagra explicitamente a Medida Provisória como instrumento adequado ou idôneo para instituição ou majoração de tributos.

A Constituição de 1988 admite, como exceções ao princípio da legalidade, nos termos e limites da lei, alterações, pelo Poder Executivo, das alíquotas dos seguintes impostos da União (art. 153, §1º):

> - Imposto de Importação (II);
> - Imposto de Exportação (IE);
> - Imposto sobre Operações Financeiras (IOF);
> - Imposto sobre Produtos Industrializados (IPI).

Outras exceções ao princípio da legalidade podem ser contabilizadas e creditadas ao constituinte derivado. Tanto no caso do IPMF (EC nº 3, de 1993), quanto no caso da CPMF (EC nº 12, de 1996, e EC nº 21, de 1999), houve autorização para o Poder Executivo alterar as alíquotas das mencionadas exações. Por força da Emenda Constitucional nº 33, de 2001, a contribuição de intervenção no domínio econômico relativa às atividades de importação ou comercialização de petróleo e seus derivados, gás natural e seus derivados e álcool combustível poderá ter sua alíquota reduzida e restabelecida por ato do Poder Executivo.

O Supremo Tribunal Federal assentou, na ADInMC nº 2.031, que não subsistem obstáculos à instituição ou majoração direta de tributo por intermédio de emenda constitucional.

Nos termos do art. 150, §6º, da Constituição, com redação dada pela Emenda Constitucional nº 3, de 1993, qualquer subsídio ou isenção, redução de base de cálculo, concessão de crédito presumido, anistia ou remissão, relativos a impostos, taxas ou contribuições, só poderá ser concedido mediante lei específica, federal, estadual ou municipal, que regule exclusivamente as matérias acima enumeradas ou o correspondente tributo.

Consoante decisão do Supremo Tribunal Federal na ADIn nº 2.464, lei de origem parlamentar pode instituir benefícios fiscais como desconto para pagamento antecipado em cota única e parcelamento. No julgamento em questão firmaram-se os seguintes entendimentos: a) a iniciativa privativa do Chefe do Poder Executivo Federal em matéria tributária, prevista no art. 61, §1º, inc. II, al. "b", da Constituição, limita-se aos territórios federais; e b) a instituição de benefícios fiscais é matéria estranha aos temas orçamentários de iniciativa legislativa privativa do Chefe do Poder Executivo.

3.3 Princípio da igualdade ou da isonomia

Trata-se de outro princípio com raio de ação superior ao universo tributário. Verdadeiro elemento conformador da ordem jurídica como um todo, fixa a premissa de que todos são iguais perante a lei.

Segundo Sacha Calmon Navarro Coêlho,[10] "(...) o princípio da igualdade da tributação impõe ao legislador: (a) discriminar adequadamente os desiguais, na medida de suas desigualdades; (b) não discriminar entre os iguais, que devem ser tratados igualmente".

A própria formulação constitucional do princípio, presente no art. 150, inc. II, proíbe qualquer distinção de tratamento tributário em razão de ocupação profissional, função exercida ou denominação jurídica dos rendimentos, títulos ou direitos.

O tributo progressivo (com alíquotas crescentes por faixas de renda, por exemplo) não fere o princípio da isonomia. A igualdade aparece aqui de forma bastante elaborada na proporcionalidade da incidência em função da utilidade marginal da riqueza. Em outras palavras, quanto maior a disponibilidade econômica, maior será a parcela desta com utilizações distantes do essencial, e próximas do consumo supérfluo e da poupança.

Também não ferem o princípio da isonomia as isenções de caráter não geral destinadas, na qualidade de incentivos fiscais, a promover o equilíbrio do desenvolvimento regional (art. 151, inc. I, parte final, da Constituição).

Não são raras as situações de tratamento desigual consagradas na legislação tributária como forma de realização do princípio da isonomia. Com efeito, a vantagem ou benefício conferido pela legislação efetiva uma compensação pela existência de uma desvantagem (fática) observada na realidade econômica e social. Podem-se arrolar os seguintes exemplos, onde a distinção é razoável (ADInMC nº 1.643): a) tratamento favorecido às microempresas e às empresas de pequeno porte (ADInMC nº 2.006); b) isenção de IPI para taxistas e portadores de deficiência física na aquisição de veículos e c) isenção de IPVA para os proprietários de veículos destinados a transporte escolar (ADInMC nº 1.655).

O Supremo Tribunal Federal, por sua vez, já declarou inconstitucional, por reconhecer a presença de privilégios injustificáveis: a) lei estadual que estabelecia isenção de IPVA para os proprietários de veículos destinados a transporte escolar vinculados a uma determinada cooperativa local (ADInMC nº 1.655); b) lei municipal que concedia isenção de IPTU para servidores públicos estaduais (AGRAG nº 157.871) e c) lei estadual que concedia isenção aos membros do Ministério Público, inclusive inativos, do pagamento de custas judiciais, notariais, cartorárias e quaisquer taxas ou emolumentos (ADIN nº 3.260).

3.4 Princípio da irretroatividade

A presença do princípio da irretroatividade da lei é um imperativo de um ambiente caracterizado pela segurança jurídica. Não seria civilizada, razoável

---

[10] COÊLHO. *Comentários à Constituição de 1988*: sistema tributário, p. 328.

ou aceitável a aplicação da lei a fatos ou situações passadas. Nesse sentido, a irretroatividade, salvo quando meramente interpretativa ou benéfica, possui o *status* de princípio geral de direito.

A irretroatividade tributária, consignada no art. 150, inc. III, al. "a" da Constituição, veda a cobrança de tributos "em relação a fatos geradores ocorridos antes do início da vigência da lei que os houver instituído ou aumentado". Afinal, seria absurdo instituir ou aumentar um tributo hoje e exigi-lo, segundo a lei de hoje, para fato (gerador) ocorrido ontem. O princípio-garantia em foco também não pode ser contornado com a fixação do início da vigência da lei em data anterior à sua publicação.

As ressalvas ao princípio geral da irretroatividade também valem no campo tributário. A mera interpretação pode ser aplicada ao passado, assim como, a redução de penalidade (multa), porque benéfica, pode retroagir. Mesmo a exoneração tributária pode atingir o passado. Exemplo dessa última assertiva está consagrado na Lei Complementar nº 85, de 1996, que instituiu isenções da COFINS e expressamente fixou a retroatividade de seus efeitos a partir de 1º de abril de 1992.

Tormentoso problema do Direito Tributário reside na relação entre o princípio da irretroatividade e os fatos geradores periódicos, múltiplos, complexos ou "complexivos" (aqueles que se completam ao final de um certo período e exigem a ocorrência de uma série de fatos ou atos anteriores). Teoricamente, são três as possibilidades:

Na primeira hipótese, ter-se-ia a aplicação de lei editada depois do último instante do período ou lapso temporal. Aqui é irrecusável a violação ao princípio da irretroatividade.

```
----------------------------------------------------| ---------------- |------------------------- lei ----------------------
```

Na segunda hipótese, seria admissível a aplicação de lei editada depois do primeiro e antes do último instante do período.

```
---------------------------------------------------| ----------lei---- |----------------------------------------------------
```

Sob certo aspecto, a Súmula nº 584 do Supremo Tribunal Federal sufragou os casos anteriores ao estatuir: "Ao Imposto de Renda calculado sobre os rendimentos do ano-base, aplica-se a lei vigente no exercício financeiro em que deve ser apresentada a declaração".

Na terceira e última hipótese, seria aceitável a aplicação de lei editada antes do primeiro instante do período ou lapso temporal.

Analisadas as decisões do Supremo Tribunal Federal, conclui-se que foi sufragada a possibilidade de a lei editada no final do ano-base poder atingir a renda apurada durante todo o ano (RE nº 104.259, RE nº 194.612, RE nº 197.790, RE nº 199.352 e RE nº 232.084). Existe, também, uma forte reprovação à teoria do fato gerador "complexivo", na medida em que admite-se "que o fato gerador somente se completa e se caracteriza, ao final do respectivo período, ou seja, a 31 de dezembro" (RE nº 196.612 e RE nº 197.790).

Segundo o STF, a legislação tributária não pode retroagir de modo a imputar a condição de responsável tributário a quem não detinha esse ônus no momento que, posteriormente, viria a ser definido como o do nascimento da obrigação tributária (RE nº 266.602).

3.5 Princípio da anterioridade

Entende-se por *princípio da não-surpresa do contribuinte* a adoção de uma técnica que permita o conhecimento antecipado da instituição ou aumento de tributos. Assim, o sujeito passivo poderia realizar um planejamento adequado de suas atividades econômicas levando em conta os ônus tributários a serem experimentados no futuro.

Entre as várias fórmulas imaginadas para concretizar o princípio da não-surpresa, encontram-se:

a) a utilização do princípio da anualidade. Por esse, a instituição ou aumento de tributos precisa ser prevista (e aprovada) na lei orçamentária a vigorar no exercício em que se darão os efeitos da instituição ou do aumento. A Constituição de 1946 consagrava tal princípio, ausente da atual;

b) a observância do princípio da anterioridade. Nesse caso, a lei que institui ou aumenta tributo deve ser publicada num exercício para que a cobrança se dê no exercício seguinte. A Constituição de 1988 contempla expressamente esse critério no art. 150, inc. III, al. "b". Segundo o art. 34 da Lei nº 4.320, de 1964, o exercício financeiro coincide com o ano civil;

c) a consideração de um prazo entre a publicação da lei que institui ou aumenta o tributo e a data dos efeitos da medida. Esse tipo de prazo, na extensão de 90 (noventa) dias, foi adotado inicialmente para as contribuições de seguridade social (inclusive as denominadas "outras de seguridade social"), por força do art. 195, §6º, da Constituição. Com a edição da Emenda Constitucional nº 42, de 2003, o prazo de 90 (noventa) foi consagrado como regra para todos os tributos, aplicado em conjunto com o princípio da anterioridade. Em algumas oportunidades, o Supremo Tribunal Federal se referiu ao prazo nonagesimal como princípio da anterioridade mitigada.

Assim, é de se concluir que a ordem constitucional vigente não agasalha o princípio da anualidade, e sim, o da anterioridade (plena e mitigada), como regra de não-surpresa do contribuinte.

Podem-se, ainda, contabilizar as seguintes exceções ao critério da anterioridade:

- II, IE, IOF ou ISOF e IPI (alíquotas);
- Impostos extraordinários;
- Empréstimos compulsórios (os do inc. I do art. 148 da CF);
- Contribuições para a seguridade social e "outras de seguridade social";
- Art. 155, §4º, inc. IV, al. "c", da CF (alíquotas);
- Art. 177, §4º, inc. I, al. "b", da CF (alíquotas).

A Constituição, no art. 150, §1º, estabelece que a vedação representada pela anterioridade não se aplica aos impostos previstos nos arts. 153, I (Imposto de Importação), II (Imposto de Exportação), IV (Imposto sobre Produtos Industrializados) e V (Imposto sobre Operações Financeiras), e 154, II (impostos extraordinários).

A Constituição originalmente não previa que os compulsórios para atender a despesas extraordinárias não se sujeitam à anterioridade. Os tributaristas, praticamente de forma unânime, identificavam a exceção na forma como foi redigido o art. 148, especialmente o inc. II (raciocínio *a contrario sensu*). Com a edição da Emenda Constitucional nº 42, de 2003, a exceção em questão foi expressamente prevista (art. 150, §1º).

As exceções previstas nos arts. 155 e 177 da Constituição estão relacionadas com a redução e o restabelecimento de alíquotas, respectivamente, do ICMS incidente sobre operações com combustíveis e lubrificantes e da contribuição de intervenção no domínio econômico relativa às atividades de importação ou comercialização de petróleo e seus derivados, gás natural e seus derivados e álcool combustível.

Existe uma sutil diferença entre as fórmulas lingüísticas adotadas pelo constituinte para consagrar a anterioridade plena (art. 150, inc. III) e a anterioridade mitigada (art. 195, §6º). No primeiro caso, a expressão utilizada é "instituiu e aumentou". Já no segundo caso, a expressão consignada é "instituído ou modificado". O Supremo Tribunal Federal já decidiu pela relevância da distinção. Para as contribuições de seguridade social o princípio em comento alcança qualquer alteração, inclusive para fixação de nova data de pagamento (RE nº 195.333). Entretanto, a Súmula STF nº 669 consigna, em caráter geral, que a alteração do prazo de recolhimento da obrigação tributária não se sujeita ao princípio da anterioridade. Também decidiu o STF que a majoração de índice de correção monetária, no decorrer do exercício, não ofende a anterioridade (RE nº 309.381/AgR e RE nº 200.844/AgR).

No julgamento da ADC nº 1, o Supremo Tribunal Federal afirmou a constitucionalidade da regra, para contribuição de seguridade social, de imediata vigência do diploma legal instituidor da exação com produção de efeitos (incidência) a partir do primeiro dia do mês seguinte aos 90 (noventa) dias posteriores a publicação. Portanto, o princípio da anterioridade está relacionado com a produção de efeitos da norma (incidência), e não com a vigência. A premissa foi reafirmada no julgamento da ADIn nº 3.694.

Numa de suas mais importantes decisões, o Supremo Tribunal Federal reconheceu que o princípio da anterioridade constitui garantia individual do contribuinte, não podendo ser subtraído ou afastado nem por emenda à Constituição (ADIN nº 939 e RE nº 448.558). Na oportunidade, a Emenda nº 3, de 1993, foi declarada inconstitucional ao tentar viabilizar a cobrança do IPMF, ainda no ano de 1993, estabelecendo nova exceção ao princípio da anterioridade.

No julgamento do RE nº 232.084, o Supremo Tribunal Federal aceitou a alteração da legislação tributária, onerosa para o contribuinte, realizada por medida provisória publicada no último dia do exercício de 1994 para ser aplicada ao mesmo exercício de 1994.

A anterioridade nonagesimal deve ser contabilizada da data de publicação da medida provisória quando a lei de conversão não alterar de forma significativa o diploma legal expedido pelo Presidente da República (RE nº 197.790 e RE nº 181.664). Ao revés, no caso de alteração significativa, a contagem se inicia a partir da publicação da lei de conversão (RE nº 169.740).

O entendimento tradicional do Supremo Tribunal Federal aponta para a isenção como dispensa legal do tributo devido. Assim, as isenções não condicionadas ou sem prazo certo podem ser revogadas a qualquer tempo com imediata exigibilidade do tributo (RE nº 204.062). Nessa linha, para o STF, a redução ou extinção de descontos relacionados com o pagamento do IPVA não constitui majoração do tributo e não agride o princípio da anterioridade tributária quando produz efeitos no exercício em que publicada a lei pertinente (ADIN nº 4.016).

Por fim, é importante destacar que a redução ou extinção de tributo, porque benéficas para o contribuinte, não precisam observar o princípio da anterioridade (plena ou mitigada).

3.5.1 Princípio da anterioridade qualificada

O princípio da anterioridade revela-se, na prática, uma garantia muito tênue. Nada impede que ocorra a publicação da lei que aumenta o tributo no dia 31 de dezembro e a cobrança já afete o dia 1° de janeiro do ano e exercício seguinte.

A Emenda Constitucional n° 42, de 2003, acrescentou a seguinte alínea ao inc. III do art. 150 da Constituição: "[é vedado cobrar tributos] antes de decorridos noventa dias da data em que haja sido publicada a lei que os instituiu ou aumentou, observado o disposto na al. b".

Assim, com a edição da emenda constitucional referida, a fragilidade do princípio da anterioridade na sua feição original restou superada. A conseqüência prática da alteração constitucional é que a instituição ou majoração de tributo precisa ser publicada até o final do mês de setembro para produzir efeitos no mês de janeiro do ano e exercício subseqüente.

A denominação "anterioridade qualificada" é de nossa autoria.

A Constituição, no art. 150, §1°, na redação emprestada pela Emenda Constitucional n° 42, de 2003, estabelece que a vedação representada pela "anterioridade qualificada" não se aplica aos tributos previstos nos arts. 148, I (empréstimos compulsórios para despesas extraordinárias), 153, I (Imposto de Importação), II (Imposto de Exportação), III (Imposto de Renda) e V (Imposto sobre Operações Financeiras); e 154, II (impostos extraordinários), nem à fixação da base de cálculo dos impostos previstos nos arts. 155, III (Imposto sobre a Propriedade de Veículos Automotores), e 156, I (Imposto Predial e Territorial Urbano).

3.5.2 Exceções

Registrem-se algumas singulares diferenças entre as exceções à vedação do inc. III, b (anterioridade) e à vedação do inc. III, c (anterioridade qualificada). São exceções comuns: empréstimos compulsórios do art. 148, I; 153, I, II e V; e 154, II. É exceção somente à anterioridade: art. 153, IV. E, por fim, são exceções à "anterioridade qualificada": art. 153, III; 155, III (fixação da base de cálculo) e 156, I (fixação da base de cálculo).

Anterioridade	Anterioridade qualificada
Art. 148, I (emp. comp. para desp. extraordinárias, decorrentes de calamidade pública, de guerra externa ou sua iminência)	Art. 148, I (emp. comp. para desp. extraordinárias, decorrentes de calamidade pública, de guerra externa ou sua iminência)
Art. 153, I (II)	Art. 153, I (II)
Art. 153, II (IE)	Art. 153, II (IE)
Art. 153, V (IOF)	Art. 153, V (IOF)
Art. 154, II (imp. extraordinários)	Art. 154, II (imp. extraordinários)
Art. 153, IV (IPI)	Art. 153, III (IR)
Art. 195, §6º (contribuições para a seguridade social)	Art. 155, III (IPVA – base de cálculo)
Art. 195, §6º (outras de seguridade social)	Art. 156, I (IPTU – base de cálculo)
Art. 155, §4º, inc. IV, al. "c"	
Art. 177, §4º, inc. I, al. "b"	

3.6 Princípio do não-confisco

Trata-se de um princípio de difícil configuração jurídica, a exemplo do princípio da moralidade administrativa. É certo, no entanto, sua pretensão de evitar o tributo excessivamente oneroso, o tributo utilizado para destruir sua própria fonte ou para absorver, total ou quase totalmente, a propriedade ou a renda. O que resta a ser fixado, aqui residindo a sede das dificuldades, é o limite do tolerável, do razoável. Nesse ponto, somente o exercício doutrinário e jurisprudencial, atento aos casos concretos e a evolução legislativa, poderá firmar parâmetros mais precisos e operacionais para o disposto no art. 150, inc. IV, da Lei Maior.

Parte ponderável da doutrina tributária afirma que a proibição dirige-se a cada tributo (gênero) e, também, à carga tributária (conjunto dos tributos incidentes sobre determinado contribuinte). Essa última premissa foi consagrada pelo Supremo Tribunal Federal no reconhecimento da inconstitucionalidade da contribuição previdenciária dos servidores públicos federais no absurdo patamar de 25% (vinte e cinco por cento) (ADInMC nº 2.010 e ADCMC nº 8).

Por outro lado, o Supremo Tribunal Federal já decidiu pela aplicação do princípio às multas ou penalidades tributárias no percentual de 300% (trezentos por cento) sobre o valor da mercadoria no caso de não emissão de nota fiscal no ato de venda (ADInMC nº 1.075).

O Superior Tribunal de Justiça entende como ofensivo ao princípio da vedação ao confisco a restituição de tributos indevidamente pagos sem correção monetária plena (REsp nº 572.649).

3.7 Princípio da liberdade de tráfego

O princípio tratado no art. 150, inc. V, da Constituição, veda a fixação pelo legislador de limitações ao tráfego de pessoas ou mercadorias por meio de tributos interestaduais ou intermunicipais.

Segundo Hugo de Brito Machado,[11] "isto não significa devam ser as operações interestaduais imunes a qualquer tributação. O que não pode haver é agravamento do ônus tributário pelo fato de ser interestadual, ou intermunicipal, a operação".

A Constituição de 1988, ainda no art. 150, inc. V, ressalvou expressamente a possibilidade de cobrança de pedágio pela utilização de vias conservadas pelo Poder Público.

3.8 Imunidades

A imunidade consiste numa proibição constitucional de qualificação jurídica de certos fatos. Assim, em relação ao fato imune não pode incidir norma jurídica que atribua ao mesmo determinados efeitos jurídicos. A radicalidade da vedação decorre do instrumento utilizado para viabilizá-la: a Constituição (lei de maior força e importância do ordenamento jurídico). São inúmeras as imunidades presentes na Lei Maior, a exemplo da parlamentar, da penal e da diplomática.

No tocante às imunidades tributárias, há uma ordem absoluta dirigida ao legislador para não inserir na mecânica e no raio de abrangência da tributação as pessoas ou bens imunizados. Nesse sentido, são limitações ao exercício da competência tributária (poder de tributar). Curiosamente, o constituinte não se utilizou da palavra "imunidade", ou da expressão "imunidade tributária", para instituí-las especificamente. Para tanto, foram utilizadas as mais diversas fórmulas lingüísticas ("é vedado... instituir impostos", "não incidirá", "independentemente do pagamento", "são isentas", entre outras).

A preservação de certos valores, especialmente caros ao convívio social, é o fundamento das imunidades, inclusive tributárias. Com efeito, não interessou ao constituinte dificultar ou onerar certas atividades ou pessoas, dado o relevante papel desempenhado pelas mesmas no contexto social.

---

[11] MACHADO. *Curso de direito tributário*, p. 245.

No campo tributário, as imunidades estão concentradas no art. 150, inc. VI, da Constituição. Naquele dispositivo podem ser encontrados quatro grupos adiante tratados.

3.8.1 Imunidade recíproca (alínea "a" e parágrafos 2° e 3°)

Vedação dos entes estatais instituírem impostos sobre o patrimônio, renda ou serviços, uns dos outros. A proibição é extensiva às autarquias e às fundações instituídas e mantidas pelo Poder Público no que se refere ao patrimônio, à renda e aos serviços vinculados às suas finalidades essenciais ou às delas decorrentes. A imunidade em tela não se aplica ao patrimônio, à renda e aos serviços relacionados com exploração de atividade econômica reguladas pelo direito privado, em que haja contraprestação ou pagamento de preços ou tarifas pelo usuário e nem exonera o promitente comprador da obrigação de pagar imposto relativamente ao bem imóvel.

A chamada imunidade recíproca tem recebido uma interpretação bastante abrangente. Vejamos alguns casos em que o Supremo Tribunal Federal afirmou sua presença: a) proibição de cobrança do IOF nas operações financeiras dos Estados e Municípios (RE nº 196.415); b) vedação da incidência do imposto de renda sobre rendimentos recebidos por Estados e Municípios (ADIn nº 1.758); c) impossibilidade de cobrança do IPTU de imóvel da União com delegação de uso a particular (RE 253.394); d) afastamento da tentativa de excluir o IPMF do raio de ação dessa espécie de imunidade (ADIN nº 939); e) com ponderação, para empresa pública que executa serviços públicos de manutenção obrigatória pelo ente estatal (ACO nº 765 AgR); f) para "(...) empresa pública federal que tem por atividade-fim prestar serviços de infra-estrutura aeroportuária, mediante outorga da União, a quem constitucionalmente deferido, em regime de monopólio, tal encargo" (RE nº 363.412 AgR); e g) ao Instituto Nacional de Colonização e Reforma Agrária (INCRA), em relação ao não recolhimento de ICMS por eventual exploração de unidade agroindustrial (RE nº 242.827).

3.8.2 Imunidade religiosa (alínea "b" e §4°)

Vedação dos entes estatais instituírem impostos sobre o patrimônio, a renda e os serviços relacionados com as finalidades essenciais das entidades mantenedoras de templos de qualquer culto. A presente imunidade, por força de interpretação do texto constitucional e da redação do §4° do art. 150, onde está presente o termo "entidade", dirige-se ao ente religioso, e não, ao prédio ou edificação pura e simplesmente (RE nº 578.562).

O STF reconheceu que se aplica a imunidade em questão para os cemitérios que se caracterizam como extensões de entidades de cunho religioso, apartando aqueles que são objeto de exploração comercial por empresas que alugam ou vendem jazigos (RE nº 578.562).

3.8.3 Imunidade prevista na alínea "c" (e §4º)

Vedação dos entes estatais instituírem impostos sobre o patrimônio, renda ou serviços relacionados com as finalidades essenciais dos partidos políticos, inclusive suas fundações, das entidades sindicais dos trabalhadores, das instituições de educação e de assistência, sem fins lucrativos, atendidos os requisitos da lei.

Dirige-se, a imunidade tributária em tela, às entidades sindicais dos trabalhadores (sindicatos, federações e centrais). Não se beneficiam dessa imunidade as entidades sindicais de empregadores, empresários ou patrões.

Segundo a jurisprudência do STF:

> A Constituição reduz a reserva de lei complementar da regra constitucional ao que diga respeito "aos lindes da imunidade", à demarcação do objeto material da vedação constitucional de tributar; mas remete à lei ordinária "as normas sobre a constituição e o funcionamento da entidade educacional ou assistencial imune". (RE nº 428.815/AgR e ADInMC nº 1.802)

Os requisitos a serem observados para gozo da imunidade em comento devem ser buscados no art. 14 do Código Tributário Nacional, consideradas as mudanças introduzidas pela Lei Complementar nº 104, de 2001. São eles: a) não distribuírem qualquer parcela de seu patrimônio ou de suas rendas, a qualquer título; b) aplicarem integralmente, no País, os seus recursos na manutenção dos seus objetivos institucionais; e c) manterem escrituração de suas receitas e despesas em livros revestidos de formalidades capazes de assegurar sua exatidão. A legislação ordinária e regulamentar também deve ser atendida.

Cumpre observar que a classificação dos impostos presente no Código Tributário Nacional não pode ser utilizada para restringir a aplicação da imunidade em comento (RE nº 193.969 e RE nº 203.755). Nessa linha, o Supremo Tribunal Federal já prestigiou a imunidade em relação ao ICMS (importação de mercadorias destinadas ao ativo fixo – RE nº 203.755), ao II (importação de bolsas de sangue – RE nº 243.807) e ao IPI (no caso anterior).

O STF já admitiu a cobrança de ICMS na venda de bens por entidade imune. Ocorre, nesses casos, o fenômeno da repercussão, onde o contribuinte de fato (adquirente) arca com o ônus econômico do tributo embutido no preço (RE nº 164.162). Em decisão mais recente, o Tribunal reconheceu que a imunidade tributária prevista pelo art. 150, inc. VI, al. "c", da Constituição, "abrange o ICMS sobre comercialização de bens produzidos por entidade beneficente. Considerou-se que o objetivo da referida norma constitucional é assegurar que as rendas oriundas das atividades que mantêm as entidades filantrópicas sejam desoneradas exatamente para se viabilizar a aplicação e desenvolvimento dessas atividades, e que a cobrança do referido imposto desfalcaria o patrimônio, diminuiria a eficiência dos serviços e a integral aplicação das rendas de tais entidades" (RE (EDv) nº 210.251 e RE nº 186.175 EDiv-ED).

Confirmando uma tendência, não absoluta, de interpretação ampla e generosa da imunidade tributária, o Supremo Tribunal Federal já decidiu pela prevalência da mesma em situações singulares, tais como: a) serviços não enquadrados nas atividades essenciais mas com a receita revertida para o financiamento daquelas (RE nº 144.900 e RE nº 218.503); b) imóvel utilizado para estacionamento de veículos (RE nº 257.700) e c) imóvel utilizado por funcionários da entidade com fins de recreação e lazer (clube) (RE nº 236.174). Por outro lado, o Superior Tribunal de Justiça já decidiu que a imunidade alcança os bens que são efetivamente utilizados nas atividades que buscam a realização dos fins da entidade, e não, aqueles que estão sem qualquer uso (REsp nº 782.305).

Decidiu, entretanto, o STF que a imunidade inscrita no art. 150, inc. VI, al. "c", da Constituição, somente se aplica às entidades fechadas de previdência social privada se não houver contribuição dos beneficiários (Súmula STF nº 730).

3.8.4 Imunidade cultural (alínea "d")

Vedação dos entes estatais instituírem impostos sobre livros, jornais, periódicos e o papel destinado à impressão desses.

Tratando-se de imunidade objetiva, alcança as operações de importação, produção ou comercialização, e não o faturamento ou renda decorrentes dessas atividades (RE nº 170.707).

Existe atualmente uma acesa discussão doutrinária acerca da abrangência ou não pela imunidade cultural das publicações em meio eletrônico. Pensamos que a imunidade tributária está presente nesses casos (livros, jornais e periódicos em formato tecnicamente mais avançado).[12] Entretanto, para os *softwares* (programas de computador), por não se caracterizarem como livros, jornais ou periódicos em formato tecnologicamente mais avançados, cabe a tributação (RE nº 176.626).

Segundo a jurisprudência do Supremo Tribunal Federal, existem insumos utilizados na impressão de livros, jornais e periódicos abrangidos pela imunidade (papel fotográfico, filmes fotográficos, papel para telefoto – Súmula nº 657, RE nº 174.476, RE nº 190.761 e RE nº 203.706) e outros não abrangidos (tinta especial, solução de base alcalina concentrada, motor de corrente contínua, tiras de plástico para amarrar jornais – RE nº 215.435, RE nº 204.234, RE nº 203.859

---

[12] Cf. CASTRO. A imunidade tributária do livro eletrônico. Disponível em: <http://www.aldemario.adv.br/livroelet.htm>.

e RE nº 273.308). Com muito esforço de análise e uma boa dose de imprecisão, observa-se uma tensão entre dois argumentos principais na jurisprudência do STF sobre a matéria. De um lado, temos a premissa de que somente os insumos diretos estariam abrangidos pela imunidade tributária. De outro lado, encontramos a afirmação de que a imunidade tributária abrangeria todo e qualquer insumo ou ferramenta indispensável à produção dos instrumentos de divulgação cultural mencionados na Constituição.

As listas telefônicas foram incluídas, pelo Supremo Tribunal Federal, no campo das imunidades (RE nº 199.183). A inclusão de anúncios publicitários não foi considerada suficientemente relevante para afastar a imunidade cultural.

O conjunto de imunidades tratadas nas alíneas do art. 150, inc. VI, da Constituição, atinge, como destacado, somente os impostos, e não, as demais modalidades de tributos. Assim, por exemplo, a União está obrigada a recolher as taxas municipais.

3.8.5 Outras imunidades tributárias

Além das imunidades presentes no art. 150, inc. VI, podem-se constatar inúmeras outras dispersas no Texto Maior. Eis algumas delas:

Art. 5º, XXXIV	Exercício do direito de petição e obtenção de certidões.
Art. 149, §2º, I	Contribuições sociais e de intervenção no domínio econômico sobre as receitas decorrentes de exportação.
Art. 153, §3º, III	Produtos industrializados destinados ao exterior.
Art. 153, §4º, II	Pequenas glebas rurais.
Art. 155, §2º, X, "a"	Operações que destinem mercadorias para o exterior.
Art. 155, §2º, X, "b"	Operações que destinem a outros Estados petróleo, inclusive lubrificantes, combustíveis líquidos e gasosos dele derivados, e energia elétrica.
Art. 155, §2º, X, "d"	Prestações de serviços de comunicação nas modalidades de radiodifusão sonora e de sons e imagens de recepção livre e gratuita.
Art. 153, §5º	Ouro como ativo financeiro ou instrumento cambial.
Art. 155, §3º	Operações relativas a energia elétrica, serviços de telecomunicações, derivados de petróleo, combustíveis e minerais do País (Súmula STF nº 659).
Art. 156, II	Transmissão de direitos reais de garantia (penhor, hipoteca e anticrese).
Art. 156, §2º, I	Transmissão de bens ou direitos incorporados ao patrimônio de pessoa jurídica em realização de capital, nem sobre a transmissão de bens ou direitos decorrentes de fusão, incorporação, cisão ou extinção de pessoa jurídica.
Art. 184, §5º	Operações de transferência de imóveis desapropriados para fins de reforma agrária.
Art. 195, II	Aposentadoria e pensão concedidas pelo regime geral de previdência social.
Art. 195, §7º	Entidades beneficentes de assistência social que atendam às exigências estabelecidas em lei.

3.8.6 Aspectos importantes das imunidades tributárias

Em relação às imunidades tributárias, é de se destacar os seguintes aspectos:

a) existem várias categorias de imunidades, classificadas em função de contornos jurídicos específicos;

b) as imunidades das alíneas "a", "b" e "c" do art. 150, inc. VI, são consideradas subjetivas, porque dirigidas a pessoas jurídicas beneficiárias;

c) a imunidade da al. "d" do art. 150, inc. VI, é considerada objetiva, ou seja, relacionada ao benefício de certos bens ou operações, independentemente dos atores ou sujeitos envolvidos;

d) as imunidades incondicionadas, a exemplo da prevista no art. 150, inc. VI, al. "a", para os entes estatais, não dependem do cumprimento de certos requisitos, veiculados em normas distintas daquelas definidoras da imunidade;

e) as imunidades condicionadas, a exemplo da prevista no art. 150, inc. VI, al. "c", estão vinculadas ao cumprimento de requisitos previstos na própria Constituição ou na legislação infraconstitucional;

f) no caso da imunidade condicionada prevista no art. 150, inc. VI, al. "c", não basta interpretar as normas constitucionais e extrair delas o conteúdo e o alcance da exoneração. Além dessa tarefa, impõe-se verificar se a conduta, o comportamento, a dinâmica social da pessoa jurídica realiza-se da forma ou do modo posto pela Constituição. Assim, um mesmo bem, atividade ou operação pode ser imune ou não, tudo dependendo da forma como foi empregado ou utilizado, conforme critério encontrado diretamente no texto constitucional;

g) são duas as linhas básicas de interpretação da cláusula constitucional das "finalidades essenciais", inscrita no art. 150, §4º. A vertente de entendimento mais restritivo procura identificar uma relação direta entre a atividade realizada e os fins ou finalidades da entidade em foco. Outra corrente, com posicionamento mais aberto e flexível, busca um vínculo indireto, centrado na destinação dos valores arrecadados, entre a atividade desenvolvida e as finalidades essenciais da entidade. Com acerto, a evolução da jurisprudência do Supremo Tribunal Federal aponta inequivocamente no segundo sentido (Súmula STF nº 724, RE nº 144.900, RE nº 218.503, RE nº 257.700, entre outros);

h) o entendimento mais aberto ou flexível não significa exegese ilimitada ou absoluta. Advogamos a existência de duas ordens de limitações a serem consideradas: a) não pode subsistir a imunidade tributária quando resta afetada a concorrência econômica e b) não pode prosperar a imunidade tributária quando afetada a razoabilidade da conduta da entidade destinatária da exoneração impositiva máxima. A razoabilidade aqui aludida diz respeito ao cotejo entre a quantidade e a variedade de ações ou operações da entidade voltadas para a obtenção de recursos financeiros e as finalidades da mesma tal como dispostas nos seus atos constitutivos;[13]

i) a regra do art. 150, §4º, ao mencionar expressamente "entidades" funciona como um vetor interpretativo dos textos das alíneas "b" e "c" do inc. VI do mesmo artigo (RE nº 325.822 e RE nº 578.562)

j) a imunidade do art. 5º, inc. XXXIV atinge a espécie tributária taxa. O STF, ao julgar a ADIN nº 2.969, declarou a inconstitucionalidade de lei que previa a cobrança de taxa de segurança pública para fornecimento de certidões;

k) algumas imunidades, como as do art. 153, §3º; art. 153, §4º, II; art. 155, §2º, X; art. 156, II; art. 156, §2º, I; art. 156, §3º, II, se aplicam a impostos específicos;[14]

l) para a imunidade presente no art. 155, §3º, o STF, conferindo interpretação restritiva à norma constitucional, entendeu que se a imunidade existe para o minério, a sua destinatária seria a mineradora, e não a transportadora (RE nº 170.784);

m) a imunidade do art. 195, inc. II, fruto da Emenda Constitucional nº 20, de 1998, aplica-se à contribuição para a seguridade social a cargo do trabalhador;

n) a imunidade do art. 195, §7º, erroneamente chamada de isenção, diz respeito às contribuições para a seguridade social.

Quanto ao erro mencionado na al. "n", convém esclarecer que as imunidades são sempre exonerações tributárias constitucionais e as isenções, institutos tributários exonerativos existentes no plano legal (infraconstitucional).

Os posicionamentos do STF e do STJ apontam no sentido da necessidade, para gozo da imunidade prevista no art. 195, §7º, da Constituição, de atendimento de requisitos previstos na legislação infraconstitucional e regulamentar (RE nº 428.815/AgR, MS nº 11.394 e Súmula STJ nº 352). Para a disciplina infraconstitucional da imunidade em questão, são fundamentais o art. 55 da Lei nº 8.212, de 1991, e o Decreto nº 2.536, de 1998. Vale registrar que a Medida Provisória nº 446, de 2008, trata da certificação das entidades beneficentes de assistência social e da "isenção" de contribuições para a seguridade social que será concedida à pessoa jurídica de direito privado, sem fins lucrativos,

---

[13] Cf. CASTRO. O condicionamento das imunidades tributárias presente na cláusula constitucional das "finalidades essenciais". Brasília, 30 jun. 2005. Disponível em: <http://www.aldemario.adv.br/imunidadec.pdf>.

[14] Cf. CASTRO. A imunidade tributária prevista no artigo 155, parágrafo terceiro da Constituição Federal. Disponível em: <http://www.aldemario.adv.br/artigo5.htm>.

reconhecida como entidade beneficente de assistência social com a finalidade de prestação de serviços nas áreas de assistência social, saúde ou educação. O diploma legal em questão contém regra expressa de revogação do art. 55 da Lei nº 8.212, de 1991.

A gratuidade do ensino público em estabelecimentos oficiais, definida no art. 206, inc. IV, da Constituição, possui uma dimensão tributária no campo das imunidades. Com efeito, o Supremo Tribunal Federal decidiu que a cobrança de taxa de matrícula nas universidades públicas viola o referido dispositivo constitucional (Súmula Vinculante nº 12 e RE nº 500.171).

As imunidades têm sido objeto de acesas polêmicas doutrinárias e jurisprudenciais. Não raro, o Supremo Tribunal Federal decide problemas envolvendo o instituto com um voto de diferença.

3.9 Princípio da competência

Positivado no art. 150, §6º, e no art. 151, inc. III, ambos da Lei Maior, o princípio da competência impõe o afastamento de terceiros no exercício da competência tributária.

Assim, cada ente estatal, por sua Casa Legislativa, exercitará a competência tributária prevista na Constituição. Não existe espaço para delegação ou prorrogação dessa competência para ente diverso daquele expressamente consignado na Carta Magna.

O princípio comporta duas exceções no campo das isenções heterônomas (concedidas pelo Poder Legislativo do ente estatal que não tem competência para instituir o tributo). São elas:

a) lei complementar da União excluirá da incidência do ICMS, nas exportações para o exterior, serviços e outros produtos, além dos já imunes (produtos industrializados destinados ao exterior) – art. 155, §2º, inc. XII, al. "e";

b) lei complementar da União excluirá da incidência do ISS exportações de serviços para o exterior – art. 156, §3º, inc. II.

Não custa lembrar, nos termos do art. 154, inc. II, da Constituição, que os impostos extraordinários podem estar compreendidos *ou não* na competência tributária da União.

O Supremo Tribunal Federal, seguindo inúmeras e abalizadas manifestações da doutrina, considera que o art. 151, inc. III, da Constituição, não impede a União, como sujeito de direito na ordem internacional, por intermédio de tratados e convenções, de isentar quaisquer tributos cobrados no Brasil (RE nº 229.096 e ADIN nº 1.600).

Os arts. 6º a 8º do Código Tributário Nacional estabelecem algumas importantes regras acerca da competência tributária. São elas: a) a competência legislativa é indelegável; b) admite-se a delegação de funções de arrecadar, fiscalizar e executar a legislação tributária; c) a delegação das funções referidas deve ser efetivada para outra pessoa jurídica de direito público; d) a delegação permitida compreende garantias e privilégios processuais; e) o encargo de arrecadação de tributos, conferidos a pessoas de direito privado (normalmente bancos), não constitui delegação de competência; f) o não-exercício da competência tributária não a defere a pessoa jurídica diversa e g) a repartição de receita de determinado tributo não autoriza a interferência legislativa do ente beneficiado.

3.10 Princípio da uniformidade geográfica

Nos termos do art. 151, inc. I, da Constituição de 1988, a tributação da União será uniforme e não criará distinções em relação aos Estados, Municípios e Distrito Federal.

A Lei Maior admite expressamente os incentivos fiscais destinados a promover o desenvolvimento regional.

3.11 Princípio da isonomia das pessoas constitucionais

Não há superioridade ou hierarquia entre as unidades federadas, nem entre elas e a União. É o que se depreende do art. 151, inc. II, da Constituição.

A Constituição de 1988 proíbe a União de tributar a renda das obrigações da dívida pública dos Estados, Municípios e Distrito Federal, bem como a remuneração dos agentes desses últimos, em níveis superiores aos que fixar para suas obrigações.

3.12 Princípio da não-discriminação tributária em razão da procedência ou do destino dos bens

O art. 152 da Constituição veda o manejo de alíquotas, bases de cálculo ou qualquer outra fórmula tributária em benefício ou prejuízo da economia de entes estatais específicos. O princípio pretende afastar os mecanismos fiscais protetivos e discriminatórios num ambiente de verdadeira "guerra fiscal". Assim, não podem prosperar as políticas fiscais ofensivas ao pacto federativo e ao mercado de âmbito nacional.

O princípio em tela convive, assim como a regra convive com as exceções, com preceitos constitucionais que imunizam certas operações ou permitem alíquotas distintas em razão da origem ou destino das mercadorias.

No julgamento da ADIN nº 3.389 e da ADIN nº 3.673, o STF reconheceu a inconstitucionalidade da redução na base de cálculo do ICMS nas saídas internas de café torrado ou moído produzido em estabelecimento industrial. Um dos fundamentos da decisão foi justamente a ofensa ao princípio da unidade político-econômica nacional e da vedação ao tratamento tributário diferenciado em função da procedência ou destino de bens.

3.13 Princípio da capacidade contributiva

Não existe uniformidade quanto ao entendimento acerca da capacidade contributiva consagrada no art. 145, §1º, da Constituição de 1988 ("*capacidade econômica do contribuinte*"). Por definição, seria a medida da possibilidade econômica de pagar tributos.

É considerada subjetiva quando se refere a condição pessoal do contribuinte (capacidade econômica real). Enfoque defendido, entre outros, por Sacha Calmon Navarro Coêlho.[15]

É objetiva quando leva em conta manifestações objetivas de riqueza do contribuinte (bens imóveis, títulos, etc. – signos presuntivos de capacidade tributária ou riqueza). Visão, entre outros, de Roque Antonio Carrazza.[16]

Não há como objetar que a ordem jurídico-tributária assimilou o critério objetivo. Com efeito, a lei instituidora do tributo considera a aptidão abstrata para suportar a carga tributária. Não se admite, por exemplo, a ação judicial para afastar a tributação pela efetiva incapacidade de pagá-la. Um operário, por exemplo, com rendimentos mensais inferiores a dois salários mínimos e proprietário de um apartamento luxuoso, não pode se esquivar do pagamento do IPTU.

A doutrina tributária costuma apontar uma singular manifestação do princípio da capacidade contributiva. Trata-se da manutenção de uma área de não-tributação relacionada com uma dimensão patrimonial ou de rendimentos voltada para o atendimento das necessidades vitais mais básicas ("mínimo vital" ou "mínimo existencial").

Por outro lado, a cláusula constitucional "sempre que possível", em tese, pode se referir ao caráter pessoal dos tributos ou a observância do princípio em comento. Existe uma nítida inclinação doutrinária pela primeira hipótese. Afinal, "sempre" é possível, pelos mais diversos meios, a observância do princípio da capacidade contributiva.

---

[15] COÊLHO. *Comentários à Constituição de 1988*: sistema tributário, p. 90.
[16] CARRAZZA. *Curso de direito constitucional tributário*, p. 57.

3.14 Princípio da autoridade tributária

Ainda no art. 145, §1º, da Lei Maior, é possível identificar a presença do chamado princípio da autoridade tributária. Por ele, justificam-se as prerrogativas fiscalizatórias da Administração Tributária. Afinal, quando a Constituição Federal estabelece os fins — instituição e arrecadação dos tributos — fornece ou viabiliza os meios para que eles sejam atingidos.

3.15 Princípio da tipologia tributária

O "tipo tributário" — a diferenciação das espécies tributárias — é definido pela integração lógica de dois fatores: hipótese de incidência e base de cálculo. Assim, se o legislador diz ter instituído uma taxa, mas elege base de cálculo mensuradora de atividade estranha ao Poder Público, então a espécie tributária será na realidade um imposto, como já destacado.

É nesse sentido que aponta o princípio tratado no art. 145, §2º, da Constituição de 1988.

3.16 Jurisprudência

3.16.1 Anterioridade

Ao Imposto de Renda calculado sobre os rendimentos do ano-base, aplica-se a lei vigente no exercício financeiro em que deve ser apresentada a declaração. (Súmula STF nº 584)

3. Com efeito, a pretensão da ora recorrida, mediante Mandado de Segurança, é a de se abster de pagar o Imposto de Renda correspondente ao ano-base de 1989, pela alíquota de 18%, estabelecida no inc. I do art. 1º da Lei nº 7.968, de 28.12.1989, com a alegação de que a majoração, por ela representada, não poderia ser exigida com relação ao próprio exercício em que instituída, sob pena de violação ao art. 150, I, "a", da Constituição Federal de 1988. 4. O acórdão recorrido manteve o deferimento do Mandado de Segurança. Mas está em desacordo com o entendimento desta Corte, firmado em vários julgados e consolidado na Súmula 584, que diz: "Ao Imposto de Renda calculado sobre os rendimentos do ano-base, aplica-se a lei vigente no exercício financeiro em que deve ser apresentada a declaração". Reiterou-se essa orientação no julgamento do RE nº 104.259-RJ (*RTJ* 115/1336). 5. Tratava-se, nesse precedente, como nos da Súmula, de Lei editada no final do ano-base, que atingiu a renda apurada durante todo o ano, já que o fato gerador somente se completa e se caracteriza, ao final do respectivo período, ou seja, a 31 de dezembro. Estava, por conseguinte, em vigor, antes do exercício financeiro, que se inicia a 1º de janeiro do ano subseqüente, o da declaração. 6. Em questão assemelhada, assim também decidiu o Plenário do Supremo Tribunal Federal, no julgamento do RE nº 197.790-6-MG, em data de 19 de fevereiro de 1997. (STF. 1ª Turma. RE nº 194.612. Rel. Min. Sydney Sanches. Julgado em 24.3.98)

Tratando-se de lei de conversão da Medida Provisória nº 86, de 25 de setembro de 1989, da data da edição desta é que flui o prazo de noventa dias previsto no art. 195, §6º, da CF, o qual, no caso, teve por termo final o dia 24 de dezembro do mesmo ano, possibilitando o cálculo do tributo, pela nova alíquota, sobre o lucro da recorrente, apurado no balanço do próprio exercício de 1989. (STF. Pleno. RE nº 197.790. Rel. Min. Ilmar Galvão. Julgado em 19.2.97)

Improcedência das alegações de inconstitucionalidade da contribuição social instituída pela Lei Complementar nº 70/91 (COFINS). Ação que se conhece em parte, e nela se julga procedente, para declarar-se, com os efeitos previstos no §2º do art. 102 da Constituição Federal, na redação da Emenda Constitucional nº 3, de 1993, a constitucionalidade (...) das expressões "esta lei complementar entra em vigor na data de sua publicação, produzindo efeitos a partir do primeiro dia do mês seguinte nos noventa dias posteriores, aquela publicação, (...)" constantes do art. 13, todos da Lei Complementar nº 70, de 30 de dezembro de 1991. (STF. Pleno. ADC nº 1. Rel. Min. Moreira Alves. Julgado em 1º.12.93)

Lei Tributária: Prazo Nonagesimal e Validade Material. O prazo nonagesimal previsto no art. 150, III, c, da CF é critério para que a lei tributária produza efeitos (CF: "Art. 150. Sem prejuízo de outras garantias asseguradas ao contribuinte, é vedado à União, aos Estados, ao Distrito Federal e aos Municípios: ... III - cobrar tributos: ... c) antes de decorridos noventa dias da data em que haja sido publicada a lei que os instituiu ou aumentou, observado o disposto na al. b;"). Com base nesse entendimento, e considerando que as custas judiciais e os emolumentos possuem natureza jurídica de taxa, e que, por isso, devem ser fixadas por lei, o Tribunal julgou parcialmente procedente pedido formulado em ação direta ajuizada pelo Conselho Federal da Ordem dos Advogados do Brasil – OAB para dar interpretação conforme a Constituição ao art. 47 da Lei 959/2005, do Estado do Amapá, que estabelece a vigência da lei — que dispõe sobre custas judiciais e emolumentos dos serviços notariais e de registros públicos naquela unidade federativa — a partir de 1.1.2006. Declarou-se que, apesar de a lei, publicada em 30.12.2005, estar em vigor a partir daquela data, sua eficácia, em relação aos dispositivos que aumentam ou instituem novas custas e emolumentos, teria início somente após noventa dias de sua publicação. Precedentes citados: ADI 1444/PR (*DJU* de 11.4.2003); ADI 1926 MC/PE (*DJU* de 10.9.99). (ADI 3694/AM, Rel. Min. Sepúlveda Pertence, 20.9.2006. *Informativo STF*, n. 441)

Imposto Provisório sobre a Movimentação ou a Transmissão de Valores e de Créditos e Direitos de Natureza Financeira – IPMF. Artigos 5º, §2º, 60, §4º, incisos I e IV, 150, incisos III, "b", e VI, "a", "b", "c" e "d", da Constituição Federal. 1. Uma Emenda Constitucional, emanada, portanto, de Constituinte derivada, incidindo em violação à Constituição originária, pode ser declarada inconstitucional, pelo Supremo Tribunal Federal, cuja função precípua é de guarda da Constituição (art. 102, I, "a", da CF). 2. A Emenda Constitucional nº 3, de 17.3.1993, que, no art. 2º, autorizou a União a instituir o IPMF, incidiu em vício de inconstitucionalidade, ao dispor, no §2º desse dispositivo, que, quanto a tal tributo, não se aplica "o art. 150, III, "b" e VI", da Constituição, porque, desse modo, violou os seguintes princípios e normas imutáveis (somente eles, não outros): 1. - o princípio da anterioridade, que é garantia individual do contribuinte (art. 5º, §2º, art. 60, §4º, inc. IV e art. 150, III, "b", da Constituição); 2. - o princípio da imunidade tributária recíproca (que veda a União, aos Estados, ao Distrito Federal e aos Municípios a instituição de impostos sobre o patrimônio, rendas ou serviços uns dos outros) e que é garantia da Federação (art. 60, §4º, inc. I,e art. 150, VI, "a", da CF); 3. - a norma que, estabelecendo outras imunidades impede a criação de impostos (art. 150, III) sobre: "b"): templos de qualquer culto; "c"): patrimônio, renda ou serviços dos partidos políticos, inclusive suas fundações, das entidades sindicais dos trabalhadores, das instituições de educação e de assistência social, sem fins lucrativos, atendidos os requisitos da lei; e "d"): livros, jornais, periódicos e o papel destinado a sua impressão; 3. Em conseqüência, é inconstitucional, também, a Lei Complementar nº 77, de 13.07.1993, sem redução de textos, nos pontos em que determinou a incidência do tributo no mesmo ano (art. 28) e deixou de reconhecer as imunidades previstas no art. 150, VI, "a", "b", "c" e "d" da CF (arts. 3º, 4º e 8º do mesmo diploma, LC nº 77/93). 4. Ação Direta de Inconstitucionalidade julgada procedente, em parte, para tais fins, por maioria, nos termos do voto do Relator, mantida, com relação a todos os contribuintes, em caráter definitivo, a medida cautelar, que suspendera a cobrança do tributo no ano de 1993. (STF. Pleno. ADIN nº 939. Rel. Min. Sydney Sanches. Julgado em 15.12.93)

A Turma manteve acórdão do TRF da 4ª Região que entendera que a cobrança de ITR, com base na MP 399/93, convertida na Lei 8.847/94, referente a fato gerador ocorrido no exercício de 1994, viola o princípio da anterioridade tributária (CF, art. 150, III, b). Tratava-se, na espécie, de recurso extraordinário interposto pela União em que se alegava a possibilidade da citada exação, uma vez que a Lei 8.847/94, ao instituir anexo contendo as tabelas de alíquotas do ITR, apenas complementara a MP 399/93, a qual fora editada no exercício financeiro anterior. Considerando que houvera instituição de imposto e não sua majoração e que a configuração do ITR se aperfeiçoara com a publicação do anexo na aludida Lei 8.847/94, a título de "retificação", concluiu-se que a exigência do tributo sob esta nova modalidade, antes de 1º de janeiro de 1995, por força do art. 150, III, b, da CF, ofende o princípio da anterioridade tributária. Ressaltou-se que o anexo à MP 399/93 seria essencial à caracterização e quantificação da cobrança e que o referido princípio constitucional é garantia fundamental do contribuinte, não podendo ser suprimido nem mesmo por Emenda Constitucional. (RE nº 448.558/PR, Rel. Min. Gilmar Mendes, 29.11.2005. *Informativo STF*, n. 411)

Diploma normativo que foi editado em 31.12.94, a tempo, portanto, de incidir sobre o resultado do exercício financeiro encerrado. Descabimento da alegação de ofensa aos princípios da anterioridade e da irretroatividade, relativamente ao Imposto de Renda, o mesmo não se dando no tocante à contribuição social, sujeita que está à anterioridade nonagesimal prevista no art. 195, §6º da CF, que não foi observado. (STF. 1ª Turma. RE nº 232.084. Rel. Min. Ilmar Galvão. Julgado em 4.4.2000)

Contribuição social prevista na Medida Provisória 63/89, convertida na Lei 7.787/89. Vigência do art. 3º, I. Interpretação conforme a Constituição do art. 21. – O inc. I do art. 3º da Lei 7.787/89 não é fruto da conversão do disposto no art. 5., I, da Medida Provisória 63/89. E, assim sendo, o período de noventa dias a que se refere o disposto no §6º do art. 195 da Constituição Federal se conta, quanto a ele, a partir da data da publicação da Lei 7.787/89, e não de 1º de setembro de 1989. - Isso implica dizer que o art. 21 dessa Lei 7.787/89 ("Art. 21. Esta Lei entra em vigor na data da sua publicação, produzindo efeitos, quanto a majoração de alíquota, a partir de 1º de setembro de 1989") só é constitucional se entendido — interpretação conforme a Constituição — como aplicável apenas aquelas majorações de alíquota fruto de conversão das contidas na Medida Provisória 63/89. (STF. Pleno. RE nº 169.740. Rel. Min. Moreira Alves. Julgado em 27.9.95)

Revogada a isenção, o tributo volta a ser imediatamente exigível, sendo impertinente a invocação do princípio da anterioridade (CF, art. 150, III, b). Precedentes citados: RMS 13947-SP (*RTJ* 39/64); RMS 14473-SP (*RTJ* 34/111); RMS 14174-SP (*RTJ* 33/177; RE 57567-SP (*RTJ* 35/249); RE 97482-RS (*DJ* de 17.2.82). (RE 204.062-ES, Rel. Min. Carlos Velloso, 27.09.96. *Informativo STF*, n. 46)

Recurso Extraordinário. Agravo Regimental. Imposto de Renda. Pessoa jurídica. Balanço. Correção monetária. Lei nº 8.088/90. 1. Não cabe ao Poder Judiciário agir como legislador positivo para alterar índice de correção monetária definido em lei. A majoração de índice de correção, no decorrer de um ano fiscal, não representa ofensa aos princípios da anterioridade e da irretroatividade. Precedente: RE 200.844-AgR, *DJ* de 16.08.2002. 2. Conforme consignado pelo Plenário desta Corte no RE 201.465, inexiste direito, fundado na Constituição, a índice de indexação real. 3. Agravo regimental improvido. (STF. 2ª Turma. RE nº 309.381/AgR. Rel. Min. Ellen Gracie. Julgamento em 15.6.2004)

Recurso Extraordinário – Matéria tributária – Substituição legal dos fatores de indexação – Alegada ofensa às garantias constitucionais do direito adquirido e da anterioridade tributária – Inocorrência – Simples atualização monetária que não se confunde com majoração do tributo – Recurso improvido. – Não se revela lícito, ao Poder Judiciário, atuar na anômala condição de legislador positivo, para, em assim agindo, proceder à substituição de um fator de indexação, definido em lei, por outro, resultante de determinação judicial. Se tal fosse possível, o Poder Judiciário — que não dispõe de função legislativa — passaria a desempenhar atribuição que lhe é institucionalmente estranha (a de legislador positivo), usurpando, desse modo, no contexto de um sistema de poderes essencialmente limitados, competência que não lhe pertence, com evidente transgressão ao princípio constitucional da separação de poderes. Precedentes. – A modificação dos fatores de indexação, com base em legislação superveniente, não constitui desrespeito a situações jurídicas consolidadas (CF, art. 5º, XXXVI), nem transgressão ao postulado da não-surpresa, instrumentalmente garantido pela cláusula da anterioridade tributária (CF, art. 150, III, "b"). – O Estado não pode legislar abusivamente, eis que todas as normas emanadas do Poder Público — tratando-se, ou não, de matéria tributária — devem ajustar-se à cláusula que consagra, em sua dimensão material, o princípio do "substantive due process of law" (CF, art. 5º, LIV). O postulado da proporcionalidade qualifica-se como parâmetro de aferição da própria constitucionalidade material dos atos estatais. Hipótese em que a legislação tributária reveste-se do necessário coeficiente de razoabilidade. Precedentes. (STF. 2ª Turma. RE nº 200.844/AgR. Rel. Min. Celso de Mello. Julgamento em 25.6.2002)

Norma legal que altera o prazo de recolhimento da obrigação tributária não se sujeita ao princípio da anterioridade. (Súmula STF nº 669)

3.16.2 Confisco

Servidores públicos federais – Contribuição de seguridade social – Lei nº 9.783/99 – Argüição de inconstitucionalidade formal e material desse diploma legislativo – Relevância jurídica da tese pertinente à não-incidência da contribuição de seguridade social sobre servidores inativos e pensionistas da União Federal (CF, art. 40, *caput*, e respectivo §12º c/c o art. 195, II, na redação dada pela EC nº 20/98) – Alíquotas progressivas – Escala de progressividade dos adicionais temporários (art. 2º da Lei nº 9.783/99) – Alegação de ofensa ao princípio que veda a tributação confiscatória (CF, art. 150, IV) e de descaracterização da função constitucional inerente à contribuição de seguridade social – Plausibilidade jurídica – Medida cautelar deferida em parte. Princípio da irrepetibilidade dos projetos rejeitados na mesma sessão legislativa (CF, art. 67) – Medida Provisória rejeitada pelo Congresso Nacional – Possibilidade de apresentação de Projeto de Lei, pelo Presidente da República, no início do ano seguinte àquele em que se deu a rejeição parlamentar da Medida Provisória. – A norma inscrita no art. 67 da Constituição — que consagra o postulado da irrepetibilidade dos projetos rejeitados na mesma sessão legislativa — não impede o Presidente da República de submeter, à apreciação do Congresso Nacional, reunido em convocação extraordinária (CF, art. 57, §6º, II), projeto de lei versando, total ou parcialmente, a mesma matéria que constituiu objeto de medida provisória rejeitada pelo Parlamento, em sessão legislativa realizada no ano anterior. – O Presidente da República, no entanto, sob pena de ofensa ao princípio da separação de poderes e de transgressão à integridade da ordem democrática, não pode valer-se de medida provisória para disciplinar matéria que já tenha sido objeto de projeto de lei anteriormente rejeitado na mesma sessão legislativa (*RTJ* 166/890, Rel. Min. Octavio Gallotti). Também pelas mesmas razões, o Chefe do Poder Executivo da União não pode reeditar medida provisória que veicule matéria constante de outra medida provisória anteriormente rejeitada pelo Congresso Nacional (*RTJ* 146/707-708, Rel. Min. Celso de Mello). Reserva constitucional de Lei Complementar – Incidência nos casos taxativamente indicados na Constituição – Contribuição de seguridade social devida por servidores públicos federais em atividade – Instituição mediante Lei Ordinária – Possibilidade. – Não se presume a necessidade de edição de lei complementar, pois esta é somente exigível nos casos expressamente previstos na Constituição. Doutrina. Precedentes. – O ordenamento constitucional brasileiro — ressalvada a hipótese prevista no art. 195, §4º, da Constituição — não submeteu, ao domínio normativo da lei complementar, a instituição e a majoração das contribuições sociais a que se refere o art. 195 da Carta Política. – Tratando-se de contribuição incidente sobre servidores públicos federais em atividade — a cujo respeito existe expressa previsão inscrita no art. 40, *caput*, e §12, c/c o art. 195, II, da Constituição, na redação dada pela EC nº 20/98 — revela-se legítima a disciplinação do tema mediante simples lei ordinária. As contribuições de seguridade social — inclusive aquelas que incidem sobre os servidores públicos federais em atividade —, embora sujeitas, como qualquer tributo, às normas gerais estabelecidas na lei complementar a que se refere o art. 146, III, da Constituição, não dependem, para o específico efeito de sua instituição, da edição de nova lei complementar, eis que, precisamente por não se qualificarem como impostos, torna-se inexigível, quanto a elas, a utilização dessa espécie normativa para os fins a que alude o art. 146, III, a, segunda parte, da Carta Política, vale dizer, para a definição dos respectivos fatos geradores, bases de cálculo e contribuintes. Precedente: *RTJ* 143/313-314. A Constituição da República não admite a instituição da contribuição de seguridade social sobre inativos e pensionistas da União. – A Lei nº 9.783/99, ao dispor sobre a contribuição de seguridade social relativamente a pensionistas e a servidores inativos da União, regulou, indevidamente, matéria não autorizada pelo texto da Carta Política, eis que, não obstante as substanciais modificações introduzidas pela EC nº 20/98 no regime de previdência dos servidores públicos, o Congresso Nacional absteve-se, conscientemente, no contexto da reforma do modelo previdenciário, de fixar a necessária matriz constitucional, cuja instituição se revelava indispensável para legitimar, em bases válidas, a criação e a incidência dessa exação tributária sobre o valor das aposentadorias e das pensões. O regime de previdência de caráter contributivo, a que se refere o art. 40, caput, da Constituição, na redação dada pela EC nº 20/98, foi instituído, unicamente, em relação "Aos servidores titulares de cargos efetivos...", inexistindo, desse modo, qualquer possibilidade jurídico-constitucional de se atribuir, a inativos e a pensionistas da União, a condição de contribuintes da exação prevista na Lei nº 9.783/99. Interpretação do art. 40, §§8º e 12, c/c o art. 195, II, da Constituição, todos com a redação que lhes deu a EC nº 20/98. Debates parlamentares e interpretação da Constituição. – O argumento histórico, no processo de interpretação constitucional, não se reveste de caráter absoluto. Qualifica-se, no entanto, como expressivo elemento de útil indagação das circunstâncias que motivaram a elaboração de determinada norma inscrita na Constituição, permitindo o conhecimento das razões que levaram o constituinte a acolher ou a rejeitar as propostas que lhe foram submetidas. Doutrina. – O registro histórico dos debates parlamentares, em torno da proposta que resultou na Emenda Constitucional nº 20/98 (PEC nº 33/95), revela-se extremamente importante na constatação de que a única base constitucional — que poderia viabilizar a cobrança, relativamente aos inativos e aos pensionistas da União, da contribuição de seguridade social — foi conscientemente excluída do texto, por iniciativa dos próprios Líderes dos Partidos Políticos que dão sustentação parlamentar ao Governo, na Câmara dos Deputados (Comunicado Parlamentar publicado no Diário da Câmara dos Deputados, p. 04110, edição de 12.2.98). O destaque supressivo, patrocinado por esses Líderes partidários, excluiu, do Substitutivo aprovado pelo Senado Federal (PEC nº 33/95), a cláusula destinada a introduzir, no texto da Constituição, a necessária previsão de cobrança, aos pensionistas e aos servidores inativos, da contribuição de seguridade social. O regime contributivo é, por essência, um regime de caráter eminentemente retributivo. a questão do equilíbrio atuarial (CF, art. 195, §5º). Contribuição de seguridade social sobre pensões e proventos: ausência de causa suficiente. – Sem causa suficiente, não se justifica a instituição (ou a majoração) da contribuição de seguridade social, pois, no regime de previdência de caráter contributivo, deve haver, necessariamente, correlação entre custo e benefício. A existência de estrita vinculação causal entre contribuição e benefício põe em evidência a correção da fórmula segundo a qual não pode haver contribuição sem benefício, nem benefício sem contribuição. Doutrina. Precedente do STF. A contribuição de seguridade social dos servidores públicos em atividade constitui modalidade de tributo vinculado. – A contribuição de seguridade social, devida por servidores públicos em atividade, configura modalidade de contribuição social, qualificando-se como espécie tributária de caráter vinculado, constitucionalmente destinada ao custeio e ao financiamento do regime de previdência dos servidores públicos titulares de cargo efetivo. Precedentes. A garantia da irredutibilidade da remuneração não é oponível à instituição/ majoração da contribuição de seguridade social relativamente aos servidores em atividade. – A contribuição de seguridade social, como qualquer outro tributo, é passível de majoração, desde que o aumento dessa exação tributária observe padrões de razoabilidade e seja estabelecido em bases moderadas. Não assiste ao contribuinte o direito de opor, ao Poder Público, pretensão que vise a obstar o aumento dos tributos — a cujo conceito se subsumem as contribuições de seguridade social (*RTJ* 143/684 - *RTJ* 149/654) —, desde que respeitadas, pelo Estado, as diretrizes constitucionais que regem, formal e materialmente, o exercício da competência impositiva. Assiste, ao contribuinte, quando transgredidas as limitações constitucionais ao poder de tributar, o direito de contestar, judicialmente, a tributação que tenha sentido discriminatório ou que revele caráter confiscatório. A garantia constitucional da irredutibilidade da remuneração devida aos servidores públicos em atividade não se reveste de caráter absoluto. Expõe-se, por isso mesmo, às derrogações instituídas pela própria Constituição da República, que prevê, relativamente ao subsídio e aos vencimentos dos ocupantes de cargos e empregos públicos (CF, art. 37, XV), a incidência de tributos, legitimando-se, desse modo, quanto aos servidores públicos ativos, a exigibilidade da contribuição de seguridade social, mesmo porque, em tema de tributação, há que se ter presente o que dispõe o art. 150, II, da Carta Política. Precedentes: *RTJ* 83/74 - *RTJ* 109/244 - *RTJ* 147/921, 925. Contribuição de seguridade social – Servidores em atividade – Estrutura progressiva das alíquotas: a progressividade em matéria tributária supõe expressa autorização constitucional. relevo jurídico da tese. – Relevo jurídico da tese segundo a qual o legislador comum, fora das hipóteses taxativamente indicadas no texto da Carta Política, não pode valer-se da progressividade na definição das alíquotas pertinentes à contribuição de seguridade social devida por servidores públicos em atividade. Tratando-se de matéria sujeita a estrita previsão constitucional — CF, art. 153, §2º, I; art. 153, §4º; art. 156, §1º; art. 182, §4º, II; art. 195, §9º (contribuição social devida pelo empregador) — inexiste espaço de liberdade decisória para o Congresso Nacional, em tema de progressividade tributária, instituir alíquotas progressivas em situações não autorizadas pelo texto da Constituição. Inaplicabilidade, aos servidores estatais, da norma inscrita no art. 195, §9º, da Constituição, introduzida pela EC nº 20/98. A inovação do quadro normativo resultante da promulgação da EC nº 20/98 — que introduziu, na Carta Política, a regra consubstanciada no art. 195, §9º (contribuição patronal) — parece tornar insuscetível de invocação o precedente firmado na ADI nº 790-DF (*RTJ* 147/921). A tributação confiscatória é vedada pela Constituição da República. – A jurisprudência do Supremo Tribunal Federal entende cabível, em sede de controle normativo abstrato, a possibilidade de a Corte examinar se determinado tributo ofende, ou não, o princípio constitucional da não-confiscatoriedade consagrado no art. 150, IV, da Constituição. Precedente: ADI 1.075-DF, Rel. Min. Celso de Mello (o Relator ficou vencido, no precedente mencionado, por entender que o exame do efeito confiscatório do tributo depende da apreciação individual de cada caso concreto). – A proibição constitucional do confisco em matéria tributária nada mais representa senão a interdição, pela Carta Política, de qualquer pretensão governamental que possa conduzir, no campo da fiscalidade, à injusta apropriação estatal, no todo ou em parte, do patrimônio ou dos rendimentos dos contribuintes, comprometendo-lhes, pela insuportabilidade da carga tributária, o exercício do direito a uma existência digna, ou a prática de atividade profissional lícita ou, ainda, a regular satisfação de suas necessidades vitais (educação, saúde e habitação, por exemplo). A identificação do efeito confiscatório deve ser feita em função da totalidade da carga tributária, mediante verificação da capacidade de que dispõe o contribuinte — considerado o montante de sua riqueza (renda e capital) — para suportar e sofrer a incidência de todos os tributos que ele deverá pagar, dentro de determinado período, à mesma pessoa política que os houver instituído (a União Federal, no caso), condicionando-se, ainda, a aferição do grau de insuportabilidade econômico-financeira, à observância, pelo legislador, de padrões de razoabilidade destinados a neutralizar excessos de ordem fiscal eventualmente praticados pelo Poder Público. Resulta configurado o caráter confiscatório de determinado tributo, sempre que o efeito cumulativo — resultante das múltiplas incidências tributárias estabelecidas pela mesma entidade estatal — afetar, substancialmente, de maneira irrazoável, o patrimônio e/ou os rendimentos do contribuinte. – O Poder Público, especialmente em sede de tributação (as contribuições de seguridade social revestem-se de caráter tributário), não pode agir imoderadamente, pois a atividade estatal acha-se essencialmente condicionada pelo princípio da razoabilidade. A contribuição de seguridade social possui destinação constitucional específica. – A contribuição de seguridade social não só se qualifica como modalidade autônoma de tributo (*RTJ*143/684), como também representa espécie tributária essencialmente vinculada ao financiamento da seguridade social, em função de específica destinação constitucional. A vigência temporária das alíquotas progressivas (art. 2º da Lei nº 9.783/99), além de não implicar concessão adicional de outras vantagens, benefícios ou serviços — rompendo, em conseqüência, a necessária vinculação causal que deve existir entre contribuições e benefícios (*RTJ*147/921) — constitui expressiva evidência de que se buscou, unicamente, com a arrecadação desse *plus*, o aumento da receita da União, em ordem a viabilizar o pagamento de encargos (despesas de pessoal) cuja satisfação deve resultar, ordinariamente, da arrecadação de impostos. Razões de Estado não podem ser invocadas para legitimar o desrespeito à supremacia da Constituição da República. – A invocação das razões de Estado — além de deslegitimar-se como fundamento idôneo de justificação de medidas legislativas — representa, por efeito das gravíssimas conseqüências provocadas por seu eventual acolhimento, uma ameaça inadmissível às liberdades públicas, à supremacia da ordem constitucional e aos valores democráticos que a informam, culminando por introduzir, no sistema de direito positivo, um preocupante fator de ruptura e de desestabilização político-jurídica. Nada compensa a ruptura da ordem constitucional. Nada recompõe os gravíssimos efeitos que derivam do gesto de infidelidade ao texto da Lei Fundamental. A defesa da Constituição não se expõe, nem deve submeter-se, a qualquer juízo de oportunidade ou de conveniência, muito menos a avaliações discricionárias fundadas em razões de pragmatismo governamental. A relação do Poder e de seus agentes, com a Constituição, há de ser, necessariamente, uma relação de respeito. Se, em determinado momento histórico, circunstâncias de fato ou de direito reclamarem a alteração da Constituição, em ordem a conferir-lhe um sentido de maior contemporaneidade, para ajustá-la, desse modo, às novas exigências ditadas por necessidades políticas, sociais ou econômicas, impor-se-á a prévia modificação do texto da Lei Fundamental, com estrita observância das limitações e do processo de reforma estabelecidos na própria Carta Política. A defesa da Constituição da República representa o encargo mais relevante do Supremo Tribunal Federal. – O Supremo Tribunal Federal — que é o guardião da Constituição, por expressa delegação do Poder Constituinte — não pode renunciar ao exercício desse encargo, pois, se a Suprema Corte falhar no desempenho da gravíssima atribuição que lhe foi outorgada, a integridade do sistema político, a proteção das liberdades públicas, a estabilidade do ordenamento normativo do Estado, a segurança das relações jurídicas e a legitimidade das instituições da República restarão profundamente comprometidas. O inaceitável desprezo pela Constituição não pode converter-se em prática governamental consentida. Ao menos, enquanto houver um Poder Judiciário independente e consciente de sua alta responsabilidade política, social e jurídico-institucional. (STF. Pleno. ADIMC nº 2.010. Rel. Min. Celso de Mello. Julgado em 30.9.99)

O Tribunal deferiu, com eficácia *ex nunc*, medida cautelar em ação direta ajuizada pela Confederação Nacional do Comércio – CNC, para suspender, até decisão final da ação, a execução e aplicabilidade do art. 3º, parágrafo único, da Lei 8.846/94, que prevê, na hipótese de o contribuinte não haver emitido a nota fiscal relativa a venda de mercadorias, prestação de serviços ou operações de alienação de bens móveis, a aplicação de multa pecuniária de 300% sobre o valor do bem objeto da operação ou do serviço prestado. Considerou-se juridicamente relevante a tese de ofensa ao art. 150, IV, da CF ("Art. 150. Sem prejuízo de outras garantias asseguradas ao contribuinte, é vedado à União, aos Estados, ao Distrito Federal e aos Municípios: ... IV - utilizar tributo com efeito de confisco;"). (ADInMC nº 1.075. Pleno. Rel. Min. Celso de Mello, 17.6.98. *Informativo STF*, n. 115)

Tributário. Empréstimo compulsório sobre energia elétrica. Prescrição. Correção monetária. Juros. Taxa SELIC. Expurgos inflacionários. Falta. Interesse de agir. 1. Esta Corte consolidou o entendimento de que "nas questões atinentes ao empréstimo compulsório incidente sobre o consumo de energia elétrica, instituído pela Lei nº 4.156/62 e legislação posterior, a contagem do prazo prescricional tem seu início a partir de 20 anos após a aquisição compulsória das obrigações emitidas em favor do contribuinte" (AGREsp 587.450/SC, Rel. Min. Francisco Falcão, *DJU* de 17.05.04). 2. É devida a correção monetária plena dos valores restituídos a título de empréstimo compulsório sobre energia elétrica, sob pena de ofensa ao princípio da vedação do confisco (art. 150, IV, da Constituição Federal). 3. A jurisprudência desta Corte Superior é pacífica no sentido de ser cabível a inclusão dos expurgos inflacionários no cálculo da correção monetária, pois sua aplicação não é uma penalidade; objetiva repor a perda do real valor da moeda, subtraído pela inflação, entretanto deve ser mantida a decisão recorrida em razão do princípio da vedação da reformatio in pejus. 4. Os juros moratórios são devidos à base de 6% ao ano nos cálculos da correção monetária, a ser devolvida ao contribuinte, incidente sobre os valores recolhidos a título de empréstimo compulsório sobre o consumo de energia elétrica. Precedentes. 5. Falta interesse de agir da recorrente no tocante ao pedido de afastamento da aplicação da taxa SELIC, pois o Tribunal a quo expressamente inadmitiu a incidência da taxa. 6. Recurso especial improvido. (STJ. 2ª Turma. REsp nº 572.649. Rel. Min. Castro Meira. Julgamento em 21.9.2004)

3.16.3 Igualdade

Ainda que classificadas como microempresas ou empresas de pequeno porte porque a receita bruta anual não ultrapassa os limites fixados no art. 2º, incisos I e II, da Lei nº 9.317, de 5 de dezembro de 1996, não podem optar pelo "Sistema SIMPLES" as pessoas jurídicas prestadoras de serviços que dependam de habilitação profissional legalmente exigida. (STF. Pleno. ADIMC nº 1.643. Rel. Min. Maurício Corrêa. Julgado em 30.10.97)

1. A criação de imunidade tributária é matéria típica do texto constitucional enquanto a de isenção é versada na lei ordinária; não há, pois, invasão da área reservada à emenda constitucional quando a lei ordinária cria isenção. 2. O Poder Público tem legitimidade para isentar contribuições por ele instituídas, nos limites das suas atribuições (art. 149 da Constituição). 3. Contra a relevância da proteção constitucional e contra a autonomia e à liberdade sindical de empregados e empregadores (art. 8º, I) opõe-se a tutela concedida às empresas de pequeno porte (art. 170, IX). É absolutamente impossível dar rendimento à norma constitucional que concede tratamento favorecido às empresas de pequeno porte sem que seja ferida a literalidade do princípio da isonomia. (STF. Pleno. ADIMC nº 2.006. Rel. Min. Maurício Corrêa. Julgado em 1º.7.99)

Isenção do Imposto sobre a Propriedade de Veículos Automotores concedida pelo Estado-Membro aos proprietários de veículos destinados à exploração dos serviços de transporte escolar no Estado do Amapá, devidamente regularizados junto à Cooperativa de Transportes Escolares do Município de Macapá – COOTEM. Tratamento desigual entre contribuintes que se encontram em situação equivalente. Violação ao princípio da igualdade e da isonomia tributária. Art. 150, II da Constituição Federal. (STF. Pleno. ADIMC nº 1.655. Rel. Min. Maurício Corrêa. Julgado em 10.9.97)

Isenção de IPTU, em razão da qualidade de servidor estadual do Agravante, postulada em desrespeito da proibição contida no art. 150, II, da Constituição Federal de 1988. (STF. 1ª Turma. AGRAG nº 157.871. Rel. Octávio Gallotti. Julgado em 15.9.95)

Por entender configurada a ofensa ao princípio da igualdade tributária (CF, art. 150, II), o Tribunal julgou procedente pedido formulado em ação direta ajuizada pelo Procurador-Geral da República para declarar a inconstitucionalidade do art. 271 da Lei Orgânica e Estatuto do Ministério Público do Estado do Rio Grande do Norte (LC 141/96), que concede isenção aos membros do parquet, inclusive inativos, do pagamento de custas judiciais, notariais, cartorárias e quaisquer taxas ou emolumentos. Inicialmente, ressaltou-se que a Corte firmou orientação no sentido de que custas e emolumentos possuem natureza tributária, qualificando-se como taxas remuneratórias de serviços públicos prestados. Ademais, aduziu-se que a competência para legislar sobre a matéria é concorrente (CF, art. 24, IV), podendo os Estados-membros dispor sobre custas e emolumentos das serventias extrajudiciais nos limites de sua extensão territorial. No mérito, considerou-se que o dispositivo impugnado concede injustificado privilégio aos membros do Ministério Público estadual, pelo simples fato de integrarem a instituição. Afastou-se, ainda, a alegação de vício de inconstitucionalidade formal por violação ao art. 150, §6º, da CF, que exige a edição de lei específica para a concessão de isenção tributária, uma vez que este preceito constitucional veda a oportunista introdução de norma de isenção fiscal no contexto de lei que cuide de matéria de natureza diversa. Precedentes citados: RE 236881/RS (*DJU* de 26.4.2002); ADI 1655/AP (*DJU* de 2.4.2004); ADI 2653 MC/MT (*DJU* de 31.10.2003); ADI 1378 MC/ES (*DJU* de 30.5.97); ADI 1624/MG (*DJU* de 20.5.2003). (ADI 3260/RN, Rel. Min. Eros Grau, 29.3.2007. *Informativo STF*, n. 461)

3.16.4 Imunidades

A proibição constante do art. 150, VI, a, da CF ("..., é vedado à União, aos Estados, ao Distrito Federal e aos Municípios: VI - instituir imposto sobre: a) patrimônio, renda ou serviços, uns dos outros;"), impede a cobrança do IOF nas operações financeiras realizadas pelos Municípios. Precedente: Ag 172890 - (AgRg) (*DJ* de 19.04.96, 2ª Turma). (RE 196.415-PR, Rel. Min. Ilmar Galvão, 21.5.96. *Informativo STF*, n. 32)

Tributário. IPTU. Imóveis que compõem o acervo patrimonial do Porto de Santos, Integrantes do domínio da União. Impossibilidade de tributação pela Municipalidade, independentemente de encontrarem-se tais bens ocupados pela empresa delegatária dos serviços portuários, em face da imunidade prevista no art. 150, VI, a, da Constituição Federal. Dispositivo, todavia, restrito aos impostos, não se estendendo às taxas. Recurso parcialmente provido. (STF. 1ª Turma. RE nº 253.394. Rel. Min. Ilmar Galvão. Julgamento em 26.11.2002)

O Tribunal julgou procedente pedido de ação direta de inconstitucionalidade ajuizada pelo Governador do Estado de Pernambuco contra o caput do art. 28 da Lei federal 9.532/97, que previa a incidência de imposto de renda sobre rendimentos auferidos "por qualquer beneficiário, inclusive pessoa jurídica imune ou isenta" nas aplicações em fundos de investimentos, e contra a Medida Provisória 1.636/97, que dispôs acerca da incidência do imposto de renda na fonte sobre rendimentos de aplicações financeiras. Preliminarmente, não se conheceu da ação com relação à citada Medida Provisória, por perda de objeto, tendo em conta a passagem do prazo peremptório de vigência do ato normativo atacado. Quanto ao mérito, declarou-se a inconstitucionalidade da expressão "inclusive pessoa jurídica imune", contida no artigo legal impugnado, haja vista a imunidade tributária ser matéria típica do texto constitucional, restando violado o art. 150, VI, e alíneas, da CF. (ADI 1758/DF, Rel. Min. Carlos Velloso, 10.11.2004. *Informativo STF*, n. 369)

Prosseguindo no julgamento da ação direta acima mencionada, o Tribunal deferiu a suspensão cautelar de eficácia dos seguintes dispositivos da Lei 9.532/97: a) §1º do art. 12, que retira das instituições de educação ou de assistência social a imunidade com relação aos rendimentos e ganhos de capital auferidos em aplicações financeiras de renda fixa ou de renda variável; b) al. *f* do §2º do art. 12, que estabelece, como condição do gozo da imunidade pelas instituições, a obrigatoriedade do recolhimento de tributos retidos sobre os rendimentos por elas pagos ou creditados; e c) artigos 13, *caput*, e 14, que prevêem a suspensão do gozo da imunidade tributária como forma de penalidade por ato que constitua infração à legislação tributária. À primeira vista, reconheceu-se a inconstitucionalidade formal dessas normas, sob o entendimento de que o art. 150, VI, c, da CF ("... atendidos os requisitos da lei;") remete à lei ordinária a competência para estipular requisitos que digam respeito apenas à constituição e ao funcionamento das entidades imunes, e que qualquer limitação ao poder de tributar, como previsto no art. 146, II, da CF, só pode ocorrer mediante lei complementar. Considerou-se que a discussão sobre se o conceito de instituição de assistência social (CF, art. 150, VI, *c*) abrange ou não as instituições de previdência social, as de saúde e as de assistência social propriamente ditas será apreciada no julgamento de mérito da ação. Precedente citado: RE 93.770-RJ (*RTJ* 102/304). (ADInMC 1.802-DF, Rel. Min. Sepúlveda Pertence, 27.8.98. *Informativo STF*, n. 120)

Não há invocar, para o fim de ser restringida a aplicação da imunidade, critérios de classificação dos impostos adotados por normas infraconstitucionais, mesmo porque não é adequado distinguir entre bens e patrimônio, dado que este se constitui do conjunto daqueles. O que cumpre perquirir, portanto, é se o bem adquirido, no mercado interno ou externo, integra o patrimônio da entidade abrangida pela imunidade. (STF. 2ª Turma. RE nº 203.755. Rel. Min. Carlos Velloso. Julgado em 17.6.96)

A imunidade prevista no art. 150, VI, c, da Constituição Federal, em favor das instituições de assistência social, abrange o Imposto de Importação e o Imposto sobre Produtos Industrializados, que incidem sobre bens a serem utilizados na prestação de seus serviços específicos. (STF. 1ª Turma. RE nº 243.807. Rel. Min. Ilmar Galvão. Julgado em 15.2.2000)

Exigência fiscal que, incidindo sobre bens produzidos e fabricados pela entidade assistencial, não ofende a imunidade tributária que lhe é assegurada na Constituição, visto repercutir o referido ônus, economicamente, no consumidor, vale dizer, no contribuinte de fato do tributo que se acha embutido no preço do bem adquirido. (STF. 1ª Turma. RE nº 164.162. Rel. Min. Ilmar Galvão. Julgado em 14.5.96)

Eventual renda obtida pela instituição de assistência social mediante cobrança de estacio-namento de veículos em área interna da entidade, destinada ao custeio das atividades desta, está abrangida pela imunidade prevista no dispositivo sob destaque. Precedente da Corte: RE 116.188-4. (STF. 1ª Turma. RE nº 144.900. Rel. Min. Ilmar Galvão. Julgado em 22.4.97)

Prosseguindo no julgamento acima mencionado, o Tribunal, também por maioria, rejeitou os embargos de divergência por reconhecer que a imunidade tributária prevista pelo art. 150, VI, *c*, da CF, abrange o ICMS sobre comercialização de bens produzidos por entidade beneficente. Considerou-se que o objetivo da referida norma constitucional é assegurar que as rendas oriundas das atividades que mantêm as entidades filantrópicas sejam desoneradas exatamente para se viabilizar a aplicação e desenvolvimento dessas atividades, e que a cobrança do referido imposto desfalcaria o patrimônio, diminuiria a eficiência dos serviços e a integral aplicação das rendas de tais entidades. Vencidos os Ministros Ellen Gracie, relatora, Celso de Mello e Moreira Alves, por entenderem que o ICMS não onera a renda auferida pela entidade para a manutenção de seus objetivos institucionais, uma vez que repercute economicamente no consumidor, que é quem arca com o tributo e quem, em verdade, seria o beneficiário da imunidade. (RE (EDv) 210.251-SP, Rel. Min. Ellen Gracie, redator p/ o ac. Min. Gilmar Mendes, 26.2.2003. *Informativo STF*, n. 299)

O Tribunal, por maioria, negou provimento a embargos de divergência opostos, em embargos declaratórios, contra acórdão da 2ª Turma que não conhecera de recurso extraordinário do embargante ao fundamento de que a imunidade prevista no art. 150, VI, c, da CF, que veda a instituição de impostos sobre patrimônio, renda ou serviços de entidades de assistência social, abrange o ICMS. Invocava-se como paradigma o acórdão proferido pela 1ª Turma no RE 164162/SP (*DJU* de 13.9.96) que entendera não configurar violação à mencionada imunidade a exigência fiscal sobre os bens produzidos e fabricados pela entidade, tendo em conta repercutir o ônus, economicamente, no consumidor, contribuinte de fato do tributo que se acha embutido no preço. Considerou-se o entendimento fixado pelo Plenário no RE 210251/SP (*DJU* de 28.11.2003) no sentido de estarem as entidades de assistência social imunes à incidência do ICMS relativamente à comercialização de bens por elas produzidos, nos termos do art. 150, VI, c, da CF. Vencido o Min. Carlos Britto, que dava provimento ao recurso, adotando a orientação preconizada pela 1ª Turma. (RE 186175 EDiv-ED/SP, Rel. Min. Ellen Gracie, 23.8.2006. *Informativo STF*, n. 437)

A norma inserta no art. 150, inc. VI, al. c, da Constituição Federal prevê a imunidade fiscal das instituições de assistência social, de modo a impedir a obrigação tributária, quando satisfeitos os requisitos legais. Tratando-se de imunidade constitucional, que cobre patrimônio, rendas e serviços, não importa se os imóveis de propriedade da instituição de assistência social são de uso direto ou se são locados. (STF. 1ª Turma. RE nº 257.700. Rel. Min. Ilmar Galvão. Julgado em 13.6.2000)

A imunidade prevista no art. 150, VI, "d", da Constituição Federal abrange os filmes e papéis fotográficos necessários à publicação de jornais e periódicos. (Súmula STF nº 657)

É legítima a cobrança da COFINS, do PIS e do FINSOCIAL sobre as operações relativas a energia elétrica, serviços de telecomunicações, derivados de petróleo, combustíveis e minerais do País. (Súmula STF nº 659)

A Turma concluiu julgamento de recurso extraordinário em que se discutia se a imunidade prevista no §3º do art. 155 da CF — que, à exceção do ICMS e dos impostos de importação e exportação, determina que nenhum outro tributo poderá incidir sobre operações relativas a minerais no país — alcança empresa transportara de minérios – v. *Informativo* 157.

Por maioria, tendo em conta que as normas constitucionais concessivas de benefícios devem ser interpretadas restritivamente, manteve-se o acórdão recorrido que entendera que, se a imunidade existe para minério, o seu destinatário seria a mineradora e não a transportadora, já que o tributo exigido desta é pela prestação do serviço de transporte. Vencido o Min. Marco Aurélio, relator, que reconhecia á empresa recorrente a imunidade tributária quanto ao ISS, dado o caráter objetivo do benefício. (RE 170784/MG, Rel. orig. Min. Marco Aurélio, Rel. p/ o acórdão Min. Nelson Jobim, 14.3.2006. *Informativo STF*, n. 419)

Ainda quando alugado a terceiros, permanece imune ao IPTU o imóvel pertencente a qualquer das entidades referidas pelo art. 150, VI, "c", da Constituição, desde que o valor dos aluguéis seja aplicado nas atividades essenciais de tais entidades. (Súmula STF n$^{\circ}$ 724)

A imunidade tributária conferida a instituições de assistência social sem fins lucrativos pelo art. 150, VI, "c", da Constituição, somente alcança as entidades fechadas de previdência social privada se não houver contribuição dos beneficiários. (Súmula STF n$^{\circ}$ 730)

Imunidade. IPTU. Instituição. Ensino. Assistência social. Imóveis desocupados. É patrimonial a imunidade tributária das instituições de ensino e assistência social (art. 9°, IV, c, do CTN). Alcança os bens que efetivamente são utilizados na persecução de seus fins e não aqueles que estão estagnados, sem qualquer uso (art. 14, §2°, do CTN c/c art 150, §4°, da CF/1988). A Min. Eliana Calmon externou sua preocupação quanto a aplicar tal entendimento no trato de imóvel sem uso à espera de fundos para sua reforma. (REsp 782.305-ES, Rel. Min. João Otávio de Noronha, julgado em 17.8.2006. *Informativo STJ*, n. 293)

Imunidade – Impostos – Livros – Jornais e periódicos – Art. 150, inc. VI, al. "d", da Constituição Federal. A razão de ser da imunidade prevista no texto constitucional, e nada surge sem uma causa, uma razão suficiente, uma necessidade, está no interesse da sociedade em ver afastados procedimentos, ainda que normatizados, capazes de inibir a produção material e intelectual de livros, jornais e periódicos. O benefício constitucional alcança não só o papel utilizado diretamente na confecção dos bens referidos, como também insumos nela consumidos com são os filmes e papéis fotográficos. (STF. Pleno. RE n$^{\circ}$ 174.476. Rel. Min. Maurício Corrêa. Rel. para o Acórdão Min. Marco Aurélio. Julgado em 26.9.1996)

A imunidade prevista no art. 150, VI, *d*, da CF ("... é vedado à União, aos Estados, ao Distrito Federal e aos Municípios: VI: instituir impostos sobre: d) livros, jornais, periódicos e o papel destinado a sua impressão") abrange o papel fotográfico destinado à composição de livros, jornais e periódicos. Com base nesse entendimento — firmado por seis votos contra cinco —, o Tribunal afastou a cobrança de ICMS na entrada de papel fotográfico importado do exterior por empresa jornalística. (RREE 174.476-SP e 190.761-SP, Rel. orig. Min. Maurício Corrêa; Rel. p/ ac. Min. Francisco Rezek, 26.9.96. *Informativo STF*, n. 46)

A imunidade prevista no art. 150, VI, *d*, *in fine*, da CF ("... é vedado à União, aos Estados, ao Distrito Federal e aos Municípios: VI: instituir impostos sobre: d) livros, jornais, periódicos e o papel destinado a sua impressão") abrange o papel fotográfico, inclusive para a fotocomposição por laser, filmes fotográficos, sensibilizados, não impressionados, para imagens monocromáticas e papel para telefoto, destinados à composição de livros, jornais e periódicos. Com base nesse entendimento — firmado pelo Plenário no julgamento dos

RREE 174.476-SP e 190.761-SP, em 26.9.96 (v. *Informativo* 46) —, a Turma manteve acórdão do Tribunal de Justiça do Estado de São Paulo que afastara a cobrança de ICMS na entrada de papéis fotográficos, filmes fotográficos e outros papéis para artes gráficas importados do exterior por empresa jornalística. (RE 203.706-SP, Rel. Min. Moreira Alves, 25.11.97. *Informativo STF*, n. 94)

Impostos de importação e sobre produtos industrializados. Tinta especial para jornal. Não-ocorrência de imunidade tributária. – Esta Corte já firmou o entendimento (a título exemplificativo, nos RREE 190.761, 174.476, 203.859, 204.234 e 178.863) de que apenas os materiais relacionados com o papel — assim, papel fotográfico, inclusive para fotocomposição por laser, filmes fotográficos, sensibilizados, não impressionados, para imagens monocromáticas e papel para telefoto — estão abrangidos pela imunidade tributária prevista no art. 150, VI, "d", da Constituição. No caso, trata-se de tinta especial para jornal, razão por que o acórdão recorrido, por ter esse insumo como abrangido pela referida imunidade, e, portanto, imune aos impostos de importação e sobre produtos industrializados, divergiu da jurisprudência desta Corte. Recurso extraordinário conhecido e provido. (STF. 1ª Turma. RE nº 215.435. Rel. Min. Moreira Alves)

A Turma decidiu afetar ao Plenário o julgamento de três recursos extraordinários em que se discute sobre o alcance da imunidade prevista no art. 150, VI, d, da CF (proibição de instituir impostos sobre "livros, jornais, periódicos e o papel destinado a sua impressão"). As recorrentes, empresas jornalísticas, se insurgem contra a cobrança do ICMS na entrada de mercadorias importadas do exterior (tiras de plástico utilizadas na máquina amarradora de jornais, motor de corrente contínua, "drive" de retificação de corrente alternada para contínua, solução de fonte de base alcalina concentrada e filmes fotográficos). No julgamento dos RREE 174476-SP e 190761-SP (Pleno, 26.09.96, v. *Informativo* 46), o Tribunal, por maioria de votos, considerou imune à incidência do ICMS a entrada de "papel fotográfico" importado do exterior. (RREE 204.234-RS, 203.267-RS e 203.859-SP, Rel. Min. Carlos Velloso, 19.11.96. *Informativo STF*, n. 54)

Recurso extraordinário. Constitucional. Tributário. Jornais, livros e periódicos. Imunidade tributária. Insumo. Extensão mínima. Extensão da imunidade tributária aos insumos utilizados na confecção de jornais. Além do próprio papel de impressão, a imunidade tributária conferida aos livros, jornais e periódicos somente alcança o chamado papel fotográfico — filmes não impressionados. Recurso extraordinário parcialmente conhecido e, nessa parte, provido. Recurso Extraordinário. Constitucional. Tributário. Jornais, livros e periódicos. Imunidade tributária. Insumo. Extensão mínima. Extensão da imunidade tributária aos insumos utilizados na confecção de jornais. Além do próprio papel de impressão, a imunidade tributária conferida aos livros, jornais e periódicos somente alcança o chamado papel fotográfico — filmes não impressionados. Recurso extraordinário parcialmente conhecido e, nessa parte, provido. (STF. Pleno. RE nº 203.859. Rel. Min. Carlos Velloso. Rel. para o Acórdão Min. Maurício Corrêa. Julgado em 11.12.96)

Imposto de importação. Tinta especial para jornal. Não-ocorrência de imunidade tributária. – Esta Corte já firmou o entendimento (a título de exemplo, nos RREE 190.761, 174.476, 203.859, 204.234 e 178.863) de que apenas os materiais relacionados com o papel — assim, papel fotográfico, inclusive para fotocomposição por laser, filmes fotográficos, sensibilizados, não impressionados, para imagens monocromáticas e papel para telefoto — estão abrangidos pela imunidade tributária prevista no art. 150, VI, "d", da Constituição. – No caso, trata-se de tinta para jornal, razão por que o acórdão recorrido, por ter esse insumo como abrangido pela referida imunidade, e, portanto, imune ao imposto de importação, divergiu da jurisprudência desta Corte. Recurso extraordinário conhecido e provido. (STF. 2ª Turma. RE nº 273.308. Rel. Min. Moreira Alves. Julgado em 22.8.2000)

Concluído o julgamento de recursos em que se discute a legitimidade da cobrança da COFINS, do PIS e do FINSOCIAL sobre as operações relativas a energia elétrica, serviços de telecomunicações, derivados de petróleo, combustíveis e minerais (v. *Informativos* 128 e 130). O Tribunal entendeu que a imunidade prevista no §3º do art. 155 da CF/88 — que, à exceção do ICMS e dos impostos de importação e exportação, determina que nenhum outro tributo poderá incidir sobre operações relativas a energia elétrica, serviços de telecomunicações, derivados de petróleo, combustíveis e minerais do País — não impede a cobrança das referidas contribuições sobre o faturamento das empresas que realizem essas atividades, tendo em vista o disposto no art .195, *caput*, da CF, que prevê o financiamento da seguridade social por toda a sociedade, de forma direta e indireta. Vencidos os Ministros Moreira Alves, Marco Aurélio e Sydney Sanches, por entenderem que a vedação contida no §3º do art. 155 da CF abrange as contribuições representadas pela COFINS, PIS e FINSOCIAL. (RE (AgRg) 205.355-DF, RREE 227.832-PR, 230.337-RN, 233.807-RN, Rel. Min. Carlos Velloso, 1º. 7.99. *Informativo STF*, n. 155)

I. Imunidade tributária: entidade filantrópica: CF, arts. 146, II e 195, §7º: delimitação dos âmbitos da matéria reservada, no ponto, à intermediação da lei complementar e da lei ordinária (ADI-MC 1802, 27.8.1998, Pertence, *DJ* 13.2.2004; RE 93.770, 17.3.81, Soares Muñoz, *RTJ* 102/304). A Constituição reduz a reserva de lei complementar da regra constitucional ao que diga respeito "aos lindes da imunidade", à demarcação do objeto material da vedação constitucional de tributar; mas remete à lei ordinária "as normas sobre a constituição e o funcionamento da entidade educacional ou assistencial imune". II. Imunidade tributária: entidade declarada de fins filantrópicos e de utilidade pública: Certificado de Entidade de Fins Filantrópicos: exigência de renovação periódica (L. 8.212, de 1991, art. 55). Sendo o Certificado de Entidade de Fins Filantrópicos mero reconhecimento, pelo Poder Público, do preenchimento das condições de constituição e funcionamento, que devem ser atendidas para que a entidade receba o benefício constitucional, não ofende os arts. 146, II, e 195, §7º, da Constituição Federal a exigência de emissão e renovação periódica prevista no art. 55, II, da Lei 8.212/91. (STF. 1ª Turma. RE nº 428.815/AgR. Rel. Min. Sepúlveda Pertence. Julgamento em 7.6.2005)

Mandado de Segurança. Certificado de Entidade Beneficente de Assistência Social – CEBAS. Instituição portadora de certificado provisório de entidade de fins filantrópicos à época da publicação do decreto-lei 1.572/77. Direito adquirido à manutenção de regime jurídico. Inexistência. Comprovação dos requisitos da novel legislação. Necessidade. Direito líquido e certo. Inexistência. Dilação probatória. Necessidade. 1. A declaração de intributabilidade pertinente a relações jurídicas que se sucedem no tempo não ostenta o caráter de imutabilidade e de normatividade de forma a abranger eventos futuros (*RTJ* 106/1189). 2. A assertiva opera-se pro et contra o contribuinte, por isso que, se por um lado não há direito adquirido a regime jurídico tributário, por outro a declaração de que indevida a exação fiscal em determinado exercício, não se reveste do manto da coisa julgada em relação aos posteriores (ratio essendi da Súmula 239, do CPC). 3. A obtenção do certificado de entidade beneficente, posto ostentarem os estatutos finalidades filantrópicas na forma do Decreto-Lei 1.572/77, não exonera a pessoa jurídica, findo o prazo da isenção, da satisfação dos requisitos da lege superveniens, in casu, a Lei 8.212/91, no seu art. 55, no afã de persistir no gozo do benefício fiscal, exatamente por força da não imutabilidade do regime fiscal. 4. Deveras, apreciando a questão do cognominado CEBAS, decidiu o Eg. STF que "sendo o Certificado de Entidade de Fins Filantrópicos mero reconhecimento, pelo Poder Público, do preenchimento das condições de constituição e funcionamento, que devem ser atendidas para que a entidade receba o benefício constitucional, não ofende os arts. 146, II, e 195, §7º, da Constituição Federal a exigência de emissão e renovação periódica prevista no art. 55, II, da Lei 8.212/91" (RE-AgR 428815/AM, Rel. Min. Sepúlveda Pertence, 1ª Turma, publicado no *DJ* de 24.6.2005). 5. O mandado de segurança é servil à comprovação desses requisitos, restando inviável extingui-lo em razão da oposição da entidade fiscal ou da necessidade de análise da documentação acostada, porquanto nenhuma dessas circunstâncias retira a liquidez e certeza do direito. Na primeira hipótese, porque a complexidade jurídica da causa não desqualifica a incontestabilidade do direito in foco, mercê de a entidade, nas informações, ter o dever de provar as objeções ao pedido formulado no writ. Na segunda hipótese, porque a documentação acostada pelo impetrante representa a denominada prova pré-constituída exigível para o mandamus. 6. É cediço que, para obter o favor fiscal (isenção da quota patronal da contribuição previdenciária), a entidade beneficente de assistência social carece comprovar, entre outros requisitos cumulativos, ser portadora do Certificado e do Registro de Entidade de Fins Filantrópicos, fornecido pelo Conselho Nacional de Assistência Social, renovado a cada três anos (art. 55, inc. II, da Lei 8.212/91). 7. A concessão do Certificado e do Registro de Entidade de Fins Filantrópicos, pelo Conselho Nacional de Assistência Social, ex vi dos artigos 9º e 18, IV, da Lei 8.742/93 (LOAS) c/c o art. 3º, do Decreto 2536/98, reclama a demonstração cumulativa: (a) de estar legalmente constituída no País e em efetivo funcionamento nos três anos anteriores à solicitação do Certificado; (b) de estar previamente inscrita no Conselho Municipal de Assistência Social do município de sua sede se houver, ou no Conselho Estadual de Assistência Social, ou Conselho de Assistência Social do Distrito Federal; (c) de estar previamente registrada no CNAS; (d) da aplicação de suas rendas, seus recursos e eventual resultado operacional integralmente no território nacional e manutenção e no desenvolvimento de seus objetivos institucionais; (d) da aplicação das subvenções e doações recebidas nas finalidades a que estejam vinculadas; (e) da aplicação anual, em gratuidade, de pelo menos vinte por cento da receita bruta proveniente da venda de serviços, acrescida da receita decorrente de aplicações financeira, de locação de bens, de venda de bens não integrantes do ativo imobilizado e de doações particulares, cujo montante nunca será inferior à isenção de contribuições sociais usufruída; (f) da não distribuição de resultados, dividendos, bonificações, participações ou parcelas do seu patrimônio, sob nenhuma forma ou pretexto; (g) da não percepção, por seus diretores, conselheiros, sócios, instituidores, benfeitores ou equivalente, de remuneração, vantagens ou benefícios, direta ou indiretamente, por qualquer forma ou título, em razão das competências, funções ou atividades que lhes sejam atribuídas pelos respectivos atos constitutivos; (h) da destinação, em seus atos constitutivos, em caso de dissolução ou extinção, do eventual patrimônio remanescente a entidades congêneres registradas no CNAS ou a entidade pública; (i) da não constituição de patrimônio de indivíduo ou de sociedade sem caráter beneficente de assistência social; (j) de ser declarada de utilidade pública federal. 8. In casu, a autoridade impetrada indeferiu o CEBAS, sob o fundamento de que a entidade, dita beneficente, teria deixado de demonstrar a aplicação anual, em gratuidade, de pelo menos vinte por cento da receita bruta proveniente da venda de serviços, acrescida da receita decorrente de aplicações financeiras, de locação de bens, de venda de bens não integrantes do ativo imobilizado e de doações particulares (art. 3º, VI, do Decreto 2.536/98). 9. Deveras, não obstante a vastidão de documentos e contas apresentadas pela impetrante, não se vislumbra o direito líquido e certo alegado, em virtude da imprescindibilidade de produção de prova pericial contábil a fim de demonstrar o cumprimento da exigência de aplicação de percentual mínimo em gratuidade, ex vi dos Decretos 752/93 e 2.536/98, o que revela a inadequação da via eleita, ressalvando-se o direito do impetrante discutir a quaestio em demanda de cognição exauriente. 10. Mandado de segurança denegado. (STJ. 1ª Seção. MS nº 11.394. Rel. Min. Luiz Fux. Julgamento em 14.2.2007)

A obtenção ou a renovação do Certificado de Entidade Beneficente de Assistência Social (Cebas) não exime a entidade do cumprimento dos requisitos legais supervenientes. (Súmula STJ nº 352)

Em conclusão de julgamento, o Tribunal, por maioria, deu provimento a agravo regimental, interposto contra decisão que indeferira pedido de concessão de tutela antecipada formulado em ação cível originária proposta pela Empresa Brasileira de Correios e Telégrafos – ECT contra o Estado do Rio de Janeiro, para suspender a exigibilidade da cobrança de IPVA sobre os veículos da agravante – v. *Informativo* 425. Considerou-se estar presente a plausibilidade da pretensão argüida no sentido de que a imunidade recíproca, prevista no art. 150, VI, a, da CF, estende-se à ECT. Asseverou-se, inicialmente, que a ECT é empresa pública federal que executa, ao menos, dois serviços de manutenção obrigatória para a União, nos termos do art. 21, X, da CF, quais sejam, os serviços postais e de correio aéreo nacional. Entendeu-se que, embora a controvérsia acerca da caracterização da atividade postal como serviço público ou de índole econômica e a discussão sobre o alcance do conceito de serviços postais estejam pendentes de análise no Tribunal (ADPF 46/DF – v. *Informativos* 392 e 409), afirmou-se que a presunção de recepção da Lei 6.538/78, pela CF/88, opera em favor da agravante, tendo em conta diversos julgamentos da Corte reconhecendo a índole pública dos serviços postais como premissa necessária para a conclusão de que a imunidade recíproca se estende à ECT. Esclareceu-se, ademais, que a circunstância de a ECT executar serviços que, inequivocamente, não são públicos nem se inserem na categoria de serviços postais demandará certa ponderação quanto à espécie de patrimônio, renda e serviços protegidos pela imunidade tributária recíproca, a qual deverá ocorrer no julgamento de mérito da citada ADPF. Vencidos os Ministros Marco Aurélio, relator, e Ricardo Lewandowski, que negavam provimento ao recurso, por reputar ausentes os requisitos para concessão da liminar, concluindo ser inaplicável, à ECT, a imunidade recíproca, por ser ela empresa pública com natureza de direito privado que explora atividade econômica. (ACO 765 AgR/RJ, Rel. orig. Min. Marco Aurélio, Rel. p/ o acórdão Min. Joaquim Barbosa, 5.10.2006. *Informativo STF*, n. 443)

A Empresa Brasileira de Infra-Estrutura Aeroportuária – INFRAERO está abrangida pela imunidade tributária recíproca, prevista no art. 150, VI, a, da CF ("Sem prejuízo de outras garantias asseguradas ao contribuinte, é vedado à União, aos Estados, ao Distrito Federal e aos Municípios:... VI - instituir impostos sobre: a) patrimônio, renda ou serviços, uns dos outros;"), haja vista tratar-se de empresa pública federal que tem por atividade-fim prestar serviços de infra-estrutura aeroportuária, mediante outorga da União, a quem constitucionalmente deferido, em regime de monopólio, tal encargo (CF, art. 21, XII, c). Com base nesse entendimento, a Turma manteve decisão monocrática do Min. Celso de Mello que negara provimento a recurso extraordinário, do qual relator, em que o Município de Salvador pleiteava a incidência do ISS sobre a atividade desempenhada pela ora agravada. Precedentes citados: RE 265749/SP (*DJU* de 2.2.2007); RE 357291/PR (*DJU* de 2.6.2006); RE 407099/RS (*DJU* de 6.8.2004). (RE nº 363.412 AgR/BA, Rel. Min. Celso de Mello, 7.8.2007. *Informativo STF*, n. 475).

Por vislumbrar violação ao art. 5º, XXXIV, b, da CF, que assegura a todos, independentemente do pagamento de taxas, a obtenção de certidões em repartições públicas, para defesa de direitos e esclarecimento de situações de interesse pessoal, o Tribunal julgou procedente pedido formulado em ação direta ajuizada pelo Procurador-Geral da República para declarar a inconstitucionalidade do art. 178 da Lei Complementar 19/97, do Estado do Amazonas, que prevê a cobrança da taxa de segurança pública para fornecimento de certidões. Asseverou-se que o dispositivo impugnado, apesar do nomen iuris, não estaria a tratar de serviços de segurança pública, os quais só poderiam ser custeados por meio de impostos. (ADI 2969/AM, Rel. Min. Carlos Britto, 29.3.2007. *Informativo STF*, n. 461)

O Tribunal deu provimento a recurso extraordinário interposto pela Sociedade da Igreja de São Jorge e Cemitério Britânico contra acórdão da Câmara Cível Especializada do Tribunal de Justiça do Estado da Bahia que entendera que a imunidade tributária prevista no art. 150, VI, b, da CF não se aplicaria aos cemitérios, porque estes não poderiam ser equiparados a templos de culto algum. Distinguindo a situação dos cemitérios que consubstanciam extensões de entidades de cunho religioso da daqueles que são objeto de exploração comercial por empresas que alugam ou vendem jazigos, asseverou-se que apenas a primeira hipótese estaria abrangida pela aludida imunidade tributária. Considerou-se que o cemitério analisado seria uma extensão da capela destinada ao culto da religião anglicana, situada no mesmo imóvel, e que a recorrente seria uma entidade filantrópica sem fins lucrativos, titular do domínio útil desse imóvel, dedicada à preservação da capela, do cemitério e dos jazigos, bem assim do culto da religião anglicana professada nas suas instalações. Reportou-se ao que decidido no RE 325822/SP (*DJU* de 14.5.2004), no sentido de que a imunidade do art. 150, VI, b, da CF contemplaria não apenas os prédios destinados ao culto, mas o patrimônio, a renda e os serviços relacionados com as finalidades essenciais das entidades mencionadas nesse preceito, e que a regra do seu §4º serviria de vetor interpretativo dos textos das alíneas b e c do seu inc. VI. Assim, tendo em conta tratar-se, na espécie, de mesmo imóvel, parcela do patrimônio da recorrente, entendeu-se que o cemitério seria alcançado pela garantia contemplada no art. 150, a qual seria desdobrada do disposto nos artigos 5º, VI e 19, I, todos da CF. Aduziu-se, ao final, que a imunidade dos tributos, de que gozam os templos de qualquer culto, é projetada a partir da proteção aos locais de culto e a suas liturgias e da salvaguarda contra qualquer embaraço ao seu funcionamento. Daí, da interpretação da totalidade que o texto da Constituição é, sobretudo dos referidos artigos, concluiu-se que, no caso, o IPTU não incidiria. (RE 578562/BA, Rel. Min. Eros Grau, 21.5.2008. *Informativo STF*, n. 507)

O Tribunal, por maioria, negou provimento a recurso extraordinário interposto por universidade federal contra acórdão do Tribunal Regional Federal da 1ª Região que concluíra que a cobrança de taxa de matrícula dos estudantes da recorrente, cujos recursos seriam destinados a programa de assistência para alunos de baixa condição sócio-econômica-cultural, estaria em confronto com o art. 206, IV, da Constituição Federal, que prevê a gratuidade do ensino público em estabelecimentos oficiais. Considerou-se não ser possível admitir que as universidades públicas, mantidas integralmente pelo Estado, criem obstáculos de natureza financeira para o acesso dos estudantes aos cursos que ministram, a pretexto de subsidiar alunos carentes. Reconheceu-se que o legislador constituinte, ciente do fato de que o ensino público superior é acessível predominantemente pelas classes sociais detentoras de maior poder aquisitivo, buscou produzir mecanismos que superassem essa desigualdade de acesso, dentre os quais a gratuidade do ensino público nos estabelecimentos oficiais (CF, art. 206, IV). Reputou-se, também, não ser razoável a cobrança impugnada, haja vista que tanto a Constituição Federal ("Art. 212. A União aplicará, anualmente, nunca menos de dezoito, e os Estados, o Distrito Federal e os Municípios vinte e cinco por cento, no mínimo, da receita resultante de impostos, compreendida a proveniente de transferências, na manutenção e desenvolvimento do ensino") quanto a Lei 9.394/96 (art. 70, V, VI e VIII), que estabelece as diretrizes e bases da educação nacional, garantem às universidades públicas os recursos necessários para a consecução de seus fins, inclusive para a eventual assistência de estudantes mais necessitados. Asseverou-se, no ponto, que se se aceitasse a tese da recorrente no sentido de que a sociedade deveria compartilhar com o Estado os ônus do ensino dado em estabelecimentos oficiais e da manutenção de seus alunos, ela teria de contribuir duplamente para a subsistência desse serviço público essencial, isto é, com o pagamento dos impostos e da aludida taxa. Vencidos a Min. Cármen Lúcia que dava provimento ao recurso, ao fundamento de que essa taxa seria consentânea com a Constituição Federal, tendo em conta, sobretudo, o princípio da solidariedade, e os Ministros Eros Grau, Celso de Mello e Gilmar Mendes, Presidente, que acompanhavam a divergência. Em seguida, o Tribunal aprovou o Enunciado da Súmula Vinculante 12 nestes termos: "A cobrança de taxa de matrícula nas universidades públicas viola o disposto no art. 206, inc. IV, da Constituição Federal". Precedente citado: ADI 2643/RN (*DJU* de 26.9.2003). (RE 500171/GO, Rel. Min. Ricardo Lewandowski, 13.8.2008. *Informativo STF*, n. 515)

A Turma negou provimento a recurso extraordinário em que o Município de São Paulo pretendia tributar imóvel (IPTU) de propriedade de fundação caracterizada como entidade de assistência social. O recorrente alegava que a imunidade alcançaria apenas os imóveis vinculados a atividade específica da fundação e não clube utilizado por funcionários desta com fins de recreação e lazer. Asseverou-se que o emprego do imóvel para tais propósitos não configura desvio de finalidade em relação aos objetivos da entidade filantrópica. Dessa forma, concluiu-se que a decisão impugnada — que afastara o desvio de finalidade com o intuito de assegurar a imunidade tributária com base no reconhecimento de que a atividade de recreação e lazer está no alcance das finalidades da fundação — não violou o art. 150, §4º da CF ("Art. 150. Sem prejuízo de outras garantias asseguradas ao contribuinte, é vedado à União, aos Estados, ao Distrito Federal e aos Municípios: ... VI - instituir impostos sobre: ... c) patrimônio, renda ou serviços dos partidos políticos, inclusive suas fundações, das entidades sindicais dos trabalhadores, das instituições de educação e de assistência social, sem fins lucrativos, atendidos os requisitos da lei; ... §4º - As vedações expressas no inc. VI, alíneas 'b' e 'c', compreendem somente o patrimônio, a renda e os serviços, relacionados com as finalidades essenciais das entidades nelas mencionadas"). (RE 236174/SP, Rel. Min. Menezes Direito, 2.9.2008. *Informativo STF*, n. 518)

A Turma proveu recurso extraordinário para reconhecer imunidade tributária recíproca ao Instituto Nacional de Colonização e Reforma Agrária – INCRA (CF, art. 150, VI, a, e §2º), relativamente ao não recolhimento de ICMS por eventual exploração de unidade agroindustrial. No caso, a mencionada autarquia federal era mantenedora de unidade agroindustrial que, em virtude de desapropriação ocorrida para sanar conflito social na área em que instalada, passara a integrar o acervo patrimonial da recorrente. Entendeu-se que a atividade exercida pela autarquia não se enquadra dentre aquelas sujeitas ao regime tributário próprio das empresas privadas, considerando que a ocasional exploração dessa unidade está no âmbito de sua destinação social em setor relevante para a vida nacional. Observou-se que a imunidade tributária só deixa de operar quando a natureza jurídica da entidade estatal é de exploração de atividade econômica, o que não ocorrera na espécie. RE 242827/PE, Rel. Min. Menezes Direito, 2.9.2008. (*Informativo STF*, n. 518)

3.16.5 Irretroatividade

Substituição Tributária para Frente e Princípio da Irretroatividade – 1. O Tribunal, por maioria, deu parcial provimento a recurso extraordinário e declarou a inconstitucionalidade da cláusula quinta do Convênio ICMS 10/89, o qual autoriza o recolhimento desse imposto pelo sistema de substituição tributária progressiva, sobre produtos derivados de petróleo e demais combustíveis e lubrificantes. Sustentava-se, na espécie: a) ofensa ao princípio da irretroatividade tributária, haja vista que, em razão de a publicação do referido convênio ter se dado em 30.3.89, não poderia prevalecer a regra de sua cláusula quinta que determina a aplicação de suas disposições a partir de 10.3.89; b) não-incidência de ICMS sobre operações de remessa de combustíveis a outros Estados, em face do disposto no art. 155, §2º, X, b, da CF; c) ofensa ao art. 146, a e b, da CF, já que o sistema de substituição só poderia ter sido criado por lei complementar. RE 266602/MG, Rel. Min. Ellen Gracie, 14.9.2006. (RE-266602). Substituição Tributária para Frente e Princípio da Irretroatividade – 2. Inicialmente, ressaltou-se a orientação fixada pela Corte no julgamento do RE 213396/SP (*DJU* de 10.12.2000), no qual, analisando legislação anterior à EC 3/93, reconhecera a constitucionalidade do sistema de substituição tributária para frente. No que se refere à alegação relativa à imunidade de incidência do ICMS por força da norma do art. 155, §2º, X, b, da CF, considerou-se ausente o requisito do prequestionamento. Quanto à aplicação da norma a partir de 10.3.89, entendeu-se violado o princípio da irretroatividade, visto que, por se tratar do sistema de substituição tributária para frente, não se poderia retroagir de modo a imputar, de forma pretérita, a condição de responsável tributário a quem não detinha esse ônus no momento que, posteriormente, viria a ser definido pela lei como o do nascimento da obrigação tributária. Esclareceu-se, ainda, que o aludido convênio sequer instituiu a substituição tributária das empresas distribuidoras de combustíveis, pelo ICMS devido por revendedores varejistas, restringindo-se a autorizar o legislador estadual a fazê-lo, definindo, como o momento em que devida a antecipação do tributo, a saída da mercadoria do estabelecimento do distribuidor. Vencido o Min. Marco Aurélio que dava provimento integral ao recurso, por considerar, também, que a matéria não poderia ter sido tratada, antes da EC 3/93, por convênio. (RE 266602/MG, Rel. Min. Ellen Gracie, 14.9.2006. *Informativo STF*, n. 440)

3.16.6 Legalidade

O Tribunal, confirmando acórdão do TRF da 4ª Região, julgou que é constitucional a contribuição social destinada ao custeio do Seguro de Acidente do Trabalho – SAT, incidente sobre o total da remuneração, bem como sua regulamentação. Sustentava-se, na espécie, a inconstitucionalidade do art. 3°, II, da Lei 7.787/89, bem como do art. 22, II, da Lei 8.212/91, os quais, ao adotarem como base de cálculo o total das remunerações pagas aos empregados, teriam criado por lei ordinária uma nova contribuição, distinta daquela prevista no art. 195, I, da CF, o que ofenderia a reserva de lei complementar para o exercício da competência residual da União para instituir outras fontes destinadas a seguridade social (CF, art. 195, $\S4^{\circ}$ c/c art. 154, I). O Tribunal afastou o alegado vício formal tendo em conta que a Constituição exige que todos "os ganhos habituais do empregado, a qualquer título, serão incorporados ao salário para efeito de contribuição previdenciária e conseqüente repercussão em benefícios" (CF, art. 201, $\S4^{\circ}$, antes da EC 20/98). Rejeitou-se, também, a tese no sentido de que o mencionado art. 3°, II, teria ofendido o princípio da isonomia — por ter fixado a alíquota única de 2% independentemente da atividade empresarial exercida —, uma vez que o art. 4° da Lei 7.787/89 previa que, havendo índice de acidentes de trabalho superior à média setorial, a empresa se sujeitaria a uma contribuição adicional, não havendo que se falar em tratamento igual entre contribuintes em situação desigual. Quanto ao Decreto 612/92 e posteriores alterações (Decretos 2.173/97 e 3.048/99), que, regulamentando a contribuição em causa, estabeleceram os conceitos de "atividade preponderante" e "grau de risco leve, médio ou grave", a Corte repeliu a argüição de contrariedade ao princípio da legalidade tributária (CF, art. 150, I), uma vez que a Lei fixou padrões e parâmetros, deixando para o regulamento a delimitação dos conceitos necessários à aplicação concreta da norma. (RE 343.446-SC, Rel. Min. Carlos Velloso, 20.3.2003. *Informativo STF*, n. 301)

Constitucional. Tributário. Contribuição: Seguro de Acidente do Trabalho – SAT. Lei 7.787/89, arts. 3° e 4°; Lei 8.212/91, art. 22, II, redação da Lei 9.732/98. Decretos 612/92, 2.173/97 e 3.048/99. CF, art. 195, $\S4^{\circ}$; art. 154, II; art. 5°, II; art. 150, I. I. - Contribuição para o custeio do Seguro de Acidente do Trabalho – SAT: Lei 7.787/89, art. 3°, II; Lei 8.212/91, art. 22, II: alegação no sentido de que são ofensivos ao art. 195, $\S4^{\circ}$, c/c art. 154, I, da Constituição Federal: improcedência. Desnecessidade de observância da técnica da competência residual da União, CF, art. 154, I. Desnecessidade de lei complementar para a instituição da contribuição para o SAT. II. - O art. 3°, II, da Lei 7.787/89, não é ofensivo ao princípio da igualdade, por isso que o art. 4° da mencionada Lei 7.787/89 cuidou de tratar desigualmente aos desiguais. III. - As Leis 7.787/89, art. 3°, II, e 8.212/91, art. 22, II, definem, satisfatoriamente, todos os elementos capazes de fazer nascer a obrigação tributária válida. O fato de a lei deixar para o regulamento a complementação dos conceitos de "atividade preponderante" e "grau de risco leve, médio e grave", não implica ofensa ao princípio da legalidade genérica, CF, art. 5°, II, e da legalidade tributária, CF, art. 150, I. IV. - Se o regulamento vai além do conteúdo da lei, a questão não é de inconstitucionalidade, mas de ilegalidade, matéria que não integra o contencioso constitucional. V. - Recurso extraordinário não conhecido. (STF. Pleno. RE n° 343.446. Rel. Min. Carlos Velloso. Julgamento em 20.3.2003)

Não se compreendendo no campo reservado à lei a definição de vencimento das obrigações tributárias, legítimo o Decreto n° 34.677/92, que modificou a data de vencimento do ICMS.

Improcedência da alegação no sentido de infringência ao princípio da anterioridade e da vedação de delegação legislativa. (STF. 1ª Turma. RE nº 182.971. Rel. Min. Ilmar Galvão)

Não se compreende no campo reservado à lei, pelo Texto Constitucional, a definição do vencimento e do modo pelo qual se procederá à atualização das obrigações tributárias. (STF. 2ª Turma. AGRRE nº 193.531. Rel. Min. Nelson Jobim. Julgado em 3.3.98)

O disposto no §6º do art. 195 da Carta Política da República há de merecer interpretação consagradora do objetivo maior colimado. Visa a possibilitar aos contribuintes precatarem-se quanto aos parâmetros da obrigação tributária. A norma alcança não só a instituição do tributo como também qualquer alteração que se lhe introduza. Isto decorre da inserção do vocábulo "modificado". Necessidade constitucional de observação do preceito quanto à fixação de nova data para recolhimento do tributo. (STF. 2ª Turma. RE nº 195.333. Rel. Min. Marco Aurélio. Julgado em 22.4.97)

O Tribunal concedeu cautelar em ação direta de inconstitucionalidade ajuizada pelo Procurador-Geral da República, para suspender a eficácia dos vocábulos "remissão" e "anistia", contidos no art. 25 da Lei 6.489/2002, do Estado do Pará, que autoriza o Governador a conceder, por regulamento, remissão, anistia, transação, moratória e dação em pagamento de bem imóvel. Entendeu-se presente a plausibilidade jurídica da alegação de ofensa aos princípios da separação de Poderes e da reserva absoluta de lei em sentido formal em matéria tributária de anistia e remissão, uma vez que o Poder Legislativo estaria conferindo, ao Chefe do Executivo, a prerrogativa de dispor, normativamente, sobre tema para o qual a Constituição Federal impõe lei específica (CF, art. 150, §6º). Considerou-se, também, conveniente a suspensão da eficácia do referido dispositivo, a impedir maior dano ao erário estadual. (ADI nº 3.462 MC/PA, Rel. Min. Ellen Gracie. Julg. 8.9.2005. *Informativo STF*, n. 400)

O Tribunal julgou improcedente pedido formulado em ação direta de inconstitucionalidade ajuizada pela Governadora do Estado do Amapá contra a Lei 553/2000, promulgada pelo Presidente da Assembléia Legislativa desse Estado, que, alterando o art. 106 do Código Tributário dessa unidade da Federação (Lei 194/94, com as alterações introduzidas pela Lei 400/97), concede desconto de 20% sobre o valor do IPVA para o pagamento antecipado do tributo em cota única e estabelece a possibilidade de parcelamento do valor devido, em até 6 quotas iguais e sem acréscimo de juros, para o IPVA do ano-exercício, e, em 10 parcelas iguais e com juros de 1% ao mês, para os débitos relativos aos anos anteriores – v. *Informativos* 272 e 367. Entendeu-se que a norma impugnada não afronta o art. 61, §1º, II, b, da CF, já que esse dispositivo se restringe às matérias de iniciativa privativa do Chefe do Poder Executivo na órbita exclusiva dos territórios federais, nem viola o art. 165, II, da CF, porquanto o desconto para pagamento antecipado de imposto em quota única e a fixação de programa de parcelamento para a quitação de débitos tributários constituem benefícios de ordem fiscal, isto é, matéria de direito tributário estranha aos temas legisláveis relativos ao orçamento estadual. (CF: "Art. 61. ... §1º - São de iniciativa privativa do Presidente da República as leis que: ... II - disponham sobre: ... b) organização administrativa e judiciária, matéria tributária e orçamentária, serviços públicos e pessoal da administração dos Territórios. ... Art. 165. Leis de iniciativa do Poder Executivo estabelecerão: ... II - as diretrizes orçamentárias;"). (ADI 2464/AP, Rel. Min. Ellen Gracie, 11.4.2007. *Informativo STF*, n. 462)

3.16.7 Liberdade de tráfego

I.- Pedágio: natureza jurídica: taxa: CF, art. 145, II, art. 150, V. II.- Legitimidade constitucional do pedágio instituído pela Lei 7.712, de 1988. (STF. 2ª Turma. RE nº 181.475. Rel. Carlos Velloso. Julgado em 4.5.99)

3.16.8 Não-discriminação tributária em razão da procedência ou do destino dos bens

O Tribunal julgou procedente pedido formulado em duas ações diretas ajuizadas pelo Governador do Estado de Minas Gerais e pela Governadora do Estado do Rio Grande do Norte para declarar a inconstitucionalidade do Decreto 35.528/2004, do Estado do Rio de Janeiro, que prevê redução na base de cálculo do ICMS nas saídas internas de café torrado ou moído produzido em estabelecimento industrial localizado nesta última unidade federativa. Entendeu-se que o ato normativo impugnado ofende o princípio da unidade político-econômica nacional e da vedação ao tratamento tributário diferenciado em função da procedência ou destino de bens (CF, art. 152), uma vez que estabelece um grave óbice à livre circulação de bens e mercadorias entre Estados da federação. Asseverou-se que, ainda que fosse possível superar a inobservância do último princípio, a norma estaria em confronto com o art. 155, §2º, XII, g, da CF, uma vez que o Convênio Confaz ICMS 128/94, invocado pelo Estado do Rio de Janeiro para confirmar a validade do benefício em exame, não teria feito distinção quanto à origem das operações de circulação de mercadoria da cesta básica como critério para concessão de benefício fiscal. Por fim, no que se refere à alegada existência de benefícios similares, concedidos pelo Estado de Minas Gerais, reportou-se à orientação firmada pela Corte no julgamento da ADI 2377 MC/MG (*DJU* de 7.11.2003), no sentido de que as inconstitucionalidades não se compensam. Outro precedente citado: RMS 17949/ES (*DJU* de 27.9.68). (ADI nº 3.389/RJ, Rel. Min. Joaquim Barbosa, 6.9.2007. *Informativo STF*, n. 478)

3.16.9 Tratados

O Tribunal deu provimento a recurso extraordinário interposto contra acórdão do Tribunal de Justiça do Estado do Rio Grande do Sul que entendera não recepcionada pela CF/88 a isenção de ICMS relativa a mercadoria importada de país signatário do Acordo Geral sobre Tarifas e Comércio – GATT, quando isento o similar nacional. Discutia-se, na espécie, a constitucionalidade de tratado internacional que institui isenção de tributos de competência dos Estados-membros da Federação – v. *Informativo* 137. Entendeu-se que a norma inscrita no art. 151, III, da CF ("Art. 151. É vedado à União: ... III - instituir isenções de tributos da competência dos Estados, do Distrito Federal ou dos Municípios"), limita-se a impedir que a União institua, no âmbito de sua competência interna federal, isenções de tributos estaduais, distritais ou municipais, não se aplicando, portanto, às hipóteses em que a União atua como sujeito de direito na ordem internacional. (RE 229096/RS, Rel. orig. Min. Ilmar Galvão, Rel. p/ o acórdão Min. Cármen Lúcia, 16.8.2007. *Informativo STF*, n. 476)

Constitucional. Tributário. Lei Complementar 87/96. ICMS e sua instituição. Arts. 150, II; 155, §2º, VII "a", e inc. VIII, CF. Conceitos de passageiro e de destinatário do serviço.

Fato gerador. Ocorrência. Alíquotas para operações interestaduais e para as operações internas. Inaplicabilidade da fórmula constitucional de partição da receita do icms entre os estados. Omissão quanto a elementos necessários à instituição do ICMS sobre navegação aérea. Operações de tráfego aéreo internacional. Transporte aéreo internacional de cargas. Tributação das empresas nacionais. Quanto às empresas estrangeiras, valem os acordos internacionais – Reciprocidade. Viagens nacional ou internacional – Diferença de tratamento. Ausência de normas de solução de conflitos de competência entre as unidades federadas. Âmbito de aplicação do art. 151, CF é o das relações das entidades federadas entre si. não tem por objeto a União quando esta se apresenta na ordem externa. Não incidência sobre a prestação de serviços de transporte aéreo, de passageiros — intermunicipal, interestadual e internacional. Inconstitucionalidade da exigência do ICMS na prestação de serviços de transporte aéreo internacional de cargas pelas empresas aéreas nacionais, enquanto persistirem os convênios de isenção de empresas estrangeiras. Ação julgada, parcialmente procedente. (STF. Pleno. ADIN nº 1.600. Rel. Min. Sydney Sanches. Rel. para o Acórdão Min. Nelson Jobim. Julgado em 26.11.2001)

3.16.10 Vários

1 - Contribuição Provisória sobre Movimentação ou Transmissão de Valores e de Créditos e de Direitos de Natureza Financeira – CPMF (art. 75, e parágrafos, acrescentados ao ADCT pela Emenda Constitucional nº 21, de 18 de março de 1999). 2 - Vício de tramitação restrito ao §3º da norma impugnada, por implicar, em primeiro exame, ao ver da maioria, a supressão pela Câmara da oração final do parágrafo aprovado no Senado, em comprometimento do sentido do texto sujeito à aprovação de ambas as Casas. 3 - Irrelevância do desajuste gramatical representado pela utilização do vocábulo "prorrogada", a revelar objetivo de repristinação de leis temporárias, não vedada pela Constituição. 4 - Rejeição, também em juízo provisório, das alegações de confisco de rendimentos, redução de salários, bitributação e ofensa aos princípios da isonomia e da legalidade. 5 - Medida cautelar deferida, em parte. (STF. Pleno. ADIMC nº 2.031. Rel. Min. Octávio Gallotti. Julgado em 29.9.99)

Cabe destacar, neste ponto, na linha do entendimento consagrado pelo acórdão ora impugnado, que a garantia constitucional da anterioridade tributária, mais do que simples limitação ao poder de tributar do Estado, qualifica-se como um dos mais expressivos postulados que dão substância ao estatuto jurídico dos contribuintes, delineado, em seus aspectos essenciais, no texto da própria Constituição da República. – Nenhuma pessoa política — os Municípios, inclusive — pode cobrar tributos "no mesmo exercício financeiro em que haja sido publicada a lei que os instituiu ou aumentou" (CF, art. 150, III, b), ressalvadas, unicamente, as situações autorizadas pela própria Constituição Federal, como ocorre nas hipóteses dos impostos sobre o comércio exterior, do IPI, e do IOF, v.g. – Cumpre mencionar, neste ponto, que a garantia da anterioridade tributária acha-se igualmente consagrada no texto da Constituição do Estado da Paraíba, que, em seu art. 157, III, b, reproduz o teor da cláusula de limitação inscrita na Carta da República. – Tenho insistentemente enfatizado, em diversos votos e decisões proferidas no Supremo Tribunal Federal, que os desvios inconstitucionais do Estado, no exercício do seu poder de tributar, geram, na ilegitimidade desse comportamento do aparelho governamental, efeitos perversos, que, projetando-se nas relações jurídico-fiscais mantidas com os contribuintes, deformam os princípios que estruturam a ordem jurídica, subvertem as finalidades do sistema normativo e comprometem a integridade e a supremacia da própria Constituição da República. – O exercício do poder impositivo, por parte das entidades políticas investidas da prerrogativa de tributar, não deve converter-se em instrumento, que, arbitrariamente manipulado pelas pessoas estatais, venha a conduzir à destruição ou ao comprometimento da própria ordem constitucional. – A necessidade de preservação da incolumidade do sistema consagrado pela Constituição Federal não se revela compatível com pretensões fiscais contestáveis do Poder Público, que, divorciando-se dos parâmetros estabelecidos pela Lei Magna, busca impor ao contribuinte um estado de submissão tributária inconvivente com os princípios que informam e condicionam, no âmbito do Estado Democrático de Direito, a ação das instâncias governamentais. – O fundamento do poder de tributar, por isso mesmo, reside no dever jurídico de essencial e estrita fidelidade dos entes tributantes ao que imperativamente dispõe a Constituição da República. – As relações de direito tributário, desse modo, não podem ser invocadas pelo Poder Público como um vínculo de permanente e odiosa sujeição do contribuinte às pretensões arbitrárias do Estado, especialmente quando estas, manifestadas de maneira concreta culminam por nulificar a cláusula de proteção representada pelo princípio da anterioridade. – O princípio da anterioridade da lei tributária — imune, até mesmo, ao próprio poder de reforma constitucional titularizado pelo Congresso Nacional (*RTJ* 151/755-756) — representa um dos direitos fundamentais mais relevantes outorgados ao universo dos contribuintes pela Carta da República, além de traduzir, na concreção do seu alcance, uma expressiva limitação ao poder impositivo do Estado./Por tal motivo, não constitui demasia insistir na asserção de que o princípio da anterioridade das leis tributárias — que se aplica, por inteiro, ao IPTU (*RT* 278/556) — reflete, em seus aspectos essenciais, uma das expressões fundamentais em que se apóiam os direitos básicos proclamados em favor dos contribuintes. – O respeito incondicional aos princípios constitucionais — especialmente ao postulado da anterioridade tributária — evidencia-se como dever inderrogável do Poder Público. A ofensa do Estado a esses valores — que desempenham, enquanto categorias fundamentais que são, um papel subordinante na própria configuração dos direitos individuais ou coletivos — introduz um perigoso fator de desequilíbrio sistêmico e rompe, por completo, a harmonia que deve presidir as relações entre as pessoas e o Poder. (*Informativo STF*, n. 125. Despacho do Min. Celso de Mello na Pet. nº 1.466)

Capítulo 4

Sistema Tributário Nacional: impostos da União, dos Estados, do Distrito Federal e dos Municípios. Repartição das receitas tributárias

Sumário: **4.1** Introdução - **4.2** Impostos da União - **4.2.1** Imposto de importação (II) - **4.2.2** Imposto de exportação (IE) - **4.2.3** Imposto sobre a renda e proventos de qualquer natureza (IR) - **4.2.4** Imposto sobre produtos industrializados (IPI) - **4.2.5** Imposto sobre operações financeiras (IOF) - **4.2.6** Imposto territorial rural (ITR) - **4.2.7** Imposto sobre grandes fortunas - **4.2.8** Impostos residuais - **4.2.9** Impostos extraordinários - **4.3** Impostos dos Estados - **4.3.1** Imposto sobre transmissão *causa mortis* e doação de quaisquer bens ou direitos (ITCMD) - **4.3.2** Imposto sobre operações relativas a circulação de mercadorias e sobre prestações de serviços de transporte interestadual e intermunicipal e de comunicações (ICMS) - **4.3.3** Imposto sobre a propriedade de veículos automotores (IPVA) - **4.3.4** Adicional ao imposto de renda (AIR) - **4.4** Impostos do Distrito Federal - **4.5** Impostos dos Municípios - **4.5.1** Imposto predial e territorial urbano (IPTU) - **4.5.2** Imposto sobre a transmissão *inter vivos* de bens imóveis por ato oneroso (ITBI) - **4.5.3** Imposto sobre serviços de qualquer natureza (ISS) - **4.5.4** Imposto sobre a venda a varejo de combustíveis líquidos e gasosos, exceto óleo diesel (IVVC) - **4.6** Repartição das receitas tributárias - **4.6.1** Imposto de renda - **4.6.2** Imposto sobre produtos industrializados - **4.6.3** Imposto territorial rural - **4.6.4** Imposto sobre operações financeiras incidente sobre o ouro como ativo financeiro ou instrumento cambial - **4.6.5** Impostos residuais - **4.6.6** Imposto sobre a propriedade de veículos automotores - **4.6.7** Imposto sobre a circulação de mercadorias e serviços - **4.6.8** Contribuição de intervenção no domínio econômico incidente sobre combustíveis - **4.6.9** Aspectos complementares - **4.7** Jurisprudência - **4.7.1** ICMS - **4.7.2** IOF - **4.7.3** IPI - **4.7.4** IPTU - **4.7.5** IPVA - **4.7.6** IR - **4.7.7** ISS - **4.7.8** ITBI - **4.7.9** Repartição de receitas tributárias - **4.7.10** Vinculação de receita de impostos

4.1 Introdução

Já foi analisada (Capítulo 2) a classificação dos tributos em vinculados e não vinculados. Verificou-se que a teoria dos fatos geradores vinculados ou não a uma atividade estatal específica serve de viga-mestra para a construção do Sistema Tributário Nacional.

Assim, é relativamente fácil entender porque a Constituição Federal enumera ou lista os impostos de competência de cada ente estatal e não faz o mesmo em relação às taxas e às contribuições de melhoria.

No tocante às taxas e às contribuições de melhoria será competente para a instituição do tributo aquele ente estatal competente para exercitar a atividade pública que serve de fundamento para a imposição. A desnecessidade de atividade estatal específica para a criação de impostos impõe uma fixação constitucional de competência para cada um dos impostos existentes.

O ente estatal competente para instituir (ou criar) cada imposto deve observar quatro ordens de limitações ou condicionamentos:

a) os princípios constitucionais-tributários (Capítulo 3);

b) o âmbito material da previsão constitucional e as regras específicas postas na Lei Maior;

c) a definição de fatos geradores, bases de cálculo e contribuintes presente em lei complementar (art. 146, inc. III, al. "a", da Constituição);

d) as normas gerais de Direito Tributário, veiculadas pela lei complementar prevista no art. 146, inc. III, da Lei Maior.

Os itens "b" e "c" dizem respeito aos limites de ação do legislador do tributo. Nesses termos, quando a Constituição prevê a tributação sobre a propriedade de veículos automotores, por exemplo, não é lícito instituir o tributo sobre veículos com tração animal ou mesmo "equiparar" esse tipo de veículo ao automotor. Por outro lado, o STF já decidiu que a Constituição de um Estado-Membro não pode estabelecer hipótese de imunidade em relação a fato que, em princípio, está sujeito à incidência desse imposto, conforme a Constituição Federal (ADI nº 1.467).

Identificamos as seguintes funções para a lei complementar preconizada no art. 146, inc. III, al. "a", da Constituição: a) explicitadora dos conceitos e definições adotados pelo constituinte, eliminando dúvidas e inseguranças nos limites ou fronteiras dos significados dos vocábulos utilizados; b) definidora de critérios, quando os conceitos, notadamente por razões científicas e técnicas, podem ser construídos seguindo caminhos distintos e c) uniformizadora, quando fixa os mesmos cânones a serem observados pelos legisladores dos vários entes da Federação.[17] Essa função uniformizadora foi realçada pelo STF por ocasião do julgamento que resultou na edição da Súmula Vinculante nº 8 (RE nº 560.626, RE nº 556.664 e RE nº 559.882). Segundo o Supremo, mesmo a fixação

---

[17] Cf. CASTRO. Os fundamentos jurídicos da tributação da renda universal no direito brasileiro. Disponível em: <http://www.aldemario.adv.br/universal.pdf>.

de prazos decadenciais e prescricionais para tributos específicos depende de lei complementar nacional. Assim, restou afastada a edição de lei ordinária da entidade tributante para dispor sobre o assunto. Nesse sentido, o STF declarou inconstitucional lei estadual que definia prazo para a decisão final no processo administrativo fiscal sob pena de seu arquivamento e da impossibilidade de revisão ou renovação do lançamento tributário em relação ao mesmo fato gerador (espécie de "decadência intercorrente") (ADIN nº 124).

Cumpre registrar que tudo indica ou aponta para a possibilidade do exercício da competência constitucional de instituição de impostos sem a necessária presença ou dependência à chamada "lei complementar prévia". Afinal, não seria lógico ou razoável que a competência constitucional fixada para um ente da Federação pudesse ser obstada ou ficasse dependente da ação legislativa, em matéria de lei complementar, do Congresso Nacional.

Em regra, segundo firme entendimento do Supremo Tribunal Federal, não há necessidade de "lei complementar prévia" para a instituição, sob a égide da Constituição de 1988, de todo e qualquer tributo. Nesse sentido, as criações de inúmeras contribuições de seguridade social por leis ordinárias da União, e sem leis complementares antecedentes, foram reconhecidas como constitucionais (RE nº 138.284 e RE nº 146.733).

Atualmente, a Lei nº 5.172, de 1966, funciona como lei de normas gerais de direito tributário, nos termos do art. 146, inc. III, da Constituição Federal, e do art. 34, §5º, do Ato das Disposições Constitucionais Transitórias.

Outro aspecto relevantíssimo, de menção obrigatória, reside no fato de que a Constituição não cria ou institui impostos (e tributos de uma forma geral). A Carta Magna tão-somente autoriza a veiculação de impostos (e tributos) por intermédio do instrumento jurídico competente: a lei (ordinária ou complementar).

Destacam-se adiante as regras específicas para cada imposto presentes na Lei Maior. São condicionamentos, como foi anotado, a serem observados pelo legislador competente no momento da instituição e modificação dos tributos.

4.2 Impostos da União

4.2.1 Imposto de importação (II)

É excepcional aos princípios da legalidade, da anterioridade e da "anterioridade qualificada" (conforme o art. 150, §1º, da CF, na redação da Emenda Constitucional nº 42, de 2003). Segundo a Constituição, o Poder Executivo, nos termos e limites fixados em lei, poderá alterar suas alíquotas.

4.2.2 Imposto de exportação (IE)

É excepcional aos princípios da legalidade, da anterioridade e da "anterioridade qualificada" (conforme o art. 150, §1º, da CF, na redação da Emenda Constitucional nº 42, de 2003). Segundo a Constituição, o Poder Executivo, nos termos e limites fixados em lei, poderá alterar suas alíquotas.

4.2.3 Imposto sobre a renda e proventos de qualquer natureza (IR)

O IR deve observar os critérios da generalidade, da universalidade e da progressividade. Entende-se por generalidade a incidência do imposto sobre todas as pessoas. Por universalidade, entende-se a incidência sobre todos os tipos de rendimentos. A progressividade do imposto de renda toma a base de cálculo como critério para a variação de alíquotas.

A Medida Provisória nº 451, de 2008, aprofundou a progressividade do IR ao substituir o regime de duas alíquotas pelo de quatro alíquotas (7,5%, 15%, 22,5% e 27,5%).

Boa parte dos processos judiciais que versam sobre IR envolvem discussões acerca da natureza indenizatória, ou não, de certas verbas percebidas no curso da relação de trabalho ou por ocasião da extinção dessa. A natureza indenizatória de certo valor recebido afasta a caracterização do mesmo como acréscimo patrimonial sujeito ao imposto.

Nessa linha, o STJ já decidiu que, por não estar presente indenização, incide imposto de renda sobre: a) o adicional de 1/3 sobre férias gozadas; b) o adicional noturno; c) a complementação temporária de proventos; d) o décimo-terceiro salário; e) a gratificação de produtividade; f) a gratificação por liberalidade da empresa, paga por ocasião da extinção do contrato de trabalho; g) horas-extras; h) "indenização" especial quando da rescisão do contrato de trabalho (férias antiguidade, prêmio aposentadoria e prêmio jubileu) (REsp nº 731.840); i) compensação pecuniária decorrente de acordo coletivo que estabeleceu a renúncia quanto à duração da jornada de trabalho (EREsp nº 695.499); j) as verbas recebidas a título de bolsa de estudo para a participação em curso de formação de delegado quando o participante pode optar pela percepção do vencimento e das vantagens de seu cargo efetivo em substituição ao auxílio financeiro (REsp nº 640.281); e l) a verba "indenizatória" referente a dano moral (REsp nº 748.868).

Por outro lado, ainda segundo o STJ, têm natureza indenizatória, afastando a incidência do imposto de renda: a) o abono de parcela de férias não-gozadas (art. 143 da CLT); b) férias não gozadas por necessidade do serviço; c) licença-prêmio não gozada, por necessidade do serviço; d) férias não-gozadas, indenizadas na vigência do contrato de trabalho, bem como as licenças-prêmio convertidas em pecúnia, sendo prescindível se ocorreram ou não por necessidade do serviço; e) férias não-gozadas, licenças-prêmio convertidas em pecúnia, irrelevante se decorreram ou não por necessidade do serviço, férias proporcionais, respectivos adicionais de 1/3 sobre as férias, gratificação de Plano de Demissão Voluntária (PDV), todos percebidos por ocasião da extinção do contrato de trabalho (REsp nº 748.195); e f) o auxílio-condução pago aos oficiais de justiça pela utilização de veículo próprio para o exercício de suas atribuições (REsp nº 995.572).

Não incide IR sobre os juros moratórios oriundos de pagamento de verbas indenizatórias provenientes de condenação em reclamação trabalhista. O IR somente incide juros moratórios caso o principal também seja tributado. Assim decidiu o STJ, aplicando o argumento de que o acessório segue o principal (REsp nº 1.023.447).

A denominação dada ao pagamento não é relevante para a conclusão pela incidência ou não do IR. Importa identificar a natureza jurídica do valor recebido pelo beneficiário. Nesse sentido, o STJ entende que é devido o IR nas verbas pagas pela Petrobras a título de "indenização por horas trabalhadas" decorrentes de convenção coletiva de trabalho. Constatou-se, na hipótese, a presença de pagamento, legitimamente tributável, de horas extras (EREsp nº 670.514).

Para o STJ, incide o imposto de renda e a sua retenção na fonte nos rendimentos auferidos em contratos de *swap* para fins de *hedge* (AgRg no Ag nº 951.447).

Segundo o STJ, "não é necessário que a renda torne-se efetivamente disponível (disponibilidade financeira) para que se considere ocorrido o fato gerador do imposto de renda, limitando-se a lei a exigir a verificação de acréscimo patrimonial (disponibilidade econômica)". Assim, o momento em que se admite disponibilizada a renda, e ocorrido o fato gerador do IR, para a empresa controladora ou coligada no Brasil, é o da publicação do balanço patrimonial positivo (REsp nº 983.134).

A Emenda Constitucional nº 20, de 1998, revogou a regra constitucional que estabelecia a não incidência do imposto de renda, nos termos e limites fixados em lei, sobre rendimentos provenientes de aposentadoria e pensão, pagos pela previdência social da União, dos Estados, do Distrito Federal e dos Municípios, a pessoa com idade superior a sessenta e cinco anos, cuja renda total fosse constituída, exclusivamente, de rendimentos do trabalho. O Supremo Tribunal Federal decidiu que a antiga regra constitucional não era auto-aplicável (MS nº 22.584).

O IR é excepcional ao princípio da "anterioridade qualificada" (conforme o art. 150, §1º, da CF, na redação da Emenda Constitucional nº 42, de 2003).

4.2.4 Imposto sobre produtos industrializados (IPI)

É excepcional aos princípios da legalidade e da anterioridade. Segundo a Constituição, o Poder Executivo, nos termos e limites fixados em lei, poderá alterar suas alíquotas. Registre-se que o IPI não figura entre as exceções ao princípio da "anterioridade qualificada", veiculado pela Emenda Constitucional nº 42, de 2003.

O IPI deve ser seletivo em função da essencialidade do produto. Assim, as alíquotas do imposto devem ser menores para os produtos essenciais e maiores para os produtos enquadrados na categoria de consumo supérfluo ou desaconselhável.

O IPI também deve observar a técnica da não-cumulatividade. Segundo o Supremo Tribunal Federal, "o princípio da não-cumulatividade objetiva tão-somente permitir que o imposto incidente sobre a mercadoria, ao final do ciclo produção-distribuição-consumo, não ultrapasse, em sua soma, percentual superior à alíquota máxima prevista em lei" (RE nº 168.750).

Hugo de Brito Machado,[18] nestes termos, explica a não-cumulatividade:

> Em uma empresa industrial, por exemplo, isto significa dizer o seguinte: a) Faz-se o registro, como crédito, do valor do IPI relativo às entradas de matérias-primas, produtos intermediários, materiais de embalagem, e outros insumos, que tenham sofrido a incidência do imposto ao saírem do estabelecimento de onde vieram; b) Faz-se o registro, como débito, do valor do IPI calculado sobre os produtos que saírem. No final do mês é feita a apuração. Se o débito é maior, o saldo devedor corresponde ao valor a ser recolhido. Se o crédito é maior, o saldo credor é transferido para o mês seguinte.

O Supremo Tribunal Federal, ao julgar o RE nº 353.657 e o RE nº 370.682, entendeu que o suposto direito do contribuinte do IPI de creditar-se do valor do tributo na aquisição de insumos favorecidos pela alíquota zero e pela não-tributação implica ofensa ao art. 153, §3º, inc. II da Constituição. Segundo o STF, a não-cumulatividade exige, ressalvada previsão contrária no Texto Maior, tributo devido e recolhido anteriormente. Já nosso casos de não-tributação ou de alíquota zero, inexiste parâmetro normativo para se precisar a quantia a ser compensada.

Não haverá incidência de IPI (imunidade) sobre produtos industrializados destinados ao exterior. O objetivo claro da regra é desonerar a atividade de exportação, não remetendo tributos para o exterior.

O IPI terá reduzido seu impacto sobre a aquisição de bens de capital pelo contribuinte do imposto, na forma da lei, conforme dispositivo introduzido na Carta Magna pela Emenda Constitucional nº 42, de 2003.

---

[18] MACHADO. *Curso de direito tributário*, p. 297.

Por força do disposto no art. 155, §3º da Constituição, não incide IPI nas operações relativas a energia elétrica, serviços de telecomunicações, derivados de petróleo, combustíveis e minerais do País (RE nº 227.832).

Para o STJ, não há incidência de IPI na atividade de construção civil porque a edificação de imóveis não se enquadra no conceito legal de industrialização (REsp nº 766.490).

4.2.5 Imposto sobre operações financeiras (IOF)

É excepcional aos princípios da legalidade, da anterioridade e da "anterioridade qualificada" (conforme o art. 150, §1º, da CF, na redação da Emenda Constitucional nº 42, de 2003). Segundo a Constituição, o Poder Executivo, nos termos e limites fixados em lei, poderá alterar suas alíquotas.

O IOF somente pode incidir sobre operações de crédito, câmbio, seguro e relativas a títulos ou valores mobiliários. Nesse sentido, o Supremo Tribunal Federal já considerou possível a cobrança de IOF sobre operações de *factoring* (desconto de títulos de crédito para disponibilizar recursos para as empresas) (ADInMC nº 1.763) e indevida a incidência sobre saques em cadernetas de poupança (Súmula STF nº 664 e RE nº 232.467).

O ouro, quando definido em lei como ativo financeiro ou instrumento cambial (Lei nº 7.766, de 1989), sujeita-se exclusivamente à incidência do IOF, devido na operação de origem. A alíquota mínima será de 1% (um por cento), sendo assegurada a transferência do montante da arrecadação nos seguintes termos: a) trinta por cento para o Estado, o Distrito Federal ou o Território, conforme a origem, e b) setenta por cento para o Município de origem. Por ser regra de incidência exclusiva, veicula imunidade para todos os outros tributos.

Registre-se que o ouro como simples mercadoria sofre a incidência tributária normal de todos os tributos do sistema. Nesse sentido, o STJ considerou que o ouro destinado a servir como insumo industrial em joalheria e odontologia não pode ser considerado ativo financeiro (REsp nº 121.354).

4.2.6 Imposto territorial rural (ITR)

As características constitucionalmente definidas para o ITR foram assim redesenhadas pela Emenda Constitucional nº 42, de 2003: a) será progressivo e terá suas alíquotas fixadas de forma a desestimular a manutenção de propriedades improdutivas; b) não incidirá sobre pequenas glebas rurais, definidas em lei, quando as explore o proprietário que não possua outro imóvel; e c) será fiscalizado e cobrado pelos Municípios que assim optarem, na forma da lei, desde que não implique redução do imposto ou qualquer outra forma de renúncia fiscal.

A progressividade não estava expressamente prevista na redação original da Constituição. Em relação à segunda característica houve supressão da seguinte cláusula sobre a exploração pelo proprietário: "só ou com sua família". Nesse sentido, a imunidade restou ampliada.

A última das características é uma grande inovação constitucional, notadamente porque, nos termos do art. 158, inc. II, modificado pela Emenda Constitucional nº 42, de 2003, o Município que adotar a faculdade (de fiscalização e de cobrança) receberá a totalidade do ITR recolhido em relação ao seu território. A Lei nº 11.250, de 2005, prevê que União, por intermédio da Secretaria da Receita Federal (agora, Secretaria da Receita Federal do Brasil), poderá celebrar convênios com o Distrito Federal e os Municípios para fins de lançamento e de cobrança do ITR, sem prejuízo da competência supletiva da Secretaria da Receita Federal do Brasil.

4.2.7 Imposto sobre grandes fortunas

O imposto sobre grandes fortunas, por expressa exigência constitucional, deverá ser instituído por lei complementar. A referida lei complementar ainda não foi editada.

4.2.8 Impostos residuais

A Constituição reservou à União, e somente à União, a possibilidade de criar impostos novos (além dos já elencados). Para o exercício dessa competência exige o Texto Maior: a) utilização de lei complementar, b) adoção da técnica da não-cumulatividade, e c) que o imposto novo não tenha fato gerador ou base de cálculo próprios dos impostos já discriminados. Essa competência é conhecida como residual.

Ainda segundo a Lei Maior, 20% do produto da arrecadação dos impostos residuais pertencem aos Estados e ao Distrito Federal (art. 157, inc. II).

A criação do IPMF (Imposto Provisório sobre Movimentação Financeira), no ano de 1993, não teve por fundamento a chamada competência residual da União. O IPMF, já extinto, surgiu mediante autorização direta da Emenda Constitucional nº 3, de 1993.

4.2.9 Impostos extraordinários

Na iminência ou no caso de guerra externa, a União, e somente a União, poderá criar impostos extraordinários. Esses impostos podem estar ou não compreendidos em sua competência e serão suprimidos, gradativamente, cessadas as causas da instituição.

O art. 76 do Código Tributário Nacional fixa o prazo máximo de cinco anos, contados da celebração da paz, para a supressão gradativa dos impostos extraordinários.

O exercício da chamada competência extraordinária da União não precisa observar o princípio da anterioridade e o princípio da "anterioridade qualificada" (conforme o art. 150, §1º, da CF, na redação da Emenda Constitucional nº 42, de 2003).

4.3 Impostos dos Estados

4.3.1 Imposto sobre transmissão *causa mortis* e doação de quaisquer bens ou direitos (ITCMD)

O ITCMD compete ao Estado da situação do bem imóvel ou respectivos direitos. Compete, no caso de bens móveis, títulos e créditos, ao Estado onde se processar o arrolamento ou inventário ou tiver domicílio o doador.

A lei complementar regulará as seguintes situações: a) doador com domicílio ou residência no exterior e b) *de cujus* (morto) com bens, residência, domicílio ou processamento do inventário no exterior.

O ITCMD terá alíquotas máximas fixadas pelo Senado Federal.

4.3.2 Imposto sobre operações relativas a circulação de mercadorias e sobre prestações de serviços de transporte interestadual e intermunicipal e de comunicações (ICMS)

O ICMS figura como o tributo, isoladamente considerado, responsável pela maior arrecadação para os cofres públicos no Brasil. Em 2007, segundo dados da Secretaria da Receita Federal do Brasil, o ICMS viabilizou o ingresso de R$187,6 bilhões contra R$160,3 bilhões do IR, segundo colocado na lista das maiores arrecadações por tributo.

O âmbito material de incidência do ICMS, delimitado pela Constituição, possui extensão considerável e abrange um leque significativo de hipóteses de imposição tributária. As principais são: a) sobre operações mercantis; b) sobre serviços de transporte interestadual e intermunicipal; c) sobre serviços de comunicação; d) sobre lubrificantes, combustíveis líquidos e gasosos e energia elétrica; e) sobre minerais.

O STJ entende que não incide o ICMS: a) sobre a habilitação de aparelhos celulares por conta desse ato não se confundir com serviço de telecomunicação (RMS nº 11.368 e Súmula STJ nº 350); b) nas atividades meramente preparatórias ou de acesso aos serviços de comunicação, como nos serviços de instalação de linha telefônica fixa (AgRg no REsp nº 1.054.543) e adesão, habilitação e instalação de equipamentos na "tv a cabo" (AgRg no REsp nº 1.064.596); c) sobre a demanda contratada de energia elétrica porque somente incidente o tributo sobre a energia efetivamente utilizada (REsp nº 579.416); d) no trato de importação de aeronave mediante operação de arrendamento mercantil (REsp nº 726.166 e REsp nº 908.913); e e) sobre a prestação de serviços de produção de programas de televisão a cabo e comerciais quando a própria empresa não transmite os sinais de TV (REsp nº 799.927).

Para o STF, não ocorre circulação de mercadoria, com incidência de ICMS, em operação de arrendamento mercantil contratado pela indústria aeronáutica de grande porte para viabilizar o uso, pelas companhias de navegação aérea, de aeronaves por ela construídas. Reconhece o STF que a importação em regime de leasing de aeronaves, peças ou equipamentos, componentes das últimas, não admite posterior transferência ao domínio do arrendatário (RE nº 461.968).

Também já decidiu o STJ que não incide ICMS sobre o serviço de provimento de acesso à internet (Súmula STJ nº 334 e REsp nº 736.607). Já na prestação de serviços de comunicação visual (publicidade e propaganda) incide, segundo o STJ, o ICMS (AgRg no REsp nº 737.263).

Segundo o STF, o ICMS será cobrado: a) nas operações envolvendo o *software* de prateleira (padronizado e comercializado em massa); e b) na comercialização de obras cinematográficas gravadas em fitas de videocassete (Súmula STF nº 662). Já nas operações com *softwares* sob encomenda cabe a exigência de ISS (RE nº 176.626 e RE nº 199.464).

Entende-se por "operações relativas à circulação" os atos ou negócios que impliquem mudança da posse ou da propriedade de mercadorias. Assim, as operações entre estabelecimentos da mesma pessoa jurídica não são admitidas como fatos geradores do ICMS (Rep nº 1.394).[19] Nessa linha, o STF entendeu que não há incidência de ICMS na "(...) importação de mercadorias por meio de contrato de arrendamento mercantil (leasing)" (RE nº 461.968).

As "mercadorias" são, na acepção tradicional, bens móveis (corpóreos) destinados ao comércio (voto do relator Min. Sepúlveda Pertence no RE nº 176.626). Atualmente, em plena Sociedade da Informação ou do Conhecimento, responsável maior pelo fenômeno denominado de "desmaterialização de conceitos", ganha relevo a discussão acerca da possibilidade da mercadoria virtual, digital ou eletrônica. Como espécie do gênero bem ou coisa, desprovido

---

[19] Cf. CASTRO. "Acordo dos Usineiros": principais aspectos das "transações tributárias" realizadas entre o Estado de Alagoas e várias empresas do setor sucroalcooleiro em relação à cobrança do ICM sobre a "cana própria". Disponível em: <http://www.aldemario.adv.br/artigo1.htm>.

de materialidade, e receptivo ao avanço tecnológico, o conceito de mercadoria, conforme sustentamos, perdeu a nota da tangibilidade como característica essencial.[20]

Segundo o Superior Tribunal de Justiça, a base de cálculo do ICMS é o valor da operação, o que é definido no momento em que se concretiza a operação. O desconto incondicional não integra a base de cálculo do aludido imposto (REsp nº 873.203).

O imposto será não-cumulativo, compensando-se o que for devido em cada operação relativa à circulação de mercadorias ou prestação de serviços com o montante cobrado nas anteriores pelo mesmo ou outro Estado ou pelo Distrito Federal. Observe a comparação entre as técnicas da cumulatividade e da não-cumulatividade:

(Sistemas de Incidência)		Cumulatividade	Não-cumulatividade	
Operador	Base de cálculo	Recolhim. (17%)	Apuração (17%)	Recolhimento
A	1000	170	(170)	170
B	2000	340	(340-170)	170
C	3000	510	(510-340)	170
		1020		510

1020=34% s/ 3000   510=17% s/ 3000

Segundo a Constituição, a isenção ou não-incidência do ICMS, salvo determinação em contrário da legislação: a) não implicará crédito para compensação com o montante devido nas operações ou prestações seguintes e b) acarretará a anulação do crédito relativo às operações anteriores.

	Alíquota 10%	Recolhimento
A > R$ 1.000,00 [ISENTO]	[100]	0
B > R$ 1.300,00	130-0	130

	Alíquota 10%	Recolhimento
A > R$ 1.000,00	100	100
B > R$ 1.300,00 [ISENTO]	0 - ~~100~~	0

---

[20] Cf. CASTRO. Mercadoria virtual: aspectos tributários relevantes. Disponível em: <http://www.aldemario.adv.br/mv.pdf>.

No entendimento do STF, não ofende o princípio constitucional da não-cumulatividade a base de cálculo do ICMS corresponder ao valor da operação ou prestação somado ao próprio tributo (AI nº 319.670/AgR).

O ICMS poderá ser seletivo, em função da essencialidade das mercadorias e dos serviços. Aqui há facultatividade na adoção da técnica. No IPI, a adoção da seletividade é obrigatória.

Resolução do Senado Federal, de iniciativa do Presidente da República ou de um terço dos Senadores, aprovada pela maioria absoluta de seus membros, estabelecerá as alíquotas aplicáveis às operações e prestações, interestaduais e de exportação. Nesse sentido, o STF considerou inconstitucional decreto de determinado Estado que considera como não tendo sido cobrado o ICMS sempre que uma mercadoria for adquirida em certos Estados da Federação (ADIn nº 3.312).

É, ainda, facultado ao Senado Federal: a) estabelecer alíquotas mínimas nas operações internas, mediante resolução de iniciativa de um terço e aprovada pela maioria absoluta de seus membros; e b) fixar alíquotas máximas nas mesmas operações para resolver conflito específico que envolva interesse de Estados, mediante resolução de iniciativa da maioria absoluta e aprovada por dois terços de seus membros.

Salvo deliberação em contrário dos Estados e do Distrito Federal, as alíquotas internas, nas operações relativas à circulação de mercadorias e nas prestações de serviços, não poderão ser inferiores às previstas para as operações interestaduais.

Em relação às operações e prestações que destinem bens e serviços a consumidor final localizado em outro Estado, adotar-se-á: a) a alíquota interestadual, quando o destinatário for contribuinte do imposto ou b) a alíquota interna, quando o destinatário não for contribuinte dele. Na primeira hipótese, caberá ao Estado da localização do destinatário o imposto correspondente à diferença entre a alíquota interna e a interestadual.

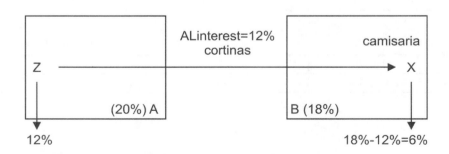

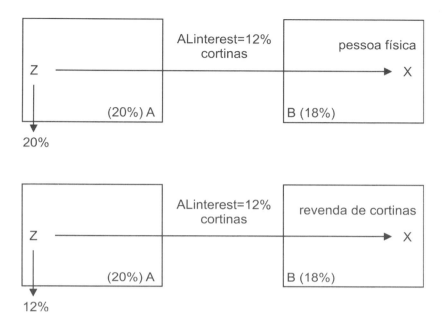

Nas operações internas, realizadas dentro do Estado, o ICMS compete ao Estado em que se realizou a operação. Nas importações, o ICMS é devido ao Estado onde estiver localizado o estabelecimento destinatário da mercadoria ou do serviço (não importando o local da entrada no território nacional). Ao julgar o RE nº 268.586, o STF mitigou a referência a estabelecimento destinatário. Nas operações interestaduais cujo destinatário seja consumidor final não contribuinte do imposto (exemplo: pessoa física), o ICMS será devido ao Estado de origem da operação pela sua alíquota interna. Por fim, nas operações interestaduais cujo destinatário seja contribuinte do imposto (exemplo: comerciante), o ICMS será exigido no Estado de origem pela alíquota interestadual (menor que a interna) e a diferença entre a alíquota interna (do Estado de destino) e a alíquota interestadual será devida ao Estado de destino.

A Emenda Constitucional nº 33, de 2001, estabeleceu que o ICMS incidirá sobre a entrada de bem ou mercadoria importados do exterior por pessoa física ou jurídica, ainda que não seja contribuinte habitual do imposto, qualquer que seja a sua finalidade, assim como sobre o serviço prestado no exterior, cabendo o imposto ao Estado onde estiver situado o domicílio ou o estabelecimento do destinatário da mercadoria, bem ou serviço. Assim, está superado o entendimento do Supremo Tribunal Federal, firmado antes da EC nº 33, de 2001, de que o ICMS não incide sobre operações de importação de bens realizadas por pessoa física para uso próprio (RE nº 203.075 e Súmula STF nº 660).

Segundo o STF, incide ICMS sobre a entrada de mercadoria importada independentemente da natureza do contrato internacional que motive a importação (RE nº 206.069). O STJ curvou-se, quanto ao assunto, ao entendimento da Suprema Corte (REsp nº 783.814).

O ICMS incidirá sobre o valor total da operação, quando mercadorias forem fornecidas com serviços não compreendidos na competência tributária dos Municípios. Portanto, se o serviço não constar na lista do ISS é possível a cobrança do ICMS sobre o total faturado. Como o serviço de fornecimento de alimentação, bebidas e outras mercadorias não consta na lista do ISS, é viável a cobrança de ICMS sobre o valor total da operação (RE nº 189.974 e AGRAG nº 166.138). Por outro lado, os serviços prestados por farmácia de manipulação (preparação e fornecimento de medicamentos sob encomenda conforme receita específica) estão previstos expressamente na lista do ISS, incidindo esse imposto (REsp nº 975.105-RS).

O imposto em questão não incidirá (imunidade): a) sobre operações que destinem mercadorias para o exterior, nem sobre serviços prestados a destinatários no exterior, assegurada a manutenção e o aproveitamento do montante do imposto cobrado nas operações e prestações anteriores, conforme a Emenda Constitucional nº 42, de 2003; b) sobre operações que destinem a outros Estados petróleo, inclusive lubrificantes, combustíveis líquidos e gasosos dele derivados, e energia elétrica; c) sobre o ouro, definido em lei como ativo financeiro ou instrumento cambial; e d) nas prestações de serviço de comunicação nas modalidades de radiodifusão sonora e de sons e imagens de recepção livre e gratuita, segundo a Emenda Constitucional nº 42, de 2003.

Não estará compreendido na base de cálculo do ICMS o montante do IPI, quando a operação, realizada entre contribuintes e relativa a produto destinado à industrialização ou à comercialização, configure fato gerador dos dois impostos.

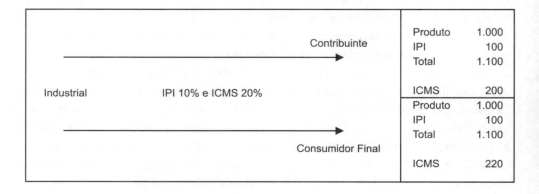

Cabe à lei complementar:

a) definir os contribuintes do imposto;

b) dispor sobre substituição tributária;

c) disciplinar o regime de compensação do imposto;

d) fixar, para efeito de cobrança do ICMS e definição do estabelecimento responsável, o local das operações relativas à circulação de mercadorias e das prestações de serviços;

e) excluir da incidência do imposto (isentar), nas exportações para o exterior, serviços e outros produtos além dos já imunes. Segundo o STJ, não incide o ICMS na operação de transporte interestadual de produto destinado ao exterior (EREsp nº 710.260);

f) prever casos de manutenção de crédito, relativamente à remessa para outro Estado e exportação para o exterior, de serviços e de mercadorias;

g) regular a forma como, mediante deliberação dos Estados e do Distrito Federal, isenções, incentivos e benefícios fiscais serão concedidos e revogados;

h) definir os combustíveis e lubrificantes sobre os quais o imposto incidirá uma única vez, qualquer que seja a sua finalidade;

i) fixar a base de cálculo, de modo que o montante do imposto a integre, também na importação do exterior de bem, mercadoria ou serviço.

A chamada "guerra fiscal" entre os Estados e o Distrito Federal, envolvendo a concessão unilateral de benefícios fiscais no âmbito do ICMS, implica afronta aos comandos constitucionais pertinentes (ADInMC nº 1.247, ADInMC nº 2.352, ADIn nº 3.429, ADIn nº 2.548, ADIn nº 3.422 e ADIN nº 3.936).

Conforme foi destacado, o STF já reconheceu a inconstitucionalidade de exoneração do ICMS introduzida diretamente na Lei Orgânica do Distrito Federal (ADIN nº 1.467). Também foi reconhecido como inconstitucional: a) o incentivo fiscal de ICMS para empresas que contratarem apenados e egressos no território da unidade federativa (ADIN nº 3.809) e b) a redução na base de cálculo do ICMS nas saídas internas de café torrado ou moído produzido em estabelecimento industrial (ADIN nº 3.389 e ADIN nº 3.673).

No julgamento da ADIN nº 2.056, o Supremo admitiu a disciplina de diferimento (transferência do momento do recolhimento do tributo cujo fato gerador já ocorreu) de ICMS pela legislação estadual sem a prévia celebração de convênio.

A Emenda Constitucional nº 33, de 2001, fixa uma série de regras a serem observadas no tratamento dos assuntos elencados na penúltima hipótese acima explicitada.

A Lei Complementar nº 87, de 1996, é o diploma regulador do ICMS com caráter nacional.

Diz a Constituição de 1988, nos termos da EC nº 33, de 2001, que à exceção do ICMS, do II e do IE, nenhum outro imposto poderá incidir sobre operações relativas a energia elétrica, serviços de telecomunicações, derivados de petróleo, combustíveis e minerais do País.

A Emenda Constitucional nº 42, de 2003, acrescentou o art. 91 ao Ato das Disposições Constitucionais Transitórias (ADCT). O dispositivo em questão está vazado nos seguintes termos:

> A União entregará aos Estados e ao Distrito Federal o montante definido em lei complementar, de acordo com critérios, prazos e condições nela determinados, podendo considerar as exportações para o exterior de produtos primários e semi-elaborados, a relação entre as exportações e as importações, os créditos decorrentes de aquisições destinadas ao ativo permanente e a efetiva manutenção e aproveitamento do crédito do imposto a que se refere o art. 155, §2º, X, a.
>
> §1º Do montante de recursos que cabe a cada Estado, setenta e cinco por cento pertencem ao próprio Estado, e vinte e cinco por cento, aos seus Municípios, distribuídos segundo os critérios a que se refere o art. 158, parágrafo único, da Constituição.
>
> §2º A entrega de recursos prevista neste artigo perdurará, conforme definido em lei complementar, até que o imposto a que se refere o art. 155, II, tenha o produto de sua arrecadação destinado predominantemente, em proporção não inferior a oitenta por cento, ao Estado onde ocorrer o consumo das mercadorias, bens ou serviços.
>
> §3º Enquanto não for editada a lei complementar de que trata o caput, em substituição ao sistema de entrega de recursos nele previsto, permanecerá vigente o sistema de entrega de recursos previsto no art. 31 e Anexo da Lei Complementar nº 87, de 13 de setembro de 1996, com a redação dada pela Lei Complementar nº 115, de 26 de dezembro de 2002.
>
> §4º Os Estados e o Distrito Federal deverão apresentar à União, nos termos das instruções baixadas pelo Ministério da Fazenda, as informações relativas ao imposto de que trata o art. 155, II, declaradas pelos contribuintes que realizarem operações ou prestações com destino ao exterior.

4.3.3 Imposto sobre a propriedade de veículos automotores (IPVA)

A Constituição originariamente não estabelecia nenhuma regra específica a ser observada pelo legislador estadual no momento da instituição ou alteração do IPVA.

Com a Emenda Constitucional nº 42, de 2003, o IPVA passou a ter as seguintes características postas no texto da Carta Magna: a) alíquotas mínimas fixadas pelo Senado Federal, e b) poderá ter alíquotas diferenciadas em função do tipo e utilização.

Convém lembrar que a fixação da base de cálculo do IPVA não precisa observar a "anterioridade qualificada", conforme dispõe o art. 150, §1º, da Constituição, na redação oferecida pela Emenda Constitucional nº 42, de 2003.

O Supremo Tribunal Federal, em posição altamente criticável, entende que o IPVA não pode incidir sobre embarcações e aeronaves por ser sucedâneo da antiga Taxa Rodoviária Única (TRU), cujo campo de incidência não inclui os referidos veículos (RE n° 134.509 e RE n° 379.572).

Para o STF, a redução ou extinção de descontos relacionados com o pagamento do IPVA não constitui majoração do tributo e não agride o princípio da anterioridade tributária quando produz efeitos no exercício em que publicada a lei pertinente (ADIN n° 4.016).

4.3.4 Adicional ao imposto de renda (AIR)

A Emenda Constitucional n° 3, de 1993, extinguiu, a partir de 1996, o AIR, inserido pela Constituição de 1988 como tributo da competência dos Estados.

4.4 Impostos do Distrito Federal

Conforme já foi destacado, nos termos dos arts. 147 e 155, da Constituição, cabem ao Distrito Federal os impostos atribuídos aos Estados e aos Municípios.

Tem-se, a rigor, uma manifestação do princípio da isonomia. Afinal, como o Distrito Federal não comporta Municípios (art. 32 da Constituição), não seria razoável "dispensar" os contribuintes ali domiciliados dos impostos próprios daquelas unidades da Federação.

4.5 Impostos dos Municípios

4.5.1 Imposto predial e territorial urbano (IPTU)

Originalmente, a Constituição de 1988 somente admitia a progressividade extrafiscal do IPTU, justamente para assegurar o cumprimento da função social da propriedade. Nesse sentido, o Supremo Tribunal Federal entendeu que não era possível a progressividade em razão do valor do imóvel (Súmula STF n° 668, RE n° 153.771, RE n° 167.654 e RE n° 233.332).

Com a edição da Emenda Constitucional n° 29, de 2000, houve expressa autorização para a progressividade do IPTU em razão do valor do imóvel e da diferenciação de alíquotas de acordo com a localização e uso do imóvel. A diferenciação de alíquotas (de um imóvel para outro em razão de determinado critério) qualifica-se como seletividade.

A fixação da base de cálculo do IPTU não precisa observar a "anterioridade qualificada", conforme dispõe o art. 150, §1°, da Constituição, na redação oferecida pela Emenda Constitucional n° 42, de 2003.

O art. 34 do Código Tributário Nacional estabelece que o contribuinte do IPTU é o: a) proprietário, b) titular do domínio útil, e c) possuidor a qualquer título. Segundo o STJ, quando o CTN define que o possuidor a qualquer título pode ser contribuinte do IPTU refere-se às hipóteses de relações de direito real. Portanto, o locatário, apesar de possuidor, não pode ser caracterizado como contribuinte do imposto (REsp nº 810.800). Também já decidiu o STJ que o expropriado, na desapropriação indireta, deixando de ser possuidor, não pode ser qualificado como sujeito passivo do IPTU (REsp nº 770.559).

O STF firmou entendimento de que a posse precária e desdobrada, decorrente de contrato de concessão de uso, não permite a caracterização, para esse possuidor, de contribuinte do IPTU (RE nº 451.152). O STJ decidiu no mesmo sentido ao julgar o REsp nº 681.409.

4.5.2 Imposto sobre a transmissão *inter vivos* de bens imóveis por ato oneroso (ITBI)

A Constituição explicita que a transmissão pode se dar a qualquer título, sendo necessariamente onerosa para viabilizar a incidência tributária. Bens imóveis devem ser considerados aqueles por natureza (o solo, o subsolo e o espaço aéreo) ou por acessão física (aquilo que o homem incorpora ao solo e não pode ser retirado sem destruição, modificação ou dano).

Também incide o imposto sobre a transmissão de direitos reais sobre imóveis, exceto os de garantia, bem como cessão de direitos a sua aquisição.

A Constituição determina a não incidência (imunidade) do ITBI: a) na transmissão de bens e direitos incorporados ao patrimônio de pessoa jurídica em realização de capital; e b) na transmissão de bens ou direitos decorrente de fusão, incorporação, cisão ou extinção de pessoa jurídica. Não está abrangida pela imunidade a transmissão de bens ou direitos decorrente de fusão, incorporação, cisão ou extinção, quando a atividade preponderante do adquirente for a compra e venda desses bens ou direitos, locação de bens imóveis ou arrendamento mercantil.

Segundo a Constituição de 1988, o ITBI compete ao Município da situação do bem.

Convém registrar que os direitos reais sobre imóveis são: a) de propriedade; b) de gozo (enfiteuse, servidão, usufruto, uso, habitação e renda real); c) de aquisição (compromisso de compra e venda); e d) de garantia (penhor, hipoteca e anticrese).

A Constituição expressamente exclui da incidência do ITBI (imunidade) as transmissões de direitos reais de garantia.

Segundo o STF, não é constitucional a adoção de alíquotas progressivas para o ITBI em função do valor venal do imóvel (Súmula STF nº 656).

4.5.3 Imposto sobre serviços de qualquer natureza (ISS)

Segundo a Lei Maior não é todo e qualquer serviço que pode ser tributado pelo ISS. Não sofrem a incidência desse tributo: a) os serviços compreendidos na competência tributária do ICMS (comunicação, transporte intermunicipal e transporte interestadual); e b) aqueles que não estiverem definidos em lei complementar (RE nº 361.829).

Atualmente, a lista de serviços passíveis de tributação pelo ISS está prevista na Lei Complementar nº 116, de 2003. Para o STJ, os serviços de provimento de acesso à internet não são tributados pelo ICMS e também não estão sujeitos à incidência de ISS, porque não estão arrolados na Lei Complementar nº 116, de 2003 (REsp nº 674.188).

O STJ e o STF apontam no sentido da taxatividade da lista de serviços do ISS. Admitem, no entanto, por via de interpretação, identificar serviços remunerados derivados e sujeitos à tributação pelo ISS. Nessa linha, o STJ já decidiu pela tributação pelo ISS do serviço de reboque de navios, não previsto expressamente na lista do ISS, mas considerado no gênero atracação e desatracação de embarcações (REsp nº 887.360).

Segundo o STF, é inconstitucional a cobrança do ISS sobre contrato de locação de veículos, tendo em vista que a locação de bens móveis não se qualifica como serviço (RE nº 116.121 e AC nº 661). Numa linha de crítica ao entendimento do STF, importa registrar a necessidade de superação de uma noção historicamente atrasada e estática de "serviço" (tão-somente como "obrigação de fazer" ou "atividade humana em benefício alheio"). Afinal: a) os "conceitos" utilizados na tributação não estão necessariamente adstritos aos processos de formação oriundos de outros quadrantes do direito (premissa submetida a fortíssima resistência doutrinária que identifica o direito tributário como "direito de sobreposição"); b) o termo "serviço" aparece na Constituição como um "conceito aberto" (um tipo influenciável pelas mudanças da realidade econômica e tecnológica subjacente); c) o termo "serviço" não é definido na Constituição e comporta várias determinações ou delimitações pela lei tributária e d) o termo "serviço" foi incorporado na ordem jurídica brasileira para retratar, de forma ampla, os negócios com bens imateriais.

No julgamento do RE nº 262.598, o STF reconheceu a licitude da dedução do valor das subempreitadas já tributadas por ocasião do cálculo do ISS por empresa de construção civil. Na ADIn nº 3.089, o STF entendeu que os serviços de registros públicos, cartórios e notariais caracterizam-se como atividades estatais passíveis de tributação pelo ISS quando exercidas em caráter privado. Para o STJ, a base de cálculo do ISS das sociedades dedicadas a locação de mão-de-obra temporária envolve tão-somente a comissão paga pelo agenciamento dos trabalhadores temporários (EREsp nº 613.709).

A Constituição estabelece que a lei complementar, aprovada pelo Congresso Nacional: a) fixará as alíquotas máximas e mínimas do ISS; b) excluirá da incidência do ISS as exportações de serviços para o exterior e c) regulará a forma e as condições como isenções, incentivos e benefícios fiscais do ISS serão concedidos e revogados.

4.5.4 Imposto sobre a venda a varejo de combustíveis líquidos e gasosos, exceto óleo diesel (IVVC)

A Emenda Constitucional nº 3, de 1993, extinguiu, a partir de 1996, o IVVC, inserido pela Constituição de 1988 como tributo da competência dos Municípios.

4.6 Repartição das receitas tributárias

O sistema de repartição de receitas tributárias adotado pela Constituição de 1988 compõe, juntamente com as competências impositivas diretamente deferidas, um quadro assecuratório da autonomia política e financeira dos entes da Federação brasileira. Uma das características mais salientes do sistema consiste na presença de transferências somente no sentido dos entes estatais "maiores" para os "menores".

A Constituição veda, em regra, condicionamentos, restrições ou retenções das transferências dos recursos a serem repartidos. As exceções admissíveis decorrem: a) da existência de débitos e b) do condicionamento à aplicação de recursos mínimos no financiamento da saúde pública.

Para o Supremo Tribunal Federal, a autonomia política e financeira dos entes da Federação não permite, em relação à repartição de receitas tributárias, o condicionamento arbitrário ou postergação de repasse em virtude da concessão de incentivos fiscais a particulares (RE nº 572.762).

O Tribunal de Contas da União efetua o cálculo das quotas referentes aos fundos de participação previstos na Constituição.

São várias as situações onde ocorre a repartição de receitas tributárias, conforme explicitação adiante realizada.

4.6.1 Imposto de renda

Segundo as regras de repartição:

a) pertence aos Estados, ao Distrito Federal e aos Municípios o IR incidente na fonte sobre os rendimentos pagos, a qualquer título, por eles, suas fundações públicas e autarquias;

b) 3% da arrecadação do IR são destinados aos fundos para os programas de financiamento ao setor produtivo das Regiões Norte, Nordeste e Centro-Oeste;

c) 21,5% da arrecadação do IR são destinados ao Fundo de Participação dos Estados e Distrito Federal;

d) 22,5% da arrecadação do IR são destinados ao Fundo de Participação dos Municípios;

e) 1% da arrecadação do IR são destinados ao Fundo de Participação dos Municípios, com entrega no primeiro decêndio do mês de dezembro de cada ano (acréscimo veiculado pela Emenda Constitucional nº 55, de 2007).

4.6.2 Imposto sobre produtos industrializados

Pelas regras de repartição:

a) 10% da arrecadação do IPI pertencem aos Estados e ao Distrito Federal, devendo cada Estado repassar 25% do recebido aos seus Municípios (fundo compensatório de exportações de produtos industrializados);

b) 3% da arrecadação do IPI são destinados aos fundos para os programas de financiamento ao setor produtivo das Regiões Norte, Nordeste e Centro-Oeste;

c) 21,5% da arrecadação do IPI são destinados ao Fundo de Participação dos Estados e Distrito Federal;

d) 22,5% da arrecadação do IPI são destinados ao Fundo de Participação dos Municípios;

e) 1% da arrecadação do IR são destinados ao Fundo de Participação dos Municípios, com entrega no primeiro decêndio do mês de dezembro de cada ano (acréscimo veiculado pela Emenda Constitucional nº 55, de 2007).

4.6.3 Imposto territorial rural

Segundo as regras de repartição:

a) 50% do ITR pertencem aos Municípios onde os imóveis rurais estejam situados;

b) o Município que adotar a faculdade de fiscalização e de cobrança do ITR receberá a totalidade do imposto recolhido em relação ao seu território, conforme o art. 158, inc. II, da Constituição, modificado pela Emenda Constitucional nº 42, de 2003.

4.6.4 Imposto sobre operações financeiras incidente sobre o ouro como ativo financeiro ou instrumento cambial

Pelas regras de repartição:
a) 30% do IOF sobre o ouro como ativo financeiro ou instrumento cambial pertencem aos Estados e ao Distrito Federal;
b) 70% do IOF sobre o ouro como ativo financeiro ou instrumento cambial pertencem aos Municípios.

4.6.5 Impostos residuais

Segundo a regra de repartição aplicável, 20% da arrecadação de impostos residuais pertencem aos Estados e ao Distrito Federal.

4.6.6 Imposto sobre a propriedade de veículos automotores

Pela regra de repartição aplicável, 50% do IPVA pertencem aos Municípios onde os veículos automotores tenham sido licenciados.

4.6.7 Imposto sobre a circulação de mercadorias e serviços

Conforme a regra de repartição própria, 25% do ICMS pertencem aos Municípios, sendo que:
a) três quartos, no mínimo, proporcionalmente ao valor agregado no território do Município;
b) o restante, conforme o que for estabelecido na lei do Estado ou, no caso dos Territórios, na lei federal.

4.6.8 Contribuição de intervenção no domínio econômico incidente sobre combustíveis

Segundo as regras de repartição:
a) 29% da arrecadação da CIDE – Combustíveis serão distribuídos para os Estados e o Distrito Federal, na forma da lei, observada a destinação constitucional;
b) do montante de recursos que cabe a cada Estado, 25% serão destinados aos seus Municípios, na forma da lei. Essa hipótese foi veiculada pela Emenda Constitucional nº 42, de 2003, e alterada pela Emenda Constitucional nº 44, de 2004.

4.6.9 Aspectos complementares

Entre os anos de 1994 e 2011, por força de uma série de emendas à Constituição, o sistema de repartição de receitas tributárias previstos no Texto Maior foi (e será) aplicado com algumas alterações significativas. A última versão dessas alterações, veiculada pela Emenda Constitucional nº 56, de 2007, estabelece: "é desvinculado de órgão, fundo ou despesa, até 31 de dezembro de 2011, 20% (vinte por cento) da arrecadação da União de impostos, contribuições sociais e de intervenção no domínio econômico, já instituídos ou que vierem a ser criados até a referida data, seus adicionais e respectivos acréscimos legais".

Nos termos da Emenda Constitucional nº 42, de 2003, é vedada a vinculação de receita de impostos a órgão, fundo ou despesa (ADIn nº 1.750 e ADIn nº 2.529). O STF considerou inconstitucional, no julgamento da ADIn nº 3.576, a criação de um mecanismo de redirecionamento da receita do ICMS para satisfação de finalidades específicas mediante a utilização: a) de fundos; b) de recolhimentos dos contribuintes para esses últimos; e c) de compensação dos valores depositados em benefício dos fundos.

São previstas, ainda, as seguintes ressalvadas ou exceções à vedação de vinculação antes referida: a) a repartição do produto da arrecadação dos impostos a que se referem os arts. 158 e 159 da Constituição; b) a destinação de recursos para as ações e serviços públicos de saúde – art. 198, §2º, da Constituição; c) a destinação de recursos para manutenção e desenvolvimento do ensino – art. 212 da Constituição; d) a destinação de recursos para realização de atividades da Administração Tributária – art. 37, inc. XXII da Constituição; e e) a prestação de garantias às operações de crédito por antecipação de receita – art. 165, §8º, da Constituição.

A Emenda Constitucional nº 42, de 2003, facultou aos Estados e ao Distrito Federal: a) vincular a programa de apoio à inclusão e promoção social até cinco décimos por cento de sua receita tributária líquida e b) vincular a fundo estadual de fomento à cultura até cinco décimos por cento de sua receita tributária líquida, para o financiamento de programas e projetos culturais. Nos dois casos ficou vedada a aplicação dos recursos no pagamento de: a) despesas com pessoal e encargos sociais; b) serviço da dívida e c) qualquer outra despesa corrente não vinculada diretamente aos investimentos ou ações apoiados.

Segundo o STF, a lei estadual que fixa critérios para o repasse de 1/4 dos 25% do produto da arrecadação do ICMS, pode gerar valores inexpressivos, conforme parâmetros sociais, econômicos e regionais escolhidos para definir a partilha. É vedado, no entanto, a pretexto de resolver desigualdades sociais e regionais, alijar, completamente, um Município da participação desses recursos (RE nº 401.953). Por outro lado, a lei estadual não pode fixar metodologia e critérios próprios para a repartição do ICMS com os Municípios desconsiderando a norma constitucional que manda observar "a proporção do valor adicionado nas operações relativas à circulação de mercadorias e nas prestações de serviços" realizadas nos territórios dos Municípios (ADIn nº 1.423).

A retenção e a destinação do IR incidente sobre as remunerações dos servidores públicos estaduais define a competência da justiça comum estadual para processar e julgar as ações desses servidores voltadas para garantir isenções ou não-incidências do imposto. Esse é o entendimento do STJ (AgRg no Ag nº 937.798).

4.7 Jurisprudência

4.7.1 ICMS

Com base na orientação fixada pelo Plenário no julgamento do RE 212209/RS (*DJU* de 14.2.2003) no sentido de que não ofende o princípio constitucional da não-cumulatividade a base de cálculo do ICMS corresponder ao valor da operação ou prestação somado ao próprio tributo, a Turma manteve decisão monocrática do Min. Sydney Sanches, relator, que negara seguimento a agravo de instrumento em recurso extraordinário, no qual se pretendia a reforma de acórdão do Tribunal de Justiça do Estado de São Paulo que não divergira dessa orientação. Precedentes citados: RE 209393/SP (*DJU* de 9.6.2000) e RE 254202/SP (*DJU* de 4.8.2000). (AI 319670 AgR/SP, Rel. Min. Cezar Peluso, 11.10.2005. *Informativo STF*, n. 405)

O Tribunal julgou procedente pedido formulado em ação direta ajuizada pelo Governador do Distrito Federal, para declarar a inconstitucionalidade do Decreto 989/2003, do Estado do Mato Grosso, que considera como não tendo sido cobrado o ICMS sempre que uma mercadoria for adquirida nos Estados do Espírito Santo, de Goiás, de Pernambuco e no Distrito Federal, e autoriza o crédito de 7% do valor da aquisição. Entendeu-se caracterizada a ofensa ao art. 155, §2º, IV, e XII, g, da CF, que determina que as alíquotas do ICMS aplicáveis às operações e prestações interestaduais serão estabelecidas por meio de Resolução do Senado Federal, e que cabe, à lei complementar, mediante deliberação dos Estados e do DF, regular a forma como serão concedidos e revogados os incentivos, benefícios fiscais e as isenções. (ADI 3312/MT, Rel. Min. Eros Grau, 16.11.2006. *Informativo STF*, n. 448)

O Tribunal, julgando o mérito de ação direta ajuizada pelo Governador do Distrito Federal, declarou a inconstitucionalidade de expressão constante da alínea *b* do art. 132 da Lei Orgânica do Distrito Federal que, ao restringir a competência do legislador ordinário local no tocante ao ICMS sobre os serviços de "comunicação, de que trata o art. 21, XI, da Constituição Federal" (redação anterior à EC 5/95), excluiu a possibilidade de instituição do referido tributo sobre os serviços de radiodifusão sonora, de sons e imagens e demais serviços de telecomunicações, objeto de menção específica no inc. XII, *a*, do citado art. 21 da CF, apesar de compreendidos no conceito genérico de "serviços de comunicação". O Tribunal, reafirmando os fundamentos expendidos no julgamento da medida liminar, entendeu que, se é vedado aos Estados conceder unilateralmente isenções, incentivos e benefícios fiscais relacionados com o ICMS (CF, art. 155, §2º, XII, *g*), com mais razão não poderia a Lei Orgânica do DF, tanto quanto a Constituição de qualquer Estado-membro, estabelecer hipótese de imunidade em relação a fato que, em princípio, está sujeito à incidência desse imposto. Precedentes citados: ADI 84-MG (*DJU* de 19.4.1996); ADI 773-RJ (*DJU* de 30.4.1993); ADI 930-MA (*DJU* de 23.8.2002). (ADI 1.467-DF, Rel. Min. Sydney Sanches, 12.2.2003. *Informativo STF*, n. 297)

1. A incidência do ICMS na importação de mercadoria tem como fato gerador operação de natureza mercantil ou assemelhada, sendo inexigível o imposto quando se tratar de bem importado por pessoa física. 2. Princípio da não-cumulatividade do ICMS. Pessoa física. Importação de bem. Impossibilidade de se compensar o que devido em cada operação com o montante cobrado nas anteriores pelo mesmo ou outro Estado ou pelo Distrito Federal. Não sendo comerciante e como tal não estabelecida, a pessoa física não pratica atos que envolvam circulação de mercadoria. (STF. 1ª Turma. RE nº 203.075. Rel. Min. Maurício Corrêa. Julgado em 5.8.98)

Até a vigência da Emenda Constitucional 33/2001, não incide ICMS na importação de bens por pessoa física ou jurídica que não seja contribuinte do imposto. (Súmula STF nº 660).

A Turma concluiu julgamento de recurso extraordinário no qual se discutia a competência tributária quanto ao sujeito ativo do ICMS na hipótese de importação. Tratava-se, na espécie, de recurso interposto contra acórdão do Tribunal de Justiça de São Paulo que entendera ser este Estado o beneficiário do ICMS, haja vista ter sido nele processado o desembaraço da mercadoria – v. *Informativos* 366 e 375. Por maioria, negou-se provimento ao recurso por se entender que o sujeito ativo da relação tributária é o Estado de São Paulo, uma vez que, em se tratando de operação iniciada no exterior, o credor do tributo é aquele no qual situado o porto em que recebidas as mercadorias, ficando mitigada a referência a estabelecimento destinatário. Asseverou-se, ainda, que, na espécie, a mercadoria apenas circulara no Estado de São Paulo, nunca tendo ingressado no Estado do Espírito Santo. Ressaltou-se, também, o caráter fraudulento, com fins de burlar o Fisco, do acordo entabulado entre a recorrente e a importadora, beneficiária de vantagens fiscais (Sistema FUNDAP), segundo o qual esta "figuraria nas operações de importação como consignatária, ... vindo a ser reembolsada em tudo..., inclusive tributos, ... ficando a cargo da ora recorrente a definição das mercadorias". Vencido o Min. Carlos Britto, que dava provimento ao recurso por considerar que o sujeito ativo da relação tributária seria o Estado do Espírito Santo, Estado em que estaria localizado o sujeito passivo do tributo, qual seja, aquele que promovera juridicamente o ingresso do produto (importador). Leia o inteiro teor do voto do relator na seção Transcrições deste Informativo. (RE 268586/SP, Rel. Min. Marco Aurélio, 24.5.2005. *Informativo STF*, n. 389)

Incide ICMS sobre a entrada de mercadoria importada independentemente da natureza do contrato internacional que motive a importação. Com base nesse entendimento, o Pleno, por maioria, deu provimento a recurso extraordinário interposto pelo Estado do São Paulo contra acórdão do Tribunal de Justiça local que afastara o recolhimento de ICMS, quando do desembaraço aduaneiro na importação de equipamento destinado ao ativo fixo de empresa, em operação de arrendamento mercantil (leasing). Afirmou-se que, não obstante constituir a circulação econômica hipótese de incidência genérica do imposto, a Constituição de 1988 estabeleceu a "entrada de mercadoria importada" como elemento fático caracterizador da circulação jurídica da mercadoria ou do bem, sendo irrelevante o negócio jurídico realizado no exterior (CF, art. 155, §2º, IX, a). Ressaltou-se que o legislador constituinte assim o fez porque, de outra forma, não seria possível a tributação do negócio jurídico ensejador da importação por não estar ele ao alcance do fisco brasileiro. Salientou-se, ainda, que as dificuldades encontradas pelo arrendatário brasileiro para transferir a posse do bem novamente ao arrendador estrangeiro estariam a indicar que talvez o contrato de arrendamento mercantil realizado no exterior não comporte a precariedade da posse sobre o bem. Além disso, a Lei 6.099/74, que rege a matéria, ao tratar do leasing internacional (art. 17), teria objetivado proteger o mercado interno e evitar a elisão fiscal. Por fim, asseverou-se que o disposto no inc. VIII do art. 3º da Lei Complementar 87/96, que prevê a incidência do ICMS apenas na hipótese do exercício da opção de compra pelo arrendatário, só se aplicaria nas operações internas, eis que a opção de compra constante do contrato internacional não está no âmbito da incidência do ICMS e o arrendador sediado no exterior não é dele contribuinte. Vencido o Min. Marco Aurélio que negava provimento ao recurso por considerar que, em razão de não incidir o tributo em questão no caso do contrato de locação, não se poderia admitir essa incidência — por se tratar de instituto em tudo a ele semelhante — no arrendamento mercantil sem que haja opção pela aquisição da mercadoria, não sendo cabível, ademais, fazer distinção, para efeito dessa incidência tributária, entre as operações internas e externas de leasing. (RE 206069/SP, Rel. Min. Ellen Gracie, 1º.9.2005. *Informativo STF*, n. 399)

O ICMS incide sobre a entrada de mercadoria importada independentemente da natureza do contrato internacional do qual decorra a importação, aplicando-se o disposto no art. 3º, VIII, da LC nº 87/1996, exclusivamente, às operações internas de arrendamento mercantil, conforme assentado pelo STF, na sessão plenária ocorrida em 1º.9.2005, no julgamento do RE 206.069-SP. Consectariamente, impõe-se a submissão da orientação desta Corte ao julgado do Pretório Excelso como técnica de uniformização jurisprudencial, instrumento oriundo do sistema da common law, que tem como desígnio a consagração da isonomia fiscal no caso sub examine, afastando a jurisprudência desta Corte que, com base no mesmo artigo e inciso da LC nº 87/1996, propugnava a não-incidência de ICMS sobre operação de leasing quer o bem arrendado proviesse do exterior quer não. Precedente citado do STF: RE 206.069-SP, *DJ* 1º.9.2006. (REsp 783.814-RJ, Rel. Min. Luiz Fux, julgado em 19.4.2007. *Informativo STJ*, n. 317)

Assim como as Leis 6374/89, do Estado de São Paulo, e 8993/89, do Estado do Paraná, a Lei 8820/89 do Estado do Rio Grande do Sul não ofende a CF ao estabelecer que o ICMS incide "no fornecimento de alimentação, bebidas e outras mercadorias, por qualquer estabelecimento, incluídos os serviços prestados", e ao prever como base de cálculo em tal hipótese "o valor total da operação, compreendendo o fornecimento da mercadoria e a prestação do serviço". (RE nº 189.974, Rel. Min. Moreira Alves, 26.11.96. *Informativo STF*, n. 55)

Trata-se de REsp em que o cerne da questão é saber se incide o ICMS ou o ISS sobre os serviços prestados por farmácia de manipulação. A Turma deu provimento ao recurso por entender que, no caso das farmácias de manipulação, que preparam e fornecem medicamentos sob encomenda conforme a receita apresentada pelo consumidor, há incidência exclusiva do ISS, visto que se trata de serviço previsto expressamente na legislação federal (item 4.07 da lista anexa à LC nº 116/2003). Precedente citado: REsp 881.035-RS, *DJ* 26.3.2008. (REsp 975.105-RS, Rel. Min. Herman Benjamin, julgado em 16.10.2008. *Informativo STJ*, n. 372)

ICMS e repulsa constitucional à guerra tributária entre os Estados-Membros: O legislador constituinte republicano, com o propósito de impedir a "guerra tributária" entre os Estados-membros, enunciou postulados e prescreveu diretrizes gerais de caráter subordinante destinados a compor o estatuto constitucional do ICMS. Os princípios fundamentais consagrados pela Constituição da República, em tema de ICMS, (a) realçam o perfil nacional de que se reveste esse tributo, (b) legitimam a instituição, pelo poder central, de regramento normativo unitário destinado a disciplinar, de modo uniforme, essa espécie tributária, notadamente em face de seu caráter não-cumulativo, (c) justificam a edição de lei complementar nacional vocacionada a regular o modo e a forma como os Estados-membros e o Distrito Federal, sempre após deliberação conjunta, poderão, por ato próprio, conceder e/ou revogar isenções, incentivos e benefícios fiscais. Convênios e concessão de isenção, incentivo e benefício fiscal em tema de ICMS: A celebração dos convênios interestaduais constitui pressuposto essencial a válida concessão, pelos Estados-membros ou Distrito Federal, de isenções, incentivos ou benefícios fiscais em tema de ICMS. Esses convênios — enquanto instrumentos de exteriorização formal do prévio consenso institucional entre as unidades federadas investidas de competência tributária em matéria de ICMS — destinam-se a compor os conflitos de interesses que necessariamente resultariam, uma vez ausente essa deliberação intergovernamental, da concessão, pelos Estados-membros ou Distrito Federal, de isenções, incentivos e benefícios fiscais pertinentes ao imposto em questão. O pacto federativo, sustentando-se na harmonia que deve presidir as relações institucionais entre as comunidades políticas que compõem o Estado Federal, legitima as restrições de ordem constitucional que afetam o exercício, pelos Estados-membros e Distrito Federal, de sua competência normativa em tema de exoneração tributária pertinente ao ICMS. Matéria tributária e delegação legislativa: A outorga de qualquer subsídio, isenção ou crédito presumido, a redução da base de cálculo e a concessão de anistia ou remissão em matéria tributária só podem ser deferidas mediante lei específica, sendo vedado ao Poder Legislativo conferir ao Chefe do Executivo a prerrogativa extraordinária de dispor, normativamente, sobre tais categorias temáticas, sob pena de ofensa ao postulado nuclear da separação de poderes e de transgressão ao princípio da reserva constitucional de competência legislativa. Precedente: ADIn 1.296-PE, Rel. Min. Celso de Mello. (STF. Pleno. ADINMC nº 1.247. Rel. Min. Celso de Mello. Julgado em 17.8.95)

ICMS: concessão unilateral de benefícios fiscais (incluída a outorga de crédito presumido) por Estado federado: "guerra fiscal" repelida pelo STF: liminar deferida. 1. A orientação do Tribunal é particularmente severa na repressão à guerra fiscal entre as unidades federadas, mediante a prodigalização de isenções e benefícios fiscais atinentes ao ICMS, com afronta da norma constitucional do art. 155, §2º, II, *g*— que submete sua concessão à decisão consensual dos Estados, na forma de lei complementar (ADIn 84-MG, 15.2.96, Galvão, *DJ* 19.4.96; ADInMC 128-AL, 23.11.89, Pertence, *RTJ* 145/707; ADInMC 902 3.3.94, Marco Aurélio, *RTJ* 151/444; ADInMC 1.296-PI, 14.6.95, Celso; ADInMC 1.247- PA, 17.8.95, Celso, *RTJ* 168/754; ADInMC 1.179-RJ, 29.2.96, Marco Aurélio, *RTJ* 164/881; ADInMC 2.021-SP, 25.8.99, Corrêa; ADIn 1.587, 19.10.00, Gallotti, *Informativo* 207, *DJ* 15.8.97; ADInMC 1.999, 30.6.99, Gallotti, *DJ* 31.3.00). 2. As normas constitucionais, que impõem disciplina nacional ao ICMS, são preceitos contra os quais não se pode opor a autonomia do Estado, na medida em que são explícitas limitações dela. 3. A invocada exigência constitucional de convênio interestadual (CF, art. 155, 2º, II, *g*) alcança a concessão por lei estadual de crédito presumido de ICMS, como afirmado pelo Tribunal. 4. Concorrência do *periculum in mora* para a suspensão do ato normativo estadual que — posto inspirada na razoável preocupação de reagir contra o Convênio ICMS 58/99, que privilegia a importação de equipamentos de pesquisa e lavra de petróleo e gás natural contra os produtos nacionais similares — acaba por agravar os prejuízos igualmente acarretados à economia e às finanças dos demais Estados- membros que sediam empresas do ramo. (STF. Pleno. ADINMC nº 2.352. Rel. Min. Sepúlveda Pertence. Julgado em 19.12.2000)

Por vislumbrar ofensa ao art. 155, §2º, XII, g, da CF, que exige a prévia celebração de convênio entre os Estados-membros e o Distrito Federal, nos termos de lei complementar, para concessão de isenções, incentivos e benefícios fiscais relativos a créditos do ICMS, o Tribunal julgou procedente pedido formulado em ação direta ajuizada pelo Procurador-Geral da República para declarar a inconstitucionalidade dos artigos 1º, 5º e 7º, da Lei Complementar 231/2000, do Estado de Rondônia, e por arrastamento dos demais artigos do mesmo diploma legal, que institui o Programa de Incentivo Tributário, objetivando incentivar a implantação, ampliação e modernização de empreendimentos industriais e agroindustriais no Estado, e concede crédito presumido e redução da base de cálculo de ICMS. (ADI 3429/RO, Rel. Min. Carlos Britto, 22.11.2006. *Informativo STF*, n. 449)

Por vislumbrar ofensa ao art. 155, §2º, XII, g, da CF, que exige a prévia celebração de convênio entre os Estados-membros e o DF, nos termos de lei complementar, para concessão de isenções, incentivos e benefícios fiscais relativos a créditos do ICMS, o Tribunal julgou procedente pedido formulado em duas ações diretas de inconstitucionalidade ajuizadas pelo Governador do Estado de São Paulo e pelo Governador do Estado de Minas Gerais para declarar a inconstitucionalidade dos artigos 2º, I, II, parágrafos 1º e 2º; e 4º, da Lei 13.212/2001 e dos artigos 2º, I e II, parágrafos 1º e 2º; 3º, I, II e IV; 4º, a e b; e 5º, da Lei 13.214/2001, ambas do Estado do Paraná, que dispõem sobre concessão de crédito presumido, diferimento, isenção e redução de base de cálculo de ICMS. (ADI nº 2.548/PR; ADI nº 3.422/PR, Rel. Min. Gilmar Mendes, 10.11.2006. *Informativo STF*, n. 447)

Tributário. ICMS. Incidência sobre a habilitação de telefones celulares. Impossibilidade. Atividade que não se constitui em serviço de telecomunicações. Analogia extensiva. Exigência de tributo sobre fato gerador não previsto em lei. Proibição. Art. 108, §1º, do CTN. I - No ato de habilitação de aparelho móvel celular inocorre qualquer serviço efetivo de telecomunicação, senão de disponibilização do serviço, de modo a assegurar ao usuário a possibilidade de fruição do serviço de telecomunicações. II - O ICMS incide, tão somente, na atividade final, que é o serviço de telecomunicação propriamente dito, e não sobre o ato de habilitação do telefone celular, que se afigura como atividade meramente intermediária. III - O Convênio ICMS nº 69/98, ao determinar a incidência do ICMS sobre a habilitação de aparelho móvel celular, empreendeu verdadeira analogia extensiva do âmbito material de incidência do tributo, em flagrante violação ao art. 108, §1º do CTN. IV - Recurso Ordinário provido. (STJ. 1ª Seção. RMS nº 11.368. Rel. Min. Francisco Falcão. Julgamento em 13.12.2004)

O ICMS não incide sobre o serviço de habilitação de telefone celular. (Súmula STJ nº 350)

O ICMS não incide no serviço dos provedores de acesso à internet. (Súmula STJ nº 334)

Tributário. Serviço prestado por servidores de internet. Serviços de valor adicionado. ICMS. Não incidência. I - Em face do serviço de provimento de acesso à internet classificar-se como serviço de valor adicionado, nos moldes do disposto no art. 61 da Lei nº 9.742, 16.7.1997, não há como caracterizá-lo como serviço de comunicação nos termos da Lei Complementar nº 87/96. Desta feita, não há como tal tipo de serviço ser fato gerador do ICMS, não havendo como tributá-lo por este imposto estadual. Precedente: EREsp nº 456.650/PR, julgado por maioria, em 11 de maio de 2005. II - Recurso especial improvido. (STJ. 1ª Turma. REsp nº 736.607. Rel. Min. Francisco Falcão. Julgamento em 25.10.2005)

Programa de computador ("software"): tratamento tributário: distinção necessária. Não tendo por objeto uma mercadoria, mas um bem incorpóreo, sobre as operações de "licenciamento ou cessão do direito de uso de programas de computador", "matéria exclusiva da lide", efetivamente não podem os Estados instituir ICMS: dessa impossibilidade, entretanto, não resulta que, de logo, se esteja também a subtrair do campo constitucional de incidência do ICMS a circulação de cópias ou exemplares dos programas de computador produzidos em série e comercializados no varejo — como a do chamado "software de prateleira" (*off the shelf*) — os quais, materializando o *corpus mechanicum* da criação intelectual do programa, constituem mercadorias postas no comércio. (STF. 1ª Turma. RE nº 176.626. Rel. Min. Sepúlveda Pertence. Julgado em 10.11.98)

Estou, de logo, em que o conceito de mercadoria efetivamente não inclui os bens incorpóreos, como os direitos em geral: mercadoria é bem corpóreo objeto de atos de comércio ou destinado a sê-lo (...) bem incorpóreo sobre o qual, não se cuidando de mercadoria, efetivamente não pode incidir o ICMS; (...). (STF. 1ª Turma. RE nº 176.626. Trecho do voto do Rel. Min. Sepúlveda Pertence)

Tributário. Estado de São Paulo. ICMS. Programas de computador (software). Comercialização. No julgamento do RE 176.626, Min. Sepúlveda Pertence, assentou a Primeira Turma do STF a distinção, para efeitos tributários, entre um exemplar standard de programa de computador, também chamado "de prateleira", e o licenciamento ou cessão do direito de uso de software. A produção em massa para comercialização e a revenda de exemplares do corpus mechanicum da obra intelectual que nele se materializa não caracterizam licenciamento ou cessão de direitos de uso da obra, mas genuínas operações de circulação de mercadorias, sujeitas ao ICMS. Recurso conhecido e provido. (STF. 1ª Turma. RE nº 199.464. Rel. Min. Ilmar Galvão. Julgamento em 2.3.1999)

É legítima a incidência do ICMS na comercialização de exemplares de obras cinematográficas, gravadas em fitas de videocassete. (Súmula STF nº 662)

Representação. Inconstitucionalidade da Lei nº 4.418, de 27.12.82, do Estado de Alagoas, que define fato gerador de ICM, de modo a determinar a sua incidência em razão do simples deslocamento de insumos destinados a composição do produto, na mesma empresa. Precedentes do Supremo Tribunal Federal – Representação nº 1.181, do Pará; Representação nº 1.355 da Paraíba; Representação nº 1.292, de Mato Grosso do Sul. Inconstitucionalidade do §2º do art. 264, da Lei nº 4.418/82, e do art. 375 e seu parágrafo único do Decreto nº 6.148/84, por violação do art. 23, inc. II, da Lei Magna. (STF. Pleno. Representação nº 1.394-AL. Rel. Min. Djaci Falcão. *DJ* de 25.9.87)

ICMS. Comunicação Visual. Prosseguindo o julgamento, a Turma, por maioria, decidiu que, na prestação de serviços de comunicação visual (publicidade e propaganda), incide

ICMS. Precedentes citados: REsp 114.171-SP, *DJ* 25.8.1997, e REsp 89.584-SP, *DJ* 29.10.1996. AgRg no REsp 737.263-SP, Rel. Min. Francisco Falcão, julgado em 20.4.2006. (*Informativo STJ*, n. 282)

O ICMS incide sobre qualquer entrada de bem ou mercadoria importadas do exterior — desde que atinente a operação relativa à circulação desse mesmo bem ou mercadoria — por pessoa física ou jurídica, ainda que não seja contribuinte habitual do imposto (CF, art. 155, §2º, XI, a). Com base nesse entendimento, o Tribunal desproveu recurso extraordinário interposto pelo Estado de São Paulo contra acórdão do Superior Tribunal de Justiça que considerara que a importação de mercadorias por meio de contrato de arrendamento mercantil (leasing) não caracteriza fato gerador do ICMS — v. *Informativo* 455. Asseverou-se ser pressuposto da incidência do tributo a circulação de mercadoria, ou seja, a circulação econômica, envolvendo transferência de domínio. Tendo isso em conta, concluiu-se que, no caso concreto — arrendamento mercantil contratado pela indústria aeronáutica de grande porte para viabilizar o uso, pelas companhias de navegação aérea, de aeronaves por ela construídas —, não havia operação relativa à circulação de mercadoria sujeita à incidência do ICMS. Ressaltou-se, ademais, não se aplicar à hipótese dos autos o precedente do RE 206069/SP (*DJU* de 1º.9.2006), no qual o Tribunal verificara a circulação mercantil, haja vista se tratar, naquele caso, de importação de equipamento destinado ao ativo fixo de empresa, situação em que a opção do arrendatário pela compra do bem ao arrendador era mesmo necessária. Registrou-se, por fim, que as importações realizadas pela empresa aérea ora recorrida seriam anteriores às alterações introduzidas no art. 155, §2º, XI, a, da CF pela EC 33/2001, não se destinando, os equipamentos importados, ao seu consumo ou ativo fixo. Leia o inteiro teor do voto do relator na seção Transcrições deste *Informativo*. (RE nº 461.968/SP, Rel. Min. Eros Grau, 30.5.2007. *Informativo STF*, n. 469)

O Tribunal deferiu medida cautelar em ação direta de inconstitucionalidade ajuizada pelo Governador do Estado do Amazonas para suspender a vigência das normas contidas no art. 2º da Lei 10.689/93 ("Havendo concessão, por qualquer outro Estado ou pelo Distrito Federal, de benefício fiscal ou eliminação direta ou indireta da respectiva carga tributária, com inobservância da legislação federal que regula a celebração de acordos exigidos para tal fim, e sem que haja aplicação das sanções nela previstas, fica o Poder Executivo autorizado a adotar medidas similares de proteção à economia paranaense"), e nos incisos XXXII e XXIII, e §§36, 37 e 38 do art. 50 do Decreto 5.141/2001 (Regulamento do ICMS), acrescentados pelo Decreto 986/2007, que cria benefícios e incentivos fiscais, todos do Estado do Paraná. Salientando que o dispositivo da referida lei estadual traduz, em verdade, permissão para que o Estado do Paraná, por meio do Poder Executivo, desencadeie a denominada "guerra fiscal", repelida por ampla jurisprudência da Corte, entendeu-se caracterizada, em princípio, a ofensa ao disposto no art. 155, §2º, XII, g, da CF, que exige prévia celebração de convênio entre os Estados-membros e o DF, nos termos de lei complementar, para concessão de isenções, incentivos e benefícios fiscais relativos a crédito do ICMS, e no art. 155, §2º, IV, V, e VI, da CF, que veda aos Estados e ao Distrito Federal a fixação de alíquotas internas em patamar inferior àquele instituído pelo Senado para a alíquota interestadual. Precedentes citados: ADI 1247 MC/PA (*DJU* de 8.9.95); ADI 2021 MC/SP (*DJU* de 25.5.2001). (ADI 3936 MC/PR, Rel. Min. Gilmar Mendes, 19.9.2007. *Informativo STF*, n. 480)

O Tribunal, por maioria, julgou improcedente pedido formulado em ação direta ajuizada pela Confederação Nacional da Agricultura – CNA contra os artigos 9º, 10, 11 e 22 da Lei

1.963/99, do Estado do Mato Grosso do Sul, que criou o fundo de desenvolvimento do sistema rodoviário estadual – FUNDERSUL e condicionou o diferimento do ICMS de produtos agropecuários a que os produtores rurais remetentes das mercadorias contribuam para a construção, manutenção, recuperação e melhoramento das rodovias estaduais. Entendeu-se que a contribuição criada pela lei impugnada não possui natureza tributária, porquanto despida de compulsoriedade (CTN, art. 3º), razão por que não se submete aos limites constitucionais ao poder de tributar, não se podendo falar em ofensa aos princípios da não-cumulatividade, da igualdade, da anterioridade e da vedação à bitributação. Asseverou-se, também, que o diferimento, pelo qual se transfere o momento do recolhimento do tributo cujo fato gerador já ocorreu, não se confunde com a isenção ou com a imunidade e, por isso, quanto ao ICMS, pode ser disciplinado pela legislação estadual sem a prévia celebração de convênio, não havendo, assim, afronta aos artigos 150, §6º, e 155, §2º, XII, g, todos da CF. Vencido o Min. Marco Aurélio, que, por considerar tratar-se, na espécie, de imposto, julgava procedente o pleito, reputando violados os artigos 155 e 167, IV, ambos da CF. (ADI nº 2.056/MS, Rel. Min. Gilmar Mendes, 30.5.2007. *Informativo STF*, n. 469)

Por vislumbrar ofensa ao art. 155, §2º, XII, g, da CF, que exige prévia celebração de convênio entre os Estados-membros e o DF, nos termos de lei complementar, para concessão de isenções, incentivos e benefícios fiscais relativos a crédito do ICMS, o Tribunal julgou procedente pedido formulado em ação direta ajuizada pelo Governador do Estado do Espírito Santo para declarar a inconstitucionalidade da Lei capixaba 8.366/2006, que estabelece incentivo fiscal para as empresas que contratarem apenados e egressos no território daquela unidade federativa. Preliminarmente, rejeitou-se a alegação de vício formal, ao fundamento de que a lei impugnada não possui caráter orçamentário, mas dispõe sobre matéria tributária, cuja iniciativa é comum ou concorrente. Precedentes citados: ADI 3205/MS (*DJU* de 17.11.2006); ADI 2659/SC (*DJU* de 6.2.2004); ADI 2548/PR (*DJU* de 15.6.2007); ADI 3312/MT (*DJU* de 23.3.2007). (ADI nº 3.809/ES, Rel. Min. Eros Grau, 14.6.2007. *Informativo STF*, n. 471)

O Tribunal julgou procedente pedido formulado em duas ações diretas ajuizadas pelo Governador do Estado de Minas Gerais e pela Governadora do Estado do Rio Grande do Norte para declarar a inconstitucionalidade do Decreto 35.528/2004, do Estado do Rio de Janeiro, que prevê redução na base de cálculo do ICMS nas saídas internas de café torrado ou moído produzido em estabelecimento industrial localizado nesta última unidade federativa. Entendeu-se que o ato normativo impugnado ofende o princípio da unidade político-econômica nacional e da vedação ao tratamento tributário diferenciado em função da procedência ou destino de bens (CF, art. 152), uma vez que estabelece um grave óbice à livre circulação de bens e mercadorias entre Estados da federação. Asseverou-se que, ainda que fosse possível superar a inobservância do último princípio, a norma estaria em confronto com o art. 155, §2º, XII, g, da CF, uma vez que o Convênio Confaz ICMS 128/94, invocado pelo Estado do Rio de Janeiro para confirmar a validade do benefício em exame, não teria feito distinção quanto à origem das operações de circulação de mercadoria da cesta básica como critério para concessão de benefício fiscal. Por fim, no que se refere à alegada existência de benefícios similares, concedidos pelo Estado de Minas Gerais, reportou-se à orientação firmada pela Corte no julgamento da ADI 2377 MC/MG (*DJU* de 7.11.2003), no sentido de que as inconstitucionalidades não se compensam. Outro precedente citado: RMS 17949/ES (*DJU* de 27.9.68). (ADI nº 3.389/RJ, Rel. Min. Joaquim Barbosa, 6.9.2007; ADI nº 3.673/RJ, Rel. Min. Joaquim Barbosa, 6.9.2007. *Informativo STF*, n. 478).

Trata-se de ação com objetivo da inexigibilidade da cobrança do ICMS incidente sobre a demanda reservada de potência de energia elétrica, bem como da restituição das quantias pagas a maior em decorrência dessa cobrança, com acréscimos de juros de mora e correção monetária até sua efetiva devolução. A Turma, ao prosseguir o julgamento, deu provimento parcial ao recurso da autora para afastar a exigibilidade do ICMS sobre a demanda contratada de energia elétrica porque somente incidente o ICMS sobre a energia efetivamente utilizada. Bem como deu provimento ao recurso adesivo da concessionária de energia elétrica, que postulou o reconhecimento de sua ilegibilidade para a demanda, embora a autora tenha alegado, em contra-razões, a ausência de interposição dos embargos infringentes. Explicou o Min. Relator que cabível, em tese, o referido recurso (decisão por maioria de votos), no entanto, no caso concreto, a via recursal não estava à disposição da concessionária em razão da ausência de interesse recursal, uma vez que a demanda fora julgada improcedente. Precedentes citados: REsp 222.810-MG, *DJ* 15.5.2000, e REsp 647.553-ES, *DJ* 23.5.2005. (REsp 579.416-ES, Rel. Min. Teori Albino Zavascki, julgado em 1º.3.2007. *Informativo STJ*, n. 311)

A Turma reafirmou que não incide ICMS no trato de importação de aeronave mediante operação de arrendamento mercantil. (REsp nº 726.166-RJ, Rel. Min. Humberto Martins, julgado em 1º.3.2007. *Informativo STJ*, n. 311)

O Min. Relator anotou que a Primeira Seção já se posicionou sobre a importação de aeronaves no regime de leasing, pelo conhecimento da matéria e pela não-incidência do ICMS em exame da LC nº 87/1996, art 3º, VIII (mesma hipótese dos autos). Explica, ainda, haver julgados do Pleno do STF sobre a matéria. No RE 206.069-SP, *DJ* 1º.9.2006, julgou, em caso de importação sob regime de leasing de bem destinado ao ativo fixo, que incide ICMS e, no RE 461.968-SP, *DJ* 24.8.2007, em caso de importação sob o regime de leasing de aeronaves e peças por empresa nacional de transportes aéreos, que não incide ICMS. Aponta também precedente deste Superior Tribunal (REsp 341.423-SP, *DJ* 18.2.2002, da relatoria da Min. Eliana Calmon) que também já afirmava haver incidência do ICMS na importação de bens destinados ao ativo fixo, ainda que sob o regime de leasing (decisão sob a ótica infraconstitucional), o que demonstra a sintonia com os precedentes do STF. Isso posto, a Turma deu provimento ao recurso do contribuinte. Precedentes citados: EREsp 822.868-SP, *DJ* 16.2.2007; REsp 823.956-SP, *DJ* 8.6.2006, e EREsp 783.814-RJ, *DJ* 27.9.2007. (REsp 908.913-SP, Rel. Min. Herman Benjamin, julgado em 4.12.2007. *Informativo STJ*, n. 341)

Recurso Extraordinário. ICMS. Não-incidência. Entrada de mercadoria importada do exterior. Art. 155, II da CB. Leasing de aeronaves e/ou peças ou equipamentos de aeronaves. operação de arrendamento mercantil. 1. A importação de aeronaves e/ou peças ou equipamentos que as componham em regime de leasing não admite posterior transferência ao domínio do arrendatário. 2. A circulação de mercadoria é pressuposto de incidência do ICMS. O imposto — diz o art. 155, II da Constituição do Brasil — é sobre "operações relativas à circulação de mercadorias e sobre prestações de serviços de transporte interestadual e intermunicipal e de comunicação, ainda que as operações e as prestações se iniciem no exterior". 3. Não há operação relativa à circulação de mercadoria sujeita à incidência do ICMS em operação de arrendamento mercantil contratado pela indústria aeronáutica de grande porte para viabilizar o uso, pelas companhias de navegação aérea, de aeronaves por ela construídas. 4. Recurso Extraordinário do Estado de São Paulo a que se nega provimento e Recurso Extraordinário de TAM – Linhas Aéreas S/A que se julga prejudicado. (STF. Pleno. RE 461.968. Rel. Min. Eros Grau. Julgamento em 30.5.2007)

Com relação à exigência do ICMS sobre descontos incondicionais/bonificação, a jurisprudência deste Superior Tribunal assentou entendimento de que os descontos incondicionais concedidos nas operações mercantis, assim entendidos os abatimentos que não se condicionam a evento futuro e incerto, podem ser excluídos da base de cálculo do ICMS, pois implicam a redução do preço final da operação de saída da mercadoria. O valor referente aos descontos incondicionais deve ser excluído da base de cálculo do ICMS, sendo que os descontos condicionais a evento futuro não acarretam a redução da exação. Consoante explicita o art. 47 do CTN, a base de cálculo do IPI é o valor da operação consubstanciado no preço final da operação de saída da mercadoria do estabelecimento. O Direito Tributário vale-se dos conceitos privatísticos sem contudo afastá-los, por isso o valor da operação é o preço, e esse é o quantum final ajustado consensualmente entre comprador e vendedor, que pode ser o resultado da tabela com seus descontos incondicionais. Revela contraditio in terminis ostentar a lei complementar que a base de cálculo do imposto é o valor da operação da qual decorre a saída da mercadoria e, a um só tempo, fazer integrar ao preço os descontos incondicionais. Essa é a ratio essendi dos precedentes quer quanto ao IPI quer quanto ao ICMS. A base de cálculo do ICMS é o valor da operação, o que é definido no momento em que se concretiza a operação. O desconto incondicional não integra a base de cálculo do aludido imposto. Isso posto, a Turma conheceu do recurso e deu-lhe provimento para reconhecer que os descontos incondicionais não devem ser incluídos na base de cálculo do ICMS, até mesmo no regime de substituição tributária. (REsp 873.203-RJ, Rel. Min. José Delgado, julgado em 17.4.2007. *Informativo STJ*, n. 317)

A Seção entendeu que não incide o ICMS na operação de transporte interestadual de produto destinado ao exterior, conforme dispõe a LC nº 87/1996, art. 3º. Assim, ao prosseguir o julgamento, conheceu dos embargos e deu-lhes provimento. Precedentes citados: REsp 418.957-MT, *DJ* 26.8.2002; RMS 15.194-MT, *DJ* 29.3.2004, e AgRg no Ag 308.752-MG, *DJ* 30.10.2000. (EREsp 710.260-RO, Rel. Min. Eliana Calmon, julg. 27.2.2008. *Informativo STJ*, n. 346)

A Turma reiterou que não incide ICMS sobre a prestação de serviços de produção de programas de televisão a cabo e comerciais quando a própria sociedade não transmite os sinais de TV, por falta de enquadramento de sua atividade no fato gerador daquele tributo (art. 2º, III, da LC nº 87/1996). Precedentes citados: REsp 763. 431-MG, *DJ* 4.10.2007, e REsp 726.103-MG, *DJ* 8.8.2007. (REsp 799.927-MG, Rel. Min. Francisco Falcão, julgado em 11.3.2008. *Informativo STJ*, n. 348)

Não incide ICMS nas atividades meramente preparatórias ou de acesso aos serviços de comunicação, tais como os serviços de instalação de linha telefônica fixa. Precedentes citados: REsp 451.166-DF, *DJ* 20.4.2006, e REsp 601.056-BA, *DJ* 3.4.2006. (AgRg no REsp 1.054.543-RJ, Rel. Min. Humberto Martins, julgado em 21.8.2008. *Informativo STJ*, n. 364)

A transmissão de sinal pelas sociedades empresariais de TV a cabo, quando realizada de forma onerosa, é considerada serviço de comunicação (art. 2º da LC nº 87/1996), a submeter-se à tributação estadual. Porém, o ICMS não incide sobre os serviços preparatórios e acessórios àquela transmissão, tais como a adesão, habilitação e instalação de equipamentos. Daí que, no caso, a taxa de adesão deve ser excluída da base de cálculo daquele imposto. Precedentes citados: REsp 710.774-MG, *DJ* 6.3.2006, e REsp 418.594-PR, *DJ* 21.3.2005. (AgRg no REsp 1.064.596-SP, Rel. Min. Herman Benjamin, julgado em 14.10.2008. *Informativo STJ*, n. 372)

4.7.2 IOF

Indeferida medida liminar em ação direta requerida pela Confederação Nacional do Comércio – CNC contra o art. 58 da Lei 9.532/97 ("A pessoa física ou jurídica que alienar, à empresa que exercer as atividades relacionadas na alínea "d" do inc. III do §1º do art. 15 da Lei nº 9.249, de 1995 (*factoring*), direitos creditórios resultantes de vendas a prazo, sujeita-se à incidência do imposto sobre operações de créditos, câmbio e seguro ou relativas a títulos e valores mobiliários – IOF às mesmas alíquotas aplicáveis às operações de financiamento e empréstimo praticadas pelas instituições financeiras"). Ao primeiro exame, o Tribunal considerou que a CF autoriza a União Federal a instituir impostos sobre operações relativas a títulos ou valores mobiliários (CF, art. 153, V), operações estas em que estão incluídas as de *factoring*. Além de julgar ausente a plausibilidade jurídica necessária para a concessão da medida liminar, não se reconheceu, também, a existência do *periculum in mora*. (ADInMC nº 1.763, Rel. Min. Sepúlveda Pertence, 20.8.98. *Informativo STF*, n. 119)

É inconstitucional o inc. V do art. 1º da Lei nº 8.033/1990, que instituiu a incidência do imposto nas operações de crédito, câmbio e seguros – IOF sobre saques efetuados em caderneta de poupança. (Súmula STF nº 664)

O saque em conta de poupança, por não conter promessa de prestação futura e, ainda, porque não se reveste de propriedade circulatória, tampouco configurando título destinado a assegurar a disponibilidade de valores mobiliários, não pode ser tido por compreendido no conceito de operação de crédito ou de operação relativa a títulos ou valores mobiliários, não se prestando, por isso, para ser definido como hipótese de incidência do IOF, previsto no art. 153, V, da Carta Magna. (STF. Pleno. RE nº 232.467. Rel. Ilmar Galvão. Julgado em 29.9.99)

Tributário – IOF – Leis 8.766/89 e 8.033/90 – Ouro destinado a fabricação de jóias ou utilização em odontologia – Depósito em cofres mantidos por bancos comerciais – Não incidência de IOF. (...) Não se considera ativo financeiro, para efeito de incidência de IOF (Leis 7.766/89 e 8.033/90) o ouro destinado a servir como insumo industrial em joalheria e odontologia. A circunstância de os bancos comerciais serem entidades financeiras não transforma o ouro industrial em ativo financeiro, para efeito de incidência do IOF. (STJ. 1ª Turma. REsp nº 121.354. Rel. Min. Garcia Vieira. Julgamento em 18.12.97)

4.7.3 IPI

O Tribunal retomou julgamento conjunto de dois recursos extraordinários interpostos pela União contra acórdãos do TRF da 4ª Região que reconheceram o direito do contribuinte do IPI de creditar-se do valor do tributo na aquisição de insumos favorecidos pela alíquota zero e pela não-tributação – v. *Informativos* 304, 361, 374 e 420. Por maioria, deu-se provimento aos recursos, por se entender que a admissão do creditamento implica ofensa ao inc. II do §3º do art. 153 da CF. Asseverou-se que a não-cumulatividade pressupõe, salvo previsão contrária da própria Constituição Federal, tributo devido e recolhido anteriormente e que, na hipótese de não-tributação ou de alíquota zero, não existe parâmetro normativo para se definir a quantia a ser compensada. Ressaltou-se que tomar de empréstimo a alíquota final relativa a operação diversa resultaria em ato de criação normativa para o qual o Judiciário não tem competência. Aduziu-se que o reconhecimento desse creditamento ocasionaria inversão de valores com alteração das relações jurídicas tributárias, dada a natureza seletiva do tributo em questão, visto que o produto final mais supérfluo proporcionaria uma compensação maior, sendo este ônus indevidamente suportado pelo Estado. Além disso, importaria em extensão de benefício a operação diversa daquela a que o mesmo está vinculado e, ainda, em sobreposição incompatível com a ordem natural das coisas. Por fim, esclareceu-se que a Lei 9.779/99 não confere direito a crédito na hipótese de alíquota zero ou de não-tributação e sim naquela em que as operações anteriores foram tributadas, mas a final não o foi, evitando-se, com isso, tornar inócuo o benefício fiscal. Ficaram vencidos, em ambos os recursos, os Ministros Cezar Peluso, Nelson Jobim, Sepúlveda Pertence, Ricardo Lewandowski e Celso de Mello, que lhes negavam provimento. O Min. Sepúlveda Pertence ressalvou a extensão, que alguns votos fizeram, da mesma equação jurídica à hipótese de não incidência do IPI. Em seguida, suscitada questão de ordem pelo Min. Ricardo Lewandowski no sentido de dar efeitos prospectivos à decisão, o julgamento foi suspenso para aguardar os votos da Min. Ellen Gracie, presidente, e do Min. Eros Grau. (RE 353657/PR, Rel. Min. Marco Aurélio e RE 370682/SC, Rel. Min.Ilmar Galvão, 15.2.2007. *Informativo STF*, n. 456)

A Turma reiterou que, na atividade de construção civil, não há incidência do IPI, uma vez que a edificação de imóveis refoge ao conceito de industrialização nos termos do Dec. nº 4.544/2002, sendo o construtor o consumidor final dessas mercadorias. Por essa razão, o recorrente não tem direito ao creditamento do imposto pago na aquisição de matérias-primas e insumos utilizados na edificação dos imóveis. Precedente citado: REsp 998.487-SC, *DJ* 6.6.2008. (REsp 766.490-SC, Rel. Min. Teori Albino Zavascki, julgado em 14.10.2008. *Informativo STJ*, n. 372)

4.7.4 IPTU

É inconstitucional a lei municipal que tenha estabelecido, antes da Emenda Constitucional 29/2000, alíquotas progressivas para o IPTU, salvo se destinada a assegurar o cumprimento da função social da propriedade urbana. (Súmula STF nº 668)

IPTU. Progressividade. – No sistema tributário nacional é o IPTU inequivocamente um imposto real. – Sob o império da atual Constituição, não é admitida a progressividade fiscal do IPTU, quer com base exclusivamente no seu art. 145, §1º, porque esse imposto tem caráter real que é incompatível com a progressividade decorrente da capacidade econômica do contribuinte, quer com arrimo na conjugação desse dispositivo constitucional (genérico) com o art. 156, §1º (específico). – A interpretação sistemática da Constituição conduz inequivocamente à conclusão de que o IPTU com finalidade extrafiscal a que alude o inc. II do §4º do art. 182 é a explicitação especificada, inclusive com limitação temporal, do IPTU com finalidade extrafiscal aludido no art. 156, I, §1º. – Portanto, é inconstitucional qualquer progressividade, em se tratando de IPTU, que não atenda exclusivamente ao disposto no art. 156, §1º, aplicado com as limitações expressamente constantes dos §§2º e 4º do art. 182, ambos da Constituição Federal. (STF. Pleno. RE nº 153.771. Rel. Moreira Alves. Julgado em 05.09.97)

Em conclusão de julgamento, a Turma negou provimento a recurso extraordinário interposto, pelo Município do Rio de Janeiro, contra acórdão do Tribunal de Justiça do Estado do Rio de Janeiro que entendera, consoante o disposto no art. 150, VI, a, da CF ("Art. 150. Sem prejuízo de outras garantias asseguradas ao contribuinte, é vedado à União, aos Estados, ao Distrito Federal e aos Municípios: VI - instituir impostos sobre: a) patrimônio, renda ou serviços, uns dos outros;"), ser indevida a cobrança do IPTU de empresa detentora de concessão de uso de imóvel situado em aeroporto de propriedade da União – v. *Informativo* 416. Considerou-se que o cerne da controvérsia não estaria em saber se há ou não imunidade recíproca quando o imóvel da União for destinado à exploração comercial, mas se a recorrida pode figurar no pólo passivo da obrigação tributária do IPTU. Em razão disso, concluiu-se que a empresa em questão não preenche nenhum dos requisitos para ser contribuinte do imposto, pois é detentora de posse precária e desdobrada, decorrente de contrato de concessão de uso. (RE 451152/RJ, Rel. Min. Gilmar Mendes, 22.8.2006. *Informativo STF*, n. 437)

IPTU. Imóvel expropriado. Responsabilidade. Em ação de desapropriação indireta, entre outros questionamentos, o Min. Relator ressaltou que, nesse tipo de desapropriação, o expropriado não pode ser responsável pelo pagamento de IPTU uma vez que deixa de ser o possuidor do bem (jurisprudência do STF e do STJ). Outrossim, ainda que venha reintegrar-se na posse, não cabe ao expropriado o ônus pela demora enfrentada até receber o imóvel de volta e, somente após recebê-lo, é que passa a existir um fato gerador para incidência do tributo. Logo não pode o próprio poder público cobrar tributos após desapossamento. Precedentes citados do STF: RE 107.265-2-SP, *DJ* 8.5.1987; do STJ: REsp 195.672-SP, *DJ* 15.8.2005; REsp 138.70-SP, *DJ* 16.12.1991, e REsp 182.235-SP, *DJ* 22.2.1999. (REsp 770.559-RJ, Rel. Min. Teori Albino Zavascki, julgado em 17.8.2006. *Informativo STJ*, n. 293)

IPTU. Cadastro. Município. É o proprietário do imóvel o contribuinte do IPTU, porém o CTN admite expressamente casos em que o contribuinte possa ser o titular do domínio útil ou o possuidor a qualquer título. São hipóteses fixadas pela lei, restritas às relações de direito real, daí, por exemplo, excluir-se da incidência o locatário. Assim, não há como se estabelecer mais uma hipótese, fora do alcance da norma, tal como pretendido pelo município ora recorrido, de que figure como contribuinte o suposto proprietário constante do cadastro municipal, mesmo nos casos em que não esteja mais vinculado ao imóvel. (REsp 810.800-MG, Rel. Min. Eliana Calmon, julgado em 17.8.2006. *Informativo STJ*, n. 293)

4.7.5 IPVA

É inconstitucional a incidência do IPVA sobre embarcações. Com base nesse entendimento, o Tribunal, por maioria, proveu recurso extraordinário para declarar a não-recepção do inc. II do art. 5º da Lei 948/85, do Estado do Rio de Janeiro – v. *Informativo* 441. Adotou-se a orientação fixada pela Corte no julgamento do RE 134509/AM (*DJU* de 13.9.2002), no sentido de que o IPVA é sucedâneo da antiga Taxa Rodoviária Única – TRU, cujo campo de incidência não inclui embarcações e aeronaves. Vencidos os Ministros Joaquim Barbosa e Marco Aurélio que negavam provimento ao recurso por considerar que o IPVA incide também sobre embarcações. (RE 379572/RJ, Rel. Min. Gilmar Mendes, 11.4.2007. *Informativo STF*, n. 462)

O Tribunal, por maioria, indeferiu pedido de liminar formulado em ação direta de inconstitucionalidade ajuizada pelo Partido da Social Democracia Brasileira – PSDB contra o art. 3º da Lei 15.747/2007, que alterou dispositivos da Lei 14.260/2003, ambas do Estado do Paraná, reduzindo e extinguindo descontos relativos ao pagamento do Imposto sobre a Propriedade de Veículos Automotores – IPVA (Lei 15.747/2007: "Art. 3º. Esta lei entrará em vigor na data da sua publicação"). Entendeu-se que a norma impugnada não ofende, em princípio, a regra da anterioridade tributária, prevista no art. 150, III, b e c, da CF, porque não constitui aumento do imposto (CF: "Art. 150. Sem prejuízo de outras garantias asseguradas ao contribuinte, é vedado à União, aos Estados, ao Distrito Federal e aos Municípios: ... III - cobrar tributos: ... b) no mesmo exercício financeiro em que haja sido publicada a lei que os instituiu ou aumentou; c) antes de decorridos noventa dias da data em que haja sido publicada a lei que os instituiu ou aumentou, observado o disposto na alínea b;"). (...) Considerou-se que, se até mesmo a revogação de isenção não tem sido equiparada pela Corte à instituição ou majoração de tributo, a redução ou extinção de um desconto para pagamento do tributo sob determinadas condições previstas em lei, como o pagamento antecipado em parcela única (à vista), também não o poderia. Afastou-se, também, a assertiva de que qualquer alteração na forma de pagamento do tributo equivaleria a sua majoração, ainda que de forma indireta, e reportou-se ao entendimento do Supremo de que a modificação do prazo de recolhimento da obrigação tributária não se sujeita ao princípio da anterioridade (Enunciado 669 da Súmula). Asseverou-se, ademais, que deveriam ser levados em conta os argumentos apresentados nas informações da Assembléia Legislativa e do Governador do Estado no sentido de que as alterações promovidas pela Lei 15.747/2007 visariam propiciar o ajustamento de descontos do IPVA paranaense com o de outros Estados, sem que tais mudanças importassem em aumento do valor total do tributo. Ressaltou-se, por fim, que, no caso do IPVA, o art. 150, §1º, da CF expressamente excetua a aplicação da regra da anterioridade na hipótese da fixação da base de cálculo desse tributo, ou seja, do valor venal do veículo. Assim, se nem a fixação da base de cálculo do IPVA estaria sujeita à incidência da regra da anterioridade, a extinção ou redução de um desconto condicional para pagamento desse tributo poderia ter efeitos imediatos. Vencido o Min. Cezar Peluso que concedia a liminar ao fundamento de que a hipótese nada teria a ver com isenção, porque esta seria objeto específico de uma norma constitucional, e que a supressão ou redução de um desconto previsto em lei implicaria, automática e aritmeticamente, aumento do valor do tributo devido, razão pela qual se haveria de observar o princípio da anterioridade. Precedentes citados: RE 200844 AgR/PR (*DJU* de 16.8.2002); RE 204062/ES (*DJU* de 19.12.96). (ADI 4016 MC/PR, Rel. Min. Gilmar Mendes, 1º.8.2008. *Informativo* n. 514)

4.7.6 IR

O Tribunal indeferiu mandado de segurança impetrado contra decisão do Tribunal de Contas da União que determinara a retenção do imposto de renda na fonte sobre os rendimentos de aposentadoria e pensão pagos pela previdência social ao impetrante. Considerou-se que o art. 153, §2º, II da CF/88 não é auto-aplicável. Vencido o Min. Marco Aurélio (relator). (MS 22.584, Rel. orig. Min. Marco Aurélio, Rel. p/ o acórdão Min. Nelson Jobim, 17.4.97. *Informativo STF*, n. 67)

Processual Civil e Tributário. Sentença condenatória do direito à compensação de indébito. Repetição por via de precatório. Possibilidade. Restituição. Comprovação para fins de repetição de indébito. Desnecessidade. Ausência de similitude entre os julgados confrontados. Divergência não configurada. Adicional de 1/3 sobre férias. 1. A obtenção de decisão judicial favorável transitada em julgado, proferida em ação condenatória, confere ao contribuinte a possibilidade de executar o título judicial, pretendendo o recebimento do crédito por via do precatório, ou proceder à compensação tributária. 2. Deveras, é cediço na Corte que ao contribuinte manifestar a opção de receber o respectivo crédito por meio de precatório regular ou compensação, haja vista que constituem, ambas as modalidades, formas de execução do julgado colocadas à disposição da parte quando procedente a ação. 3. Precedentes do STJ (RESP 232002/CE, Rel. Min. João Otávio de Noronha, *DJ* de 16.08.2004; AGA 471645/RS, Rel. Min. Castro Meira, *DJ* de 19.12.2003; RESP 551184/PR. Rel. Min. Castro Meira, *DJ* de 01.12.2003; AGA 348015/RS, Rel. Min. Francisco Falcão, *DJ* de 17.09.2001; AGRESP 227048/RS, Relatora Ministra Nancy Andrighi, *DJ* de 26.03.2001; RESP 227059/RS, Rel. Min. Francisco Peçanha Martins, *DJ* de 1º.09.2000). 4. O art. 333, I e II, do CPC, dispõe que compete ao autor fazer prova constitutiva de seu direito e o réu, a prova dos fatos impeditivos, modificativos ou extintivos do direito do autor. In casu, o autor fez prova do fato constitutivo de seu direito — a comprovação da retenção indevida de imposto de renda sobre férias e licença-prêmio, não gozadas em função da necessidade do serviço, os quais constituem verbas indenizatórias, conforme já está pacificado no seio desta Corte Superior (Súmulas nºs 125 e 136). 5. A juntada das declarações de ajuste, para fins de verificação de eventual compensação, não estabelece fato constitutivo do direito do autor, ao contrário, perfazem fato extintivo do seu direito, cuja comprovação é única e exclusivamente da parte ré (Fazenda Nacional). 6. Ocorrendo a incidência, na fonte, de retenção indevida do adicional de imposto de renda, não há necessidade de se comprovar que o responsável tributário recolheu a respectiva importância aos cofres públicos. Precedentes. 7. Caracteriza-se a divergência jurisprudencial, quando da realização do cotejo analítico entre os acórdãos paradigma e recorrido, verifica-se a adoção de soluções diversas à litígios semelhantes. 8. In casu, inviável a referida averiguação uma vez que o acórdão recorrido decidiu acerca da percepção do terço constitucional ao passo que os arestos paradigmas tratam da conversão em pecúnia de um terço do período de férias (abono pecuniário). 9. Ad argumentadum, têm natureza indenizatória, a fortiori afastando a incidência do Imposto de Renda: a) o abono de parcela de férias não-gozadas (art. 143 da CLT), mercê da inexistência de previsão legal, na forma da aplicação analógica da Súmulas 125/STJ, verbis: "O pagamento de férias não gozadas por necessidade do serviço não está sujeito à incidência do Imposto de Renda", e da Súmula 136/STJ, verbis: "O pagamento de licença-prêmio não gozada, por necessidade do serviço, não está sujeito ao Imposto de Renda" (Precedentes: REsp 706.880/CE, Rel. Min. Teori Albino Zavascki, *DJ* 17.10.2005; REsp 769.817/PB, Rel. Min. Castro Meira, *DJ* 03.10.2005; REsp 499.552/AL, Rel. Min. Peçanha Martins, *DJ* 19.09.2005; REsp 320.601/DF, Rel. Min. Franciulli Netto, *DJ* 30.05.2005; REsp 685.332/SP, Rel. Min. Eliana Calmon, *DJ* 14.02.2005; AgRg no AG 625.651/RJ, Rel. Min. José Delgado, *DJ* 11.04.2005); b) as férias não-gozadas, indenizadas na vigência do contrato de trabalho, bem como as licenças-prêmio convertidas em pecúnia, sendo prescindível se ocorreram ou não por necessidade do serviço, nos termos da Súmula 125/STJ (Precedentes: REsp 701.415/SE, Rel. Min. Teori Albino Zavascki, *DJ* 04.10.2005; AgRg no REsp 736.790/PR, Rel. Min. José Delgado, *DJ* 15.05.2005; AgRg no AG 643.687/SP, Rel. Min. Luiz Fux, *DJ* 27.06.2005); c) as férias não-gozadas, licenças-prêmio convertidas em pecúnia, irrelevante se decorreram ou não por necessidade do serviço, férias proporcionais, respectivos adicionais de 1/3 sobre as férias, gratificação de Plano de Demissão Voluntária (PDV), todos percebidos por ocasião da extinção do contrato de trabalho, por força da previsão isencional encartada no art. 6º, V, da Lei 7.713/88 e no art. 39, XX, do RIR (aprovado pelo Decreto 3.000/99) c/c art. 146, caput, da CLT (Precedentes: REsp 743.214/SP, Rel. Min. Teori Albino Zavascki, *DJ* 17.10.2005; AgRg no AG 672.779/SP, Rel. Min. Luiz Fux, *DJ* 26.09.2005; AgRg no REsp 678.638/SP, Rel. Min. Francisco Falcão, *DJ* 03.10.2005; REsp 753.614/SP, Rel. Min. Peçanha Martins, *DJ* 26.09.2005; REsp 698.722/SP, Rel. Min. Castro Meira, *DJ* 18.04.2005; AgRg no AG 599.930/SP, Rel. Min. Denise Arruda, *DJ* 07.03.2005; REsp 675.994/CE, Rel. Min. Teori Albino Zavascki, *DJ* 01.08.2005; AgRg no AG 672.779/SP, Rel. Min. Luiz Fux, *DJ* 26.09.2005; REsp 331.664/SP, Rel. Min. Franciulli Netto, *DJ* 25.04.2005). 10. Deveras, em face de sua natureza salarial, incide a referida exação: a) sobre o adicional de 1/3 sobre férias gozadas (Precedentes: REsp 763.086/PR, Rel. Min. Eliana Calmon, *DJ* 03.10.2005; REsp 663.396/CE, Rel. Min. Franciulli Netto, *DJ* 14.03.2005); b) sobre o adicional noturno (Precedente: REsp 674.392/SC, Rel. Min. Teori Albino Zavascki, *DJ* 06.06.2005); c) sobre a complementação temporária de proventos (Precedentes: REsp 705.265/RS, Rel. Min. Luiz Fux, *DJ* 26.09.2005; REsp 503.906/MT, Rel. Min. João Otávio de Noronha, *DJ* 13.09.2005); d) sobre o décimo-terceiro salário (Precedentes: REsp 645.536/RS, Rel. Min. Castro Meira, *DJ* 07.03.2005; EREsp 476.178/RS, Rel. Min. Teori Albino Zavascki, *DJ* 28.06.2004); sobre a gratificação de produtividade (Precedente: REsp 735.866/PE, Rel. Min. Teori Albino Zavascki, *DJ* 01.07.2005); e) sobre a gratificação por liberalidade da empresa, paga por ocasião da extinção do contrato de trabalho (Precedentes: REsp 742.848/SP, Rel. Min. Teori Albino Zavascki, *DJ* 27.06.2005; REsp 644.840/SC, Rel. Min. Teori Albino Zavascki, *DJ* 01.07.2005); f) sobre horas-extras (Precedentes: REsp 626.482/RS, Rel. Min. Castro Meira, *DJ* 23.08.2005; REsp 678.471/RS, Rel. Min. Eliana Calmon, *DJ* 15.08.2005; REsp 674.392/SC, Rel. Min. Teori Albino Zavascki, *DJ* 06.06.2005) 11. Recurso especial parcialmente conhecido e, nesta parte, provido. (STJ. 1ª Turma. REsp nº 748.195. Rel. Luiz Fux. Julgado em 6.2.2007)

A jurisprudência do STJ é pacífica no sentido de incidir Imposto de Renda sobre as verbas recebidas a título de indenização especial quando da rescisão do contrato de trabalho, tais como as férias antigüidade, o prêmio aposentadoria e o prêmio jubileu. (REsp 731.840-RS, Rel. Min. João Otávio de Noronha, julgado em 1º.3.2007. *Informativo STJ*, n. 311)

Trata-se de saber se há incidência no imposto de renda (IR) sobre as verbas recebidas em decorrência de acordo firmado entre a Caixa Econômica Federal (CEF) e a Associação Nacional de Advogados da CEF. Esse acordo coletivo estabeleceu a renúncia quanto à duração da jornada de trabalho estabelecida no art. 20 da Lei nº 8.906/1994 (Estatuto da Advocacia) por meio de compensação pecuniária. Note-se que, de acordo com a jurisprudência firmada, o pagamento de indenização pode ou não acarretar acréscimo patrimonial, dependendo da natureza do bem jurídico a que se refere, se meramente indenizatória ou remuneratória. No presente caso, a Segunda Turma entende que os valores recebidos pelos advogados da CEF têm natureza indenizatória por ser quantia reparadora fixa compensatória, não incidindo o IR. E a Primeira Turma entende que esse acordo não tem natureza indenizatória porque se trata de acréscimo patrimonial, incidindo o IR. Para o Min. Relator, a cláusula objeto da discussão é de natureza remuneratória e não configura mera recomposição material, pois se trata de verba recebida em virtude de horas extras que se deseja compensar e deixou de ser auferida (lucro cessante que não importou em redução patrimonial), logo acarretou acréscimo patrimonial, incidindo o IR. Explica, ainda, que o simples fato de verba ser classificada como indenizatória ou de seu pagamento ser fruto de acordo não a retira do âmbito da incidência do IR, ex vi do art. 43 do CTN e da Lei nº 7.713/1988 (lei que excetua algumas indenizações da incidência do IR). Com esse entendimento, a Seção, por maioria, negou provimento aos embargos de divergência. (EREsp 695.499-RJ, Rel. Min. Herman Benjamin, julgados em 9.5.2007. *Informativo STJ*, n. 319)

Cinge-se a questão na pretensão da Fazenda Nacional em ver reconhecida a incidência de imposto de renda sobre as verbas recebidas a título de bolsa de estudo para a participação em curso de formação de delegado da Polícia Civil. Para o Min. Relator, no caso dos autos, quanto à quantia recebida pelos participantes em curso de formação, candidatos aprovados em concurso público para ingresso em cargo de delegado da Polícia Civil, o art. 14 da Lei nº 9.624/1998 afirma que o participante pode optar pela percepção do vencimento e das vantagens de seu cargo efetivo em substituição ao auxílio financeiro, o que demonstra sua natureza salarial, passível de incidência do imposto de renda, pois não consiste em verbas destinadas exclusivamente para proceder a estudos ou pesquisas nos termos do art. 26 da Lei nº 9.250/1995, a qual prevê essa isenção fiscal. Com esse entendimento, a Turma deu provimento ao recurso. (REsp 640.281-RN, Rel. Min. Herman Benjamin, julgado em 19.6.2007. *Informativo STJ*, n. 324)

Trata-se da incidência de imposto de renda sobre valor percebido a título de dano moral. No caso a indenização adveio de companhia de seguro em razão do ressarcimento de danos morais, tendo em vista que o veículo daquela empresa atropelou a genitora do recorrido. A Turma, ao prosseguir o julgamento, por maioria, deu provimento ao recurso especial da Fazenda Nacional, por entender que a verba indenizatória referente a dano moral gera um acréscimo patrimonial e, por isso, incide o imposto de renda. (REsp 748.868-RS, Rel. originário Min. Luiz Fux, Rel. para acórdão Min. Teori Albino Zavascki, julgado em 28.8.2007. *Informativo STJ*, n. 329)

A Turma reiterou o entendimento de que incide o imposto de renda e a sua retenção na fonte nos rendimentos auferidos em contratos de swap para fins de hedge (art. 5º da Lei nº 9.779/1999) porque, na referida exação, ocorre fato gerador. Precedentes citados: AgRg no Ag 932.996-SP, *DJ* 29.11.2007, e AgRg no REsp 695.585-RJ, *DJ* 19.12.2007. (AgRg no Ag 951.447-SP, Rel. Min. Herman Benjamin, julgado em 4.3.2008. *Informativo STJ*, n. 347)

A Turma reiterou o entendimento de que descabe a incidência de imposto de renda na hipótese em que os juros moratórios são oriundos de pagamento de verbas indenizatórias provenientes de condenação em reclamação trabalhista. O IR somente incidiria sobre tais juros moratórios caso o principal fosse sujeito à tributação, pois o acessório segue o principal. Precedentes citados: REsp 615.625-MT, *DJ* 7.11.2006; REsp 727.944-SE, *DJ* 26.4.2006; REsp 675.639-SE, *DJ* 13.2.2006, e REsp 651.899-RJ, *DJ* 3.11.2004. (REsp 1.023.447-SC, Rel. Min. Eliana Calmon, julgado em 1º.4.2008. *Informativo STJ*, n. 350)

Discute-se o critério temporal, ou seja, o momento em que se considera disponibilizada a renda para a empresa controladora ou coligada no Brasil para a incidência das exações: se seria o da publicação do balanço patrimonial positivo auferido por empresa coligada ou controlada no exterior, conforme a determinação do art. 7º da INSRF nº 213/2002.

Ultrapassada a preliminar de conhecimento de que não há fundamento constitucional autônomo e suficiente para incidir a Súm. nº 126-STJ, ressalta o Min. Relator que, sob o ponto de vista infraconstitucional, o art. 43, §2º, do CTN (acrescentado pela LC nº 104/2001) c/c o art. 74, caput, parágrafo único, da MP nº 2.158-35/2001 prevê que o fato gerador do imposto de renda se considera ocorrido desde a publicação do balanço patrimonial da empresa coligada ou controlada no exterior; assim, não há razões que justifiquem declarar a ilegalidade do art. 7º da INSRF nº 213/2002. Diante dessas normas, não é necessário que a renda torne-se efetivamente disponível (disponibilidade financeira) para que se considere ocorrido o fato gerador do imposto de renda, limitando-se a lei a exigir a verificação de acréscimo patrimonial (disponibilidade econômica). Entretanto o STF está examinando a tese de inconstitucionalidade dos citados artigos do CTN e da MP na ADIN 2.588-DF proposta pela Confederação Nacional da Indústria (CNI). Como os dispositivos citados não foram retirados do ordenamento jurídico nem suspensos por liminar do STF e o REsp é, tão-somente, para exame da ilegalidade do citado artigo da INSRF, a Turma deu provimento ao recurso da Fazenda Nacional. (REsp 983.134-RS, Rel. Min. Castro Meira, julgado em 3.4.2008. *Informativo STJ*, n. 350)

A Seção reiterou seu entendimento de que incide imposto de renda nas verbas pagas pela Petrobrás a título de indenização por horas trabalhadas por força de convenção coletiva de trabalho, pois corresponde ao pagamento de horas extras, constituindo, assim, um acréscimo patrimonial. Precedente citado: EREsp 695.499-RJ, *DJ* 24.9.2007. (EREsp 670.514-RN, Rel. Min. José Delgado, julgados em 28.5.2008. *Informativo STJ*, n. 357)

A Seção reafirmou que a Justiça comum estadual é competente para processar e julgar a ação em que o servidor público estadual busca a isenção ou não-incidência do Imposto de Renda Retido na Fonte. Cabe aos estados a retenção, e esses entes são os destinatários do referido tributo (art. 157, I, da CF/1988). Precedentes citados: REsp 729.130-RS, *DJ* 6.3.2006; EDcl no AgRg no REsp 710.439-MG, *DJ* 10.4.2006, e AgRg no Ag 567.354-PE, *DJ* 19.9.2005. (AgRg no Ag 937.798-RS, Rel. Min. Castro Meira, julgado em 12.8.2008. *Informativo STJ*, n. 363)

Na espécie, a servidora pública estadual ocupante do cargo de oficial de justiça ajuizou ação contra a Fazenda com objetivo de não-incidência do imposto de renda (IR) sobre a verba indenizatória denominada auxílio-condução. Explica o Min. Relator que a incidência do IR tem como fato gerador o acréscimo patrimonial, daí ser necessário analisar a natureza jurídica da verba paga a fim de verificar se há efetivamente criação de riqueza nova: se indenizatória, via de regra não retrata hipótese de exação do IR, ou, se remuneratória, enseja tributação. É cediço que a incidência do IR sobre a renda e proventos de qualquer natureza encontra-se disposta no art. 43 do CTN. Entretanto, o auxílio-condução pago aos oficiais de justiça pela utilização de veículo próprio para o exercício de suas atribuições não constitui acréscimo patrimonial nos termos do citado artigo, uma vez que visa recompor o prejuízo sofrido pelo funcionário em razão do desgaste de seu veículo para a execução de suas funções, logo constitui apenas compensação de caráter indenizatório para recompor patrimônio material. Com esse entendimento, a Turma negou provimento ao recurso da Fazenda. Precedentes citados: REsp 731.883-RS, *DJ* 3.4.2006; REsp 852.572-RS, *DJ* 15.9.2006; REsp 840.634-RS, *DJ* 1º.9.2006, e REsp 851.677-RS, *DJ* 25.9.2006. (REsp 995.572-RS, Rel. Min. Luiz Fux, julgado em 9.9.2008. *Informativo STJ*, n. 367)

4.7.7 ISS

Se a hipótese versa sobre o faturamento de mercadoria e serviço – fornecimento de gás e conservação dos cilindros, com acondicionamento em enchimento especial, há de se atentar para a lista de que cogita o Decreto-Lei n° 406/68. Não constando desta os citados serviços como sujeitos à incidência do Imposto Sobre Serviços, descabe cogitar de dupla tributação ou de invasão de competência tributária reservada ao município. (STF. 2ª Turma. AGRAG n° 166.138. Rel. Min. Marco Aurélio)

A Turma, em questão de ordem, por entender presentes a plausibilidade jurídica das razões do recurso suscitadas e os demais requisitos necessários à concessão da medida requerida, referendou decisão do Min. Celso de Mello, relator, que, em ação cautelar, deferira pedido de liminar para outorgar efeito suspensivo a recurso extraordinário, já admitido e interposto contra acórdão do Tribunal de Justiça do Estado de Minas Gerais, o qual rejeitara embargos de declaração em recurso interposto contra decisão que entendera ser hipótese de incidência para o ISS a atividade de locação de veículos realizadas a partir de 2001. Considerou-se precedente do STF (RE 116121/SP, *DJU* de 25.10.2001), no qual, incidentalmente, se reconhecera a inconstitucionalidade da cobrança do ISS sobre contrato de locação de veículos, tendo em vista que a locação de bens móveis não se qualifica como serviço. (AC 661 QO/MG, Rel. Min. Celso de Mello, 8.3.2005. *Informativo STF*, n. 379)

A Turma reformou acórdão do Tribunal de Justiça do Estado do Rio de Janeiro que, em mandado de segurança, declarara legítima a cobrança do ISS pelo Município do Rio de Janeiro sobre serviços praticados por instituições financeiras autorizadas a funcionar pelo Banco Central, ao fundamento de que incide a Lei Municipal 2.277/94, uma vez que a isenção prevista na LC Federal 56/87 configura restrição ao poder de tributar do Município, a qual não mais prevalece na vigência da atual Constituição (art. 151, III). Aplicando a orientação firmada pelo STF no sentido de que a lista de serviços contida no anexo da aludida Lei Complementar é taxativa, definindo quais os serviços passíveis de tributação pelo ISS, asseverou-se que as atividades exercidas pelas recorrentes estão excluídas dessa tributação (itens 44, 46 e 48). No ponto, afastou-se a aplicação do art. 151, III, da CF, porquanto não se trata de isenção, mas, sim, de hipótese de não incidência tributária. Assim, entendeu-se que a Lei Municipal 2.277/94 não deve ser aplicada, já que fizera incidir a exação sobre serviço não previsto na LC 56/87. Precedentes citados: RE 236604/PR (*DJU* de 6.8.99) e RE 116121/SP (*DJU* de 29.5.2001). (RE 361829/RJ, Rel. Min. Carlos Velloso, 13.12.2005. *Informativo STF*, n. 413)

Em conclusão de julgamento, a Turma não conheceu de recurso extraordinário interposto pelo Município de Curitiba contra acórdão do extinto Tribunal de Alçada do Estado do Paraná que concluíra pela legitimidade da dedução, no cálculo de ISS devido por empresa de construção civil, do valor das subempreitadas já tributadas, nos termos do art. 9°, §2°, b, do DL 406/68 ("Art. 9°. A base de cálculo do imposto é o preço do serviço.... §2° Na prestação dos serviços a que se referem os itens 19 e 20 da lista anexa o imposto será calculado sobre o preço deduzido das parcelas correspondentes: ... b) ao valor das subempreitadas já tributadas pelo imposto."). Alegava-se, na espécie, ofensa aos artigos 150, II, e 151, III, ambos da CF/88 — v. *Informativo* 216. Manteve-se o acórdão recorrido ao entendimento de que o mencionado decreto-lei, recebido como lei complementar pela CF/88, apenas se limitou a definir a base de cálculo do imposto de forma a evitar a tributação em bis in idem. Considerou-se, ademais, não demonstrada a alegação de ofensa ao princípio da isonomia (CF, art. 150, II). (RE 262598/PR, Rel. Min. Ilmar Galvão, 14.8.2007. *Informativo STF*, n. 474)

A Seção, ao prosseguir o julgamento, reconheceu que a locação de mão-de-obra temporária configura uma atividade de agenciamento, cuja receita é apenas a comissão. Sendo assim, a base de cálculo do ISS das sociedades dedicadas a essa atividade tão-somente deve incidir sobre a comissão paga pelo agenciamento dos trabalhadores temporários. Precedente citado: REsp 411.580-SP, *DJ* 16.12.2002. (EREsp 613.709-PR, Rel. Min. José Delgado, julgados em 14.11.2007. *Informativo STJ*, n. 339)

Em conclusão de julgamento, o Tribunal, por maioria, julgou improcedente pedido formulado em ação direta proposta pela Associação dos Notários e Registradores do Brasil – ANOREG/BR para declarar a inconstitucionalidade dos itens 21 e 21.01 da lista de serviços anexa à Lei Complementar federal 116/2003, que autorizam os Municípios a instituírem o ISS sobre os serviços de registros públicos, cartorários e notariais – v. *Informativos* 441 e 464. Entendeu-se tratar-se, no caso, de atividade estatal delegada, tal como a exploração de serviços públicos essenciais, mas que, enquanto exercida em caráter privado, seria serviço sobre o qual incidiria o ISS. Vencido o Min. Carlos Britto, relator, que, salientando que os serviços notariais e de registro seriam típicas atividades estatais, mas não serviços públicos, propriamente, julgava o pedido procedente por entender que os atos normativos hostilizados afrontariam o art. 150, VI, a, da CF, que veda que a União, os Estados, o Distrito Federal e os Municípios instituam impostos sobre patrimônio, renda ou serviços, uns dos outros. (ADI 3089/DF, Rel. orig. Min. Carlos Britto, Rel. p/ o acórdão Min. Joaquim Barbosa, 13.2.2008. *Informativo STF*, n. 494)

A Turma, por unanimidade, entendeu que o serviço prestado pelos provedores de acesso à internet não estão sujeitos à incidência de ICMS (Súm nº 334-STJ) e, por maioria, que tais serviços também não estão sujeitos à incidência de ISS, pois não há previsão no DL nº 406/1968, com suas alterações posteriores, que não os incluiu na lista anexa, nem na LC nº 116/2003. Precedentes citados: EREsp 456.650-PR, *DJ* 20.3.2006; REsp 711.299-RS, *DJ* 11.3.2005, e REsp 745.534-RS, *DJ* 27.3.2006. (REsp 674.188-PR, Rel. Min. Denise Arruda, julgado em 25.3.2008. *Informativo STJ*, n. 349)

Cinge-se a controvérsia à incidência de ISS sobre o serviço de reboque de navios, ainda que não previsto na lista do DL nº 406/1968. Inicialmente, esclareceu o Min. Relator que, tanto neste Superior Tribunal quanto no STF, é taxativa a mencionada lista de serviços, o que não impede que, à luz de cada serviço enumerado, proceda-se à interpretação do dispositivo. É que determinado serviço tem as suas derivações as quais, se praticadas por entidade autônoma com repercussão econômica destas, tornam incidente a exação. A Resolução Sunamam nº 8.574/1985, inc. IX, item II, conceitua como serviço de rebocagem aquele executado por rebocadores cadastrados para a navegação de porto e especificamente autorizados para cumprir as seguintes manobras: de atracação, de desatracação, de assistência de reboque, de mudança de atracação e a de escoteio. Os serviços de rebocagem funcionam como auxílio no desempenho da atracação e desatracação. É serviço meio para a consecução da atividade fim, encartado por força de interpretação nos serviços tributários, máxime porque exercido por empresa diversa daquela que empreende o serviço final. E concluiu o

Min. Relator que, na hipótese vertente, tratando-se de serviços de atracação e desatracação de embarcações, a esse gênero pertence a espécie de rebocagem, que é o quanto basta para fazer incidir o imposto sobre serviços. (REsp 887.360-BA, Rel. Min. Luiz Fux, julgado em 4.11.2008. *Informativo STJ*, n. 375)

4.7.8 ITBI

É inconstitucional a lei que estabelece alíquotas progressivas para o imposto de transmissão "inter vivos" de bens imóveis – ITBI com base no valor venal do imóvel. (Súmula STF nº 656)

4.7.9 Repartição de receitas tributárias

O Tribunal negou provimento a recurso extraordinário interposto pelo Estado de Santa Catarina contra acórdão do tribunal de justiça local que provera apelação do Município de Timbó, no qual se sustentava ser lícito ao Estado postergar o repasse da parcela do imposto a que se refere o art. 158, IV, da CF ("vinte e cinco por cento do produto da arrecadação do imposto do Estado sobre operações relativas à circulação de mercadorias e sobre prestações de serviços de transporte interestadual e intermunicipal e de comunicação"), em virtude da concessão de incentivos fiscais a particulares. Considerou-se, inicialmente, que, a fim de que a autonomia política conferida aos entes federados pela Constituição seja real, efetiva, e não virtual, é imprescindível que sua autonomia financeira seja preservada, não se permitindo, quanto à repartição de receitas tributárias, condicionamento arbitrário por parte do ente responsável pelos repasses a queles têm direito. (RE 572762/SC, Rel. Min. Ricardo Lewandowski, 18.6.2008. *Informativo STF*, n. 511)

4.7.10 Vinculação de receita de impostos

ADI e Vinculação de Receita de Imposto. O Tribunal julgou procedente pedido formulado em ação direta ajuizada pelo Governador do Distrito Federal para declarar a inconstitucionalidade da Lei Complementar distrital 26/97, que cria o Programa de Incentivo às Atividades Esportivas, mediante concessão de incentivo fiscal às pessoas jurídicas, contribuintes do ISS, do IPTU e do IPVA, que patrocinem, façam doações e investimentos em favor de atletas ou de pessoas jurídicas com finalidade desportiva sem fins lucrativos, sediados no Distrito Federal. Não se conheceu da ação relativamente aos impostos de caráter municipal - v. *Informativo* 115. Quanto ao IPVA, entendeu-se que a lei impugnada viola o art. 167, IV, da CF, pois faculta a vinculação de receita de impostos, por ele vedada ("Art. 167. São vedados: ... IV - a vinculação de receita de impostos a órgão, fundo ou despesa..."). (ADI 1750/DF, Rel. Min. Eros Grau, 20.9.2006. *Informativo STF*, n. 441)

O Tribunal, por maioria, julgou procedente pedido formulado em ação direta ajuizada pelo Procurador-Geral da República para declarar a inconstitucionalidade do parágrafo único do art. 2º, e do art. 5º, ambos da Lei 12.223/2005, do Estado do Rio Grande do Sul, que institui o Fundo Partilhado de Combate às Desigualdades Sociais e Regionais do Estado do Rio Grande do Sul, e estabelece que as empresas que contribuírem para o referido Fundo poderão compensar, por meio de crédito fiscal presumido, o valor efetivamente depositado em benefício do Fundo com ICMS a recolher, limitado a 95% do imposto devido em cada período de apuração, e que o montante alocado ao Fundo, passível de compensação, não poderá ser superior a 30% do total do ICMS recolhido pelos setores de combustíveis, energia elétrica e serviços de comunicação, no exercício de 2004. Entendeu-se que os dispositivos impugnados, ao possibilitarem o direcionamento, pelos contribuintes, do valor devido a título de ICMS para o mencionado Fundo, compensando-se, em contrapartida, o valor despendido sob a forma de crédito fiscal presumido, criaram um mecanismo de redirecionamento da receita do ICMS para a satisfação de finalidades específicas e predeterminadas em afronta ao art. 167, IV, da CF, que veda a vinculação das receitas provenientes da arrecadação de impostos a órgão, fundo ou despesa. Vencido o Min. Marco Aurélio que, equiparando o Fundo analisado ao Fundo de Combate à Pobreza, previsto no art. 82 do ADCT, julgava improcedente o pleito, considerando estar autorizada, pelo §1º do referido art. 82, a vinculação procedida. (ADI 3576/RS, Rel. Min. Ellen Gracie, 22.11.2006. *Informativo STF*, n. 449)

O Tribunal deu provimento a recurso extraordinário interposto pelo Município do Rio de Janeiro contra acórdão que reputara constitucionais a Lei estadual 2.664/96 — que fixa critérios para o repasse de 1/4 dos 25% do produto da arrecadação do ICMS, pertencentes aos Municípios — e seus anexos I e II. Entendeu-se que os referidos anexos violam o art. 158, IV, e parágrafo único, II, da CF, haja vista que, ao atribuírem valor zero aos critérios de população, área, receita própria, cota mínima ou ajuste econômico, eleitos pela lei estadual, excluem o Município do Rio de Janeiro da partilha nele prevista ("Art. 158. Pertencem aos Municípios: ... IV - vinte e cinco por cento do produto da arrecadação do imposto do Estado sobre operações relativas à circulação de mercadorias e sobre prestações de serviços de transporte interestadual e intermunicipal e de comunicação. Parágrafo único. As parcelas de receita pertencentes aos Municípios, mencionadas no inc. IV, serão creditadas conforme os seguintes critérios: ... II - até um quarto, de acordo com o que dispuser lei estadual ou, no caso dos Territórios, lei federal"). Asseverou-se que, não obstante a utilização de critérios sociais, econômicos e regionais, para definir a partilha do valor arrecadado com o ICMS, possa, eventualmente, gerar valores inexpressivos, é vedado, à legislação estadual, a pretexto de resolver as desigualdades sociais e regionais, alijar, completamente, um Município da participação desses recursos. RE provido para, declarando-se a inconstitucionalidade dos anexos I e II da Lei estadual 2.664/96, determinar-se que sejam refeitas todas as alíneas desses anexos para se atribuir, ao Município do Rio de Janeiro, sua cota desde o início de vigência da lei, prevendo-se, quanto aos atrasados, uma compensação e um parcelamento em condições tais que não aniquilem as cotas futuras dos demais Municípios. (RE 401953/RJ, Rel. Min. Joaquim Barbosa, 16.5.2007. *Informativo STF*, n. 467)

O Tribunal julgou procedente pedido formulado em ação direta ajuizada pelo Governador do Estado do Paraná para declarar a inconstitucionalidade dos artigos 4º e 6º da Lei estadual 13.133/2001, que cria o Programa Estadual de Incentivo à Cultura, que contará com recursos do "Fundo Estadual de Cultura" e do "Incentivo Fiscal – Mecenato", constituídos por parte do produto da arrecadação do ICMS. Relativamente ao art. 4º da lei impugnada, que estabelece a vinculação de determinados percentuais da receita proveniente da cobrança de ICMS ao referido fundo estadual e ao "Mecenato", entendeu-se caracterizada a afronta ao inc. IV do art. 167 da CF — que veda a vinculação de receitas de impostos a órgão, fundo ou despesa. Asseverou-se, no ponto, que o dispositivo questionado não se enquadraria nas permissões constitucionalmente admitidas de vinculação. No que se refere ao art. 6º dessa mesma lei, que prevê corresponder o incentivo fiscal à dedução no pagamento do ICMS, considerou-se violado o art. 155, §2º, XII, g, da CF, que exige, em se tratando desse imposto, a celebração de convênio entre os Estados e o DF para a concessão de isenções, incentivos e benefícios fiscais. Precedentes citados: ADI 1848/RO (*DJU* de 13.11.2002); ADI 1750 MC/DF (*DJU* de 27.10.2006); ADI 2349 MC/ES (*DJU* de 27.10.2005); ADI 1587/DF (*DJU* de 9.2.2001). (ADI 2529/PR, Rel. Min. Gilmar Mendes, 14.6.2007. *Informativo STF*, n. 471)

Por entender caracterizada a ofensa ao art. 161, I, da CF, que reserva à lei complementar a definição do valor adicionado para fins do disposto no art. 158, parágrafo único, I, o Tribunal julgou procedente pedido formulado em ação direta ajuizada pelo Procurador-Geral da República para declarar a inconstitucionalidade da Lei 9.332/95, do Estado de São Paulo, que modifica os critérios para o cálculo do valor adicionado para distribuição municipal dos valores arrecadados com o ICMS incidente nas operações de geração e distribuição de energia hidrelétrica. Asseverou-se que a lei impugnada opta por metodologia e critérios próprios para a repartição das receitas previstas no art. 158, IV, parágrafo único, I, da CF ("Art. 158. ... IV ... parágrafo único ... I - três quartos, no mínimo, na proporção do valor adicionado nas operações relativas à circulação de mercadorias e nas prestações de serviços, realizadas em seus territórios;"), critérios esses que se manifestam na fórmula que determina o cálculo do valor adicionado na operação de geração e distribuição de energia elétrica com base em frações fixas, relativas aos territórios em que se encontram dois tipos de instalações de uma mesma usina hidrelétrica: o reservatório de água e as demais instalações. Precedentes citados: RE 253906/MG (*DJU* de 18.2.2005); ADI 3262/MT (*DJU* de 4.3.2005); ADI 2728/AM (*DJU* de 2.2.2004). (ADI 1423/SP, Rel. Min. Joaquim Barbosa, 16.5.2007. *Informativo STF*, n. 467)

Capítulo 5

Legislação tributária: hierarquia, Código Tributário Nacional, vigência e aplicação da legislação tributária, interpretação e integração da legislação tributária

Sumário: **5.1** Legislação tributária - **5.2** Legislação tributária: tipos, hierarquia e finalidades - **5.3** Código Tributário Nacional - **5.4** Vigência e aplicação da legislação tributária - **5.5** Interpretação e integração da legislação tributária - **5.6** Jurisprudência - **5.6.1** Concorrência - **5.6.2** Cooperativas - **5.6.3** Emenda constitucional - **5.6.4** Interpretação - **5.6.5** Lei complementar - **5.6.6** Normas complementares - **5.6.7** Tratados - **5.6.8** Vigência

5.1 Legislação tributária

No Brasil, a tributação decorre da utilização de uma série de normas jurídicas distintas. O conjunto dessas regras jurídicas, de diversos tipos, forças e finalidades, relacionadas com o fenômeno da tributação, é conhecido pela expressão *legislação tributária* (art. 96 do Código Tributário Nacional).

5.2 Legislação tributária: tipos, hierarquia e finalidades

Os principais componentes da legislação tributária são os seguintes, mencionados segundo a hierarquia normativa.

1. *Constituição* – É a lei fundamental do Estado. A Constituição ocupa o ápice do ordenamento jurídico, devendo ser observada, acatada e respeitada por todas as outras normas existentes.

A Constituição brasileira, de maneira original em relação a outros países, organiza o Sistema Tributário Nacional, fixando quais os tributos existentes (arts. 145, 148 e 149), distribuindo a competência tributária no caso dos impostos (tributos não-vinculados) (arts. 153 a 156), estabelecendo as limitações ao poder de tributar (arts. 150 a 152) e dispondo acerca da repartição das receitas tributárias (arts. 157 a 162).

2. *Emendas à Constituição* – São modificações realizadas pelo Congresso Nacional, na condição de Poder Constituinte Derivado, na própria Constituição por intermédio de um processo legislativo especial previsto no art. 60 da Carta Magna ("A proposta será discutida e votada em cada Casa do Congresso Nacional, em dois turnos, considerando-se aprovada se obtiver, em ambos, três quintos dos votos dos respectivos membros"), observadas as limitações previstas no seu §4º (conhecidas como "cláusulas pétreas". Entre outras, está o respeito aos direitos e garantias individuais). Ao serem aprovadas, as emendas têm a mesma força das normas constitucionais.

Parte significativa das emendas editadas trata de matéria tributária. Vejam-se algumas das principais modificações nessa seara inseridas no texto original da Constituição:

a) EC nº 3, de 1993 – autorizou a instituição do imposto provisório sobre movimentação financeira (IPMF), eliminou o adicional ao imposto de renda (AIR), eliminou o imposto sobre venda a varejo de combustíveis líquidos e gasosos (IVVC), entre outras providências. Foi considerada, pelo Supremo Tribunal Federal, parcialmente inconstitucional por violar "cláusula pétrea" (ADIN nº 939);

b) EC nº 12, de 1996 – autorizou a instituição da contribuição provisória sobre movimentação financeira (CPMF);

c) EC nº 14, de 1996 – tratou da contribuição social do salário-educação;

d) EC nº 20, de 1998 – modificou as regras para instituição de contribuições de seguridade social, entre outras providências;

e) EC nº 21, de 1999 – prorrogou a cobrança da contribuição provisória sobre movimentação financeira (CPMF);

f) EC nº 29, de 1999 – introduziu a progressividade fiscal do IPTU;

g) EC nº 31, de 1999 – atribuiu um adicional da alíquota da CPMF para o Fundo de Combate e Erradicação da Pobreza;

h) EC nº 32, de 1999 – estabeleceu que a medida provisória que implique instituição ou majoração de impostos, exceto o II, o IE, o IPI, o IOF e os extraordinários, só produzirá efeitos no exercício financeiro seguinte se houver sido convertida em lei até o último dia daquele em que foi editada;

i) EC nº 33, de 2001 – modificou regras relativas às contribuições sociais e ao ICMS, entre outras providências;

j) EC nº 37, de 2002 – prorrogou a cobrança da contribuição provisória sobre movimentação financeira (CPMF), entre outras providências;

k) EC nº 39, de 2002 – estabeleceu que os Municípios e o Distrito Federal poderão instituir contribuição para o custeio do serviço de iluminação pública;

l) EC nº 42, de 2003 – estabeleceu que lei complementar definirá tratamento diferenciado e favorecido para as microempresas e para as empresas de pequeno porte; que lei complementar poderá estabelecer critérios especiais de tributação, com o objetivo de prevenir desequilíbrios da concorrência; introduziu o princípio da "anterioridade qualificada"; modificações nas regras constitucionais de vários impostos, entre outras providências;

m) EC nº 44, de 2004 – estabeleceu que do produto da arrecadação da contribuição de intervenção no domínio econômico prevista no art. 177, §4º, vinte e nove por cento serão destinados para os Estados e o Distrito Federal;

n) EC nº 47, de 2005 – ampliou as hipóteses de fixação de alíquotas e bases de cálculo diferenciadas para as contribuições de seguridade social devidas pelo empregador.

O Supremo Tribunal Federal, como já foi destacado, reconheceu que o princípio da anterioridade constitui garantia individual do contribuinte, não podendo ser subtraído ou afastado nem por emenda à Constituição. Também não foi aceita a tentativa de afastar a imunidade tributária quando da previsão, por emenda, da instituição do IPMF (ADIN nº 939). Por outro lado, o STF admitiu a supressão, por emenda constitucional, de imunidade do imposto de renda deferida a um determinado grupo social (RE nº 372.600).

3. *Leis complementares (ou leis complementares à Constituição)* – São diplomas legais com a função de complementar dispositivos constitucionais que tratam genericamente de determinadas matérias, normalmente devido a sua complexidade. As leis complementares devem ser aprovadas pela maioria absoluta dos membros do Congresso Nacional (art. 69 da Constituição). Possuem, em regra, caráter nacional (devem ser obedecidas pelas leis federais, estaduais e municipais) e somente serão editadas para os temas em que o Texto Maior expressamente reclama regulamentação por essa espécie normativa (ADIN nº 789).

A jurisprudência do Supremo Tribunal Federal chancela o entendimento doutrinário de que inexiste hierarquia entre lei complementar e lei ordinária. A distinção entre as duas espécies normativas deve ser buscada nas matérias reservadas a cada uma no texto da Constituição (RE nº 377.457 e RE nº 381.964).

As leis complementares tributárias tratarão das seguintes matérias:

a) conflitos de competência, regulamentação das limitações ao poder de tributar, normas gerais de legislação tributária, entre elas o adequado tratamento tributário ao ato cooperativo praticado pelas sociedades cooperativas e a definição de tratamento diferenciado e favorecido para as microempresas e para as empresas de pequeno porte (art. 146 da Constituição).[21]

O Supremo Tribunal Federal ressaltou a função uniformizadora das normas gerais de direito tributário (RE nº 560.626, RE nº 556.664, RE nº 559.882 e Súmula Vinculante nº 8). Com efeito, segundo o Supremo, as hipóteses de suspensão ou interrupção de decadência e prescrição tributárias e mesmo a fixação dos respectivos prazos depende de lei complementar nacional que afaste o tratamento desigual entre contribuintes que se encontrem em situação equivalente e prestigie à segurança jurídica.

Segundo o STJ, o PIS e a COFINS não incidem sobre os atos próprios da sociedade cooperativa voltados para a prestação direta de serviços aos cooperados (defesa dos seus interesses, melhoria econômica e social, orientação e gerenciamento de atividades executadas a terceiros pelos cooperados) (REsp nº 903.699).

A definição de tratamento diferenciado e favorecido para as microempresas e para as empresas de pequeno porte, incluindo regimes especiais ou simplificados no caso do ICMS (art. 155, inc. II, da Constituição), das contribuições para a Seguridade Social a cargo do empregador (art. 195, inc. I, e §§12 e 13, da Constituição) e do PIS-PASEP (art. 239 da Constituição), foi estabelecida pela Emenda Constitucional nº 42, de 2003. O tratamento diferenciado, ainda segundo a emenda constitucional referida, também poderá instituir um regime único de arrecadação dos impostos e contribuições da União, dos Estados, do Distrito Federal e dos Municípios, observado que: a) será opcional para o contribuinte; b) poderão ser estabelecidas condições de enquadramento diferenciadas por Estado; c) o recolhimento será unificado e centralizado e a distribuição da parcela de recursos pertencentes aos respectivos entes federados será imediata, vedada qualquer retenção ou condicionamento e d) a arrecadação, a fiscalização e a cobrança poderão ser compartilhadas pelos entes federados, adotado cadastro nacional único de contribuintes.

Com a edição da Lei Complementar nº 123, de 2006, foram estabelecidas normas gerais relativas ao tratamento diferenciado e favorecido a ser dispensado às microempresas e empresas de pequeno porte (Estatuto Nacional da Microempresa e da Empresa de Pequeno Porte). Foi criado o SIMPLES NACIONAL como regime especial unificado de arrecadação de tributos.

---

[21] Cf. CASTRO. Os fundamentos jurídicos da tributação da renda universal no direito brasileiro. Disponível em: <http://www.aldemario.adv.br/universal.pdf>.

b) estabelecer critérios especiais de tributação com o objetivo de prevenir desequilíbrios da concorrência (art. 146-A da Constituição);

O Supremo Tribunal Federal, no julgamento da AC nº 1.657, entendeu como proporcional e razoável a exigência de regularidade tributária para o exercício da atividade econômica da fabricação de cigarros. Entre outros fatores, observou-se que a diferença a menor no recolhimento do IPI sobre o cigarro tem reflexo superlativo na definição do lucro da empresa fabricante e nas condições de concorrência no setor.

c) instituição de empréstimos compulsórios (art. 148, *caput* da Constituição);

d) instituição do imposto sobre grandes fortunas (art. 153, inc. VII, da Constituição);

e) instituição de impostos residuais (art. 154, inc. I, da Constituição);

f) disciplinamento, no âmbito do ITBD, da situação do doador com residência ou domicílio no exterior e *de cujus* (falecido) com bens, residência, domicílio ou inventário processado no exterior (art. 155, §1º, inc. III, da Constituição);

g) definição, no âmbito do ICMS, de semi-elaborados (art. 155, §2º, inc. X, al. "a", da Constituição);

h) disciplinamento de vários aspectos do ICMS (art. 155, §2º, inc. XII, da Constituição);

i) definição, no âmbito do ISS, dos serviços a serem tributados (art. 156, inc. III, da Constituição);

j) disciplinamento, no âmbito do ISS, das alíquotas máximas e isenções em exportações de serviços para o exterior (art. 156, §3º, da Constituição);

k) instituição de "outras contribuições de Seguridade Social" (art. 195, §4º, da Constituição).

4. *Resoluções do Senado Federal* – São diplomas normativos aprovados exclusivamente pelo Senado Federal com a mesma força da lei ordinária.

Existem quatro matérias tributárias a serem reguladas pelo Senado Federal por intermédio de Resoluções. Vejamos as hipóteses:

a) fixação de alíquotas máximas do ITBD (art. 155, §1º, inc. IV, da Constituição);

b) fixação de alíquotas interestaduais e de exportação para o ICMS (art. 155, §2º, inc. IV, da Constituição);

c) fixação de alíquotas mínimas nas operações internas e alíquotas máximas para resolver conflitos tributários no âmbito do ICMS (art. 155, §2º, inc. V, da Constituição);

d) fixação de alíquotas mínimas do IPVA (art. 155, §6º, inc. I, da Constituição, conforme o disposto na Emenda Constitucional nº 42, de 2003).

5. *Leis ordinárias* – São diplomas normativos aprovados pelos parlamentos (Congresso Nacional, Assembléia Legislativa, Câmara Legislativa do Distrital Federal e Câmara de Vereadores) com a função precípua de inovar a ordem jurídica, ou seja, criar ou extinguir, em abstrato, direitos e obrigações.

As leis viabilizam a tributação na medida em que são os instrumentos de instituição (ou criação) e modificação dos tributos. Cabe à lei estabelecer o fato gerador, a base de cálculo, a alíquota, o sujeito passivo, as penalidades e as hipóteses de exclusão, suspensão e extinção de créditos tributários (art. 97 do Código Tributário Nacional). Nos termos do Código, deve ser entendida como majoração de tributo a ampliação (onerosa para o contribuinte) da base de cálculo. Por outro lado, não constitui majoração de tributo a mera atualização monetária da base de cálculo. Segundo a jurisprudência reiterada do Supremo Tribunal Federal, a medida provisória (art. 62 da Constituição) pode ser utilizada nas hipóteses tributárias que reclamam lei ordinária.

6. *Tratados e convenções internacionais* – São acordos firmados entre Estados soberanos para regular assuntos de interesse comum. No âmbito tributário são muito comuns os tratados para evitar a bitributação. Para "vincular e obrigar" no território nacional, um tratado ou convenção internacional precisa ser aprovado pelo Congresso Nacional, mediante decreto legislativo (art. 49, inc. I, da Constituição), e ser promulgado e publicado por decreto presidencial (ADInMC nº 1.480).

Segundo o art. 98 do Código Tributário Nacional, os tratados e convenções internacionais revogam ou modificam a legislação tributária interna e serão observados pela que lhes sobrevenha. Esse dispositivo acende uma polêmica doutrinária acerca da supremacia ou não dos tratados e convenções internacionais sobre a legislação interna. Cabe registrar, no entanto, que as decisões do Supremo Tribunal Federal apontam para a "paridade normativa entre atos internacionais e normas infraconstitucionais de direito interno" (ADInMC nº 1.480 e CR nº 8.279 AgR/AT). Com a edição da Emenda Constitucional nº 45, de 2004 (Reforma do Judiciário) foi inserido o §3º no art. 5º da Constituição estabelecendo expressamente que os tratados sobre direitos humanos, aprovados em cada Casa do Congresso Nacional, em dois turnos, por três quintos dos votos dos respectivos membros, serão equivalentes às emendas constitucionais.

7. *Decretos* – São normas jurídicas editadas pelo Chefe do Poder Executivo (Presidente da República, Governador ou Prefeito) com o objetivo de interpretar e detalhar a aplicação prática da lei. Esses diplomas legais não podem inovar a ordem jurídica, ou seja, criar, em abstrato, direitos ou obrigações não previstas em lei. Admite-se, no entanto, a instituição de obrigações instrumentais, viabilizadoras daquelas já previstas em lei, por parte de normas infralegais.

No campo tributário são freqüentes os decretos com a função de reunir e consolidar a legislação esparsa acerca de determinado tributo. Assim, tem-se, entre outros, o Regulamento do Imposto de Renda, o Regulamento do IPI, o Regulamento Aduaneiro.

8. *Normas complementares* – São orientações dadas pelas autoridades administrativas a seus subordinados viabilizando a interpretação uniforme da legislação tributária (REsp nº 460.986). As normas complementares são veiculadas por intermédio de portarias, instruções normativas, ordens de serviço, circulares, pareceres, atos declaratórios, etc. Também são normas complementares os convênios celebrados pelos entes estatais entre si. Por fim, as decisões dos órgãos singulares ou coletivos de âmbito administrativo, a que a lei atribua eficácia normativa, também se enquadram no gênero em questão.

As normas complementares tributárias são assim denominadas no art. 100 do Código Tributário Nacional, ao lado das práticas reiteradas pela administração. Ainda segundo o art. 100, exatamente no parágrafo único, a observância das normas complementares exclui a imposição de penalidades, a cobrança de juros de mora e a atualização do valor monetário da base de cálculo do tributo.

5.3 Código Tributário Nacional

Atualmente, a lei complementar exigida pelo art. 146 da Constituição, notadamente para veicular normas gerais, está representada no Código Tributário Nacional. Originalmente editado como lei ordinária (Lei nº 5.172, de 1966), possui o *status* (a força) de lei complementar, por conta do princípio, fenômeno ou teoria da recepção (art. 34, §5º, do ADCT – Ato das Disposições Constitucionais Transitórias).

O princípio, fenômeno ou teoria da recepção consiste basicamente no aproveitamento na nova ordem constitucional de diplomas legais editados perante a ordem constitucional anterior, desde que não conflitem com os mais recentes ditames constitucionais.

5.4 Vigência e aplicação da legislação tributária

Vigência é a aptidão para incidir, ou seja, produzir efeitos no plano jurídico. Consiste em pressuposto para a incidência e pressupõe a superação da *vacatio legis* (período compreendido entre a publicação e a vigência). Assim, a vigência está relacionada com a validade formal da lei. Em regra, se não existir um obstáculo ou condicionamento externo, a lei em vigor, porque pronta e acabada, poderá incidir, ser aplicada aos casos concretos pertinentes.

As principais regras de vigência de diplomas legais de natureza tributária são as seguintes:

a) lei: 45 (quarenta e cinco) dias depois de publicada em território nacional e 3 (três) meses depois no estrangeiro (art. 1º da LICC – Lei de Introdução ao Código Civil) ou a regra que a própria lei estabelecer. A eficácia da lei tributária no tempo deve observar 2 (dois) condicionantes: a eventual *vacatio legis* e o princípio da anterioridade, inclusive na modalidade "qualificada";

b) atos normativos: na data da publicação, salvo disposição em contrário;

c) decisões com eficácia normativa': 30 (trinta) dias depois da publicação, salvo disposição em contrário;

d) convênios: na data em que o próprio convênio estabelecer, salvo disposição em contrário.

O art. 104 do Código Tributário Nacional veicula regra de vigência no primeiro dia do exercício seguinte para uma série de situações tributárias relacionadas com impostos sobre o patrimônio ou a renda (instituição e majoração de tributos, veiculação de novas hipóteses de incidência e revogação de isenção). É fortíssimo, entretanto, o raciocínio no sentido da revogação desse dispositivo. Com efeito, segundo certas decisões do Supremo Tribunal Federal (ADC nº 1 e ADIn nº 3.694), o princípio da anterioridade diz respeito a produção de efeitos das leis tributárias e não a vigência propriamente. Ademais, para os casos de revogação de isenção, o Supremo Tribunal já decidiu pela imediata produção dos efeitos da medida (RE nº 204.062).

A aplicação é o reconhecimento da incidência, em casos concretos, pela autoridade competente. A lei tributária aplica-se a fatos geradores futuros e pendentes. Admite-se, ainda, a aplicação a ato ou fato pretérito quando a lei:

a) for meramente interpretativa;

b) em se tratando de ato ou fato não definitivamente julgado: deixe de defini-lo como infração, deixe de defini-lo como contrário a ação ou a omissão ou comine penalidade menos severa.

Imagine-se a seguinte situação hipotética: a penalidade vigente no momento da ocorrência do fato gerador era de 75% (setenta e cinco por cento), por conta da Lei A, e antes do pagamento do crédito devido, ela foi reduzida para 30% (trinta por cento), por força da Lei B. Assim, na vigência da Lei B, se o ato não estiver definitivamente julgado, o percentual de multa a ser cobrado e pago será de 30% (trinta por cento).

O art. 3º da Lei Complementar nº 118, de 2005, veiculou norma interpretativa nos seguintes termos: "Para efeito de interpretação do inc. I do art. 168 da Lei nº 5.172, de 25 de outubro de 1966 – Código Tributário Nacional, a extinção do crédito tributário ocorre, no caso de tributo sujeito a lançamento por homologação, no momento do pagamento antecipado de que trata o §1º do art. 150 da referida Lei". Assim, restou desautorizada a tese dos "cinco mais cinco" (anos) na repetição de indébito tributário nos casos de tributos submetidos ao lançamento por homologação.

A Corte Especial do STJ, por unanimidade, reconheceu a inconstitucionalidade da aplicação retroativa da norma interpretativa (modificativa, segundo a decisão) prevista no art. 3º da Lei Complementar nº 118, de 2005, por ofensa aos princípios constitucionais da autonomia e independência dos poderes e da garantia do direito adquirido, do ato jurídico perfeito e da coisa julgada (AI nos EREsp nº 644.736).

5.5 Interpretação e integração da legislação tributária

Interpretação é a atividade intelectual com a finalidade de declarar o conteúdo, o sentido e o alcance das regras jurídicas.

A interpretação de normas tributárias deve observar algumas definições fixadas explicitamente no Código Tributário Nacional. Nessa linha, ficou consagrada a possibilidade de o legislador adequar conceitos, categorias e formas de direito privado para atingir fins tributários específicos. Essa adequação encontra limite nos conceitos utilizados na Constituição, que não podem ser modificados pelo legislador ordinário (arts. 109 e 110 do CTN). Assim, o legislador pode adotar um instituto de direito privado com efeitos distintos no plano tributário (exemplos: a prescrição tributária extingue o direito, a decadência tributária admite interrupção, a confissão de dívida tributária viabiliza a cobrança do crédito mediante inscrição direta em dívida ativa e independentemente de lançamento direto). Por outro lado, os conceitos presentes na Constituição não podem ser ampliados arbitrariamente pelo legislador (exemplo: charretes não podem ser conceituadas como veículos automotores, nem equiparadas aos mesmos, como forma de viabilizar a tributação pelo IPVA).

O STF, como destacado anteriormente, entendeu inconstitucional a ampliação da base de cálculo da COFINS e do PIS pela Lei nº 9.718, de 1998. Houve, segundo o STF, alargamento indevido do conceito de receita bruta para toda e qualquer receita, violando, assim, a noção de faturamento veiculada no art. 195, inc. I, al. "b", da CF, na redação anterior à Emenda Constitucional nº 20, de 1998. Na visão do STF, o conceito de faturamento equivalia ao de receita bruta das vendas de mercadorias, de mercadorias e serviços e de serviços de qualquer natureza (RE nº 357.950 e RE nº 346.084). Confira, no item 2.7.2.7, crítica ao posicionamento do STF que prestigiou uma corrente hermenêutica voltada para o "fechamento" dos conceitos utilizados pela Constituição para viabilizar a tributação.

Por outro lado, segundo o art. 111 do CTN, as normas reguladoras de hipóteses de suspensão e de exclusão do crédito tributário, que outorgam isenções e dispensam o cumprimento de obrigações acessórias devem ser interpretadas literalmente, ou seja, não comportam interpretação ampliativa ou extensiva (REsp nº 382.024).

Ainda segundo o Código Tributário Nacional (art. 112 do CTN), a lei tributária que define infrações, ou lhes comina penalidades, interpreta-se da maneira mais favorável ao acusado, em caso de dúvida quanto: a) à capitulação legal do fato; b) à natureza, às circunstâncias materiais do fato; à natureza ou extensão dos seus efeitos; c) à autoria, imputabilidade ou punibilidade e d) à natureza da penalidade aplicável ou à sua graduação. O STJ, com base no art. 112 do CTN, entende que não se inclui no crédito habilitado em falência a multa fiscal moratória (AgRg-AG nº 466.812).

A integração é o processo de elaboração de uma norma para ser aplicada ao caso concreto de que se cuida, se inexiste norma específica no ordenamento jurídico (situação denominada de lacuna). Os critérios (e sua ordem) a serem utilizados para preencher a lacuna tributária são os seguintes: a) analogia (busca de regras aplicáveis a situações semelhantes); b) princípios gerais de Direito Tributário (legalidade, isonomia, irretroatividade, anterioridade, não-confisco, etc.); c) princípios gerais de Direito Público (supremacia do interesse público sobre o particular, indisponibilidade do interesse público pelo administrador, etc.) e d) eqüidade (noção de justiça no caso concreto) (art. 108 do CTN).

A utilização da analogia, nos termos do CTN, não poderá resultar na exigência de tributo não previsto em lei. Já a eqüidade não poderá resultar na dispensa do pagamento de tributo devido (art. 108, §§1º e 2º, do CTN).

5.6 Jurisprudência

5.6.1 Concorrência

Aduziu-se que o Decreto-Lei 1.593/77 impôs como condição inafastável para o exercício da atividade econômica em questão um conjunto de requisitos que, não atendidos, acarretam a ilicitude da produção, e que haveria justificativa extrafiscal para a exigência da regularidade tributária, que, em princípio, à vista das características do mercado concentrado da indústria de cigarros, seria proporcional e razoável. Afirmou-se que o IPI – Imposto sobre Produtos Industrializados é rubrica preponderante no processo de formação do preço do cigarro, produto extremamente gravoso à saúde e tributado pela mais alta alíquota desse imposto, e que a diferença a menor no seu recolhimento tem reflexo superlativo na definição do lucro da empresa. Considerou-se, diante das características do mercado de cigarros, que tem na tributação dirigida um dos fatores determinantes do preço do produto, ser compatível com o ordenamento limitar a liberdade de iniciativa em prol de outras finalidades jurídicas tão ou mais relevantes, como a defesa da livre concorrência e o exercício da vigilância estatal sobre setor particularmente crítico para a saúde pública, não havendo se falar em lesão a direito subjetivo da autora, mas em ato administrativo regular que impediu a continuidade de uma situação ilegal. (AC 1657 MC/RJ, Rel. orig. Min. Joaquim Barbosa, Rel. p/ o acórdão Min. Cezar Peluso, 27.6.2007. *Informativo STF*, n. 473)

5.6.2 Cooperativas

A Turma reiterou que não incide o PIS/Cofins sobre os atos próprios da sociedade cooperativa que tem por objeto a prestação direta de serviço aos seus cooperados, na defesa dos seus interesses, na melhoria econômica e social, na orientação e gerenciamento de atividades executadas a terceiros pelos seus cooperados, a fim de aproximar o sócio-cooperado das fontes de trabalho, para que este possa melhor executá-lo, de acordo com a competência e capacidade de cada um, ex vi do art. 79 da Lei nº 5.764/1971. Precedentes citados: AgRg no REsp 211.236-RS, *DJ* 10.3.2003; REsp 171.800-RS, *DJ* 31.5.1999, e REsp 170.371-RS, *DJ* 14.6.1999. (REsp 903.699-RJ, Rel. Min. Eliana Calmon, julgado em 22.4.2008. *Informativo STJ*, n. 353)

5.6.3 Emenda constitucional

Imunidade. Art. 153, §2º, II da CF/88. Revogação pela EC nº 20/98. Possibilidade. 1. Mostra-se impertinente a alegação de que a norma art. 153, §2º, II, da Constituição Federal não poderia ter sido revogada pela EC nº 20/98 por se tratar de cláusula pétrea. 2. Esta norma não consagrava direito ou garantia fundamental, apenas previa a imunidade do imposto sobre a renda a um determinado grupo social. Sua supressão do texto constitucional, portanto, não representou a cassação ou o tolhimento de um direito fundamental e, tampouco, um rompimento da ordem constitucional vigente. 3. Recurso extraordinário conhecido e improvido. (STF. 2ª Turma. RE nº 372.600. Rel. Min. Ellen Gracie. Julgamento em 16.12.2003)

5.6.4 Interpretação

Constitucional. Tributário. Lei interpretativa. Prazo de prescrição para a repetição de indébito, nos tributos sujeitos a lançamento por homologação. LC 118/2005: Natureza modificativa (e não simplesmente interpretativa) do seu art. 3º. Inconstitucionalidade do seu art. 4º, na parte que determina a aplicação retroativa. 1. Sobre o tema relacionado com a prescrição da ação de repetição de indébito tributário, a jurisprudência do STJ (1ª Seção) é no sentido de que, em se tratando de tributo sujeito a lançamento por homologação, o prazo de cinco anos, previsto no art. 168 do CTN, tem início, não na data do recolhimento do tributo indevido, e sim na data da homologação — expressa ou tácita — do lançamento. Segundo entende o Tribunal, para que o crédito se considere extinto, não basta o pagamento: é indispensável a homologação do lançamento, hipótese de extinção albergada pelo art. 156, VII, do CTN. Assim, somente a partir dessa homologação é que teria início o prazo previsto no art. 168, I. E, não havendo homologação expressa, o prazo para a repetição do indébito acaba sendo, na verdade, de dez anos a contar do fato gerador. 2. Esse entendimento, embora não tenha a adesão uniforme da doutrina e nem de todos os juízes, é o que legitimamente define o conteúdo e o sentido das normas que disciplinam a matéria, já que se trata do entendimento emanado do órgão do Poder Judiciário que tem a atribuição constitucional de interpretá-las. 3. O art. 3º da LC 118/2005, a pretexto de interpretar esses mesmos enunciados, conferiu-lhes, na verdade, um sentido e um alcance diferente daquele dado pelo Judiciário. Ainda que defensável a "interpretação" dada, não há como negar que a Lei inovou no plano normativo, pois retirou das disposições interpretadas um dos seus sentidos possíveis, justamente aquele tido como correto pelo STJ, intérprete e guardião da legislação federal. 4. Assim, tratando-se de preceito normativo modificativo, e não simplesmente interpretativo, o art. 3º da LC 118/2005 só pode ter eficácia prospectiva, incidindo apenas sobre situações que venham a ocorrer a partir da sua vigência. 5. O art. 4º, segunda parte, da LC 118/2005, que determina a aplicação retroativa do seu art. 3º, para alcançar inclusive fatos passados, ofende o princípio constitucional da autonomia e independência dos poderes (CF, art. 2º) e o da garantia do direito adquirido, do ato jurídico perfeito e da coisa julgada (CF, art. 5º, XXXVI). 6. Argüição de inconstitucionalidade acolhida. (STJ. Corte Especial. AI nos EREsp nº 644736. Rel. Min. Teori Albino Zavascki. Julgamento em 6.6.2007)

Tributário. Contribuição previdenciária. Vale-transporte. Pagamento em pecúnia. Incidência. 1. A questão relativa a aplicabilidade às contribuições previdenciárias do prazo qüinqüenal para a constituição do crédito tributário não foi devidamente prequestionada, tendo em vista que o acórdão recorrido nada falou a respeito do dispositivo legal mencionado pela recorrente — art. 150, §4º, do CTN —, ou da matéria nele tratada. Incide assim o disposto nas Súmulas 282 e 356 do STF. 2. Em homenagem aos princípios de hermenêutica positivados nos arts. 108 e 111 do Código Tributário Nacional, descabe interpretação não-literal das hipóteses de dispensa legal de tributo. 3. Somente o vale-transporte "concedido na forma da legislação própria", está isento da Contribuição Previdenciária. Inteligência do art. 28, §9º, "f", da Lei 8.212/91 e do art. 2º, "b", da Lei nº 7.418/85. 4. Por falta de previsão na legislação do vale-transporte, o pagamento habitual em pecúnia não está albergado pela norma isentiva. 5. Recurso especial improvido. (STJ. 2ª Turma. REsp nº 382.024. Rel. Min. Castro Meira. Julgamento em 7.10.2004)

Processual Civil e Tributário. Agravo Regimental. Inexistência de omissão no acórdão recorrido. Empresa em regime de concordata. Cobrança de multa moratória. Aplicação. Novo posicionamento da primeira seção pacificado. Ressalva do ponto de vista do relator. 1. Agravo Regimental interposto contra decisão que negou provimento ao agravo de instrumento da parte agravante, por entender inexistir omissão na decisão recorrida e ser viável a cobrança de multa moratória e juros de mora nos créditos habilitados em concordata. 2. O Acórdão a quo entendeu ser viável a cobrança de multa moratória nos créditos habilitados em concordata. 3. Fundamentos, nos quais se suporta a decisão impugnada, apresentam-se claros e nítidos. Não dão lugar, portanto, a obscuridades, dúvidas ou contradições. O não acatamento das argumentações contidas no recurso não implica em cerceamento de defesa, posto que ao julgador cabe apreciar a questão de acordo com o que ele entender atinente à lide. 4. Não está obrigado o Magistrado a julgar a questão posta a seu exame de acordo com o pleiteado pelas partes, mas sim com o seu livre convencimento (art. 131, do CPC), utilizando-se dos fatos, provas, jurisprudência, aspectos pertinentes ao tema e da legislação que entender aplicável ao caso concreto. 5. Não obstante a interposição de embargos declaratórios, não são eles mero expediente para forçar o ingresso na instância extraordinária, se não houve omissão do acórdão que deva ser suprida. Desnecessidade, no bojo da ação julgada, de se abordar, como suporte da decisão, dispositivos legais e/ou constitucionais. Inexiste ofensa ao art. 535, II, do CPC, quando a matéria enfocada é devidamente abordada no âmbito do voto do aresto hostilizado. 6. Na espécie, encontrando-se a empresa em concordata, evidenciando-se, destarte, a dificuldade de saldar as suas dívidas, é viável o afastamento da exigibilidade da multa moratória, consoante o art. 112, do CTN, e seguindo corrente jurisprudencial oriunda do Pretório Excelso. 7. Não obstante o teor desse artigo não conter expressa menção do benefício ao contribuinte que se acha em estado de concordata, tal entendimento advém de interpretação extensiva externada pelo Supremo Tribunal Federal, hodiernamente pacificada jurisprudencialmente, também, por esta Corte, no sentido de que o afastamento da exigibilidade da multa fiscal não é questão de aplicação do art. 23, do Decreto-Lei nº 7.661/45, mas, sim, do art. 112, II, do CTN — não se inclui no crédito habilitado em falência a multa fiscal moratória, por constituir pena administrativa (Súmulas nºs 192 e 565, do STF). 8. A egrégia Primeira Seção desta Corte Superior, em 24.08.2000, no julgamento, por maioria, proferido no EREsp nº 111926/PR, entendeu que o art. 23, parágrafo único, do DL nº 7.661/45, que exclui da falência as multas penais e administrativas, não pode, numa interpretação extensiva, ser aplicado à concordata. Asseverou-se, na ocasião, que na concordata, a supressão da multa moratória beneficia apenas o concordatário, que já não honrara seus compromissos, enquanto que, na falência, a multa, se imposta, afetaria os próprios credores, quebrando o princípio de que a pena não pode passar do infrator. 9. Naquele julgamento fui um dos Ministros que ficou vencido quanto à aplicação do referido dispositivo legal ao instituto da concordata, por extensão analógica, porque havia, ainda, entendimentos divergentes a respeito. 10. Como a função desta Corte Superior é uniformizar o entendimento da legislação federal, não deverei mais ir de encontro ao posicionamento majoritário, mesmo tendo posição, ainda, contrária. Ressalva do ponto de vista do relator, quanto à aplicação da multa moratória. 11. Agravo regimental não provido. (STJ. 1ª Turma. AgRg no Ag nº 466.812. Rel. Min. José Delgado. Julgamento em 26.12.2002)

5.6.5 Lei complementar

Só cabe lei complementar, no sistema de direito positivo brasileiro, quando formalmente reclamada a sua edição por norma constitucional explícita. (STF. Pleno. ADIN nº 789. Rel. Celso de Mello. Julgado em 26.5.94)

Em conclusão, o Tribunal, por maioria, desproveu dois recursos extraordinários, e declarou legítima a revogação da isenção do recolhimento da Contribuição para o Financiamento da Seguridade Social sobre as sociedades civis de prestação de serviços de profissão legalmente regulamentada, prevista no art. 6º, II, da LC 70/91, pelo art. 56 da Lei 9.430/96 ("Art. 56. As sociedades civis de prestação de serviços de profissão legalmente regulamentada passam a contribuir para a seguridade social com base na receita bruta da prestação de serviços, observadas as normas da Lei Complementar nº 70, de 30 de dezembro de 1991") – v. *Informativos* 436, 452 e 459. Considerou-se a orientação fixada pelo STF no julgamento da ADC 1/DF (*DJU* de 16.6.95), no sentido de: a) inexistência de hierarquia constitucional entre lei complementar e lei ordinária, espécies normativas formalmente distintas exclusivamente tendo em vista a matéria eventualmente reservada à primeira pela própria CF; b) inexigibilidade de lei complementar para disciplina dos elementos próprios à hipótese de incidência das contribuições desde logo previstas no texto constitucional. Com base nisso, afirmou-se que o conflito aparente entre o art. 56 da Lei 9.430/96 e o art. 6º, II, da LC 70/91 não se resolve por critérios hierárquicos, mas, sim, constitucionais quanto à materialidade própria a cada uma dessas espécies normativas. No ponto, ressaltou-se que o art. 56 da Lei 9.430/96 é dispositivo legitimamente veiculado por legislação ordinária (CF, art. 146, III, b, a contrario sensu, e art. 150, §6º) que importou na revogação de dispositivo inserto em norma materialmente ordinária (LC 70/91, art. 6º, II). Concluiu-se não haver, no caso, instituição, direta ou indireta, de nova contribuição social a exigir a intervenção de legislação complementar (CF, art. 195, §4º). Vencidos os Ministros Eros Grau e Marco Aurélio que davam provimento aos recursos, para que fosse mantida a isenção estabelecida no art. 6º, II, da LC 70/91. Em seguida, o Tribunal, por maioria, rejeitou pedido de modulação de efeitos. Vencidos, no ponto, os Ministros Menezes Direito, Eros Grau, Celso de Mello, Carlos Britto e Ricardo Lewandowski, que deferiam a modulação, aplicando, por analogia, o disposto no art. 27 da Lei 9.868/99. O Tribunal também rejeitou questão de ordem que determinava a baixa do processo ao STJ, pela eventual falta da prestação jurisdicional, vencidos o Min. Marco Aurélio, que a suscitara, e o Min. Eros Grau. Por fim, o Tribunal acolheu questão de ordem suscitada pelo Min. Gilmar Mendes, relator, para permitir a aplicação do art. 543-B do CPC, vencido o Min. Marco Aurélio. Não participou da votação nas questões de ordem o Min. Joaquim Barbosa, ausente naquele momento. (RE 377457/PR, Rel. Min. Gilmar Mendes, 17.9.2008; RE 381964/MG, Rel. Min. Gilmar Mendes, 17.9.2008. *Informativo STF*, n. 520)

5.6.6 Normas complementares

Tributário – Imposto de renda da pessoa física – Art. 8º, II, 'b', da Lei nº 9.250/95 – Ilegalidade – Inconstitucionalidade indireta – Tema que escapa à competência do Superior Tribunal de Justiça – Instrução normativa. Inexistência de extrapolação do conteúdo da lei a que visa explicitar. 1. O art. 105, III, da CF não contempla a possibilidade de, em Recurso Especial, confrontar-se dispositivos de Lei Complementar (CTN) e de Lei Federal, a fim de declarar-se a ilegalidade desta última. Recurso Especial não conhecido. (RESP 167014/RS, Rel. Min. Francisco Peçanha Martins, *DJ* de 17.9.2001) 2. A base de cálculo obedece o princípio da legalidade. A afirmação de que o art. 8º, II, "b" da Lei nº 9.250/95 contraria o disposto nos arts. 43 e 110, do Código Tributário Nacional, sugere, indiretamente, a inconstitucionalidade da disposição, matéria apreciável pelo Colendo Supremo Tribunal Federal, guardião dos comandos constitucionais. Ausência de matéria infraconstitucional autônoma. 3. A base de cálculo é elemento ad substantia do tributo, por isso que sua instituição obedece ao princípio da legalidade, dependendo de "lei no seu sentido estrito". 4. A fonte primária do direito tributário é a "lei" porquanto dominado esse ramo pelo "princípio da legalidade" segundo o qual não há tributo sem lei que o estabeleça, como consectário de que ninguém deve ser coativamente instado a fazer ou deixar de fazer algo senão em virtude de lei. 5. As normas complementares do direito tributário são de grande valia porquanto empreendem exegese uniforme a ser obedecida pelos agentes administrativos fiscais (art. 100, do CTN). Constituem, referidas normas, fonte do direito tributário porquanto integrantes da categoria "legislação tributária" (art. 96, do CTN) 6. Ato normativo que se limita a explicitar o conteúdo da lei ordinária. Ausência de violação ao Princípio a Estrita Legalidade. 7. Recurso especial parcialmente conhecido, porém, desprovido. (STJ. 1ª Turma. REsp nº 460.986. Rel. Min. Luiz Fux. Julgamento em 6.3.2003)

5.6.7 Tratados

É na Constituição da República — e não na controvérsia doutrinária que antagoniza monistas e dualistas — que se deve buscar a solução normativa para a questão da incorporação dos atos internacionais ao sistema de direito positivo interno brasileiro. O exame da vigente Constituição Federal permite constatar que a execução dos tratados internacionais e a sua incorporação à ordem jurídica interna decorrem, no sistema adotado pelo Brasil, de um ato subjetivamente complexo, resultante da conjugação de duas vontades homogêneas: a do Congresso Nacional, que resolve, definitivamente, mediante decreto legislativo, sobre tratados, acordos ou atos internacionais (CF, art. 49, I) e a do Presidente da República, que, além de poder celebrar esses atos de direito internacional (CF, art. 84, VIII), também dispõe — enquanto Chefe de Estado que é — da competência para promulgá-los mediante decreto. O iter procedimental de incorporação dos tratados internacionais — superadas as fases prévias da celebração da convenção internacional, de sua aprovação congressional e da ratificação pelo Chefe de Estado — conclui-se com a expedição, pelo Presidente da República, de decreto, de cuja edição derivam três efeitos básicos que lhe são inerentes: (a) a promulgação do tratado internacional; (b) a publicação oficial de seu texto; e (c) a executoriedade do ato internacional, que passa, então, e somente então, a vincular e a obrigar no plano do direito positivo interno. Precedentes. Subordinação normativa dos tratados internacionais à Constituição da República. – No sistema jurídico brasileiro, os tratados ou convenções internacionais estão hierarquicamente subordinados à autoridade normativa da Constituição da República. Em conseqüência, nenhum valor jurídico terão os tratados internacionais, que, incorporados ao sistema de direito positivo interno, transgredirem, formal ou materialmente, o texto da Carta Política. O exercício do *treaty-making power*, pelo Estado brasileiro — não obstante o polêmico art. 46 da Convenção de Viena sobre o Direito dos Tratados (ainda em curso de tramitação perante o Congresso Nacional) —, está sujeito à necessária observância das limitações jurídicas impostas pelo texto constitucional. Controle de constitucionalidade de tratados internacionais no sistema jurídico brasileiro. – O Poder Judiciário — fundado na supremacia da Constituição da República — dispõe de competência, para, quer em sede de fiscalização abstrata, quer no âmbito do controle difuso, efetuar o exame de constitucionalidade dos tratados ou convenções internacionais já incorporados ao sistema de direito positivo interno. Doutrina e Jurisprudência. Paridade normativa entre atos internacionais e normas infraconstitucionais de direito interno. – Os tratados ou convenções internacionais, uma vez regularmente incorporados ao direito interno, situam-se, no sistema jurídico brasileiro, nos mesmos planos de validade, de eficácia e de autoridade em que se posicionam as leis ordinárias, havendo, em conseqüência, entre estas e os atos de direito internacional público, mera relação de paridade normativa. Precedentes. No sistema jurídico brasileiro, os atos internacionais não dispõem de primazia hierárquica sobre as normas de direito interno. A eventual precedência dos tratados ou convenções internacionais sobre as regras infraconstitucionais de direito interno somente se justificará quando a situação de antinomia com o ordenamento doméstico impuser, para a solução do conflito, a aplicação alternativa do critério cronológico ("lex posterior derogat priori") ou, quando cabível, do critério da especialidade. Precedentes. Tratado internacional e reserva constitucional de lei complementar. – O primado da Constituição, no sistema jurídico brasileiro, é oponível ao princípio *pacta sunt servanda*, inexistindo, por isso mesmo, no direito positivo nacional, o problema da concorrência entre tratados internacionais e a Lei Fundamental da República, cuja suprema autoridade normativa deverá sempre prevalecer sobre os atos de direito internacional público. Os tratados internacionais celebrados pelo Brasil — ou aos quais o Brasil venha a aderir — não podem, em conseqüência, versar matéria posta sob reserva constitucional de lei complementar. É que, em tal situação, a própria Carta Política subordina o tratamento legislativo de determinado tema ao exclusivo domínio normativo da lei complementar, que não pode ser substituída por qualquer outra espécie normativa infraconstitucional, inclusive pelos atos internacionais já incorporados ao direito positivo interno. (STF. Pleno. ADINMC nº 1.480. Rel. Min. Celso de Mello. Julgado em 4.9.97)

MERCOSUL – Carta rogatória passiva – Denegação de exequatur – Protocolo de medidas cautelares (Ouro Preto/MG) – Inaplicabilidade, por razões de ordem circunstancial – Ato internacional cujo ciclo de incorporação, ao direito interno do Brasil, ainda não se achava concluído à data da decisão denegatória do exequatur, proferida pelo Presidente do Supremo Tribunal Federal – Relações entre o direito internacional, o direito comunitário e o direito nacional do Brasil – Princípios do efeito direto e da aplicabilidade imediata – Ausência de sua previsão no sistema constitucional brasileiro – Inexistência de cláusula geral de recepção plena e automática de atos internacionais, mesmo daqueles fundados em tratados de integração – Recurso de agravo improvido. A recepção dos tratados ou convenções internacionais em geral e dos acordos celebrados no âmbito do MERCOSUL está sujeita à disciplina fixada na Constituição da República. – A recepção de acordos celebrados pelo Brasil no âmbito do MERCOSUL está sujeita à mesma disciplina constitucional que rege o processo de incorporação, à ordem positiva interna brasileira, dos tratados ou convenções internacionais em geral. É, pois, na Constituição da República, e não em instrumentos normativos de caráter internacional, que reside a definição do iter procedimental pertinente à transposição, para o plano do direito positivo interno do Brasil, dos tratados, convenções ou acordos — inclusive daqueles celebrados no contexto regional do MERCOSUL — concluídos pelo Estado brasileiro. Precedente: ADI 1.480-DF, Rel. Min. Celso de Mello. – Embora desejável a adoção de mecanismos constitucionais diferenciados, cuja instituição privilegie o processo de recepção dos atos, acordos, protocolos ou tratados celebrados pelo Brasil no âmbito do MERCOSUL, esse é um tema que depende, essencialmente, quanto à sua solução, de reforma do texto da Constituição brasileira, reclamando, em conseqüência, modificações de jure constituendo. Enquanto não sobrevier essa necessária reforma constitucional, a questão da vigência doméstica dos acordos celebrados sob a égide do MERCOSUL continuará sujeita ao mesmo tratamento normativo que a Constituição brasileira dispensa aos tratados internacionais em geral. Procedimento constitucional de incorporação de convenções internacionais em geral e de tratados de integração (MERCOSUL). – A recepção dos tratados internacionais em geral e dos acordos celebrados pelo Brasil no âmbito do MERCOSUL depende, para efeito de sua ulterior execução no plano interno, de uma sucessão causal e ordenada de atos revestidos de caráter político-jurídico, assim definidos: (a) aprovação, pelo Congresso Nacional, mediante decreto legislativo, de tais convenções; (b) ratificação desses atos internacionais, pelo Chefe de Estado, mediante depósito do respectivo instrumento; (c) promulgação de tais acordos ou tratados, pelo Presidente da República, mediante decreto, em ordem a viabilizar a produção dos seguintes efeitos básicos, essenciais à sua vigência doméstica: (1) publicação oficial do texto do tratado e (2) executoriedade do ato de direito internacional público, que passa, então — e somente então — a vincular e a obrigar no plano do direito positivo interno. Precedentes. O sistema constitucional brasileiro não consagra o princípio do efeito direto e nem o postulado da aplicabilidade imediata dos tratados ou convenções internacionais. – A Constituição brasileira não consagrou, em tema de convenções internacionais ou de tratados de integração, nem o princípio do efeito direto, nem o postulado da aplicabilidade imediata. Isso significa, de jure constituto, que, enquanto não se concluir o ciclo de sua transposição, para o direito interno, os tratados internacionais e os acordos de integração, além de não poderem ser invocados, desde logo, pelos particulares, no que se refere aos direitos e obrigações neles fundados (princípio do efeito direto), também não poderão ser aplicados, imediatamente, no âmbito doméstico do Estado brasileiro (postulado da aplicabilidade imediata). – O princípio do efeito direto (aptidão de a norma internacional repercutir, desde logo, em matéria de direitos e obrigações, na esfera jurídica dos particulares) e o postulado da aplicabilidade imediata (que diz respeito à vigência automática da norma internacional na ordem jurídica interna) traduzem diretrizes que não se acham consagradas e nem positivadas no texto da Constituição da República, motivo pelo qual tais princípios não podem ser invocados para legitimar a incidência, no plano do ordenamento doméstico brasileiro, de qualquer convenção internacional, ainda que se cuide de tratado de integração, enquanto não se concluírem os diversos ciclos que compõem o seu processo de incorporação ao sistema de direito interno do Brasil. Magistério da doutrina. – Sob a égide do modelo constitucional brasileiro, mesmo cuidando-se de tratados de integração, ainda subsistem os clássicos mecanismos institucionais de recepção das convenções internacionais em geral, não bastando, para afastá-los, a existência da norma inscrita no art. 4º, parágrafo único, da Constituição da República, que possui conteúdo meramente programático e cujo sentido não torna dispensável a atuação dos instrumentos constitucionais de transposição, para a ordem jurídica doméstica, dos acordos, protocolos e convenções celebrados pelo Brasil no âmbito do MERCOSUL. (STF. Pleno. CR nº 8.279 AgR/AT. Rel. Min. Celso de Mello. Julgamento em 17.6.1998)

5.6.8 Vigência

Improcedência das alegações de inconstitucionalidade da contribuição social instituída pela Lei Complementar nº 70/91 (COFINS). Ação que se conhece em parte, e nela se julga procedente, para declarar-se, com os efeitos previstos no §2º do art. 102 da Constituição Federal, na redação da Emenda Constitucional nº 3, de 1993, a constitucionalidade (...) das expressões "esta lei complementar entra em vigor na data de sua publicação, produzindo efeitos a partir do primeiro dia do mês seguinte nos noventa dias posteriores, aquela publicação, ..." constantes do art. 13, todos da Lei Complementar nº 70, de 30 de dezembro de 1991. (STF. Pleno. ADC nº 1. Rel. Min. Moreira Alves. Julgado em 1º.12.93)

Capítulo 6

Obrigação tributária: fato gerador, sujeito ativo e sujeito passivo, solidariedade, capacidade, domicílio

Sumário: **6.1** Introdução - **6.2** Disposições gerais - **6.3** Fato gerador - **6.4** Sujeito ativo e sujeito passivo - **6.5** Solidariedade - **6.6** Capacidade - **6.7** Domicílio - **6.8** Jurisprudência - **6.8.1** Domicílio - **6.8.2** Fato gerador - **6.8.3** Obrigação acessória - **6.8.4** Solidariedade - **6.8.5** Tributo e ilícito

6.1 Introdução

Isolando, para fins meramente didáticos, cada fase de apuração e cobrança dos tributos podem ser fixados cinco grandes marcos temporais na chamada dinâmica de constituição e exigibilidade do crédito tributário.

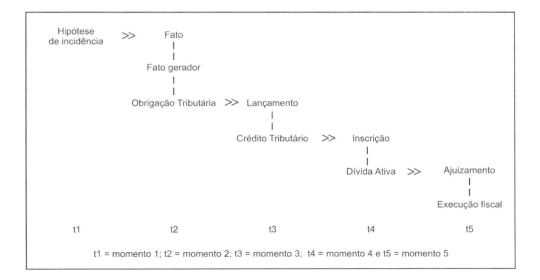

O primeiro momento, rumo à cobrança até mesmo judicial do crédito, consiste na veiculação legal de uma hipótese de incidência ou fato gerador abstrato como elemento mediato necessário ao surgimento da relação jurídico-tributária. Será a situação de fato ou de direito descrita na lei que desencadeia, com sua verificação concreta, o nascimento da obrigação tributária. Trata-se de um elemento puramente normativo, sendo o mundo jurídico seu *habitat* natural.

O segundo passo nessa escalada consiste justamente na realização, concretização ou efetivação daquela previsão normativa chamada de hipótese de incidência. Esse é o denominado fato gerador ou, mais precisamente, fato gerador concreto. Sendo fato jurídico faz nascer a obrigação tributária conseqüente como o vínculo necessário que liga o contribuinte *lato sensu* ao Fisco. A partir daí, também, já se identifica o dever de pagar tributo e o direito, por outro lado, de recebê-lo.

O terceiro estágio, já nascida a relação jurídica entre o Fisco e o contribuinte *lato sensu*, implica especificar ou quantificar o volume de recursos pecuniários a serem transferidos para os cofres públicos. Nessa oportunidade, por meio de ato (ou procedimento, conforme o caso) administrativo denominado lançamento, surge o crédito tributário. Assim, como afirma a mais abalizada doutrina, o lançamento declara ou reconhece a existência da obrigação tributária e constitui ou quantifica o crédito tributário.

Não extinto o crédito tributário, pelo pagamento ou qualquer das outras hipóteses previstas em lei, impõe-se à Administração Tributária conformar um título extrajudicial para aparelhar a execução da dívida pendente de satisfação. Para tanto, faz-se a inscrição do crédito em dívida ativa, conferindo ao mesmo liquidez e certeza.

A certidão de inscrição (certidão de dívida ativa) será o título extrajudicial hábil para perseguir em juízo, mediante uma série de atos específicos (citação, penhora e leilão, entre outros), a realização do crédito público.

Portanto, para realizar a tributação, recolhendo os tributos devidos pelos contribuintes, o Estado-Fisco precisa percorrer um caminho previamente fixado pelo ordenamento jurídico-tributário. Nessa linha, como muito bem destaca Hugo de Brito Machado,[22] a relação de tributação não é simples relação de poder ou mera manifestação da soberania estatal. É, sobretudo, relação jurídica, na medida em que a tributação utiliza o instrumental do direito para sua efetivação.

Ocorre que a relação jurídico-tributária, vínculo abstrato formado entre a Fazenda Pública e o contribuinte *lato sensu*, assim como qualquer relação jurídica, é o ponto de chegada, e não o ponto de partida, do chamado fenômeno

---

[22] MACHADO. *Curso de direito tributário*, p. 37.

ou fenomenologia da juridicização. A relação jurídico-tributária surge como efeito próprio da concretização do fato gerador. Esse, por sua vez, somente existe porque uma norma jurídica contemplou aquela situação como necessária e suficiente para desencadear conseqüências tributárias específicas.

Nessa linha, uma das acepções mais comuns da palavra tributo é como objeto da prestação presente na relação jurídico-obrigacional de dar decorrente de lei (ou *ex lege*). Representado graficamente ter-se-ia:

6.2 Disposições gerais

O vínculo abstrato (relação jurídica) nascido no exato instante da ocorrência do fato gerador, comportando um dever e um direito em torno de um objeto (prestação), pode ser uma:

a) obrigação tributária principal (obrigação de dar), tendo por objeto o pagamento de tributo ou penalidade pecuniária;

b) obrigação tributária acessória (obrigação de fazer ou não-fazer), tendo por objeto prestações positivas ou negativas no interesse da arrecadação e/ou fiscalização. São exemplos de obrigações tributárias acessórias: realizar matrícula no cadastro de contribuintes, emitir nota fiscal, apresentar declarações ao Fisco, permitir a fiscalização dos livros e documentos fiscais, entre outras do gênero.

A obrigação acessória, pelo simples fato da sua inobservância, enseja o nascimento de uma obrigação principal relativamente à penalidade pecuniária. Nesse particular, o Código Tributário Nacional encerra uma impropriedade ao consignar, no art. 113, §3º, que a obrigação acessória converte-se em obrigação principal pela sua inobservância. Em verdade, o desatendimento de uma gera a outra e, a partir daí, as duas coexistem.

Segundo o STJ, a instituição de obrigações acessórias não depende da edição de lei (EAREsp nº 507.467). Em outras palavras, as normas tributárias infralegais podem criar esse tipo de obrigação.

6.3 Fato gerador

O fato gerador da obrigação principal, como fato jurídico, é a situação de fato ou de direito, com conteúdo econômico, necessária e suficiente para desencadear, a partir de sua verificação concreta, o surgimento da obrigação tributária como relação jurídica.

São três as espécies de fato gerador: a) instantâneo – quando a situação prevista em lei ocorre num instante único e identificado no tempo. Exemplos: ICMS (REsp nº 38.344), IOF e ITBI; b) periódico (múltiplo, complexo ou "complexivo") – quando a situação prevista em lei corresponde a um conjunto de fatos considerados num determinado intervalo de tempo. Exemplo: IR; e c) continuado – quando a situação prevista em lei é definida por essa num momento específico, embora permaneça ou continue indefinidamente a mesma em sua conformação básica. Exemplos: IPVA, IPTU e ITR.

Já fato gerador da obrigação acessória é, segundo a lei, qualquer situação que imponha a prática ou a abstenção de ato que não configure obrigação principal.

Estabelece o Código Tributário Nacional que, salvo disposição de lei em contrário, considera-se ocorrido o fato gerador e existentes os seus efeitos (nascimento da obrigação tributária): a) tratando-se de situação de fato, desde o momento em que se verifiquem as circunstâncias materiais necessárias a que produza os efeitos que normalmente lhe são próprios (exemplo: saída de mercadoria do estabelecimento comercial); e b) tratando-se de situação jurídica, desde o momento em que esteja definitivamente constituída, nos termos do direito aplicável.

Se a situação jurídica estiver relacionada com atos ou negócios jurídicos condicionais (dependentes de eventos futuros e incertos), esses se reputam perfeitos e acabados: a) sendo suspensiva a condição, desde seu implemento; e b) sendo resolutória a condição, desde o momento da prática do ato ou da celebração do negócio.

Atos ou negócios jurídicos condicionais, reputam-se perfeitos e acabados:

Condição suspensiva	momento do implemento
Condição resolutória	momento da prática do ato ou celebração do negócio

Suspensiva: A -- I xxxxxxxxxxxxxxxxxxxxxxxxxxxxxxxxxxxx

Resolutória: A xxxxxxxxxxxxxxxxxxxxxxxxxxxxxxxxxxxxxxxxxxxxxx I --

(---) não produz efeitos; (xxx) produz efeitos

Com essas considerações, ganha sentido o disposto no art. 105 do Código Tributário Nacional ao afirmar que a legislação tributária aplica-se imediatamente aos fatos geradores pendentes. São justamente as hipóteses dependentes do implemento de uma condição.

A Lei Complementar nº 104, de 2001, introduziu um dispositivo importantíssimo no Código Tributário Nacional ao fixar que "a autoridade administrativa poderá desconsiderar atos ou negócios jurídicos praticados com a finalidade de dissimular a ocorrência do fato gerador do tributo ou a natureza dos elementos constitutivos da obrigação tributária, observados os procedimentos a serem estabelecidos em lei ordinária". Trata-se de uma norma voltada para combater a elisão tributária, ou seja, os procedimentos *lícitos* dos contribuintes para, por intermédio de escolhas cuidadosamente estudadas, não realizarem explicitamente os fatos geradores ou hipóteses de incidência previstos na legislação tributária.[23] Figuremos um exemplo, admitindo que a doação é isenta de imposto de renda e os rendimentos com locação de imóveis são tributáveis. Nessas condições, para escapar da tributação, um imóvel poderia ser dado em comodato (empréstimo gratuito pelo prazo de um ano) e o seu proprietário receber, ao longo do ano, uma doação de valor idêntico a soma dos aluguéis.

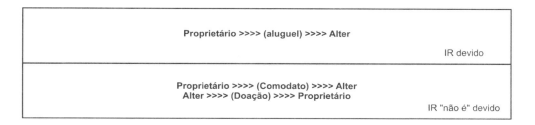

O fato gerador como instituto jurídico-tributário não guarda obediência à chamada teoria das nulidades do direito privado. Em outras palavras, as solenidades e formalismos próprios dos atos jurídicos privados não afetam o nascimento da obrigação tributária. Assim, não importa, para a configuração do fato gerador, a circunstância de eles consistirem num ato ou negócio nulo ou anulável. Duas conseqüências de extremo relevo decorrem dessas considerações:

a) pago o tributo, a superveniência de anulação ou decretação de nulidade do ato jurídico em que consistia o seu fato gerador não dará lugar à repetição ou devolução do indébito;

---

[23] Cf. CASTRO. Norma geral antielisiva (art. 116, parágrafo único do CTN): constitucionalidade e outros aspectos relevantes. Brasília, 28 dez. 2002. Disponível em: <http://www.aldemario.adv.br/nga.pdf>.

b) embora o fato gerador não possa ser um ilícito, se ocorrer em circunstâncias ilícitas desencadeará o surgimento normal da obrigação tributária. Significa dizer que se as atividades ilícitas, criminosas ou imorais implicarem a realização de fatos geradores tributários, as exações correspondentes são devidas (STF HC nº 77.530 e STJ HC nº 7.444).

6.4 Sujeito ativo e sujeito passivo

Compõem a obrigação tributária nascida com a ocorrência do fato gerador um sujeito ativo e um sujeito passivo. O sujeito ativo será a pessoa jurídica, normalmente de direito público, titular do direito subjetivo de exigir a prestação pecuniária (tributo ou penalidade) ou a prestação não-pecuniária positiva ou negativa. Já a pessoa natural ou jurídica, privada ou pública, de quem se exige o cumprimento da prestação pecuniária (tributo ou penalidade) ou a prestação não-pecuniária positiva ou negativa, denomina-se sujeito passivo.

Salvo disposição de lei em contrário, a pessoa jurídica de direito público, que se constituir pelo desmembramento territorial de outra, sub-roga-se nos direitos dessa, cuja legislação tributária aplicará até que entre em vigor a sua própria. Assim, a exigibilidade dos créditos tributários não sofre interrupção. Também não se produz um indesejável vazio normativo.

Segundo o Código Tributário Nacional, precisamente no art. 121, existem dois tipos de sujeito passivo da obrigação tributária principal. O contribuinte, também conhecido como sujeito passivo direto, será aquele que tenha relação pessoal e direta com a situação que constitua o fato gerador da obrigação. Em outras palavras, o contribuinte retira proveito econômico da situação definida como fato gerador. Já o responsável, também chamado de sujeito passivo indireto, é aquele que não é contribuinte, portanto, não mantém relação pessoal e direta com o fato gerador, mas sua obrigação de adimplir a obrigação decorre de disposição expressa de lei.

Importa destacar que o responsável possui uma relação ou vinculação com o fato gerador, até porque, um terceiro, completamente alheio ao nascimento da obrigação tributária, não pode ser chamado a pagar o tributo devido. Porém, a relação ou vinculação mantida pelo responsável com o fato gerador não é pessoal e direta.

Podem-se, à luz da legislação tributária em vigor, arrolar os seguintes exemplos de sujeitos passivos na condição de responsáveis:

a) a fonte pagadora da renda ou proventos tributáveis (salários, remunerações, ganhos de capital, etc.) responde pela retenção do imposto de renda e recolhimento posterior aos cofres públicos;

b) o adquirente de bens responde pelos tributos devidos pelo bem adquirido;

c) o espólio (patrimônio de alguém depois da morte) responde pelos tributos devidos pelo falecido (*de cujus*) até a data do óbito;
d) a pessoa jurídica de direito privado que resultar de fusão, transformação ou incorporação de outra ou em outra responde pelos tributos devidos até a data do ato pelas pessoas jurídicas de direito privado fusionadas, transformadas ou incorporadas;
e) a pessoa natural ou jurídica de direito privado que adquirir de outra, por qualquer título, fundo de comércio ou estabelecimento comercial, industrial ou profissional, e continuar a respectiva exploração, responde pelos tributos, devidos até a data do ato, pelo fundo ou estabelecimento adquirido, se o alienante cessar a exploração do comércio, indústria ou atividade.

Os particulares podem pactuar ou contratar licitamente o que quiserem, mas não poderão, por essa via, modificar a definição legal do sujeito passivo das obrigações tributárias, salvo disposição de lei em contrário.

Importa frisar não serem irregulares, nulas ou ilícitas as cláusulas contratuais definidoras da responsabilidade pelo pagamento de tributos em pessoa distinta daquela fixada na legislação tributária. Apenas, tais cláusulas não prevalecem contra o Fisco competente, podendo esse simplesmente ignorar, no momento da cobrança, a existência daquela disposição.

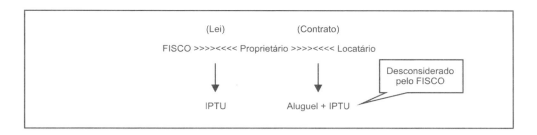

6.5 Solidariedade

Solidariedade é a ocorrência de mais de um credor, ou mais de um devedor, na mesma relação obrigacional, cada qual com direito ou obrigado à dívida toda.

A solidariedade tributária passiva ocorre quando:
a) as pessoas tenham interesse comum na situação que constitua o fato gerador da obrigação principal. Exemplo: três irmãos que são co-proprietários de um imóvel rural são, também, co-devedores solidários do Imposto Territorial Rural (ITR);

b) as pessoas obrigadas são expressamente designadas em lei. O STJ, exatamente com esse fundamento, reconheceu a responsabilidade solidária dos sócios-cotistas prevista no art. 13 da Lei nº 8.620, de 1993 (REsp nº 611.396).

A solidariedade tributária passiva não comporta o chamado benefício de ordem, por intermédio do qual um co-obrigado tem o direito de requerer sejam executados, num primeiro momento, os bens do devedor principal (REsp nº 410.104). Havendo o tal benefício de ordem, os seus bens somente serão executados se, para saldar a dívida, inexistam ou sejam insuficientes os bens do devedor principal. Segundo a previsão do art. 124, parágrafo único, do Código Tributário Nacional, a Fazenda Pública competente pode escolher o devedor mais solvente segundo a conveniência de melhor realização do crédito tributário.

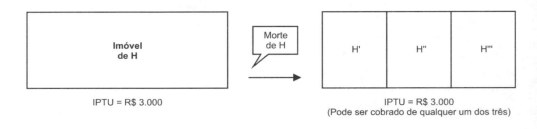

Os efeitos da solidariedade, salvo disposição em contrário, são:
a) o pagamento efetuado por um dos obrigados aproveita aos demais;
b) a isenção ou remissão de crédito exonera todos os obrigados, salvo se outorgada pessoalmente a um deles, subsistindo a solidariedade pelo saldo;

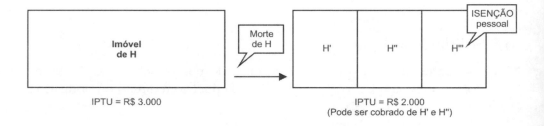

c) a interrupção da prescrição, em favor ou contra um dos obrigados, favorece ou prejudica os demais.

6.6 Capacidade

Como a situação definida em lei como fato gerador da obrigação tributária principal é necessária e suficiente para o nascimento do vínculo entre o sujeito ativo e o contribuinte *lato sensu*, a capacidade tributária passiva, ou seja, a possibilidade de figurar como sujeito passivo da obrigação, independe de incapacidade civil (menoridade, loucura, etc), medidas que importem privação ou limitação do exercício de atividades ou da administração de bens ou negócios e irregularidade na constituição de pessoa jurídica.

As razões de ordem prática para a existência dessas regras são evidentes. Se fosse possível utilizar esses defeitos ou vícios contra o Fisco, inúmeras pessoas naturais ou empresas criariam as condições para suas ocorrências com o objetivo de escapar às obrigações tributárias. Não custa lembrar que a vontade é irrelevante na conformação da obrigação tributária, assim como previsto na própria definição de tributo presente no art. 3º do Código Tributário Nacional.

Importa, por fim, não confundir competência tributária com capacidade tributária. A primeira significa a qualificação constitucional da pessoa jurídica de direito público (ente estatal) para criar ou instituir tributos, segundo previsão expressa. Já a capacidade tributária (ativa ou passiva) consiste na aptidão para figurar como sujeito na relação jurídico-tributária, portanto, titularizar direitos ou obrigações tributárias.

6.7 Domicílio

Domicílio tributário é o lugar em que a pessoa natural ou jurídica estabelece o centro de suas atividades habituais. Todas as comunicações e procedimentos fiscais serão dirigidos àquele lugar.

As regras pertinentes ao assunto podem ser assim resumidas:

a) existem tributos cuja legislação específica exclui ou restringe a faculdade de escolha, pelo sujeito passivo, de seu domicílio tributário;

b) nos demais tributos, vigora a liberdade de escolha;

c) a liberdade de escolha não pode ser usada para impedir ou dificultar a arrecadação ou a fiscalização do tributo, pois nesse caso poderá ser recusado o domicílio escolhido (REsp nº 437.383);

d) ocorrendo essa recusa, o domicílio tributário será o do lugar da situação dos bens ou da ocorrência dos atos ou fatos que deram origem à obrigação;

e) na falta de escolha ou eleição, o domicílio dever ser: para as pessoas físicas ou naturais, a residência habitual ou centro habitual das atividades, se incerta ou desconhecida a residência; para as pessoas jurídicas de direito privado e firmas individuais, o lugar da sede ou de cada estabelecimento, em relação aos atos ou fatos que derem origem à obrigação e para as pessoas jurídicas de direito público, qualquer das repartições no território da entidade tributante.

O tema domicílio tributário ganha importância crucial quando visto sob a ótica das comunicações ou notificações dirigidas pelo Fisco ao contribuinte. Com efeito, a legislação tributária federal reputa feitas as intimações fiscais por via postal na data do recebimento da correspondência no domicílio tributário do contribuinte.

Nos termos da lei federal, para fins de intimação, considera-se domicílio tributário do sujeito passivo: a) o endereço postal por ele fornecido, para fins cadastrais, à administração tributária e b) o endereço eletrônico a ele atribuído pela administração tributária, desde que autorizado pelo sujeito passivo.

A lei federal prevê quatro formas de intimação do contribuinte no âmbito do processo administrativo fiscal. São elas: a) pessoal; b) por via postal; c) por meio eletrônico e d) por edital. Os três primeiros meios de intimação não estão sujeitos a ordem de preferência para utilização. Já o edital somente deve ser utilizado quando "resultar improfícuo um dos meios" referidos anteriormente.

O STJ, no julgamento do REsp nº 758.439, entendeu que existe a presunção de recebimento da notificação, enviada pelo correio, no caso de lançamento do IPTU. Cabe ao contribuinte, portanto, provar o não-recebimento da notificação do lançamento (retratado no "carnê").

6.8 Jurisprudência

6.8.1 Domicílio

Tributário. Domicílio fiscal. Dificuldade de arrecadação e/ou localização. Possibilidade de eleição ou revisão pelo fisco. Art. 127, §2º, do CTN. 1. O sujeito ativo tributante, enfrentando dificuldades para arrecadar ou localizar o domicílio tributário do contribuinte, poderá fixá-lo nos limites estabelecidos por lei (art. 127, §2º, do CTN). 2. Esse princípio não afeta direito subjetivo do contribuinte. 3. Inexistência de prova de mudança de domicílio do contribuinte para outro Município que não o eleito pelo Fisco, cidade na qual se localiza a sua residência, a sede da pessoa jurídica da qual é sócio, e praticamente a quase totalidade de seu patrimônio, não tendo outra conotação, a eleição de outro domicílio para fins de arrecadação tributária, que a de criar embaraço à fiscalização. No mandado de segurança, a prova é pré-constituída. 4. Recurso não provido. (STJ. 1ª Turma. REsp nº 437.383. Rel. Min. José Delgado. Julgamento em 27.8.2002)

IPTU. Notificação. Lançamento de ofício. A Turma decidiu que, na cobrança de IPTU, em que o lançamento é feito de ofício pelo Fisco municipal e a notificação do débito é enviada pelo correio, cabe ao contribuinte provar que não recebeu o carnê, afastando, assim, a presunção da referida notificação, o que, no caso, não ocorreu. Precedentes citados: REsp 168.035-SP, *DJ* 24.9.2001; AgRg no Ag 469.086-GO, *DJ* 8.9.2003, e REsp 86.372-RS, *DJ* 25.10.2004. (REsp 758.439-MG, Rel. Min. Eliana Calmon. *Informativo STJ*, n. 274)

6.8.2 Fato gerador

O fato gerador do ICMS não e múltiplo, complexo ou continuado, mas instantâneo, ganhando relevância o aspecto temporal para a consequente incidência normativa, somente nascendo a obrigação tributária no momento em que incide concretamente. (STJ. 1ª Turma. REsp nº 38.344. Rel. Min. Milton Luiz Pereira. Julgamento em 28.9.94)

6.8.3 Obrigação acessória

A instrução normativa 73/96 estabelece apenas os regramentos administrativos para a apresentação das DCTF's, revelando-se perfeitamente legítima a exigibilidade da obrigação acessória, não havendo que se falar em violação ao princípio da legalidade. (STJ. 1ª Turma. EDcl no AgRg no REsp nº 507467. Rel. Min. Luiz Fux. Julgamento em 20.11.2003)

6.8.4 Solidariedade

Processual Civil e Tributário. Recurso Especial. Execução fiscal. Débitos para com a seguridade social. Responsabilidade solidária dos sócios. Redirecionamento. Possibilidade. I - Nos casos de débitos para com a Seguridade Social, decorrentes do inadimplemento das obrigações previdenciárias, a Lei nº 8.620/93 estabeleceu em seu art. 13 a responsabilidade solidária dos sócios-cotistas. Assim, não há que se cogitar da necessidade de comprovação, pelo credor exeqüente, de que o não-recolhimento da exação decorreu de ato abusivo, praticado com violação à lei ou de que o sócio deteve a qualidade de dirigente da sociedade devedora. II - O dispositivo citado tem respaldo no art. 124, inc. II, do Código Tributário Nacional, que estabelece a responsabilidade solidária das pessoas expressamente designadas por lei. III - Em se tratando de débitos da sociedade para com a Seguridade Social, decorrentes do descumprimento das obrigações previdenciárias, não pode ser afastada lei específica, que estabelece a responsabilidade solidária dos sócios pelos débitos previdenciários. IV - Recurso especial provido. (STJ. 1ª Turma. REsp nº 611.396. Rel. Min. Francisco Falcão. Julgamento em 1º.6.2004)

Tributário. Contribuições previdenciárias. Cessão de mão-de-obra. Responsabilidade solidária do tomador (contratante). Art. 31 da Lei 8.212/91. 1. O art. 31 da Lei 8.212/91 estabeleceu solidariedade entre o contratante dos serviços executados mediante cessão de mão-de-obra e o executor. 2. Trata-se de hipótese de solidariedade tributária, prevista no art. 124 do CTN, cujo §1º dispõe que "a solidariedade referida neste artigo não comporta benefício de ordem". 3. Para incidir na possibilidade de elisão estabelecida no §3º, do art. 31, o contratante deveria ter exigido do executor a apresentação dos comprovantes relativos às obrigações previdenciárias, previamente ao pagamento da nota fiscal ou fatura — do que, no caso concreto, não se cogita. 4. Recurso especial provido. (STJ. 1ª Turma. REsp nº 410.104. Rel. Min. Teori Albino Zavascki. Julgamento em 6.5.2004)

6.8.5 Tributo e ilícito

Sonegação fiscal de lucro advindo de atividade criminosa: "non olet". (...) A exoneração tributária dos resultados econômicos de fato criminoso — antes de ser corolário do princípio da moralidade — constitui violação do princípio de isonomia fiscal, de manifesta inspiração ética. (STF. 1ª Turma. HC nº 77.530. Rel. Min. Sepúlveda Pertence. Julgado em 25.8.98)

É possível a tributação sobre rendimentos auferidos de atividade ilícita, seja de natureza civil ou penal; o pagamento de tributo não é uma sanção, mas uma arrecadação decorrente de renda ou lucro percebidos, mesmo que obtidos de forma ilícita. (STJ. 5ª Turma. HC nº 7.444. Rel. Min. Edson Vidigal. Julgamento em 23.6.98)

Capítulo 7

Responsabilidade tributária

Sumário: **7.1** Introdução - **7.2** Sujeito passivo ou contribuinte *lato sensu* - **7.2.1** Contribuinte - **7.2.2** Responsável - **7.2.2.1** Por transferência - **7.2.2.2** Por substituição - **7.3** Jurisprudência - **7.3.1** Contribuinte - **7.3.2** Denúncia espontânea - **7.3.3** Infração objetiva - **7.3.4** Responsabilidade tributária de terceiros - **7.3.5** Responsabilidade tributária por sucessão empresarial - **7.3.6** Responsabilidade por sucessão imobiliária - **7.3.7** Responsabilidade tributária por infração - **7.3.8** Substituição tributária

7.1 Introdução

Segundo o art. 121 do Código Tributário Nacional existem duas espécies ou tipos de sujeito passivo da obrigação tributária principal (pessoa obrigada ao pagamento de tributo ou penalidade pecuniária): a) contribuinte, quando tenha relação pessoal e direta com a situação que constitua o respectivo fato gerador, e b) responsável, quando, sem revestir a condição de contribuinte (portanto, sem relação pessoal e direta com o fato gerador, mas de alguma forma vinculado a ele), sua obrigação decorra de disposição expressa de lei.

Para o STJ, as sociedades civis sem fins lucrativos que buscam o reconhecimento da imunidade tributária prevista no art. 150, inc. VII, al. "c", da Constituição, em relação à cobrança do ICMS incidente em suas contas de energia elétrica, de telefone e na aquisição de bens de ativo fixo não são contribuintes, nem responsáveis, nos termos do art. 121 do CTN. Os contribuintes do ICMS, nas hipóteses destacadas, são as concessionárias (REsp nº 983.814).

Partindo das definições do Código Tributário Nacional, inclusive daquela estabelecida no art. 128, onde resta fixada a possibilidade de a lei atribuir de modo expresso a responsabilidade pelo crédito tributário a terceira pessoa, além daquelas já consagradas no próprio Código Tributário Nacional, é possível construir a seguinte classificação quanto ao sujeito passivo da obrigação tributária principal, também conhecido como contribuinte *lato sensu.*

7.2 Sujeito passivo ou contribuinte *lato sensu*

7.2.1 Contribuinte

Stricto sensu – aquele que realiza o fato gerador ou tem proveito econômico com a ocorrência do fato gerador.

> **A** realiza o fato gerador e **A** deve pagar o tributo

Podem ser citados os seguintes exemplos: a) o comerciante que vende a mercadoria (ICMS); b) o proprietário de imóvel urbano ou rural (IPTU ou ITR); e c) o titular de disponibilidade econômica (salário, entre outros) (IR).

7.2.2 Responsável

7.2.2.1 Por transferência

Aquele que recebe o dever de pagar o tributo antes atribuído ao contribuinte, o qual, por motivos diversos, não pode ou não deve satisfazer a prestação.

> **A** realiza o fato gerador e **A** deve pagar o tributo, mas se ocorrer o fato **X**, então **B** deve pagar o tributo.

Há, nos arts. 129 a 138 do Código Tributário Nacional, três conjuntos de casos de responsabilidade por transferência. São eles:

a) *por sucessão* – A responsabilidade abrange todas as dívidas fiscais que venham a ser apuradas em função dos fatos geradores ocorridos anteriormente à data da sucessão, independentemente da data em que ocorra a constituição do respectivo crédito tributário. Subdivide-se em:

a.1) *imobiliária (art. 130 do Código Tributário Nacional)* – o adquirente é responsável pelos créditos tributários relativos a impostos cujo fato gerador seja a propriedade, domínio útil ou posse de bens imóveis, taxas pela prestação de serviços referentes a tais bens ou contribuições de melhoria.

A responsabilidade não se caracteriza quando conste do título de transferência da propriedade a prova de quitação dos tributos.

Por outro lado, o arrematante (em hasta pública, ou seja, leilão público) não é responsável pelos tributos devidos pelo imóvel, sub-rogando-se sobre o respectivo preço. Em conseqüência, o arrematante recebe o imóvel livre e desembaraçado de qualquer dívida tributária. O STJ já decidiu que se o preço alcançado na arrematação em hasta pública não for suficiente para cobrir o crédito tributário, não fica o arrematante responsável pelo eventual saldo devedor (REsp nº 166.975).

   a.2) *empresarial (arts. 132 e 133 do Código Tributário Nacional)* – a pessoa jurídica de direito privado que resultar de fusão, transformação ou incorporação de outra ou em outra é responsável pelos tributos devidos até a data do ato pelas pessoas jurídicas de direito privado fusionadas, transformadas ou incorporadas.

Entende-se por:

1. *Fusão* – operação pela qual se unem duas ou mais sociedades existentes para formar uma sociedade nova, distinta das anteriores (antes: A e B; depois: C).

2. *Transformação* – operação de mudança da natureza ou tipo societário (antes: A Ltda.; depois: A S/A).

3. *Incorporação* – operação pela qual uma ou mais sociedades são absorvidas por outra (antes: A e B; depois: A);

4. *Cisão* – operação pela qual a empresa transfere parcelas de seu patrimônio para uma ou mais sociedades (antes: A; depois: B e C). A doutrina entende que o Código Tributário Nacional aplica-se aos casos de cisão, figura tratada na legislação depois de sua edição. O STJ já decidiu, para considerar que não se trata de fato gerador do ICMS, as várias facetas do instituto da transformação das sociedades, envolvendo: incorporação, transformação, fusão e cisão (REsp nº 242.721).

Subsiste responsabilidade tributária nos casos de extinção de pessoas jurídicas de direito privado quando a exploração da respectiva atividade continuar por intermédio de qualquer sócio remanescente, ou seu espólio, sob a mesma ou outra razão social, ou firma individual.

Entende-se por:

1. *Razão social* (ou *firma social*) – uma das duas espécies do nome comercial (a outra é a denominação) devendo ser formada por uma combinação dos nomes ou prenomes dos sócios (Pereira, Gonçalves & Peixoto ou Pereira, Gonçalves & Cia.).

2. *Firma individual* (ou *razão individual*) – nome comercial do comerciante individual formado com o nome pessoal do titular (José Pereira; J. Pereira ou J. Pereira Livros Técnicos).

A pessoa natural ou jurídica de direito privado que adquirir de outra, por qualquer título, fundo de comércio ou estabelecimento comercial, industrial ou profissional, e continuar a respectiva exploração, sob a mesma ou outra razão social ou sob firma ou nome individual, responde pelos tributos, relativos ao fundo ou estabelecimento adquirido, devidos até a data do ato: a) integralmente, se o alienante cessar a exploração do comércio, indústria ou atividade e b) subsidiariamente com o alienante, se esse prosseguir na exploração ou iniciar dentro de 6 (seis) meses, a contar da data da alienação, nova atividade no mesmo ou em outro ramo de comércio, indústria ou profissão.

Assim, na hipótese "b", em primeiro lugar deve ser cobrado o alienante e, se esse não tiver como pagar, será cobrado o adquirente. Há, nesse caso, um benefício de ordem.

Segundo o STJ, não se aplica o disposto no art. 133 do CTN (responsabilidade tributária por sucessão empresarial): a) pela simples ocupação, por força de locação, de prédio antes utilizado por devedor de créditos tributários (REsp nº 108.873); e b) quando a empresa continua as atividades depois do ingresso de alguns sócios pela aquisição de cotas (REsp nº 621.154). Ainda segundo o STJ, a responsabilidade tributária dos sucessores compreende as multas devidas pelo sucedido, sejam de caráter moratório ou punitivo (REsp nº 670.224 e REsp nº 544.265).

A Lei Complementar nº 118, de 2005, estabeleceu importantes exceções à ocorrência da responsabilidade por sucessão empresarial. Segundo o aludido diploma legal, não haverá a responsabilidade em questão na hipótese de alienação judicial: a) em processo de falência; e b) de filial ou unidade produtiva isolada, em processo de recuperação judicial. Busca-se, assim, criar e aumentar as condições para recuperação das empresas em dificuldades consideráveis, mantendo a atividade econômica e os postos de trabalho existentes. Essas alterações do Código Tributário Nacional foram realizadas paralelamente à adoção de uma nova Lei de Falências.

Nas mudanças operadas pela Lei Complementar nº 118, de 2005, o legislador consignou expressamente que a responsabilidade por sucessão empresarial está caracterizada nas hipóteses de alienação judicial em falência ou recuperação judicial quando o adquirente for: a) sócio da sociedade falida ou em recuperação judicial, ou sociedade controlada pelo devedor falido ou em recuperação judicial; b) parente, em linha reta ou colateral até o quarto grau, consangüíneo ou afim, do devedor falido ou em recuperação judicial ou de qualquer de seus sócios; ou c) identificado como agente do falido ou do devedor em recuperação judicial com o objetivo de fraudar a sucessão tributária.

Ainda entre as novidades da Lei Complementar nº 118, de 2005, encontramos a disposição de que no processo de falência, o produto da alienação judicial de empresa, filial ou unidade produtiva isolada permanecerá em conta de depósito à disposição do juízo da falência pelo prazo de um ano, contado da data de alienação. Esses recursos, segundo a referida lei, somente poderão ser utilizados, nesse intervalo de tempo, para o pagamento de créditos extraconcursais ou de créditos que preferem ao tributário.

Entende-se por:

1. *Fundo de comércio* (ou *estabelecimento comercial*) – complexo de bens corpóreos (mercadorias, instalações, equipamentos, imóveis) e incorpóreos (marcas, patentes, direitos, ponto) reunidos pelo comerciante para o desenvolvimento de sua atividade;

2. *Créditos extraconcursais* – decorrentes de obrigações contraídas pelo devedor durante a recuperação judicial, inclusive aqueles relativos a despesas com fornecedores de bens ou serviços e contratos de mútuo;

3. *Recuperação judicial* – a nova Lei de Falências suprime a figura da concordata, prevê a possibilidade de recuperação extrajudicial e, na seqüência, a recuperação judicial. Nessa última fase, que objetiva a superação da situação de crise econômico-financeira do devedor, será apresentado, em juízo, plano de recuperação da empresa e negociado o mesmo com os credores.

a.3) *pessoal (art. 131 do Código Tributário Nacional)* – são pessoalmente responsáveis: a) o adquirente ou remitente, pelos tributos relativos aos bens adquiridos ou remidos; b) o sucessor a qualquer título e o cônjuge meeiro, pelo tributos devidos pelo de cujus até a data da partilha ou adjudicação, limitada essa responsabilidade ao montante do quinhão, do legado ou da meação; e c) o espólio, pelos tributos devidos pelo de cujus até a data da abertura da sucessão.

No caso de falecimento, a situação deve ser analisada em duas etapas. A primeira, entre o falecimento (data de abertura da sucessão) e a data da partilha. A segunda, a partir da data da partilha.

Até a partilha ou a adjudicação, o espólio será o responsável pelos tributos devidos pelo falecido (*de cujus*) até a data de abertura da sucessão e o contribuinte *stricto sensu* das dívidas nascidas nesse período.

A responsabilidade do espólio termina com a partilha, quando os sucessores e o cônjuge meeiro responderão, com as limitações consignadas em lei, pelos tributos devidos até essa data (da partilha). Depois da partilha, os sucessores e o cônjuge meeiro passam a ser contribuintes *stricto sensu* em relação aos novos bens de sua propriedade.

Entende-se por:

1. *Remição* – o ato em que alguém, expressamente contemplado em lei, depois da hasta pública ou leilão e antes da assinatura do termo de arrematação, substitui o bem que se encontra gravado por dinheiro. Não deve ser confundida com a remissão (perdão da dívida).

2. *De cujus* – falecido ou a pessoa que morreu.

3. *Sucessor a qualquer título* – compreende os herdeiros ou qualquer pessoa beneficiada pelo inventário.

4. *Partilha* – divisão ou repartição dos bens da herança.

5. *Adjudicação* – ato judicial pelo qual a propriedade do bem gravado se transmite ao credor. O credor do espólio, no processo de inventário, pode requerer ao juiz, em pagamento das dívidas vencidas e exigíveis, a adjudicação de bens já reservados.

6. *Quinhão* – porção da herança que cabe ao herdeiro.

7. *Legado* – coisa determinada, atribuída a alguém, dito legatário, por meio de disposição testamentária.

8. *Meação* – metade dos bens que compunham a sociedade conjugal que cabe ao cônjuge sobrevivente. A herança é a outra metade, que competia ao cônjuge falecido.

9. *Espólio* – patrimônio de alguém depois da morte e antes de concluído o inventário ou arrolamento. É administrado pelo inventariante.

10. *Abertura da sucessão* – coincide com o momento do falecimento.

b) *de terceiros (art. 134 do Código Tributário Nacional)* – nos seguintes casos: a) os pais, pelos tributos devidos por seus filhos menores; b) os tutores e curadores, pelos tributos devidos por seus tutelados ou curatelados; c) os administradores de bens de terceiros, pelos tributos devidos por esses; d) o inventariante, pelos tributos devidos pelo espólio; e) o síndico e o comissário, pelos tributos devidos pela massa falida ou pelo concordatário; f) os tabeliães, escrivães e demais serventuários de ofício, pelos tributos devidos sobre os atos praticados por eles, ou perante eles, em razão do seu ofício; e g) os sócios, no caso de liquidação de sociedade de pessoas.

A responsabilidade tributária só ocorre nesses casos na impossibilidade de exigência do cumprimento da obrigação principal do contribuinte e tendo o responsável agido ou se omitido nos atos relacionados com o nascimento das obrigações tributárias.

Assim, a responsabilidade solidária, referida nesses casos, deve ser entendida como "solidariedade subsidiária", onde o patrimônio do responsável somente é afetado depois, por falta ou impossibilidade, do patrimônio do contribuinte.

Segundo o STJ, não configura caso de responsabilidade pessoal e solidária, nos termos do art. 134 do CTN, a ciência da lavratura de auto de infração sem a subseqüente impugnação (REsp nº 493.316).

Também deve ser registrado que esse tipo de responsabilidade só se aplica, em matéria de penalidades, às de caráter moratório.

c) *por infração (arts. 135 a 138 do Código Tributário Nacional)* – São pessoalmente responsáveis pelos créditos correspondentes a obrigações tributárias resultantes de atos praticados com excesso de poderes ou infração de lei, contrato social ou estatutos: a) as pessoas referidas no art. 134 do Código Tributário Nacional; b) os mandatários, prepostos ou empregados; e c) os diretores, gerentes ou representantes de pessoas jurídicas de direito privado.

A jurisprudência do STJ entende configurada a responsabilidade tributária por infração dos dirigentes das empresas quando da desconstituição irregular (ou de fato) da sociedade com a pendência de créditos tributários por pagar. Segundo o STJ, o encerramento das atividades da empresa sem baixa na junta comercial caracteriza indício de irregularidade e autoriza o Fisco a redirecionar a execução contra os sócios e administradores (REsp nº 985.616).

Por outro lado, a mesma jurisprudência entende que os dirigentes da sociedade só podem ser responsabilizados pelo não-pagamento de tributos se o Fisco comprovar a prática de ato com excesso de poderes ou infração a lei, contrato social ou estatuto (REsp nº 685.006, REsp nº 638.326 e REsp nº 800.039). Em suma, prevalece, atualmente, a premissa de que o simples inadimplemento da obrigação tributária não caracteriza infração à lei para fins de incidência da responsabilidade tributária prevista no art. 135 do CTN (EAG nº 494.887).

A responsabilidade é pessoal ao agente: a) quanto às infrações conceituadas por lei como crimes ou contravenções, salvo quando praticadas no exercício regular de administração, mandato, função, cargo ou emprego, ou no cumprimento de ordem expressa emitida por quem de direito; b) quanto às infrações em cuja definição o dolo específico (a intenção ou vontade de obter um resultado criminoso) do agente seja elementar; c) quanto às infrações que decorram direta e exclusivamente de dolo específico: c.1) das pessoas referidas no art. 134 do Código Tributário Nacional, contra aquelas por quem respondem; c.2) dos mandatários, prepostos ou empregados, contra seus mandantes, preponentes ou empregados; e c.3) dos diretores, gerentes ou representantes de pessoas jurídicas de direito privado, contra essas.

Salvo disposição de lei em contrário, as infrações da legislação tributária são objetivas, ou seja, independem da intenção dos agentes envolvidos. Sendo irrelevante a vontade, basta, para configuração da infração, a verificação da ocorrência dos fatos ilícitos previstos em lei. Nesse sentido, o STJ entendeu devida multa aplicada por descumprimento do dever de apresentação de notas fiscais que deveriam acompanhar mercadorias transportadas (REsp nº 323.982).

A responsabilidade é excluída pela denúncia espontânea da infração, acompanhada, se for o caso, do pagamento do tributo devido e dos juros de mora, ou do depósito da importância arbitrada pela autoridade administrativa, quando o montante do tributo dependa de apuração. Não se considera espontânea a denúncia apresentada após o início de qualquer procedimento administrativo ou medida de fiscalização, relacionados com a infração.

O entendimento atual do Superior Tribunal de Justiça aponta no sentido de que: a) na denúncia espontânea ocorre a exoneração da multa moratória

(REsp nº 505.023/AgRg); b) não se aplica a denúncia espontânea em relação às obrigações tributárias acessórias (REsp nº 591.579, REsp nº 540.102/AgRg e REsp nº 591.726); e c) não se configura denúncia espontânea, para excluir multa moratória, nos casos de tributos submetidos a lançamento por homologação, quando o pagamento antecipado é efetivado em atraso (REsp nº 512.245, AgRg nos EDcl no REsp nº 504.409 e Súmula STJ nº 360). Em relação ao último caso, o Superior Tribunal de Justiça passou a diferenciar as seguintes hipóteses (REsp nº 737.328): a) apresentação de "declaração de débito" (a declaração e confissão de dívida tributária), quando não se caracteriza a denúncia espontânea e b) não-apresentação de "declaração de débito", quando se caracteriza a denúncia espontânea.

O art. 155-A, §1º, do Código Tributário Nacional, dispositivo introduzido pela Lei Complementar nº 104, de 2001, estabelece expressamente que "salvo disposição de lei em contrário, o parcelamento do crédito tributário não exclui a incidência de juros e multas". O STJ, que chegou a decidir pela aplicação da denúncia espontânea nos casos de parcelamento, reviu seu posicionamento para considerar que o parcelamento do crédito tributário não equivale ao pagamento e, portanto, não cabe a denúncia espontânea (REsp nº 564.872/AgRg, AgRg nos EDcl no AgRg no AG nº 492.896 e AgRg nos EAg 656.397).

7.2.2.2 Por substituição

A realiza o fato gerador e **B** deve pagar o tributo.

a) *"Para trás"(antecedente ou regressiva)* – aquele a quem a lei atribui o dever de pagar o tributo nascido de fato gerador já praticado por outro. Exemplo típico ocorre quando o frigorífico recolhe o ICMS devido pelos vendedores de gado.

Nesses casos, aplicados nas cadeias de produção-circulação com reduzido número de estabelecimentos, tem-se um diferimento (adiamento) do pagamento ou recolhimento do tributo.

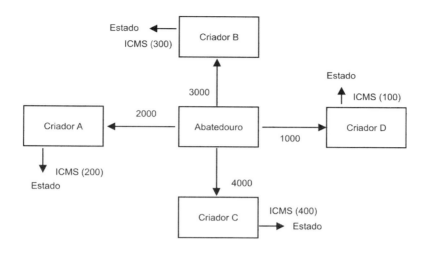

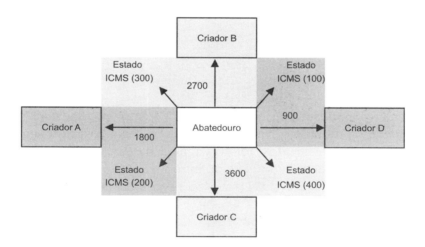

b) *"Para frente" (subseqüente ou progressiva)* – aquele a quem a lei atribui o dever de pagar o tributo que nascerá de fato gerador a ser praticado por outro (fato gerador presumido). Exemplo típico ocorre quando a distribuidora de bebidas recolhe o ICMS devido nas operações futuras de vendas aos consumidores finais.

Na "substituição tributária para frente", aplicada nas cadeias de produção-circulação com grande número de estabelecimento na ponta final (capilaridade), tem-se uma antecipação do pagamento ou recolhimento do tributo.

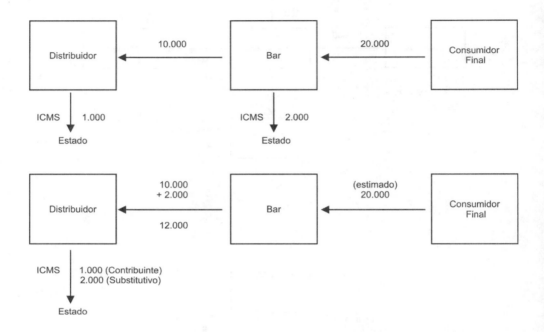

A chamada substituição tributária "para frente", fundada no princípio da praticidade da tributação, visando a rapidez e segurança no controle e na cobrança dos tributos devidos, foi consagrada na Constituição Federal pela Emenda Constitucional nº 3, de 1993, ao introduzir o §7º no art. 150.

O Supremo Tribunal Federal já atestou a constitucionalidade da sistemática em tela (RE nº 213.396 e RE nº 393.946). Na mesma linha, o STJ também reconheceu a plena licitude de hipótese de substituição tributária de contribuição previdenciária (REsp nº 584.890/AgRg). Por outro lado, o Tribunal Maior também decidiu no sentido de que a restituição:

> (...) restringe-se apenas às hipóteses de não vir a ocorrer o fato gerador presumido, não havendo que se falar em tributo pago a maior ou a menor por parte do contribuinte substituído, porquanto o sistema da substituição tributária progressiva é adotado para produtos cujos preços de revenda final são previamente fixados ou tabelados, sendo, por isso, apenas eventuais as hipóteses de excesso de tributação. Salientou-se, por fim, que a admissão da possibilidade de restituição implicaria o retorno do regime de apurações mensais do imposto, o que inviabilizaria o próprio instituto da substituição tributária progressiva. (ADIN nº 1.851)

Ao julgar a ADIN nº 3.426, o Supremo Tribunal Federal reconheceu que a antecipação parcial do ICMS, pelo próprio adquirente, nas aquisições interestaduais de mercadoria para fins de comercialização, caracteriza-se como legítima substituição tributária para frente.

7.3 Jurisprudência

7.3.1 Contribuinte

Trata-se de ação declaratória c/c repetição de indébito ajuizada por sociedades civis sem fins lucrativos que buscam o reconhecimento da imunidade tributária prevista no art. 150, VII, c, da CF/1988 em relação à cobrança do ICMS incidente em suas contas de energia elétrica, de telefone e na aquisição de bens de ativo fixo. Para o Min. Relator, a questão de fundo é exclusivamente constitucional, não cabendo ser analisada em recurso especial. Só há pertinência de análise dos aspectos legais decididos no Tribunal a quo que também são alvo de irresignação do Estado-Membro recorrente. Isso posto, ressalta ainda o Min. Relator a doutrina que aponta confusão entre o conceito jurídico de contribuinte e o conceito econômico de contribuinte de fato que só prejudica a compreensão do direito. Explica que a caracterização do chamado contribuinte de fato, no campo do direito, na verdade, tem função didática, ou seja, apenas explica a sistemática da tributação indireta, não se prestando a conceder legitimidade ad causam para que o contribuinte de fato ingresse em juízo com vistas a discutir determinada relação jurídica da qual, na realidade, não faça parte. Os contribuintes do ICMS incidente sobre as operações com energia elétrica e sobre os serviços de comunicação são as respectivas concessionárias. Assim, arcando com o ônus financeiro do tributo na condição de consumidores, as associações autoras não possuem legitimidade para repetir a exação a respeito da qual não são obrigadas a recolher para os cofres do Fisco. Não se encontram, por isso, na condição de contribuintes nem de responsáveis tributários nos termos do art. 121 do CTN. Com esse entendimento, a Turma deu provimento ao recurso e extinguiu o feito sem resolução do mérito, por ilegitimidade ativa, nos termos do art. 267, VI, do CPC. Precedentes citados: RMS 23.571-RJ, *DJ* 21.11.2007; RMS 7.044-SP, *DJ* 3.6.2002; REsp 279.491-SP, *DJ* 10.2.2003, e RMS 6.932-SP, *DJ* 16.9.1996. (REsp 983.814-MG, Rel. Min. Castro Meira, julgado em 4.12.2007. *Informativo STJ*, n. 341)

7.3.2 Denúncia espontânea

Tributário e Processual Civil. Denúncia espontânea. Art. 138 do CTN. Parcelamento de débito tributário. Lançamento por homologação. Recolhimento do montante devido com atraso. Multa moratória. Violação do art. 535 do CPC. Ofensa não configurada. Divergência jurisprudencial não demonstrada. Razões do recurso especial dissociadas dos fundamentos do acórdão recorrido. 1. A simples confissão de dívida acompanhada do pedido de parcelamento do débito não configura denúncia espontânea a dar ensejo à aplicação da regra ínsita no art. 138 do CTN, de modo a eximir o contribuinte do pagamento de multa moratória. 2. Em se tratando de tributo sujeito a lançamento por homologação, não configura denúncia espontânea, com a conseqüente exclusão da multa moratória, a hipótese em que o contribuinte declara e recolhe, com atraso, seu débito tributário. (STJ. 2ª Turma. REsp nº 512.245. Rel. Min. João Otávio de Noronha. Julgamento em 7.10.2004)

Tributário. Agravo regimental em embargos de declaração no recurso especial. Tributos sujeitos a lançamento por homologação (IRP, IRPJ, CSLL, PIS e COFINS). Denúncia espontânea não-caracterizada. Incidência de multa moratória. 1. Esta Corte vem decidindo pela impossibilidade da aplicação dos benefícios da denúncia espontânea, prevista no art. 138 do CTN, quando se tratar de tributos sujeitos a lançamento por homologação, pois o recolhimento não prescinde de qualquer procedimento do Fisco, razão porque o simples atraso no pagamento faz incidir a multa moratória, independentemente de se dar o pagamento de forma integral ou parcelada. 2. Agravo regimental improvido. (STJ. 1ª Turma. AgRg nos EDcl no REsp nº 504.409. Rel. Min. Denise Arruda. Julgamento em 26.10.2004)

Processual Civil e Tributário. Agravo Regimental. Denúncia espontânea. Multa moratória. Cabimento. Aplicabilidade da LC nº 104/2001. Art. 155-A do CTN. Entendimento da 1ª Seção. precedentes. 1. O instituto da denúncia espontânea exige que nenhum lançamento tenha sido feito, isto é, que a infração não tenha sido identificada pelo fisco nem se encontre registrada nos livros fiscais e/ou contábeis do contribuinte. 2. A denúncia espontânea não foi prevista para que favoreça o atraso do pagamento do tributo. Ela existe como incentivo ao contribuinte para denunciar situações de ocorrência de fatos geradores que foram omitidas, como é o caso de aquisição de mercadorias sem nota fiscal, de venda com preço registrado aquém do real, etc. 3. A jurisprudência da egrégia Primeira Seção, por meio de inúmeras decisões proferidas, dentre as quais o REsp nº 284189/SP, uniformizou entendimento no sentido de que, nos casos em que há parcelamento do débito tributário, não deve ser aplicado o benefício da denúncia espontânea da infração, visto que o cumprimento da obrigação foi desmembrado, e esta só será quitada quando satisfeito integralmente o crédito. O parcelamento, pois, não é pagamento, e a este não substitui, mesmo porque não há a presunção de que, pagas algumas parcelas, as demais igualmente serão adimplidas, nos termos do art. 158, I, do CTN (REsp nº 284189/SP, 1ª Seção, Rel. Min. Franciulli Netto, *DJ* de 26.5.2003). 4. Sem repercussão para a apreciação dessa tese o fato de o parcelamento ter sido concedido em data anterior à vigência da LC nº 104/2001, que introduziu, no CTN, o art. 155-A. Prevalência da jurisprudência assumida pela 1ª Seção. Não-influência da LC nº 104/2001. 5. O pagamento da multa, conforme decidiu a 1ª Seção desta Corte, é independente da ocorrência do parcelamento. O que se vem entendendo é que incide a multa pelo simples pagamento atrasado, quer à vista ou que tenha ocorrido o parcelamento. 6. Agravo regimental não provido. (STJ. 1ª Turma. AgRg nos EDcl no AgRg no Ag nº 492.896. Rel. Min. José Delgado. Julgamento em 21.9.2004)

Processual Civil e Tributário – Agravo Regimental – Débito tributário – Parcelamento – Multa moratória – Denúncia espontânea afastada. 1. A Primeira Seção do STJ, ao julgar o REsp 284.189/SP em 17.6.2002, reviu seu posicionamento, concluindo pela aplicação da Súmula 208 do extinto TFR, por considerar que o parcelamento do débito não equivale a pagamento, o que afasta o benefício da denúncia espontânea. 2. Entendimento consentâneo com o teor do art. 155-A do CTN, com a redação dada pela LC 104/2001. 3. Desinfluente o fato de ter se constituído o crédito tributário e deferido o parcelamento antes da inserção do art. 155-A no CTN, pois esta alteração legislativa apenas consolidou o que preconizava a Súmula 208 do extinto TFR. 4. Agravo regimental improvido. (STJ. 2ª Turma. AgRg no REsp nº 564.872. Rel. Min. Eliana Calmon. Julgamento em 9.11.2004)

Tributário. Mandado de Segurança. Não-regularização dos livros comerciais. Obrigação acessória autônoma. Denúncia espontânea. Inocorrência. Multa moratória. Cabimento. I - A jurisprudência desta Corte é assente no sentido de que é legal a exigência da multa moratória pelo descumprimento de obrigação acessória autônoma, no caso a não-regularização dos livros comerciais, visto que o instituto da denúncia espontânea não alberga a prática de ato puramente formal. II - Precedentes: AGA nº 462.655/PR, Rel. Min. Luiz Fux, *DJ* de 24.2.2003; EREsp nº 246.295/RS, Rel. Min. José Delgado, *DJ* de 20.8.2000 e REsp nº 246.302/RS, Rel. Min. Franciulli Netto, *DJ* de 30.10.2000. III - Agravo regimental improvido. (STJ. 1ª Turma. AgRg no REsp nº 540.102. Rel. Min. Francisco Falcão. Julgamento em 7.10.2004)

Tributário. Denúncia Espontânea. Entrega com atraso de declaração de contribuições e tributos federais (DCTF). Multa. Denúncia espontânea. Inaplicabilidade. 1. A denúncia espontânea não tem o condão de afastar a multa decorrente do atraso na entrega da Declaração de Contribuições e Tributos Federais (DCTF). 2. As obrigações acessórias autônomas não têm relação alguma com o fato gerador do tributo, não estando alcançadas pelo art. 138 do CTN. 3. Recurso provido. (STJ. 2ª Turma. REsp nº 591.579. Rel. Min. João Otávio de Noronha. Julgamento em 7.10.2004)

IR. Atraso. Declaração. Multa. A Turma reafirmou que o atraso na entrega da declaração de imposto de renda constitui infração formal e a denúncia espontânea dessa infração não afasta a multa. Precedentes citados: REsp 243.241-RS, *DJ* 21.8.2000; REsp 363.451-PR, *DJ* 15.12.2003; EREsp 576.941-RS, *DJ* 2.5.2006, e EREsp 195.046-GO, *DJ* 18.2.2002. (REsp 591.726-GO, Rel. Min. Herman Benjamin, julgado em 5.10.2006. *Informativo STJ*, n. 299)

Agravo Regimental – Recurso Especial – Denúncia espontânea – Pagamento integral do débito – Exclusão da multa moratória – Possibilidade. Na hipótese dos autos, a empresa contribuinte procedeu ao recolhimento do débito antes de qualquer procedimento fiscal, de forma que se torna incabível a cobrança da multa moratória. Com efeito, é pacífico o entendimento deste Superior Tribunal de Justiça no sentido de que o contribuinte que, espontaneamente, denuncia o débito tributário em atraso e recolhe o montante devido, antes de qualquer procedimento administrativo ou medida de fiscalização, fica exonerado de multa moratória. A decisão agravada apreciou o feito como hipótese de parcelamento do crédito tributário, sem excluir a incidência da multa. Agravo regimental provido para negar seguimento ao recurso especial do INSS, a fim de exonerar a empresa contribuinte da multa moratória, em virtude do pagamento integral do débito. (STJ. 2ª Turma. AgRg no REsp nº 505.023. Rel. Min. Franciulli Netto. Julgamento em 17.6.2004)

Denúncia espontânea. Configuração. A recorrente alega que a denúncia espontânea exclui a multa punitiva mas não a multa moratória. Aduz que o STJ consagra o entendimento de que não resta caracterizada a denúncia espontânea, com a conseqüente exclusão da multa moratória, nos casos de tributos sujeitos a lançamento por homologação. O Min. Relator esclareceu que a jurisprudência deste Superior Tribunal é no sentido de que não se configura a denúncia espontânea quando o sujeito passivo, tendo realizado previamente a declaração do débito, procede ao recolhimento do tributo em atraso. A peculiaridade de tais situações reside no fato de que a declaração do contribuinte, à semelhança do lançamento operado pela autoridade fiscal, tem a eficácia de constituir o crédito tributário, tornando-o, portanto, líquido, certo e exigível, independentemente de qualquer outro procedimento. E, constituído o crédito, já não há como supor possível a configuração de sua denúncia espontânea, como prevista no art. 138 do CTN. Entretanto, não tendo havido prévia declaração do contribuinte, configura denúncia espontânea, mesmo em se tratando de tributo sujeito a lançamento por homologação, a confissão da dívida acompanhada de seu pagamento integral anterior a qualquer ação fiscalizatória ou processo administrativo. Assim, embora seja lançamento por homologação, o contribuinte não efetuou o lançamento — por essa razão, trata-se de denúncia espontânea —, o que é diferente de ele, mesmo tratando-se de lançamento por homologação, fazer o lançamento e pagar com atraso. Precedente citado: AgRg no Ag 600.847-PR, *DJ* 5.9.2005. (REsp 737.328-SP, Rel. Min. Teori Albino Zavascki, julgado em 21.2.2006. *Informativo STJ*, n. 275)

A Seção reafirmou que, nos casos de parcelamento do débito tributário ou sua quitação total com atraso, não pode ser aplicado o benefício da denúncia espontânea da infração, pois esse instituto exige que nenhum lançamento tenha sido feito e também não foi previsto para favorecer o atraso do pagamento do tributo. Somente houve a ressalva do entendimento pessoal da Min. Eliana Calmon. Precedentes citados: REsp 652.501-RS, *DJ* 18.10.2004; REsp 284.189-SP, *DJ* 26.5.2003; AgRg no Ag 517.586-GO, *DJ* 9.12.2003; REsp 506.845-PR, *DJ* 9.12.2003; AgRg no REsp 545.426-PR, *DJ* 17.11.2003, e AgRg no REsp 502.022-SC, *DJ* 17.11.2003. (AgRg nos EAg 656.397-RS, Rel. Min. José Delgado, julgado em 12.12.2007. *Informativo STJ*, n. 342).

O benefício da denúncia espontânea não se aplica aos tributos sujeitos a lançamento por homologação regularmente declarados, mas pagos a destempo. (Súmula STJ n° 360)

7.3.3 Infração objetiva

Tributário. Transporte de mercadorias desacompanhadas de nota fiscal. Art. 136 do CTN. 1. A responsabilidade do agente é objetiva e a multa tem natureza punitiva, em razão do descumprimento de obrigações tributárias por parte do contribuinte, sendo certo que é seu dever a apresentação das notas fiscais, que devem acompanhar as mercadorias, quando transportadas. 2. Embora se admita a tendência para entender-se que a regra legal em exame não exclui o exame da boa fé e da inexistência de prejuízo para o Fisco, consta no acórdão que sequer há sólida prova da concomitância da saída do estabelecimento da mercadoria e da nota fiscal, o que inviabilizaria o exame ante o óbice da Súmula 7-STJ. 3. Recurso especial improvido. (STJ. 2ª Turma. REsp n° 323.982. Rel. Min. Castro Meira. Julgamento em 17.6.2004)

7.3.4 Responsabilidade tributária de terceiros

3. A responsabilidade pessoal e solidária pode ser imputada ao síndico de massa falida em relação aos atos em que intervier ou pelas omissões de que é responsável (art. 134, V, do CTN), assim como em relação aos créditos correspondentes a obrigações tributárias resultantes de atos por ele praticados com excesso de poderes ou infração de lei (art. 135, I, do CTN). 4. Não configura hipótese de responsabilidade pessoal e solidária o fato de o síndico ter sido cientificado da lavratura de auto de infração contra a massa falida e deixar de apresentar impugnação. É, portanto, totalmente ilegal e abusiva a condição mais enérgica criada pela autoridade fiscal de impedir a regularização de escritório profissional, com o intuito de cobrar os créditos da Fazenda Pública. (STJ. 1ª Turma. REsp n° 493.316. Rel. Min. José Delgado. Julgamento em 8.4.2003)

7.3.5 Responsabilidade tributária por sucessão empresarial

Tributário. Responsabilidade tributária. Sucessão. Aquisição de fundo de comércio ou de estabelecimento comercial. Art. 133 CTN. Transferência de multa. 1. A responsabilidade tributária dos sucessores de pessoa natural ou jurídica (CTN, art. 133) estende-se às multas devidas pelo sucedido, sejam elas de caráter moratório ou punitivo. Precedentes. 2. Recurso especial provido. (STJ. 1ª Turma. REsp nº 544.265. Rel. Min. Teori Albino Zavascki. Julgamento em 16.11.2004)

Tributário. Recurso Especial. Execução fiscal. Empresa incorporadora. Sucessão. Responsabilidade solidária do sucessor. CDA. Aplicação. Arts. 132 e 133 do CTN. Precedentes. 1. Recurso especial oposto contra acórdão que manteve a inclusão da empresa alienante, como responsável solidária, no pólo passivo de processo executivo fiscal, em decorrência de sucessão tributária prevista no art. 133, I, do CTN. 2. Os arts. 132 e 133 do CTN impõem ao sucessor a responsabilidade integral, tanto pelos eventuais tributos devidos quanto pela multa decorrente, seja ela de caráter moratório ou punitivo. A multa aplicada antes da sucessão se incorpora ao patrimônio do contribuinte, podendo ser exigida do sucessor, sendo que, em qualquer hipótese, o sucedido permanece como responsável. É devida, pois, a multa, sem se fazer distinção se é de caráter moratório ou punitivo; é ela imposição decorrente do não-pagamento do tributo na época do vencimento. 3. Na expressão "créditos tributários" estão incluídas as multas moratórias. A empresa, quando chamada na qualidade de sucessora tributária, é responsável pelo tributo declarado pela sucedida e não pago no vencimento, incluindo-se o valor da multa moratória. 4. Precedentes das 1ª e 2ª Turmas desta Corte Superior e do colendo STF. 5. Recurso especial não provido. (STJ. 1ª Turma. REsp nº 670.224. Rel. Min. José Delgado. Julgamento em 4.11.2004)

Tributário – Execução fiscal – Sócio-Gerente – Responsabilidade tributária – Redirecionamento – Art. 333, I do CPC – Ônus da prova – Art. 133 do CTN – Sucessão inexistente. 1. Havendo abstração de tese jurídica em torno da prova, descabe a aplicação da Súmula 7/STJ. 2. Se para o Tribunal o executado, embora constasse como sócio-gerente no contrato social, provou que não praticou atos de gestão, atendido foi o disposto no art. 333, I do CPC, cabendo ao exeqüente provar o contrário, não havendo que se falar em indevida inversão do ônus da prova. 3. Se a empresa continuou a sua atividade, com alteração de alguns sócios que ingressaram na sociedade adquirindo cotas, não houve sucessão a justificar a aplicação do art. 133 do CTN. 4. Recurso especial improvido. (STJ. 2ª Turma. REsp nº 621.154. Rel. Min. Eliana Calmon. Julgamento em 6.4.2004)

Tributário. Responsabilidade por sucessão. Não ocorrência. A responsabilidade prevista no art. 133 do Código Tributário Nacional só se manifesta quando uma pessoa natural ou jurídica adquire de outra o fundo de comércio ou o estabelecimento comercial, industrial ou profissional; a circunstância de que tenha se instalado em prédio antes alugado à devedora, não transforma quem veio a ocupá-lo posteriormente, também por força de locação, em sucessor para os efeitos tributários. Recurso especial não conhecido. (STJ. 2ª Turma. REsp nº 108.873. Rel. Min. Ari Pargendler. Julgamento em 4.3.99)

Tributário – ICMS – Comercial – Sociedade comercial – Transformação – Incorporação – Fusão – Cisão – Fato gerador – Inexistência. I - Transformação, incorporação, fusão e cisão constituem várias facetas de um só instituto: a transformação das sociedades. Todos eles são fenômenos de natureza civil, envolvendo apenas as sociedades objeto da metamorfose e os respectivos donos de cotas ou ações. Em todo o encadeamento da transformação não ocorre qualquer operação comercial. II - A sociedade comercial – pessoa jurídica corporativa pode ser considerada um condomínio de patrimônios ao qual a ordem jurídica confere direitos e obrigações diferentes daqueles relativos aos condôminos (Kelsen). III - Os cotistas de sociedade comercial não são, necessariamente, comerciantes. Por igual, o relacionamento entre a sociedade e seus cotistas é de natureza civil. IV - A transformação em qualquer de suas facetas das sociedades não é fato gerador de ICMS. (STJ. 1ª Turma. REsp nº 242.721. Rel. Min. Humberto Gomes de Barros. Julgamento em 19.6.2001)

7.3.6 Responsabilidade por sucessão imobiliária

Processo Civil. Arrematação. Falência. Tributo predial incidente sobre o imóvel arrematado. Matéria concernente ao processo falimentar. Negativa de vigência ao art. 130 parágrafo único, CTN. Precedentes doutrina. Recurso Especial provido. I - Na hipótese de arrematação em hasta pública, dispõe o parágrafo único do art. 130 do Código Tributário Nacional que a sub-rogação do crédito tributário, decorrente de impostos cujo fato gerador seja a propriedade do imóvel, ocorre sobre o respectivo preço, que por eles responde. Esses créditos, até então assegurados pelo bem, passam a ser garantidos pelo referido preço da arrematação, recebendo o adquirente o imóvel desonerado dos ônus tributários devidos até a data da realização da hasta. II - Se o preço alcançado na arrematação em hasta pública não for suficiente para cobrir o débito tributário, não fica o arrematante responsável pelo eventual saldo devedor. A arrematação tem o efeito de extinguir os ônus que incidem sobre o bem imóvel arrematado, passando este ao arrematante livre e desembaraçado dos encargos tributários. (STJ. 4ª Turma. REsp nº 166.975. Rel. Min. Sálvio de Figueiredo Teixeira. Julgamento em 24.8.99)

7.3.7 Responsabilidade tributária por infração

Processual Civil e Tributário. Agravo Regimental. Recurso Especial. Responsabilidade pessoal do sócio-gerente. Ato com excesso de poder ou infração a lei, contrato social, estatuto, ou que redunde na dissolução irregular da sociedade. Conduta dolosa ou culposa. Comprovação. Matéria probatória. Súmula nº 07/STJ. I - A jurisprudência do Superior Tribunal de Justiça firmou entendimento no sentido de que o sócio-gerente de sociedade só pode ser responsabilizado pelo não-pagamento de tributo, respondendo com o seu patrimônio, se comprovado, pelo Fisco, ter aquele praticado, no comando da sociedade, ato com excesso de poder ou infração a lei, contrato social, estatuto, ou, ainda, que redunde na dissolução irregular da sociedade. II - As hipóteses de responsabilidade tributária previstas no art. 135 do CTN não se fundam no mero inadimplemento da sociedade, mas na conduta dolosa ou culposa, especificamente apontada pelo legislador, por parte do gestor da pessoa jurídica. Portanto, dentre os requisitos para a caracterização da responsabilidade tributária do sócio-gerente, inclusive na hipótese de dissolução irregular da sociedade, está o elemento subjetivo, ou seja, a atuação dolosa ou culposa. (STJ. 1ª Turma. AgRg no REsp nº 638.326. Rel. Min. Francisco Falcão. Julgamento em 28.9.2004)

Processual Civil e Tributário – Execução fiscal – Redirecionamento – Citação na pessoa do sócio-gerente – Art. 135, III do CTN – Dissolução irregular. 1. É pacífica a jurisprudência desta Corte no sentido de que o simples inadimplemento da obrigação tributária não caracteriza infração à lei. 2. Em matéria de responsabilidade dos sócios de sociedade limitada, é necessário fazer a distinção entre empresa que se dissolve irregularmente daquela que continua a funcionar. 3. Em se tratando de sociedade que se extingue irregularmente, cabe a responsabilidade dos sócios, os quais podem provar não terem agido com dolo, culpa, fraude ou excesso de poder. 4. Recurso especial provido em parte. (STJ. 2ª Turma. REsp nº 685.006. Rel. Min. Eliana Calmon. Julgamento em 14.12.2004)

Execução Fiscal. Redirecionamento. Sócios. Dissolução irregular. A Turma, ao continuar o julgamento, entendeu, por maioria, que, na hipótese, é possível presumir a dissolução irregular da sociedade e, em conseqüência, redirecionar a execução fiscal para seus sócios, visto que certificado por oficial de justiça que ela não mais existe no endereço indicado (art. 127 do CTN). No Direito Comercial, há que se valorizar a aparência externa da sociedade, e a mera suposição de que estaria a funcionar em outro endereço, sem que o tivesse comunicado à Junta Comercial, não pode obstar o crédito da Fazenda. (REsp 800.039-PR, Rel. originário Min. Peçanha Martins, Rel. para acórdão Min. Eliana Calmon, julgado em 25.4.2006. *Informativo STJ*, n. 282).

O fechamento da empresa sem baixa na junta comercial constitui indício de que o estabelecimento comercial encerrou suas atividades de forma irregular. O comerciante tem obrigação de atualizar o seu registro cadastral nos órgãos competentes. Assim, tal circunstância autoriza a Fazenda a redirecionar a execução contra os sócios e administradores. Precedentes citados: EREsp 716.412-PR, REsp 839.684-SE, *DJ* 30.8.2006, e REsp 750.335-PR, *DJ* 10.4.2006. (REsp 985.616-RS, Rel. Min. Castro Meira, julgado em 6.11.2007. *Informativo STJ*, n. 338)

A divergência, na espécie, é no tocante à natureza da responsabilidade do sócio-gerente na hipótese de não-recolhimento de tributos. Esclareceu o Min. Rel. que é pacífico, neste Superior Tribunal, o entendimento acerca da responsabilidade subjetiva daquele em relação aos débitos da sociedade. A responsabilidade fiscal dos sócios restringe-se à prática de atos que configurem abuso de poder ou infração de lei, contrato social ou estatutos da sociedade (art. 135, CTN). O sócio deve responder pelos débitos fiscais do período em que exerceu a administração da sociedade apenas se ficar provado que agiu com dolo ou fraude e que a sociedade, em razão de dificuldade econômica decorrente desse ato, não pôde cumprir o débito fiscal. O mero inadimplemento tributário não enseja o redirecionamento da execução fiscal. Isso posto, a Seção deu provimento aos embargos. Precedentes citados: REsp 908.995-PR, *DJ* 25.3.2008, e AgRg no REsp 961.846-RS, *DJ* 16.10.2007. (EAG 494.887-RS, Rel. Min. Humberto Martins, julgados em 23.4.2008. *Informativo STJ*, n. 353)

7.3.8 Substituição tributária

O regime de substituição tributária, referente ao ICM, já se achava previsto no Decreto-Lei nº 406/68 (art. 128 do CTN e art. 6º, §§3º e 4º, do mencionado decreto-lei), normas recebidas pela Carta de 1988, não se podendo falar, nesse ponto, em omissão legislativa capaz de autorizar o exercício, pelos Estados, por meio do Convênio ICM nº 66/88, da competência prevista no art. 34, §8°, do ADCT/88. Essa circunstância, entretanto, não inviabiliza o instituto que, relativamente a veículos novos, foi instituído pela Lei paulista n° 6.374/89 (dispositivos indicados) e pelo Convênio ICMS n° 107/89, destinado não a suprir omissão legislativa, mas a atender à exigência prevista no art. 6°, §4°, do referido Decreto-Lei n° 406/68, em face da diversidade de estados aos quais o referido regime foi estendido, no que concerne aos mencionados bens. A responsabilidade, como substituto, no caso, foi imposta, por lei, como medida de política fiscal, autorizada pela Constituição, não havendo que se falar em exigência tributária despida de fato gerador. (STF. 1ª Turma. RE n° 213.396. Rel. Min. Ilmar Galvão. Julgado em 2.8.99)

Concluído o julgamento de ação direta de inconstitucionalidade ajuizada pela Confederação Nacional do Comércio – CNC contra a Cláusula Segunda do Convênio ICMS 13/97 que, disciplinando o regime de substituição tributária, não admite a restituição ou a cobrança suplementar do ICMS quando a operação ou prestação subseqüente à cobrança do imposto se realizar com valor inferior ou superior ao anteriormente estabelecido. Sustentava-se, na espécie, ofensa ao §7° do art. 150 da CF (na redação introduzida pela EC 3/93), sob a alegação de ser devida a restituição do imposto sempre que o fato gerador ocorresse em montante menor daquele que fora presumido. O Tribunal, por maioria, julgou improcedente a ação e declarou a constitucionalidade do dispositivo impugnado por entender que a restituição assegurada pelo §7°, do art. 150, da CF, restringe-se apenas às hipóteses de não vir a ocorrer o fato gerador presumido, não havendo que se falar em tributo pago a maior ou a menor por parte do contribuinte substituído, porquanto o sistema da substituição tributária progressiva é adotado para produtos cujos preços de revenda final são previamente fixados ou tabelados, sendo, por isso, apenas eventuais as hipóteses de excesso de tributação. Salientou-se, por fim, que a admissão da possibilidade de restituição implicaria o retorno do regime de apurações mensais do imposto, o que inviabilizaria o próprio instituto da substituição tributária progressiva. Vencidos os Ministros Carlos Velloso, Celso de Mello e Marco Aurélio, que julgavam procedente a ação, ao entendimento de que a norma impugnada, ao excluir a possibilidade de restituição na hipótese de imposto pago a maior, violaria o §7°, do art. 150, da CF ("A lei poderá atribuir a sujeito passivo de obrigação tributária a condição de responsável pelo pagamento de imposto ou contribuição, cujo fato gerador deva ocorrer posteriormente, assegurada a imediata e preferencial restituição da quantia paga, caso não se realize o fato gerador presumido"). Precedente citado: RE 213.396-SP (*DJU* de 1°.12.2000). (STF. Pleno. ADIn n° 1.851, Rel. Min. Ilmar Galvão, 8.5.2002)

O Tribunal, por maioria, negou provimento a recurso extraordinário interposto contra acórdão da 3ª Turma do TRF da 1ª Região que decidira pela legitimidade da retenção, pela empresa contratante de serviços executados mediante mão-de-obra, de 11% sobre o valor bruto da nota fiscal ou da fatura de prestação de serviços, para fins de contribuição previdenciária, nos termos previstos no art. 31 da Lei 8.212/91, com a redação dada pela Lei 9.711/98 – v. *Informativo* 355. Entendeu-se que a alteração introduzida pela Lei 9.711/98 não implicou criação de nova contribuição ou contribuição decorrente de outras fontes com ofensa ao art. 195, §4°, da CF, porquanto apenas objetivou simplificar a arrecadação do tributo e facilitar a fiscalização no seu recolhimento, não ocorrendo, por conseguinte, violação à regra da competência residual da União (CF, art. 154, I). Salientou-se ser improcedente a assertiva de que o fato gerador estaria ocorrendo posteriormente ao recolhimento, uma vez que o sujeito passivo estaria obrigado a reter 11% do valor bruto da nota fiscal ou fatura de prestação de serviços e recolher a importância retida até o dia 2 do mês subseqüente ao da emissão da respectiva nota fiscal ou fatura em nome da empresa cedente da mão-de-obra, observadas as disposições inscritas nos parágrafos no art. 31 e no §5º do art. 33 da Lei 8.212/91. Afirmou-se que a CF autoriza a lei a atribuir ao sujeito passivo de obrigação tributária a condição de responsável pelo pagamento de imposto ou contribuição cujo fato gerador deva ocorrer posteriormente, assegurada a imediata e preferencial restituição da quantia paga, caso não se realize o fato gerador presumido (CF, art. 150, §7º), sendo que o CTN ainda prescreve em seu art. 128 que "sem prejuízo do disposto neste capítulo, a lei pode atribuir de modo expresso a responsabilidade pelo crédito tributário a terceira pessoa, vinculada ao fato gerador da respectiva obrigação, excluindo a responsabilidade do contribuinte ou atribuindo-a a este em caráter supletivo do cumprimento total ou parcial da referida obrigação". Concluiu-se, afastando a tese de que a mencionada retenção constituiria empréstimo compulsório (CF, art. 148), que os valores retidos em montante superior ao devido pela empresa contratada deverão ser restituídos nos termos do art. 31, §2º, da Lei 8.212/91, com a redação da Lei 9.711/98, razão por que também não estaria havendo utilização do tributo com efeito de confisco (CF, art. 150, IV). Vencido o Min. Marco Aurélio que dava provimento ao recurso por considerar que a legislação ordinária acabou por aditar a CF, introduzindo, em termos de adiantamento, uma nova base de incidência da contribuição social, ou seja, o valor da nota fiscal relativa à prestação de serviço, a qual abrangeria outros fatores estranhos à folha de salários, inclusive o lucro. Leia o inteiro teor do voto do relator na seção de Transcrições deste Informativo. (RE 393946/MG, Rel. Min. Carlos Velloso, 3.11.2004. *Informativo STF*, n. 368)

2. A retenção de contribuição previdenciária determinada pela Lei 9.711/98 não configura nova exação e sim técnica arrecadatória via substituição tributária, sem que, com isso, resulte aumento da carga tributária. 3. A Lei nº 9.711/98, que alterou o art. 31 da Lei nº 8.212/91, não criou nova contribuição sobre o faturamento, tampouco alterou a alíquota ou a base de cálculo da contribuição previdenciária sobre a folha de pagamento. 4. A determinação do mencionado artigo configura apenas uma nova sistemática de arrecadação da contribuição previdenciária, tornando as empresas tomadoras de serviço como responsáveis tributários pela forma de substituição tributária. Nesse sentido, o procedimento a ser adotado não viola qualquer disposição legal (RESP 410355/MG; RESP 496.611/PR; RESP 427.336/MG; RESP 439155/MG e RESP 434105/SP). (STJ. 1ª Turma. EDcl no AgRg no REsp nº 584.890. Rel. Min. Luiz Fux. Julgamento em 16.12.2004)

O Tribunal conheceu, em parte, de ação direta ajuizada pela Confederação Nacional do Comércio – CNC, e, na parte conhecida, julgou, por maioria, improcedente o pedido, nela formulado, de declaração de inconstitucionalidade do art. 12-A — que estabelece que, nas aquisições interestaduais de mercadoria para fins de comercialização, será exigida antecipação parcial do ICMS, a ser efetuada pelo próprio adquirente, independentemente do regime de apuração adotado —, e, por arrastamento, dos §§1º, I, II, III, e 2º desse artigo, do inc. III do art. 23 e do §6º do art. 26, todos acrescentados à Lei estadual 7.014/96 (lei básica do ICMS baiano), pela Lei estadual 8.967/2003. Não se conheceu da ação relativamente ao §4º do art. 16 da Lei estadual 7.014/96, acrescentado pela Lei estadual 8.967/2003, ao fundamento de que a matéria nele disciplinada nada tem a ver com a antecipação parcial instituída pelo art. 12-A, objeto da ação, o que impediria a aplicação da inconstitucionalidade por arrastamento pleiteada. – Quanto aos demais artigos impugnados, entendeu-se se tratar, na espécie, de substituição tributária para frente, reputada legítima pelo Tribunal. Asseverou-se que o Estado-membro, no exercício de sua competência para disciplinar e cobrar o ICMS (CF, art. 155, II), dispôs a respeito do momento da exigência desse tributo, e que a antecipação parcial do ICMS no momento das aquisições interestaduais para fins de comercialização é situação expressamente autorizada pelo §7º do art. 150 da CF. Afastou-se a alegação de ofensa ao art. 150, V, da CF, porquanto a antecipação parcial do imposto objetivou alterar a data de vencimento da obrigação e não onerar o ingresso de aquisições originárias de outros estados. Além disso, ressaltou-se que, posteriormente, o crédito será escriturado, observando o princípio da não-cumulatividade, não havendo afronta aos artigos 150, IV e 152, da CF. Rejeitou-se, também, a apontada violação ao princípio da livre iniciativa e da livre concorrência, por não se verificar restrição às operações mercantis, bem como aos artigos 22, VIII e 155, §2º, VI, da CF, pois em nenhum momento se regulou o comércio ou se fez restrição ao comércio interestadual, nem se fixou nova alíquota incidente sobre operações e prestações interestaduais, sendo aplicáveis as mesmas alíquotas referidas pela Resolução 22/99, do Senado Federal. Por fim, não se vislumbrou agressão aos artigos 170, IX, e 179, da CF, uma vez que observado o tratamento favorecido às empresas de pequeno porte e às microempresas. Vencido, parcialmente, o Min. Marco Aurélio, que julgava o pedido procedente relativamente ao referido art. 12-A da lei impugnada, por considerar que, ao estabelecer tratamento diferenciado, tendo em conta apenas a origem da mercadoria, o dispositivo estaria em conflito com a Constituição, por solapar a própria federação, privilegiando o que produzido no Estado da Bahia em detrimento da produção e comercialização de bens em outras unidades da federação. (ADI 3426/BA, Rel. Min. Sepúlveda Pertence, 22.3.2007. *Informativo STF*, n. 460)

Capítulo 8

Crédito tributário: lançamento, legislação aplicável, espécies de lançamento, declaração e confissão de dívida tributária

Sumário: **8.1** Crédito tributário e lançamento - **8.2** Legislação aplicável ao lançamento - **8.3** Espécies de lançamento - **8.3.1** Lançamento direito, de ofício ou *ex officio* - **8.3.2** Lançamento misto ou por declaração - **8.3.3** Lançamento por homologação ou autolançamento - **8.4** Declaração e confissão de dívida tributária realizadas pelo contribuinte nos tributos submetidos à sistemática de lançamento por homologação - **8.5** Jurisprudência - **8.5.1** Constituição definitiva - **8.5.2** Declaração e confissão de dívida tributária - **8.5.3** Lançamento (depósito) - **8.5.4** Lançamento (espécies) - **8.5.5** Lançamento (legislação aplicável) - **8.5.6** Notificação (do lançamento) - **8.5.7** Revisão (do lançamento) - **8.5.8** Termo de responsabilidade

8.1 Crédito tributário e lançamento

No caminho a ser percorrido pelo Estado-Fisco para realizar a tributação, segundo os ditames da ordem jurídica, da qual o mesmo não pode se afastar, verifica-se que, superados os momentos anteriores da fixação da hipótese de incidência e do surgimento da obrigação tributária, com a ocorrência do fato gerador, o terceiro estágio consiste justamente na especificação, quantificação, liquidação, apuração ou determinação do volume de recursos pecuniários a serem transferidos para os cofres públicos. Nessa oportunidade, por intermédio de ato (ou procedimento, conforme o caso) administrativo, denominado de lançamento, surge o crédito tributário. Assim, como afirma a mais abalizada doutrina, o lançamento declara ou reconhece a existência da obrigação tributária e constitui ou quantifica o crédito tributário.

O próprio Código Tributário Nacional distingue a obrigação do crédito. Nessa medida, a obrigação é o primeiro momento na relação jurídico-tributária, quando o conteúdo dessa ainda não se apresenta nítido ou determinado quanto ao valor a ser transferido ao Erário e quanto à perfeita identificação do sujeito passivo. Exatamente por essas características de indeterminação, apesar de presente o direito do Fisco, a prestação correspondente não pode ainda ser exigida.

O crédito, por sua vez, é o segundo momento da relação jurídico-tributária. Resulta, como antes referido, do ato (ou procedimento, conforme o caso) denominado de lançamento. Por intermédio desse expediente, a obrigação tributária, por natureza ilíquida e indeterminada, será devidamente formalizada com o necessário destaque para todos os seus elementos constitutivos.

Assim, obrigação e crédito, na linguagem do Código Tributário Nacional, são momentos diversos da mesma relação jurídico-tributária.

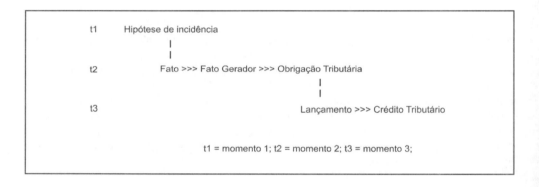

Nos termos do Código Tributário Nacional (art. 142), compete privativamente à autoridade administrativa, sob pena de responsabilidade funcional, constituir o crédito tributário pelo lançamento, assim entendido o ato (ou procedimento, conforme o caso) administrativo tendente a verificar a ocorrência do fato gerador da obrigação correspondente, determinar a matéria tributável, calcular o montante do tributo devido, identificar o sujeito passivo e, sendo caso, propor a aplicação da penalidade cabível.

Atualmente, o STJ e o STF acatam os argumentos de parte ponderável da doutrina no sentido de que a constituição definitiva do crédito tributário somente ocorre com a conclusão do processo administrativo fiscal iniciado com a lavratura do auto de infração (lançamento) (REsp nº 649.684, REsp nº 485.738, RE nº 91.019 e RHC nº 90.532).

O Código Tributário Nacional menciona uma proposta de aplicação da penalidade. Tal situação pode ocorrer quando a legislação tributária define autoridades distintas para a apuração do tributo devido e para a imposição da penalidade cabível, como já foi comum no passado.

O Superior Tribunal de Justiça admite a constituição do crédito tributário por lançamento tácito quando ocorre o depósito judicial em dinheiro efetuado pelo contribuinte que busca, com a medida, suspender a exigibilidade do crédito tributário (EREsp nº 767.328 e REsp nº 953.684).

Existe autonomia relativa entre a obrigação tributária e o crédito tributário. O crédito tributário como realidade formal pode ser afetado sem que o seja a sua substância, a obrigação. Assim, se na constituição do crédito tributário houve erro ou ilegalidade, o crédito deve ser reformado ou anulado. Persiste, no entanto, a obrigação tributária respectiva, que não foi afetada. Pode ocorrer ainda que um crédito tributário seja formalizado sem que tenha ocorrido o fato gerador da obrigação tributária. Nesse caso, não existe obrigação, mas o crédito tributário, como realidade meramente formal, existe. Reclama, porém, sua invalidação por ausência de causa.

Segundo o Código Tributário Nacional, o crédito tributário regularmente constituído somente se modifica ou extingue, ou tem sua exigibilidade suspensa ou excluída, nos casos nele previstos.

No Capítulo 2 foi dito: "No julgamento da ADInMC nº 2.405, o Supremo Tribunal Federal, modificando posição anterior, entendeu que os entes da Federação podem estabelecer, em leis específicas, regras de quitação de seus próprios créditos tributários. No caso em análise, admitiu-se como válida lei estadual que instituía dação em pagamento de créditos tributários. Em momento posterior, por ocasião do julgamento da ADIN nº 1.917, o STF reconheceu a inconstitucionalidade de lei distrital que previa a quitação de débitos tributários mediante dação em pagamento de materiais destinados a atender a programas governamentais. Houve ofensa, segundo o STF, a exigência: a) de processo licitatório (art. 37, inc. XXI, da Constituição); e b) de definição de nova hipótese de extinção de crédito tributário por lei complementar (art. 146, inc. III, da Constituição)".

8.2 Legislação aplicável ao lançamento

Como o efeito do lançamento é meramente declaratório da existência de relação jurídico-obrigacional nascida anteriormente, o art. 144 do Código Tributário Nacional define que o mesmo deve se reportar à data de ocorrência do fato gerador e reger-se pela lei vigente àquela época, independentemente de haver sido posteriormente modificada ou revogada.

O critério antes referido não se aplica aos impostos lançados por períodos certos de tempo, desde que a lei desses tributos fixe expressamente a data em que o fato gerador se considera ocorrido. Entende-se por "impostos lançados por períodos certos de tempo", na linguagem do CTN, justamente aqueles lançados de tempos em tempos (períodos), a exemplo do imposto de renda ou do imposto sobre a propriedade predial e territorial urbana. Nesses casos surge o problema de se saber quando deve ser considerado ocorrido o fato gerador. Segundo o CTN, a lei deve fixar expressamente a data em que o fato gerador se considera ocorrido, reportando-se à legislação desse momento o lançamento a ser efetivado.

As leis aplicáveis ao lançamento são:

Parte substancial (tributo)	a lei em vigor na data da ocorrência do fato gerador
Penalidade (multa)	a lei mais favorável ao sujeito passivo
Aspectos formais	a lei em vigor na data do lançamento

A natureza meramente declaratória do lançamento pode ser constatada no art. 143 do Código Tributário Nacional. Ali restou consignado que, salvo disposição de lei em contrário, quando o valor tributário esteja expresso em moeda estrangeira, no lançamento far-se-á sua conversão em moeda nacional ao câmbio do dia da ocorrência do fato gerador da obrigação.

Por outro lado, aplica-se ao lançamento a legislação que, posteriormente à ocorrência do fato gerador da obrigação, tenha instituído novos critérios de apuração ou processos de fiscalização, ampliado os poderes de investigação das autoridades administrativas, ou outorgando ao crédito maiores garantias ou privilégios, exceto, nesse último caso, para o efeito de atribuir responsabilidade tributária a terceiros. Observe-se que não há alterações (legislativas) no próprio fato gerador, e sim, na possibilidade de conhecê-lo como efetivamente surgiu. Exemplo típico desse caso seria a alteração da legislação tornando acessível ao Fisco informações antes sigilosas. Nesse sentido, o STJ reconheceu que o acesso, definido por lei nova, a informações bancárias para fins de apuração e constituição de crédito tributário pode alcançar fatos ocorridos antes da vigência da nova legislação (MC n$^{\underline{o}}$ 7.513 e REsp n$^{\underline{o}}$ 668.012).

Quando o cálculo do tributo tenha por base o valor ou o preço de bens, direitos, serviços ou atos jurídicos, a autoridade lançadora, mediante processo regular, arbitrará aquele valor (praticado no mercado) ou preço (definido pelas partes de certo negócio), sempre que sejam omissos ou não mereçam fé as declarações ou os esclarecimentos prestados, ou os documentos expedidos pelo sujeito passivo ou pelo terceiro legalmente obrigado, ressalvada, em caso de contestação, avaliação contraditória, administrativa ou judicial. Nesse sentido, o Fisco não está obrigado a aceitar como verdadeiras as informações prestadas pelo contribuinte ou terceiro. Vejamos um exemplo. Se o contribuinte afirma que a operação de compra e venda de um imóvel envolveu uma certa quantia, não compatível com o valor praticado no mercado imobiliário, o Fisco poderá arbitrar, segundo critérios razoáveis e passíveis de contestação, o valor envolvido na transação.

A modificação introduzida, de ofício ou em conseqüência de decisão administrativa ou judicial, nos critérios jurídicos adotados pela autoridade administrativa no exercício do lançamento somente pode ser efetivada, em relação a um mesmo sujeito passivo, quanto a fato gerador ocorrido posteriormente à sua introdução. A mudança de critério jurídico consiste em nova interpretação da legislação aplicável na constituição do crédito tributário pelo lançamento ou de adoção de nova alternativa entre várias admitidas pela legislação. Nos dois casos, importa frisar, a autoridade fiscal transita dentro do campo da legalidade, antes da mudança e depois dela. Assim, o CTN não veda a modificação, mas determina sua utilização, para o sujeito passivo atingido pela adoção do critério jurídico anterior, tão-somente na constituição dos créditos cujos respectivos fatos geradores tenham ocorrido depois da mudança. Registre-se que parte da doutrina tributária entende ser o *erro de direito* o alvo da presente disposição. Nessa linha, a mudança de critério jurídico seria o abandono de posição equivocada anterior, inserida no campo do ilícito, para adoção de entendimento novo, correto e lícito.

O lançamento regularmente notificado ao sujeito passivo só pode ser alterado em virtude de: a) impugnação do sujeito passivo (contestação ou irresignação manifestada perante a Administração Tributária); b) recurso de ofício (expediente em que a decisão administrativa é favorável ao contribuinte mas, segundo a lei, deve ser reexaminada por autoridade superior); e c) iniciativa de ofício da autoridade administrativa, nos casos previstos na legislação.

A jurisprudência do STJ destaca, como imprescindível, a regular comunicação do contribuinte em relação do crédito tributário constituído. Com efeito, o lançamento somente é considerado válido com a inequívoca notificação do contribuinte (REsp n$^{\circ}$ 666.743 e REsp n$^{\circ}$ 676.516).

O art. 149 do CTN elenca as hipóteses de revisão de ofício, pela autoridade administrativa, do lançamento realizado. Segundo o STJ, a diferença entre a área cadastral do imóvel e a área real consiste em erro de fato que enseja a revisão de lançamento do IPTU (RMS n$^{\circ}$ 11.271). Já a mudança de critério jurídico adotada pelo Fisco não autoriza a revisão de lançamento (Súmula TRF n$^{\circ}$ 227 e REsp n$^{\circ}$ 273.195/AgRg).

8.3 Espécies de lançamento

São três as formas ou espécies de lançamento, segundo a doutrina tributária tradicional: a) lançamento direto, de ofício ou *ex officio*; b) lançamento por declaração ou misto; e c) lançamento por homologação ou autolançamento.

8.3.1 Lançamento direito, de ofício ou *ex officio*

No caso do lançamento direto, a constituição do crédito tributário é efetivada por iniciativa exclusiva do Fisco. A participação do contribuinte, se houver, será no sentido de fornecer elementos ou dados, normalmente contábeis, exigidos pelos agentes fiscais já no curso do procedimento tendente a apurar o valor devido. Essa modalidade aplica-se exemplarmente aos impostos patrimoniais, como o imposto predial e territorial urbano, por deter a Administração Tributária as informações necessárias em seus cadastros. O IPVA é outro tributo normalmente submetido a lançamento de ofício (ROMS nº 12.970). Por outro lado, todo auto de infração, resultante de fiscalização, materializa uma constituição de crédito tributário por iniciativa exclusiva da Administração Tributária, podendo, no máximo, ocorrer a participação acima aludida por parte do contribuinte.

8.3.2 Lançamento misto ou por declaração

Quando se identifica a atuação conjunta do Fisco e do contribuinte (ou terceiro) na configuração do lançamento, onde o último apresenta, por força de previsão legal nesse sentido, declarações e informações e o primeiro aprecia e processa esses dados, expedindo, ao final, notificação de lançamento ao contribuinte, na qual especifica o valor devido e data-limite para o pagamento, tem-se o denominado lançamento misto ou por declaração.

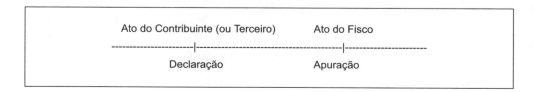

A declaração apresentada pelo sujeito passivo ou por terceiro, no âmbito do lançamento misto ou por declaração, pode conter algum erro em relação aos fatos comunicados ao Fisco. Assim, admite-se a retificação do erro identificado depois de entregue a declaração com a finalidade de, reposta a verdade dos fatos, a constituição do crédito tributário pela Administração Tributária significar a exata aplicação da legislação fazendo surgir o crédito devido.

Quando a retificação da declaração apresentada resultar em diminuição ou extinção de tributo, somente será admitida com a demonstração do equívoco presente na declaração original e antes da notificação da constituição do crédito. Depois da notificação da constituição do crédito não cabe a retificação da declaração apresentada, afinal, nos termos do art. 145, *caput* do CTN, o lançamento consumado é imutável. O sujeito passivo, nesse último caso, deverá contestar (impugnar) o próprio lançamento, na forma preconizada no art. 145, inc. I do Código.

A retificação da declaração apresentada pelo sujeito passivo pode ser efetivada pelo declarante ou pela autoridade fiscal. Na segunda hipótese, de retificação da declaração pela autoridade fiscal, tanto pode ocorrer o agravamento da exigência original, como pode ocorrer o abrandamento daquela. Ressalte-se que tal retificação ocorre por ocasião do exame da declaração apresentada e antes de concluído o procedimento de lançamento. Se o erro for constatado pela autoridade fiscal quando o crédito já estiver constituído e comunicado ao sujeito passivo será o caso de rever o lançamento.

8.3.3 Lançamento por homologação ou autolançamento

Por fim, tem-se o chamado lançamento por homologação ou autolançamento. Essa modalidade apresenta uma certa complexidade e, por conta dela, suscita sérias divergências doutrinárias. Voltado para as imposições tributárias relacionadas com a circulação de riquezas, abrange, de longe, a maior parcela da carga fiscal em vigor. Atualmente, entre outros, os seguintes tributos estão submetidos a essa modalidade de lançamento: ISS, ICMS, IR, IPI, ITR, COFINS, PIS/PASEP.

Segundo o art. 150 do Código Tributário Nacional, fundamento legal da sistemática em apreciação, ocorre o lançamento por homologação quando o sujeito passivo antecipa o pagamento sem prévio exame da autoridade tributária e opera-se pelo ato em que a referida autoridade expressamente homologa a atitude do contribuinte. Admite-se, doutrinariamente, a variante da homologação tácita, baseada no §4º do mesmo artigo, no caso de vencer o prazo previsto em lei sem apreciação da ação do contribuinte pelo Fisco responsável.

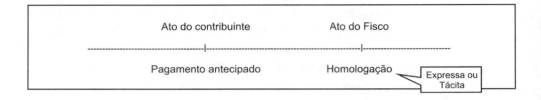

Assim, partindo de certo pagamento (antecipado) pelo contribuinte, no caso de tributo submetido a sistemática de lançamento por homologação ou autolançamento, são possíveis 3 (três) conseqüências, afastadas as hipóteses de dolo, fraude ou simulação contra o Erário:
 a) o recolhimento antecipado é homologado expressamente pelo Fisco, porque consonante com o fato gerador respectivo;
 b) o recolhimento antecipado é homologado tacitamente pelo Fisco, porque esse não aferiu, dentro do prazo previsto em lei, a regularidade do pagamento; e
 c) o Tesouro, por seus agentes fiscais, identifica recolhimento antecipado a menor, em contraste com o fato gerador respectivo, e procede a um lançamento direto, na forma de auto de infração.

8.4 Declaração e confissão de dívida tributária realizadas pelo contribuinte nos tributos submetidos à sistemática de lançamento por homologação

A sistemática do lançamento por homologação, aplicável aos tributos responsáveis, de longe, pela maior parte da carga fiscal efetivamente recolhida, como já destacado, desperta justificáveis preocupações no seio da Administração Tributária. Como acompanhar a vida fiscal de cada contribuinte? Como saber se os recolhimentos periódicos foram realizados corretamente? Como interpretar o eventual decréscimo na série de pagamentos? São algumas perguntas que reclamam respostas. Por outro lado, identificadas ausências de recolhimentos, como avaliar se são devidas ou indevidas, como quantificá-las e instrumentalizar a respectiva cobrança?

A opção pela fiscalização caso a caso, empresa por empresa, contribuinte por contribuinte apresenta dificuldades hercúleas. O gigantismo da máquina administrativa para tal tarefa, o enorme volume de dispêndios de manutenção de pessoal qualificado e infra-estrutura logística e a duvidosa eficiência do arsenal montado são fatores inibidores ou proibitivos da adoção de tal prática, sobretudo, nos momentos de crise nas contas públicas.

Para resolver esses e outros problemas estratégicos na área da administração dos tributos autolançados foi concebido um instrumento de inegável valia: a declaração e confissão de dívida tributária.[24] Por essa via, impõe-se ao contribuinte a apresentação periódica de documento em que declare e confesse o valor do tributo a ser recolhido. Tal informação será, então, confrontada com os pagamentos. A correspondência é indício de regularidade, salvo apuração do crédito devido a menor, identificada quando de eventual fiscalização. A discrepância importa, normalmente, em inscrição do débito em dívida ativa, como antecedente necessário à cobrança judicial.

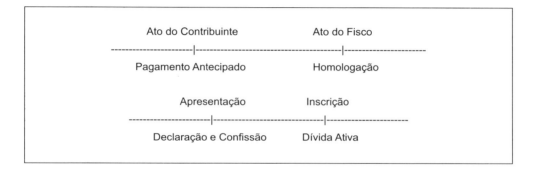

No âmbito federal, a mais relevante declaração e confissão de dívida tributária é conhecida como Declaração de Débitos e Créditos Tributários Federais (DCTF), abrangendo a quase totalidade das imposições autolançadas. Possui escora legal no art. 5º do Decreto-Lei nº 2.124, de 1984. O art. 25 da Lei Complementar nº 123, de 2006, com a redação dada pela Lei Complementar nº 128, de 2008, reconhece expressamente que a declaração fiscal anual, única e simplificada, das microempresas e empresas de pequeno porte optantes do Simples Nacional "(...) constitui confissão de dívida e instrumento hábil e suficiente para a exigência dos tributos e contribuições que não tenham sido recolhidos resultantes das informações nela prestadas".

De forma extremamente resumida, pode-se apontar os seguintes fundamentos jurídicos para a utilização da mecânica da declaração e confissão de dívida tributária: a) para a obrigatoriedade de apresentação da declaração (obrigação acessória): art. 113, §2º, do Código Tributário Nacional; e b) para a presença da confissão de dívida: art. 585, inc. II, do Código de Processo Civil, combinado com o art. 109 do Código Tributário Nacional.

---

[24] Cf. CASTRO. Declaração e confissão de dívida tributária: realizadas pelo sujeito passivo nos tributos submetidos à sistemática de lançamento por homologação. Disponível em: <http://www.aldemario.adv.br/artigo3.htm>.

Com efeito, o legislador tributário lança mão de um instituto de direito privado (a confissão de dívida) para reunir os elementos necessários à conformação, se for preciso, do título executivo extrajudicial próprio da Fazenda Pública (a certidão do termo de inscrição em Dívida Ativa). A afirmação anterior investe contra o falso dogma da constituição do crédito tributário tão-somente por intermédio do lançamento (direto) realizado pela autoridade tributária, equívoco típico da leitura isolada do art. 142 do Código Tributário Nacional. Ademais, como reforço de argumentação, é importante lembrar que se caracteriza como crime fazer declaração falsa sobre rendas, bens ou fatos para escapar, total ou parcialmente, de pagamento de tributo (art. 2°, inc. I da Lei n° 8.137, de 1990).

A jurisprudência reconhece, pacificamente, a utilização das declarações com força de confissão de dívida tributária (AR em AI n° 144.609, AR em AI n° 167.503, REsp n° 192.509, REsp n° 389.089, REsp n° 780.167, RE n° 560.477, entre outros). Admite-se, ainda: a) a desnecessidade de intimação ou notificação do contribuinte antes da inscrição em dívida ativa; b) a desnecessidade de realização de lançamento direto em relação aos valores declarados; e c) a emissão de certidão positiva a partir dos débitos registrados nas declarações (REsp n° 832.394).

O Superior Tribunal de Justiça, ao julgar o REsp n° 750.142, reconheceu que o termo de responsabilidade firmado quando da admissão temporária de bens importados faz as vezes de um reconhecimento explícito de débito.

Quando o Fisco, ao analisar a declaração apresentada pelo contribuinte, apura diferenças a maior, deve promover a constituição desses últimos créditos por meio do regular lançamento tributário, viabilizando as condições para a impugnação e defesa pelo contribuinte quanto aos valores a serem cobrados. Esse foi o correto posicionamento do STJ ao julgar o REsp n° 745.717.

8.5 Jurisprudência

8.5.1 Constituição definitiva

O Tribunal, por maioria, deu parcial provimento a recurso ordinário em habeas corpus, impetrado em favor de acusada pela suposta prática dos crimes previstos no art. 2°, I, da Lei 8.137/90 (sonegação fiscal) e no art. 203 do CP ("Frustrar, mediante fraude ou violência, direito assegurado pela legislação do trabalho"), para trancar o inquérito policial contra ela instaurado relativamente à investigação do possível crime de sonegação fiscal, sem prejuízo do seu prosseguimento em relação aos demais fatos. Aplicou-se o entendimento firmado pela Corte no sentido de que o prévio exaurimento da via administrativa é condição objetiva de punibilidade, não havendo se falar, antes dele, em consumação do crime material contra a Ordem Tributária, haja vista que, somente após a decisão final do procedimento administrativo fiscal é que será considerado lançado, definitivamente, o referido crédito. No que se refere ao delito tipificado no art. 203 do CP, entendeu-se que, por estarem os fatos sendo apurados ainda em fase pré-processual, sem que houvesse uma acusação formal contra a paciente, seria prematura a alegação de incompetência da Justiça Federal. Vencido, em parte, o Min. Marco Aurélio, que, por considerar que a frustração dos direitos trabalhistas estaria ligada à sonegação fiscal, ou seja, seria um iter criminis até mesmo para a sonegação, dava provimento integral ao recurso, reputando necessário se aguardar a liquidação do processo administrativo, a fim de se ter certeza quanto ao crime de sonegação. Precedentes citados: HC 88994/SP (*DJU* de 19.12.2006); HC 88657 AgR/ES (*DJU* de 10.8.2006); HC 81611/DF (*DJU* de 13.5.2005). (RHC 90532/CE, Rel. Min. Joaquim Barbosa, 1º.7.2008. *Informativo STF*, n. 513)

8.5.2 Declaração e confissão de dívida tributária

Agravo Regimental em Agravo de Instrumento. Tributário. Débito fiscal declarado e não pago. Autolançamento. Desnecessidade de instauração de procedimento administrativo para cobrança do tributo. Em se tratando de autolançamento de débito fiscal declarado e não pago, desnecessária a instauração de procedimento administrativo para a inscrição da dívida e posterior cobrança. Agravo regimental improvido. (STF. 2ª Turma. Agravo Regimental em Agravo de Instrumento nº 144.609. Rel. Min. Maurício Corrêa. Julgamento em 11.4.95)

Cerceio de defesa – Inc. LV do art. 5. da Constituição Federal – Tributo – Autolançamento – Embargos em execução – Perícia. Não configura violência ao inc. LV do rol das garantias constitucionais decisão que, em embargos a execução, resulta no indeferimento de prova pericial, tendo em conta o fato de a cobrança do tributo resultar de autolançamento. (STF. 2ª Turma. Agravo Regimental em Agravo de Instrumento nº 167.503. Rel. Min. Marco Aurélio. Julgamento em 12.3.96)

Tributário. IPI. Certidão negativa de débitos. Obrigações tributárias declaradas em DCTF. Débito declarado e não pago. Auto-lançamento. Prévio processo administrativo. Desnecessidade. Prescrição. Incidência. 1. Tratando-se de Declaração de Contribuições de Tributos Federais (DCTF) cujo débito declarado não foi pago pelo contribuinte, torna-se prescindível a homologação formal, passando a ser exigível independentemente de prévia notificação ou da instauração de procedimento administrativo fiscal. 2. Considerando-se constituído o crédito tributário a partir do momento da declaração realizada, mediante a entrega da Declaração de Contribuições de Tributos Federais (DCTF), não há cogitar-se da incidência do instituto da decadência, que retrata o prazo destinado à "constituição do crédito tributário", in casu, constituído pela DCTF aceita pelo Fisco. (STJ. 1ª Turma. REsp nº 389.089. Rel. Min. Luiz Fux. Julgamento em 26.11.2002)

Tributário. Obrigações tributárias informadas em declaração. Débito declarado e pago a menor. Certidão negativa de débito. Recusa legítima. (...) 2. Em se tratando de tributo lançado por homologação, ocorrendo a declaração do contribuinte e na falta de pagamento da exação no vencimento, fica elidida a necessidade da constituição formal do débito pelo Fisco quanto aos valores declarados. 3. A declaração do contribuinte "constitui" o crédito tributário relativo ao montante informado e torna dispensável o lançamento, sendo legítima a recusa na expedição de certidão negativa de débito. (STJ. 2ª Turma. REsp nº 780.167. Rel. Min. Castro Meira. Julgamento em 18.10.2005)

Tributário. Obrigações tributárias declaradas em DCTF. Débito declarado e não pago. Prescrição. Incidência. 1. Na falta de pagamento da exação no vencimento, em se tratando de tributos lançados por homologação, com a declaração do contribuinte por DCTF, é incabível aguardar o decurso do prazo decadencial para o lançamento. Tal declaração elide a necessidade da constituição formal do débito pelo Fisco, podendo este ser imediatamente inscrito em dívida ativa, tornando-se exigível, independentemente de qualquer procedimento administrativo ou de notificação ao contribuinte. 2. Recurso especial provido. (STJ. 2ª Turma. REsp nº 192.509. Rel. Min. Castro Meira. Julgamento em 19.5.2005)

CND. Divergência. GFIP. Trata-se de recurso contra acórdão do TRF que, em mandado de segurança objetivando a expedição de certidão negativa de débito e a não-inclusão do CGC da impetrante no Cadastro de Inadimplentes – Cadin, deu provimento à remessa oficial e ao apelo do ora recorrido, decidindo, no que importa à controvérsia, que a existência de divergência entre os valores recolhidos e declarados, apontada pelo impetrado no relatório de restrições, justifica a negativa de fornecimento de CND ou CPD-EN, porquanto, a priori, a empresa está em débito com o Fisco. A recorrente sustenta que o INSS não pode negar a emissão de CND em razão de divergência de informações prestadas na Guia de Recolhimento de Fundo de Garantia e Informações à Previdência Social (GFIP), antes mesmo de constituir o crédito que acredita ter por meio de notificação de débito ou auto de infração. Isso posto, a Turma negou provimento ao recurso ao argumento de que a falta de recolhimento, no devido prazo, do valor correspondente ao crédito tributário, assim regularmente constituído, acarreta, entre outras conseqüências, as de autorizar sua inscrição em dívida ativa, fixar o termo a quo do prazo de prescrição para sua cobrança, inibir a expedição de certidão negativa do débito e afastar a possibilidade de denúncia espontânea. Precedentes citados: AgRg nos EREsp 638.069-SC, *DJ* 13.6.2005, e AgRg nos EREsp 509.950-PR, *DJ* 13.6.2005. (REsp 832.394-SP, Rel. Min. Teori Albino Zavascki, julgado em 8.8.2006. *Informativo STJ*, n. 292)

A Turma, por considerar que a matéria encontra-se restrita ao âmbito infraconstitucional, não conheceu, por maioria, de recurso extraordinário em que contribuinte inadimplente sustentava ofensa às garantias constitucionais da ampla defesa e do contraditório (CF, art. 5º, LV), porquanto fora excluído, sem oitiva prévia, do Programa de Recuperação Fiscal – REFIS. Asseverou-se que a questão restara decidida com base na legislação infraconstitucional (Lei 9.964/2000) e que eventual ofensa à Constituição, se ocorrente, seria indireta. Assim, para se concluir de forma diversa da adotada pela Corte de origem, seria necessário o reexame do conjunto probatório dos autos, incabível na via eleita. Salientou-se, ainda, que o contribuinte em débito com a Fazenda Pública, ao optar pelo refinanciamento de sua dívida e aderir ao REFIS, faz uma confissão irretratável dos débitos que ele mesmo reconhece, aceitando, desse modo, as condições estabelecidas na aludida Lei 9.964/2000. Vencidos os Ministros Marco Aurélio, relator, e Menezes Direito que, por reputar que essa adesão não implicaria renúncia ao devido processo legal, conheciam e proviam o extraordinário para restabelecer o entendimento sufragado pelo juízo, que concedera a segurança com fim de determinar a reinclusão do contribuinte no REFIS, para que novo processo administrativo seja desenvolvido com observância da garantia do exercício da defesa e do contraditório efetivos e prévios ao ato de exclusão. (RE 560477/DF, Rel. orig. Min. Marco Aurélio, Rel. p/ o acórdão Min. Ricardo Lewandowski, 4.11.2008. *Informativo STF*, n. 527)

Na espécie, embora se tratando de crédito declarado e não-pago pelo contribuinte, que se torna exigível sem necessidade da prévia notificação administrativa para inscrição e cobrança executiva, não se aplica tal entendimento jurisprudencial, pois a Fazenda Nacional, ao examinar os créditos declarados pela recorrida, verificou que havia diferenças a maior em seu favor, inscrevendo-os, de imediato, em dívida ativa e promovendo a execução. Desse modo, dispensou a formalidade do lançamento fiscal com a notificação da empresa para que ela tivesse oportunidade de exercer o contraditório e a ampla defesa na esfera administrativa (art. 5º, LV, da CF/1988). Isso posto, a Turma, ao prosseguir o julgamento, por maioria, negou provimento ao REsp, confirmando o acórdão recorrido que reconheceu a nulidade da certidão de dívida ativa referente a PIS. (REsp 745.717-SC, Rel. orig. Min. Denise Arruda, Rel. p/ acórdão Min. José Delgado, julgado em 18.3.2008. *Informativo STJ*, n. 349)

Recurso Especial. Tributo sujeito a lançamento por homologação. Verificação pela fazenda credora da existência de diferença a maior em seu favor. Necessidade de efetivação do lançamento e notificação do devedor. Recurso não-provido. 1. Se a Fazenda Nacional, ao examinar créditos declarados pela contribuinte, verificar a existência de diferença a maior em seu favor, deverá efetivar o lançamento com a notificação do devedor. 2. In casu, os valores inscritos na dívida ativa não são os declarados pela empresa, não se aplicando o disposto no art. 5º, §§1º e 2º, do Decreto-Lei nº 2.124/84. 3. Recurso especial não-provido. (STJ. 1ª Turma. Resp nº 745.717. Rel. Min. José Delgado. Julgamento em 18.3.2008)

8.5.3 Lançamento (depósito)

Cuida-se do depósito judicial em dinheiro efetuado pelo contribuinte que busca, com a medida, suspender a exigibilidade do crédito tributário quando o tributo está sujeito a lançamento, condicionada a sua conversão em renda à improcedência da demanda. Não há que se falar em decadência no caso, uma vez que houve a constituição do crédito tributário por lançamento tácito. Assim, a Seção não conheceu dos embargos, pois a Segunda Turma deste Superior Tribunal, ao julgar o REsp 804.415-RS na assentada de 15.2.2007, perfilhou-se à Primeira Turma no sentido do acórdão embargado, incidindo, pois, na espécie, o verbete sumular nº 168-STJ. (EREsp 767.328-RS, Rel. Min. Herman Benjamin, julgados em 11.4.2007. *Informativo STJ*, n. 316)

A Turma, por maioria, entendeu que o depósito judicial para suspender a exigibilidade do crédito tributário já o constitui; razão pela qual o lançamento fiscal em relação ao valor depositado é desnecessário. Assim, não há que se falar em decadência do crédito tributário por não ter sido lançado em relação ao crédito discutido pelo Fisco. Precedentes citados: EREsp 898.992-PR, *DJ* 27.8.2007, e REsp 895.604-SP, *DJ* 11.4.2008. (REsp 953.684-PR, Rel. Min. Castro Meira, julgado em 26.8.2008. *Informativo STJ*, n. 365)

8.5.4 Lançamento (espécies)

Tributário. IPVA. Forma de Lançamento. 1. O crédito tributário do Imposto sobre a Propriedade de Veículos Automotores constitui-se de ofício, sujeitando-se às prescrições legais dessa modalidade de lançamento. 2. Recurso ordinário conhecido e provido. (STJ. 2ª Turma. RMS nº 12.970. Rel. Min. Francisco Peçanha Martins. Julgamento em 21.8.2003)

8.5.5 Lançamento (legislação aplicável)

Processual civil e tributário. Medida cautelar para emprestar efeito suspensivo a recurso especial. Requisitos. Normas de caráter procedimental. Aplicação intertemporal. Utilização de informações obtidas a partir da arrecadação da CPMF para a constituição de crédito referente a outros tributos. Retroatividade permitida pelo art. 144, §1º do CTN. 1. A concessão de efeito suspensivo a Recurso Especial é de "excepcionalidade absoluta" (AGRPET 1859, Rel. Min. Celso de Mello, *DJ* de 28.4.2000), dependente de: a) instauração da jurisdição cautelar do STJ; b) viabilidade recursal, pelo atendimento de pressupostos recursais específicos e genéricos, e não incidência de óbices sumulares e regimentais; e c) plausibilidade da pretensão recursal formulada contra eventual error in judicando ou error in procedendo. 2. O resguardo de informações bancárias era regido, ao tempo dos fatos que permeiam a presente demanda (ano de 1998), pela Lei 4.595/64, reguladora do Sistema Financeiro Nacional, e que foi recepcionada pelo art. 192 da Constituição Federal com força de lei complementar, ante a ausência de norma regulamentadora desse dispositivo, até o advento da Lei Complementar 105/2001. 3. O art. 38 da Lei 4.595/64, revogado pela Lei Complementar 105/2001, previa a possibilidade de quebra do sigilo bancário apenas por decisão judicial. 4. Com o advento da Lei 9.311/96, que instituiu a CPMF, as instituições financeiras responsáveis pela retenção da referida contribuição, ficaram obrigadas a prestar à Secretaria da Receita Federal informações a respeito da identificação dos contribuintes e os valores globais das respectivas operações bancárias, sendo vedado, a teor do que preceituava o §3º da art. 11 da mencionada lei, a utilização dessas informações para a constituição de crédito referente a outros tributos. 5. A possibilidade de quebra do sigilo bancário também foi objeto de alteração legislativa, levada a efeito pela Lei Complementar 105/2001, cujo art, 6º dispõe: "Art. 6º As autoridades e os agentes fiscais tributários da União, dos Estados, do Distrito Federal e dos Municípios somente poderão examinar documentos, livros e registros de instituições financeiras, inclusive os referentes a contas de depósitos e aplicações financeiras, quando houver processo administrativo instaurado ou procedimento fiscal em curso e tais exames sejam considerados indispensáveis pela autoridade administrativa competente". 6. A teor do que dispõe o art. 144, §1º do Código Tributário Nacional, as leis tributárias procedimentais ou formais têm aplicação imediata, ao passo que as leis de natureza material só alcançam fatos geradores ocorridos durante a sua vigência. 7. Norma que permite a utilização de informações bancárias para fins de apuração e constituição de crédito tributário, por envergar natureza procedimental, tem aplicação imediata, alcançando mesmo fatos pretéritos. 8. A exegese do art. 144, §1º do Código Tributário Nacional, considerada a natureza formal da norma que permite o cruzamento de dados referentes à arrecadação da CPMF para fins de constituição de crédito relativo a outros tributos, conduz à conclusão da possibilidade da aplicação dos artigos 6º da Lei Complementar 105/2001 e 1º da Lei 10.174/2001 ao ato de lançamento de tributos cujo fato gerador se verificou em exercício anterior à vigência dos citados diplomas legais, desde que a constituição do crédito em si não esteja alcançada pela decadência. 9. Inexiste direito adquirido de obstar a fiscalização de negócios tributários, máxime porque, enquanto não extinto o crédito tributário a Autoridade Fiscal tem o dever vinculativo do lançamento em correspondência ao direito de tributar da entidade estatal. 10. Medida Cautelar improcedente. (STJ. 1ª Turma. MC nº 7.513. Rel. Min. Luiz Fux. Julgamento em 5.8.2004)

Quebra. Sigilo fiscal. Informações. CPMF. A Turma, ao prosseguir o julgamento, após o voto de desempate da Min. Denise Arruda, convocada da Primeira Turma, entendeu, por maioria, que a autoridade fiscal, ao fiscalizar os recolhimentos a título de IR, pode quebrar o sigilo bancário e fiscal sem autorização judicial e se valer de informações referentes à CPMF quanto às operações bancárias do contribuinte realizadas antes da vigência do art. 11, §3º, da Lei nº 9.311/1996 com a redação preconizada pela Lei nº 10.174/2001, ou seja, 10.1.2001. Firmou que não há que se falar em ofensa ao princípio da irretroatividade das leis, visto que tanto a LC nº 105/2001, que outorgou às autoridades fiscais aquele poder de cruzar dados, e a suso citada Lei nº 10.174/2001, que facultou a utilização dos dados referentes à CPMF para fins de apuração da existência de créditos tributários, não instituem ou criam qualquer tributo, apenas dotam a Administração de instrumentos legais para o aprimoramento dos procedimentos fiscais, o que demonstra sua natureza de leis tributárias formais. Assim, tal como aduziu a Min. Eliana Calmon em seu voto-vista, necessário se faz observar o disposto no §1º do art. 144 do CTN e aplicar, com efeito retroativo, a novel legislação na apuração dos fatos pretéritos. Os votos vencidos, capitaneados pelo voto do Min. Peçanha Martins, sustentavam, em suma, que haveria, sim, a violação do princípio da irretroatividade, pois o referido artigo do CTN não pode ser interpretado de forma colidente com o direito fundamental de sigilo bancário. Precedentes citados: AgRg na MC 7.513-SP, *DJ* 22.3.2004; REsp 533.947-SC, *DJ* 28.6.2004; REsp 505.493-PR, *DJ* 8.11.2004; REsp 479.201-SC, *DJ* 24.5.2004; REsp 726.778-PR, *DJ* 13.3.2006; REsp 685.708-ES, *DJ* 20.6.2005; REsp 506.232-PR, *DJ* 16.2.2004; AgRg no REsp 700.789-RS, *DJ* 19.12.2005; REsp 645.371-PR, *DJ* 13.3.2006, e REsp 628.116-SC, *DJ* 21.11.2005. (REsp 668.012-PR, Rel. Min. Castro Meira, julgado em 20.6.2006. *Informativo STJ*, n. 289)

8.5.6 Notificação (do lançamento)

Tributário. IPTU. Início do prazo para cobrança a partir da inequívoca notificação regular do contribuinte. Precedentes. 1. Recurso especial oposto contra acórdão segundo o qual, "tratando-se de IPTU, o encaminhamento do carnê de recolhimento ao contribuinte é suficiente para se considerar o sujeito passivo como notificado". 2. O comando estatuído no art. 145 do CTN assevera que a regra para os efeitos da obrigação tributaria é a da regular notificação do contribuinte. 3. Bernardo Ribeiro de Moraes ensina que, "feita a revisão do lançamento tributário o sujeito passivo deve ser notificado do mesmo. O lançamento revisto não deixa de ser um lançamento e, como tal, deve ser de conhecimento do contribuinte" ("Compêndio de Direito Tributário", Ed. Forense, p. 772). 4. O lançamento deve ser documentado, respeitando a regra de que é necessária a concretização do crédito tributário, para que este seja regularmente constituído. E, um desses requisitos é o da identificação do sujeito passivo, que se entende pela constatação de quem será a pessoa chamada ao pagamento da dívida tributária. Essa pessoa deverá ser notificada da existência do crédito tributário e nesta notificação constará o prazo para pagamento do tributo, notificação essa chamada de "aviso de lançamento". 5. Para fins de cobrança do crédito de IPTU, conta-se o prazo a partir da inequívoca notificação do contribuinte, quando, então, o lançamento será tido como válido. 6. A jurisprudência do Superior Tribunal de Justiça é pacífica no sentido de que: – "A ampla defesa e o contraditório, corolários do devido processo legal, postulados com sede constitucional, são de observância obrigatória tanto no que pertine aos 'acusados em geral' quanto aos 'litigantes', seja em processo judicial, seja em procedimento administrativo. Insere-se nas garantias da ampla defesa e do contraditório a notificação do contribuinte do ato de lançamento que a ele respeita. A sua ausência implica a nulidade do lançamento e da Execução Fiscal nele fundada". (REsp nº 478853/RS, 1ª Turma, Rel. Min. Luiz Fux) – "Imprescindível a notificação regular ao contribuinte do imposto devido. (REsps nºs 237009/SP e 245632/SP, 2ª Turma, Rel. Min. Francisco Peçanha Martins) – "Consoante ensina Bernardo Ribeiro de Moraes, 'feita a revisão do lançamento tributário o sujeito passivo deve ser notificado do mesmo. O lançamento revisto não deixa de ser um lançamento e, como tal, deve ser de conhecimento do contribuinte'. (cf. 'Compêndio de Direito Tributário', Ed. Forense, p. 772) – Não ocorrendo hipótese de contrariedade ao art. 149 do Código Tributário Nacional, não merece conhecimento o recurso especial". (REsp nº 140652/MG, 2ª Turma, Rel. Min. Franciulli Netto) 7. Recurso especial provido, nos termos do voto. (STJ. 1ª Turma. REsp nº 666.743. Rel. Min. José Delgado. Julgamento em 5.10.2004)

Tributário. Embargos à execução fiscal. IPTU. Lançamento de ofício. Ausência de notificação. IrregULARIDADE. 1. A Fazenda deve notificar o contribuinte da efetivação do lançamento do tributo para constituí-lo em mora nos casos de tributo sujeitos a lançamento de ofício. 2. Recurso especial provido. (STJ. 2ª Turma. REsp nº 676.516. Rel. Min. Castro Meira. Julgamento em 7.12.2004)

8.5.7 Revisão (do lançamento)

Tributário. Recurso Ordinário em Mandado de Segurança. Revisão de lançamento do IPTU. Erro de fato. Retroatividade dos efeitos da revisão. Inaplicabilidade do art. 197 do Código Tributário do Município de São Gonçalo-RJ. I - A revisão do lançamento decorreu de erro de fato, qual seja, a área cadastral do imóvel era inferior à sua área real. Em hipóteses tais, o art. 145, III, c/c o art. 149, VIII, do CTN, autorizam a revisão. No entanto, conforme se extrai do art. 173, I, do mesmo código, somente podem ser revistos lançamentos cujo direito de constituição do crédito tributário não esteja decaído. Assim, os efeitos da revisão atingirão apenas os lançamentos ocorridos no qüinqüênio anterior. II - "Os lançamentos em geral podem ser objeto de revisão, desde que constatado erro em sua feitura e não esteja ainda extinto pela decadência o direito de lançar. Tanto o lançamento de ofício, como o lançamento por declaração, e ainda o lançamento por homologação, podem ser revistos" (Hugo de Brito Machado, in Curso de Direito Tributário, 19ª ed., Malheiros, 2001, p. 147). III - Recurso ordinário improvido. (STJ. 1ª Turma. RMS nº 11.271. Rel. Min. Francisco Falcão. Julgamento em 10.8.2004)

A mudança de critério jurídico adotado pelo fisco não autoriza a revisão de lançamento. (Súmula TRF nº 227)

Processo Civil. Agravo Regimental. Recurso Especial. Revisão do lançamento. Mudança do critério jurídico. Impossibilidade. Súmula 227/TFR. I - "A mudança de critério jurídico adotado pelo Fisco não autoriza a revisão de lançamento" (Súmula 227/TFR). II - Tendo o aresto recorrido expressamente consignado que houve mudança do critério jurídico, o eventual acolhimento da tese sustentada pela agravante, no sentido de que se trata apenas de revisão aduaneira da declaração de importação, demandaria o reexame do conjunto fático-probatório exposto nos autos, o que é defeso a esta Corte, em face do óbice imposto pela Súmula 07/STJ. III - Agravo regimental improvido. (STJ. 1ª Turma. AgRg no REsp nº 273.195. Rel. Min. Francisco Falcão. Julgamento em 3.6.2004)

8.5.8 Termo de responsabilidade

O termo de responsabilidade firmado quando da admissão temporária de bens importados faz as vezes de um reconhecimento explícito do débito acaso não seja engendrada a prorrogação prevista. Superado o prazo sem prorrogação tempestiva, incidem os consectários previstos no termo passível de ensejar o lançamento e conseqüente execução fiscal, excluídas as multas não contempladas, porquanto, do contrário, haveria infração ao due process of law. In casu, os tributos exigidos no executivo fiscal são previstos em lei, de cujo conhecimento não é dado ao contribuinte excusar-se sob a alegação de ignorância, mercê de contemplados no termo de responsabilidade imperscrutável por esta Corte Superior, na via especial (Súmulas nº 5 e 7 do STJ), mas aferido na instância a quo, tanto que nessa foram excluídas as sanções não previstas. O ônus do excesso de execução é da parte embargante executada, pelo que ilegítimo exigir-se da Fazenda, que obedece ao princípio da legalidade — o qual vale pro et e contra o contribuinte —, manifestação acerca do porquê de cada débito consagrado na lei e no termo. O aresto recorrido funda-se na suficiência do termo de responsabilidade, respondendo à indagação da parte acerca do rito seguido para alcançar-se o quantum debeatur exigido. (REsp 750.142-PR, Rel. Min. Luiz Fux, julgado em 19.4.2007. *Informativo STJ*, n. 317)

Capítulo 9

Crédito tributário: suspensão, extinção, exclusão

Sumário: **9.1** Suspensão da exigibilidade do crédito tributário - **9.1.1** Moratória - **9.1.2** Parcelamento - **9.1.3** Depósito do montante integral - **9.1.4** Reclamações e recursos administrativos - **9.1.5** Concessão de medida liminar em mandado de segurança - **9.1.6** Concessão de medida liminar ou tutela antecipada em outras espécies de ação judicial - **9.1.7** Aspectos gerais - **9.2** Extinção do crédito tributário - **9.2.1** Pagamento - **9.2.2** Compensação - **9.2.3** Transação - **9.2.4** Remissão - **9.2.5** Prescrição - **9.2.6** Decadência - **9.2.7** Conversão de depósito em renda - **9.2.8** Pagamento antecipado e homologação posterior - **9.2.9** Consignação em pagamento - **9.2.10** Decisão administrativa irreformável - **9.2.11** Decisão judicial passada em julgado - **9.2.12** Dação em pagamento em bens imóveis - **9.3** Exclusão do crédito tributário - **9.3.1** Isenção - **9.3.2** Anistia - **9.3.3** Aspectos gerais - **9.4** Jurisprudência - **9.4.1** Compensação - **9.4.2** Consignação em pagamento - **9.4.3** Conversão de depósito em renda - **9.4.4** Dação em pagamento - **9.4.5** Decisão judicial passada em julgado - **9.4.6** Depósito - **9.4.7** Juros - **9.4.8** Liminar em Mandado de Segurança - **9.4.9** Parcelamento - **9.4.10** Restituição - **9.4.11** Suspensão da exigibilidade - **9.4.12** Transação

9.1 Suspensão da exigibilidade do crédito tributário

O crédito tributário, como determinação da obrigação tributária, é exigível. Significa dizer que o Fisco, como sujeito ativo, pode cobrar ou compelir o contribuinte (sujeito passivo) ao pagamento do tributo devido. No entanto, o Código Tributário Nacional prevê seis hipóteses de suspensão da exigibilidade do crédito tributário. São situações em que o Fisco não pode realizar ações ou atividades de cobrança.

9.1.1 Moratória

É a prorrogação, concedida pelo credor ao devedor, do prazo de pagamento da dívida, portanto, da data de vencimento.

A moratória pode ser concedida em caráter geral ou individual. No primeiro caso, pela pessoa jurídica de direito público competente para instituir o tributo a que se refira ou pela União, quanto a tributos de competência dos Estados, do Distrito Federal ou dos Municípios, quando simultaneamente concedida quanto aos tributos de competência federal e às obrigações de direito privado. Existem muitas vozes argumentando a violação do princípio da competência na concessão pela União de moratória para tributos de terceiros.

A moratória em caráter individual será viabilizada por despacho da autoridade administrativa, desde que autorizada por lei.

A lei concessiva de moratória pode circunscrever expressamente a sua aplicabilidade à determinada região do território da pessoa jurídica de direito público que a expedir, ou a determinada classe ou categoria de sujeitos passivos. A lei referida, sem prejuízo de outras disposições, tratará: a) do prazo de duração do favor; b) das condições da concessão do favor em caráter individual; c) sendo o caso: c.1) os tributos a que se aplica; c.2) o número de prestações e seus vencimentos, podendo atribuir a fixação de uns e de outros à autoridade administrativa, para cada caso de concessão em caráter individual; e d) as garantias que devem ser fornecidas pelo beneficiado no caso de concessão em caráter individual.

Salvo disposição de lei em contrário, a moratória somente abrange os créditos definitivamente constituídos à data da lei ou do despacho que a conceder, ou cujo lançamento já tenha sido iniciado àquela data por ato regularmente notificado ao sujeito passivo. A moratória não aproveita aos casos de dolo, fraude ou simulação do sujeito passivo ou do terceiro em benefício daquele.

A concessão da moratória em caráter individual não gera direito adquirido e será revogada de ofício, sempre que se apure que o beneficiado não satisfazia ou deixou de satisfazer as condições ou não cumprira ou deixou de cumprir os requisitos para a concessão do favor, cobrando-se o crédito acrescido de juros de mora: a) com imposição da penalidade cabível, nos casos de dolo ou simulação do beneficiado, ou de terceiro em benefício daquele; e b) sem imposição de penalidade, nos demais casos. No primeiro caso, o tempo decorrido entre a concessão da moratória e sua revogação não se computa para efeito da prescrição do direito à cobrança do crédito; no segundo caso, a revogação só pode ocorrer antes de prescrito o referido direito.

9.1.2 Parcelamento

É a prorrogação, concedida pelo credor ao devedor, do prazo de pagamento da dívida em mais de uma prestação.

Essa hipótese foi incluída no art. 151 do Código Tributário Nacional pela Lei Complementar nº 104, de 2001.

O parcelamento deverá ser concedido na forma e condições estabelecidas em lei específica. Salvo disposição de lei em contrário, o parcelamento do crédito tributário não exclui a incidência de juros e multas. Assim, como já destacamos, não se caracteriza a denúncia espontânea, prevista no art. 138 do Código Tributário Nacional, nas hipóteses de parcelamento de dívida tributária. Ademais, aplicam-se, subsidiariamente, ao parcelamento, as disposições do Código Tributário Nacional relativas à moratória.

O parcelamento de dívidas tributárias federais possui disciplina na Lei nº 10.522, de 2002, e na Medida Provisória nº 449, de 2008.

A rigor, o parcelamento é uma espécie ou modalidade de moratória. Nesse sentido, inclusive, já decidiu o STJ (REsp nº 639.362/AgRg). Com a alteração do CTN pela Lei Complementar nº 104, de 2001, apartando e distinguindo, como hipóteses legais autônomas, o parcelamento e a moratória, sustentamos que, em regra, a moratória implica em prorrogação para pagamento em uma vez e o parcelamento em prorrogação do pagamento em mais de uma prestação.

A Lei Complementar nº 118, de 2005, visando facilitar a recuperação de empresas em dificuldades, estabelece que lei específica disporá sobre as condições de parcelamento dos créditos tributários do devedor em recuperação judicial. Acrescenta, o mesmo diploma legal, que a inexistência da lei específica referida importa na aplicação das leis gerais de parcelamento do ente da Federação ao devedor em recuperação judicial, não podendo, nesse caso, ser o prazo de parcelamento inferior ao concedido pela lei federal específica.

9.1.3 Depósito do montante integral

Ocorre quando o contribuinte deposita administrativamente ou em juízo o valor do crédito exigido pelo Fisco.

A jurisprudência consagrou que o depósito suspensivo da exigibilidade deve ser realizado em dinheiro e no valor apontado pelo Fisco como sendo aquele devido pelo contribuinte (Súmula STJ nº 112 e EDREsp nº 591.255).

Como aquilo que é buscado pelo Fisco (o dinheiro) foi depositado (administrativamente ou em juízo) não tem sentido a realização de qualquer ato tendente a exigir ou cobrar o tributo devido. Superada a discussão (administrativa ou judicial) que normalmente se estabelece paralelamente ao depósito, os valores depositados serão destinados ao litigante vencedor (Fisco ou contribuinte).

A Lei nº 9.703, de 1998, disciplina os depósitos judiciais e extrajudiciais de tributos federais.[25] Já a Lei nº 11.429, de 2006, regula os depósitos judiciais dos tributos de competência dos Estados e do Distrito Federal.

---

[25] Cf. CASTRO. Constitucionalidade da nova sistemática legal dos depósitos judiciais e extrajudiciais de tributos federais. Disponível em: <http://www.aldemario.adv.br/artigo14.htm>.

O Superior Tribunal de Justiça admite a constituição do crédito tributário por lançamento tácito quando ocorre o depósito judicial em dinheiro efetuado pelo contribuinte que busca, com a medida, suspender a exigibilidade do crédito tributário (EREsp 767.328). Nessa linha, o STJ reconhece que se a ação judicial proposta, por qualquer motivo, resultar sem êxito para o contribuinte, deve o depósito ser convertido em renda da Fazenda Pública (EREsp nº 215.589 e REsp nº 901.415).

9.1.4 Reclamações e recursos administrativos

Ocorre quando o contribuinte faz a chamada impugnação administrativa do lançamento efetuado, alegando incorreção ou ilegalidade no tributo apurado pelo Fisco. A partir da reclamação realizada pelo sujeito passivo instaura-se o processo administrativo fiscal onde a Administração Tributária apreciará as alegações do contribuinte e decidirá pela justeza ou não do tributo cobrado.

Assim, não tem cabimento, enquanto se aprecia as alegações do contribuinte, adotar qualquer providência tendente a exigir ou cobrar o tributo apurado. Afinal, a decisão do processo administrativo fiscal pode ser justamente no sentido de que o crédito não é devido (total ou parcialmente).

9.1.5 Concessão de medida liminar em mandado de segurança

Ocorre quando o contribuinte obtém em juízo decisão, no início da ação de mandado de segurança, onde o magistrado determina ao Fisco que não exija o tributo do mesmo enquanto aprecia a alegação de ilicitude da ação fiscal ou da própria exigência tributária.

O mandado de segurança é uma ação prevista na Constituição para proteger, individual ou coletivamente, direito líquido e certo lesado ou ameaçado de lesão.

A concessão de medida liminar, no início do processo, pressupõe o atendimento de certos requisitos previstos na legislação processual. Assim, o contribuinte precisará demonstrar de forma minimamente consistente a presença de ilicitude na ação fiscal ou na exigência tributária atacada.

O STJ admite que a ordem judicial suspensiva anteceda a constituição do crédito tributário ou já o encontre constituído (REsp nº 453.762). Por outro lado, a jurisprudência do STJ reconhece que a revogação da liminar concedida implica na incidência de todos os encargos desde o momento da concessão, como se a decisão não tivesse sido adotada (REsp nº 642.281).

9.1.6 Concessão de medida liminar ou tutela antecipada em outras espécies de ação judicial

Admite-se a suspensão da exigibilidade em ações distintas do mandado de segurança (ação ordinária, ação cautelar, entre outras).

Essa hipótese foi incluída no art. 151 do Código Tributário Nacional pela Lei Complementar nº 104, de 10 de janeiro de 2001.

9.1.7 Aspectos gerais

Segundo o STJ, as hipóteses de suspensão da exigibilidade do crédito tributário, previstas no art. 151 do CTN, são taxativas, não sendo possível interpretação extensiva ou por analogia (REsp nº 553.541).

Deve ser registrado que as hipóteses de suspensão da exigibilidade do crédito tributário são autônomas entre si. Portanto, não há necessidade de combinar ou adotar providências suspensivas em conjunto. A exigibilidade do crédito estará suspensa, por exemplo, com a impugnação administrativa da exigência fiscal. Não há necessidade de a impugnação ser acompanhada pelo depósito do montante integral.

Outro registro importante, no tocante às decisões suspensivas da exigibilidade em processos judiciais, consiste em sublinhar que a suspensão não decorre do ajuizamento da ação simplesmente, e sim, da decisão judicial em favor do contribuinte.

O cumprimento das obrigações acessórias dependentes da obrigação principal cujo crédito seja suspenso não está dispensado.

9.2 Extinção do crédito tributário

Existindo o crédito tributário ele pode ser extinto (desaparecer) de 12 formas diferentes.

9.2.1 Pagamento

É a forma normal ou comum de desaparecimento do crédito. Nele, em regra, o contribuinte entrega ao Erário a quantia correspondente ao tributo exigido.

A doutrina considera o pagamento o meio direto de extinção das obrigações, ou seja, "a execução voluntária e exata, por parte do devedor, da prestação devida ao credor, no tempo, forma e lugar previstos no título constitutivo".[26]

---

[26] DINIZ. *Curso de direito civil brasileiro*, v. 2, p. 188.

Entre as várias espécies de obrigações encontra-se, com o devido relevo, as pecuniárias. Essas últimas modalidades de obrigações de dar têm por objeto uma prestação em dinheiro onde o pagamento será feito em moeda corrente, de curso forçado e com poder liberatório. Um dos exemplos por excelência das obrigações pecuniárias são as exigências tributárias.

Sendo a forma normal de cumprimento da obrigação tributária, o Código Tributário Nacional reservou uma quantidade razoável de normas ou regras para disciplinar a espécie. São elas:

a) A imposição de penalidade não ilide o pagamento integral do crédito tributário. Fica, portanto, afastada qualquer função compensatória, como possível no âmbito do Direito Civil ("quando se estipular a cláusula penal para o caso de total inadimplemento da obrigação, esta converter-se-á em alternativa a benefício do credor". Art. 410 do novo Código Civil – Lei nº 10.406, de 2002);

b) O pagamento de um crédito não importa em presunção de pagamento: b.1) quando parcial, das prestações em que se decomponha; e b.2) quando total, de outros créditos referentes ao mesmo ou a outros tributos. Não valem, por conseguinte, certas presunções encontradas no direito privado ("quando o pagamento for em quotas periódicas, a quitação da última estabelece, até prova em contrário, a presunção de estarem solvidas as anteriores". Art. 322 do novo Código Civil – Lei nº 10.406, de 2002);

c) Quando a legislação tributária não dispuser a respeito, o pagamento é efetuado na repartição competente do domicílio do sujeito passivo. Trata-se de uma regra praticamente inaplicável com a utilização da rede bancária para a arrecadação dos tributos;

d) Quando a legislação tributária não fixar o tempo do pagamento, o vencimento do crédito ocorre trinta dias depois da data em que se considera o sujeito passivo notificado do lançamento. A legislação tributária pode conceder desconto pela antecipação do pagamento, nas condições que estabeleça. Raramente, no entanto, encontramos um tributo sem fixação expressa da data de vencimento do pagamento. Por outro lado, os descontos são comuns no pagamento de multas e do IPTU;

e) O crédito não integralmente pago no vencimento é acrescido de juros de mora, seja qual for o motivo determinante da falta, sem prejuízo da imposição das penalidades cabíveis e da aplicação de quaisquer medidas de garantia previstas na legislação tributária. Se a lei não dispuser de modo diverso, os juros de mora são calculados à taxa de um por cento ao mês. Não se aplicam, na pendência de consulta formulada pelo devedor dentro do prazo legal para pagamento do crédito, os acréscimos legais. As regras em questão tratam dos chamados "acréscimos legais". Portanto, o não pagamento do tributo implica a adição, conforme estabelecido em lei, de multa (penalidade) e juros de mora (como indenização pela não disposição dos recursos em tempo hábil). Os juros de mora serão aqueles fixados em lei. Existe, atualmente, no âmbito federal, a incidência da taxa SELIC (aplicável na remuneração da dívida pública federal), assim com já houve a TR (taxa referencial). No silêncio da lei, os juros de mora tributários serão de um por cento ao mês. A jurisprudência do STJ reconhece a licitude da aplicação da taxa SELIC (Lei nº 9.250, de 1995), afastando a incidência do CTN (REsp nº 688.044). Por fim, não se aplicam os acréscimos legais enquanto apreciada consulta tributária formulada pelo contribuinte;

f) O pagamento dos tributos é efetuado: f.1) em moeda corrente, cheque ou vale postal; e f.2) nos casos previstos em lei, em estampilha, em papel selado, ou por processo mecânico. A legislação tributária pode determinar as garantias exigidas para o pagamento por cheque ou vale postal, desde que não o torne impossível ou mais oneroso que o pagamento em moeda corrente. O crédito pago por cheque somente se considera extinto com o resgate desse pelo sacado. O crédito pagável em estampilha considera-se extinto com a inutilização regular daquela. A perda ou destruição da estampilha, ou o erro no pagamento por essa modalidade, não dão direito a restituição, salvo nos casos expressamente previstos na legislação tributária, ou naquelas em que o erro seja imputável à autoridade administrativa. O pagamento em papel selado ou por processo mecânico equipara-se ao pagamento em estampilha. A regra para pagamento por cheque impede a conversão de um crédito tributário num crédito comum, representado por um título de crédito (cheque). A estampilha, mencionada pelo legislador, é o selo. O pagamento por papel selado (papel em que o selo já se encontra presente) e por processo mecânico (impressão declarada mecanicamente no papel) praticamente não são mais utilizados.

O Código Tributário Nacional contempla uma regra específica de imputação de pagamentos de tributos.[27] Por imputação de pagamento entende-se, na ótica do direito privado, a operação pela qual o devedor de vários débitos da mesma natureza ao mesmo credor declara qual deles deve ser extinto. No Direito Tributário a situação é inversa. Cabe à autoridade administrativa realizar a imputação dos pagamentos realizados pelo contribuinte atendendo

---

[27] Cf. CASTRO. Considerações acerca do art. 163 do CTN: imputação de pagamento no direito tributário brasileiro. Disponível em: <http://www.aldemario.adv.br/artigo8.htm>.

a determinadas premissas. Assim, existindo simultaneamente dois ou mais débitos vencidos do mesmo sujeito passivo para com a mesma pessoa jurídica de direito público, relativos ao mesmo ou a diferentes tributos ou provenientes de penalidade pecuniária ou juros de mora, a autoridade administrativa competente para receber o pagamento determinará a respectiva imputação, obedecidas as seguintes regras, na ordem em que enumeradas: a) em primeiro lugar, aos débitos por obrigação própria, e em segundo lugar aos decorrentes de responsabilidade tributária; b) primeiramente, às contribuições de melhoria, depois às taxas e por fim aos impostos; c) na ordem crescente dos prazos de prescrição; e d) na ordem decrescente dos montantes.

O Código Tributário Nacional consagra que o sujeito passivo tem direito, independentemente de prévio protesto, à restituição total ou parcial do tributo (repetição de indébito), seja qual for a modalidade do seu pagamento. Não se admite a restituição nos casos de perda ou destruição de estampilha.

A restituição de tributo pago indevidamente pode decorrer das seguintes hipóteses: a) cobrança ou pagamento espontâneo de tributo indevido ou maior que o devido em face da legislação tributária aplicável, ou da natureza ou circunstâncias materiais do fato gerador efetivamente ocorrido; b) erro na identificação do sujeito passivo, na determinação da alíquota aplicável, no cálculo do montante do débito ou na elaboração ou conferência de qualquer documento relativo ao pagamento; e c) reforma, anulação, revogação ou rescisão de decisão condenatória.

Para os tributos que comportam, por sua natureza, transferência do encargo financeiro somente será realizada a restituição a quem prove haver assumido o referido encargo, ou, no caso de tê-lo transferido a terceiro, estar por esse expressamente autorizado a recebê-la. Nesse sentido, inclusive, a Súmula nº 546 do Supremo Tribunal Federal, com aplicação confirmada no julgamento do AI nº 441.964/AgR. Segundo a jurisprudência do STJ, tributos que comportem, por sua natureza, transferência do respectivo encargo financeiro são somente aqueles em relação aos quais a própria lei estabeleça dita transferência (REsp nº 657.707).

A restituição total ou parcial do tributo dá lugar à restituição, na mesma proporção, dos juros de mora e das penalidades pecuniárias, salvo as referentes a infrações de caráter formal não prejudicadas pela causa da restituição. Portanto, as multas moratórias são restituídas. Já aquelas independentes da incidência ou não do imposto não são devolvidas ou repetidas. A restituição vence juros não capitalizáveis, a partir do trânsito em julgado da decisão definitiva que a determinar (Súmula STJ nº 188). Já a correção monetária incide a partir do pagamento indevido (Súmula STJ nº 162).

O direito de pleitear a restituição extingue-se com o decurso do prazo de 5 (cinco) anos, contados: a) nas hipóteses dos incisos I e II do art. 165 do CTN, da data da extinção do crédito tributário; e b) na hipótese do inc. III do art. 165 do CTN, da data em que se tornar definitiva a decisão administrativa ou passar em julgado a decisão judicial que tenha reformado, anulado, revogado ou rescindido a decisão condenatória.

Formou-se, para os tributos submetidos ao lançamento por homologação, uma forte corrente doutrinária e jurisprudencial que advoga a interpretação sistemática dos arts. 150, §§1º e 4º, 156, inc. VII e 165, inc. I do Código Tributário Nacional, o que termina por elevar o prazo para pleitear a restituição para além de dez anos, quando não há homologação expressa (EREsp nº 435.835 e REsp nº 771.227). Em resumo, conta-se cinco anos a partir da ocorrência do fato gerador e mais cinco anos a partir da data da homologação tácita. Registre-se que a jurisprudência do Superior Tribunal de Justiça admite a contagem simples de cinco anos a partir da homologação expressa (EREsp nº 435.835 e REsp nº 771.227).

Com o objetivo de afastar entendimentos dessa espécie, a Lei Complementar nº 118, de 2005, estabeleceu que para efeito de interpretação do inc. I do art. 168 do Código Tributário Nacional, a extinção do crédito tributário ocorre, no caso de tributo sujeito a lançamento por homologação, no momento do pagamento antecipado de que trata o art. 150, §1º do próprio Código. Assim, procurou-se, por via legislativa, reafirmar a premissa clássica de contagem do prazo (de cinco anos) para restituição a partir do pagamento indevido, seja ele caracterizado como antecipado ou não.

Segundo o STJ, devem ser contados cinco anos a partir da data do pagamento para os recolhimentos realizados do dia 9 de junho de 2005 em diante (vigência da lei mencionada). Para os pagamentos anteriores, a prescrição observa o regime firmado na jurisprudência do Tribunal (cinco anos contados da ocorrência do fato gerador, acrescido de mais cinco anos contados da data em que se deu a homologação). Nesse último caso, deve ser considerado o limite do prazo máximo de cinco anos a contar da vigência da lei nova (AI nos EREsp nº 644.736 e REsp nº 955.831).

Por fim, prescreve em dois anos a ação anulatória da decisão administrativa que denegar a restituição. Esse prazo é interrompido pelo início da ação judicial, recomeçando o seu curso, por metade, a partir da data da intimação validamente feita ao representante judicial da Fazenda Pública interessada. Trata-se de regra praticamente não utilizada. Normalmente, os contribuintes preferem ingressar diretamente em juízo em busca da devolução dos tributos pagos indevidamente.

9.2.2 Compensação

É um encontro de contas entre o contribuinte, que possui créditos contra o Fisco (por ter recolhido tributo a maior, por exemplo), e o próprio Tesouro que possui créditos contra o sujeito passivo. Assim, desde que exista lei autorizativa, disciplinando as condições e garantias do procedimento, as dívidas podem ser extintas na medida dos créditos líquidos e certos, vencidos ou vincendos, que o contribuinte detém contra o Poder Público.[28]

Sendo vincendo o crédito do sujeito passivo, a lei determinará, para os efeitos de compensação tributária, a apuração do seu montante, não podendo, porém, cominar redução maior que a correspondente ao juro de 1% ao mês pelo tempo a decorrer entre a data da compensação e a do vencimento.

É vedada a compensação mediante o aproveitamento de tributo, objeto de contestação judicial pelo sujeito passivo, antes do trânsito em julgado da respectiva decisão judicial, conforme regra introduzida no Código Tributário Nacional pela Lei Complementar nº 104, de 2001.

Segundo o STJ: a) a compensação de créditos tributários não pode ser deferida em ação cautelar ou por medida liminar cautelar ou antecipatória (Súmula nº 212), e b) o mandado de segurança constitui ação adequada para a declaração do direito à compensação tributária (Súmula nº 213).

A compensação tributária não é automática. No Direito Civil, por força dos arts. 368 e 369 do novo Código Civil (Lei nº 10.406, de 2002), para que o instituto seja aplicado basta a existência de dívidas recíprocas e vencidas.

O art. 66 da Lei nº 8.383, de 1991, inaugurou a possibilidade de compensação de recolhimentos indevidos ou a maior de tributos federais com tributos da mesma espécie pendentes de pagamento. Atualmente, por força do disposto no art. 49 da Lei nº 10.637, de 2002, os créditos decorrentes de tributos federais administrados pela Secretaria de Receita Federal do Brasil podem ser compensados pelo próprio contribuinte (autocompensação) com tributos administrados pelo órgão, independentemente da espécie e da destinação constitucional. Entretanto, por razões de contabilidade pública, principalmente aquelas relacionadas com a repartição de receitas tributárias, e de fiscalização, a compensação necessariamente precisa ser informada à Administração Tributária.

A legislação subseqüente aplicável à compensação de tributos administrados pela então Secretaria da Receita Federal (Lei nº 10.833, de 2003 e Lei nº 11.051, de 2004) não modificou a estrutura fundamental do encontro de contas, como antes destacado. Os diplomas legais mais recentes tratam de hipóteses onde a compensação é vedada e de aspectos relacionados com os procedimentos administrativos pertinentes.

---

[28] Cf. CASTRO. A especificidade da compensação tributária. Disponível em: <http://www.aldemario.adv.br/artigo8.htm>.

9.2.3 Transação

É o acordo entre o Fisco e o contribuinte, dependente de lei autorizativa, com concessões mútuas.[29] Assim, cada parte cede parcela de seu direito com o objetivo de atingirem ponto de interesse para ambas, terminando o litígio e extinguindo o crédito tributário.

O Superior Tribunal de Justiça já reconheceu que a figura do parcelamento não se confunde com a da transação (REsp nº 514.351).

9.2.4 Remissão

É o perdão ou dispensa total ou parcial do pagamento do tributo devido, também mediante lei autorizativa, por razões como: a) a situação econômica do contribuinte; b) o erro ou ignorância escusáveis do sujeito passivo quanto à matéria de fato; c) a diminuta importância do crédito tributário; d) considerações de eqüidade e e) condições peculiares a determinada região do território da entidade tributante.

A remissão pode ser realizada pela autoridade administrativa, mediante ato fundamentado, quando devidamente autorizada por lei. O ato em tela não gera direito adquirido.

9.2.5 Prescrição

Ocorre quando a Fazenda Pública, tendo o crédito devidamente apurado e não pago, não realiza a cobrança judicial no prazo fixado em lei. Em outras palavras, prescrição é o prazo para o Fisco realizar a cobrança judicial do crédito tributário. Veja-se capítulo específico adiante.

9.2.6 Decadência

Ocorre quando o Fisco não apura, por intermédio do lançamento, depois de nascida a obrigação, o crédito tributário. Assim, dito de forma simples e direta, decadência é o prazo para o Fisco lançar, apurar ou determinar o crédito tributário. Veja-se capítulo específico adiante.

---

[29] Cf. CASTRO. "Acordo dos Usineiros": principais aspectos das "transações tributárias" realizadas entre o Estado de Alagoas e várias empresas do setor sucroalcooleiro em relação à cobrança do ICM sobre a "cana própria". Disponível em: <http://www.aldemario.adv.br/artigo1.htm>.

9.2.7 Conversão de depósito em renda

Ocorre quando aquele depósito referido anteriormente, cujo efeito era a suspensão da exigibilidade, ingressa definitivamente nos cofres públicos, superada, em favor do Fisco, a discussão acerca da licitude do tributo ou da ação fiscal (REsp nº 577.092).

Admite-se a conversão parcial dos depósitos em renda quando ocorre a procedência parcial da ação judicial em que se discute a exação depositada (REsp nº 331.652).

9.2.8 Pagamento antecipado e homologação posterior

Ocorre nos tributos submetidos a lançamento por homologação, como referido anteriormente. Nesses casos, quando o Fisco verifica a correção do pagamento antecipado pelo contribuinte homologa sua conduta e, com isso, extingue o crédito existente.

9.2.9 Consignação em pagamento

Nos casos em que ocorra recusa no recebimento do tributo, subordinação do recebimento ao pagamento de outro tributo ou penalidade, subordinação do recebimento do tributo ao cumprimento de exigências ilegais ou exigência do tributo por mais de uma pessoa jurídica de direito público, o contribuinte pode consignar (depósito em consignação), com características de extinção do crédito, se razão tiver, o valor que entende devido (REsp nº 720.624 e REsp nº 724.704).

A consignação em pagamento pressupõe que esse, além de ser um dever do contribuinte, é, também, um direito. Observe-se a existência de uma nítida distinção entre o depósito do montante integral (hipótese de suspensão da exigibilidade) e o depósito em consignação (hipótese de extinção do crédito tributário, se o contribuinte tiver razão). No primeiro caso, o valor depositado é aquele que o Fisco entende devido. Já no segundo caso, a quantia depositada é aquela que o contribuinte entende devida.

9.2.10 Decisão administrativa irreformável

É a decisão final, da qual não cabe recurso, da própria Administração Tributária, quando provocada pelo contribuinte para verificar a correção ou legalidade do tributo apurado. Se os órgãos administrativos competentes concluem pela irregularidade ou ilegalidade do lançamento a conseqüência dessa decisão é justamente a extinção do crédito tributário.

9.2.11 Decisão judicial passada em julgado

É a decisão final, da qual não cabe recurso, proferida pelo Poder Judiciário reconhecendo a invalidade do tributo ou da ação fiscal.

O Superior Tribunal de Justiça entende que superada a coisa julgada, por intermédio de ação rescisória, é perfeitamente possível a exigência do tributo (REsp nº 333.258).

9.2.12 Dação em pagamento em bens imóveis

Ocorre quando, na forma e nas condições estabelecidas em lei, o contribuinte faz a entrega (transferência) de bens imóveis ao Fisco.

Essa última hipótese foi incluída no art. 156 do Código Tributário Nacional pela Lei Complementar nº 104, de 2001.

Registre-se a rejeição, observada na jurisprudência do STJ, de dação em pagamento de créditos tributários por intermédio de títulos da dívida pública (REsp nº 616.223).[30]

9.3 Exclusão do crédito tributário

A legislação tributária consagra, ainda, duas hipóteses de exclusão do crédito tributário. São situações em que não se permite a constituição do crédito tributário.

9.3.1 Isenção

Segundo a corrente tradicional, seria a dispensa, por expressa disposição legal, do tributo devido, pressupondo a ocorrência do fato gerador e o nascimento da obrigação tributária. Nesse sentido, a legislação tributária estaria impedindo o lançamento ou constituição e cobrança do crédito tributário nas situações de isenção.

A isenção, ainda quando prevista em contrato, é sempre decorrente de lei que especifique as condições e requisitos exigidos para a sua concessão, os tributos a que se aplica e, sendo caso, o prazo de sua duração. A isenção pode ser restrita a determinada região do território da entidade tributante, em função de condições a ela peculiares.

---

[30] Cf. CASTRO. As apólices da dívida pública emitidas no início do século e a impossibilidade de serem utilizadas no âmbito tributário. Disponível em: <http://www.aldemario.adv.br/artigo13.htm>.

Salvo disposição de lei em contrário, a isenção não é extensiva: a) às taxas e às contribuições de melhoria, e b) aos tributos instituídos posteriormente à sua concessão.

A isenção, salvo se concedida por prazo certo *e* em função de determinadas condições, pode ser revogada ou modificada por lei, a qualquer tempo. Antes da Lei Complementar nº 24, de 1975, a regra em questão consignava um "ou" no lugar do atual "e". Ademais, conforme registrado, o Supremo Tribunal Federal já decidiu pela imediata exigibilidade do tributo nos casos de revogação de isenção.

A isenção, quando não concedida em caráter geral, é efetivada, em cada caso, por despacho da autoridade administrativa, em requerimento com o qual o interessado faça prova do preenchimento das condições e do cumprimento dos requisitos previstos em lei ou contrato para concessão. Tratando-se de tributo lançado por período certo de tempo, o despacho mencionado será renovado antes da expiração de cada período, cessando automaticamente os seus efeitos a partir do primeiro dia do período para o qual o interessado deixar de promover a continuidade do reconhecimento da isenção. O despacho não gera direito adquirido. Ademais, aplica-se, à revogação das isenções concedidas em caráter individual, idêntico tratamento concedido à revogação da moratória.

Importa insistir na diferença básica entre a isenção e a imunidade. Enquanto a primeira decorre de disposição legal, a segunda implica na vedação absoluta de tributação (exoneração) decorrente da Constituição.

9.3.2 Anistia

É a exclusão do crédito tributário relativo a penalidades pecuniárias. Pela anistia, o legislador extingue a punibilidade do sujeito passivo, infrator da legislação tributária, impedindo a constituição do crédito tributário. Significa dizer que se o crédito já estiver constituído o legislador pode dispensá-lo pela remissão, mas não pela anistia.

A anistia abrange exclusivamente as infrações cometidas anteriormente à vigência da lei que a concede, não se aplicando: a) aos atos qualificados em lei como crimes ou contravenções e aos que, mesmo sem essa qualificação, sejam praticados com dolo, fraude ou simulação pelo sujeito passivo ou por terceiro em benefício daquele; e b) salvo disposição em contrário, às infrações resultantes de conluio entre duas ou mais pessoas naturais ou jurídicas. O conluio é justamente uma combinação entre duas ou mais pessoas para lesar outrem.

A anistia pode ser concedida: a) em caráter geral, e b) limitadamente: b.1) às infrações da legislação relativa a determinado tributo; b.2) às infrações punidas com penalidades pecuniárias até determinado montante, conjugadas ou não com penalidades de outra natureza; b.3) a determinada região do território da entidade tributante, em função de condições a ela peculiares; e b.4) sob condição do pagamento de tributo no prazo fixado pela lei que a conceder, ou cuja fixação seja atribuída pela mesma lei à autoridade administrativa.

A anistia, quando não concedida em caráter geral, é efetivada, em cada caso, por despacho da autoridade administrativa, em requerimento com a qual o interessado faça prova do preenchimento das condições e do cumprimento dos requisitos previstos em lei para sua concessão. O despacho não gera direito adquirido, aplicando-se, quando cabível, as regras da moratória.

9.3.3 Aspectos gerais

A exclusão do crédito tributário não dispensa o cumprimento das obrigações acessórias dependentes da obrigação principal cujo crédito seja excluído, ou dela conseqüente.

9.4 Jurisprudência

9.4.1 Compensação

A compensação de créditos tributários não pode ser deferida em ação cautelar ou por medida liminar cautelar ou antecipatória. (Súmula STJ nº 212)

O mandado de segurança constitui ação adequada para a declaração do direito à compensação tributária. (Súmula STJ nº 213)

9.4.2 Consignação em pagamento

Processo civil. Tributário. Ação de consignação em pagamento. Natureza e finalidade. Utilização para consignar valor de tributo. Possibilidade. 1. O depósito em consignação é modo de extinção da obrigação, com força de pagamento, e a correspondente ação consignatória tem por finalidade ver atendido o direito — material — do devedor de liberar-se da obrigação e de obter quitação. Trata-se de ação eminentemente declaratória: declara-se que o depósito oferecido liberou o autor da respectiva obrigação. 2. Com a atual configuração do rito, a ação de consignação pode Ter natureza dúplice, já que se presta, em certos casos, a outorgar tutela jurisdicional em favor do réu, a quem assegura não apenas a faculdade de levantar, em caso de insuficiência do depósito, a quantia oferecida, prosseguindo o processo pelas diferenças controvertidas (CPC, art. 899, §1º), como também a de obter, em seu favor, título executivo pelo valor das referidas diferenças que vierem a ser reconhecidas na sentença (art. 899, §2º). 3. Como em qualquer outro procedimento, também na ação consignatória o juiz está habilitado a exercer o seu poder-dever jurisdicional de investigar os fatos e aplicar o direito na medida necessária a fazer juízo sobre a existência ou o modo de ser da relação jurídica que lhe é submetida a decisão. Não há empecilho algum, muito pelo contrário, ao exercício, na ação de consignação, do controle de constitucionalidade das normas. 4. Não há qualquer vedação legal a que o contribuinte lance mão da ação consignatória para ver satisfeito o seu direito de pagar corretamente o tributo quando entende que o fisco está exigindo prestação maior que a devida. É possibilidade prevista no art. 164 do Código Tributário Nacional. Ao mencionar que "a consignação só pode versar sobre o crédito que o consignante se propõe a pagar", o §1º daquele artigo deixa evidenciada a possibilidade de ação consignatória nos casos em que o contribuinte se propõe a pagar valor inferior ao exigido pelo fisco. Com efeito, exigir valor maior equivale a recusar o recebimento do tributo por valor menor. 5. Recurso especial provido. (STJ. 1ª Turma. REsp nº 659.779. Rel. Min. Teori Albino Zavascki. Julgamento em 14.9.2004)

Processual Civil. Tributário. Recurso Especial. Ação de consignação em pagamento. Art. 164 do CTN. Obtenção de parcelamento. Art. 38 da Lei nº 8.212/91. Impossibilidade. Inadequação da via eleita. 1. A ação consignatória, que é de natureza meramente declaratória, tem por escopo tão-somente liberar o devedor de sua obrigação, com a quitação de seu débito, por meio de depósito judicial, quando o credor injustificadamente se recusa a fazê-lo. Na seara fiscal é servil ao devedor para exercer o direito de pagar o que deve, em observância às disposições legais pertinentes. 2. Prevendo a Lei nº 8.212/91, em seu art. 38, a concessão de parcelamento, como favor fiscal, mediante condições por ela estabelecidas, a inobservância dessas condições impede o contribuinte de usufruir do benefício. 3. O deferimento do parcelamento do crédito fiscal subordina-se ao cumprimento das condições legalmente previstas. Dessarte, afigura-se inadequada a via da ação de consignação em pagamento, cujo escopo é a desoneração do devedor, mediante o depósito do valor correspondente ao crédito, e não via oblíqua à obtenção de favor fiscal em burla à legislação de regência. 4. Precedente: REsp nº 694.856/RS, Primeira Turma, Rel. Min. Teori Albino Zavascki, *DJ* de 7.3.2005. 5. Recurso especial improvido. (STJ. 1ª Turma. REsp nº 720.624. Rel. Min. Luiz Fux. Julgamento em 28.6.2005)

Tributário e Processual Civil. Ação Consignatória. Natureza e finalidade. Obtenção de parcelamento de débito. Impossibilidade. Caráter constitutivo. Ausência de prequestionamento. I - Não se conhece de recurso especial quando apontados artigos de Lei supostamente malferidos que não foram debatidos pelo Colegiado a quo, apesar da oposição de embargos de declaração com este fim. Ausência do indispensável prequestionamento viabilizador da instância extraordinária. Incidência do verbete sumular nº 211 deste STJ. II - "1. O depósito em consignação é modo de extinção da obrigação, com força de pagamento, e a correspondente ação consignatória tem por finalidade ver atendido o direito — material — do devedor de liberar-se da obrigação e de obter quitação. Trata-se de ação eminentemente declaratória: declara-se que o depósito oferecido liberou o autor da respectiva obrigação. 2. Sendo a intenção do devedor, no caso concreto, não a de pagar o tributo, no montante que entende devido, mas sim a de obter moratória, por meio de parcelamento em 240 meses, é inviável a utilização da via consignatória, que não se presta à obtenção de provimento constitutivo, modificador de um dos elementos conformadores da obrigação (prazo)" (REsp nº 600.469/RS, Rel. Min. Teori Albino Zavascki, *DJ* de 24.5.2004). III - Recurso especial parcialmente conhecido e, nesta parte, desprovido. (STJ. 1ª Turma. REsp nº 724.704. Rel. Min. Francisco Falcão. Julgamento em 26.4.2005)

9.4.3 Conversão de depósito em renda

Processo Civil e Tributário. Mandado de Segurança. Trânsito em julgado. Levantamento do depósito judicial. Art. 151, II, do CTN. Impossibilidade. Garantia do juízo. Finalidade dúplice. Precedentes. 1. A garantia prevista no art. 151, II, do CTN tem natureza dúplice, porquanto ao tempo em que impede a propositura da execução fiscal, a fluência dos juros e a imposição de multa, também acautela os interesses do Fisco em receber o crédito tributário com maior brevidade, porquanto a conversão em renda do depósito judicial equivale ao pagamento previsto no art. 156, do CTN encerrando modalidade de extinção do crédito tributário. 2. Permitir o levantamento do depósito judicial sem a anuência do Fisco significa esvaziar o conteúdo da garantia prestada pelo contribuinte em detrimento da Fazenda Pública. 3. Precedentes no sentido de que "sem precedência anuência da parte ré, o levantamento autorizado na Segunda Instância, na verdade, significou antecipada desconstituição da composição judicial sujeita ao reexame pedido na apelação. Ajustado, pois, que os valores depositados suspendiam a exigibilidade do crédito litigioso (art. 151, II, CTN), o levantamento por provocação unilateral de uma das partes, com a modificação do statu quo, via oblíqua, equivaleu à antecipada desconstituição do título sentencial". 4. Transitada em julgado sentença desfavorável à pretensão do contribuinte e havendo valores depositados à conta do juízo, é de se deferir a conversão em renda da União desses valores. 5. Recurso especial provido. (STJ. 1ª Turma. REsp nº 577.092. Rel. Min. Luiz Fux. Julgamento em 5.8.2004)

Processual Civil. Tributário. Execução de sentença. Limites da coisa julgada. Art. 468, do CPC. Depósito de valores da contribuição para o FINSOCIAL, à alíquota de meio por cento, declarada posteriormente inconstitucional pelo Supremo Tribunal Federal. Conversão integral em renda a favor da União. Impossibilidade. 1. "Tendo a autora depositado os valores da contribuição para o FINSOCIAL à alíquota superior a meio por cento, com posterior declaração de sua inconstitucionalidade pelo STF, a conversão em renda para a União não pode ser integral, mas apenas referente aos valores que lhe são devidos, ou seja, correspondentes a meio por cento. 2. Regido o sistema tributário vinculado pelos princípios da legalidade e da moralidade, é inadmissível que o contribuinte seja obrigado a recolher, primeiramente, valores a título de tributos já considerados inconstitucionais pelo STF, para depois poder ingressar com ações de repetição de indébito. A adoção da referida metodologia resulta em se criar mais um privilégio processual para o Fisco, sem qualquer amparo legal. O regime de indisponibilidade do depósito judicial não é absoluto" (RESP 197.816/DF). 3. Deveras, revela-se medida draconiana a exigência de ajuizamento de ação rescisória a fim de impedir seja revertida ao Fisco a totalidade do depósito efetivado. Precedentes jurisprudenciais desta Corte. 4. Recurso especial improvido. (STJ. 1ª Turma. REsp nº 331.652. Rel. Min. Luiz Fux. Julgamento em 22.6.2004)

9.4.4 Dação em pagamento

Processual Civil e Tributário. Recurso Especial. Prequestionamento. Divergência jurisprudencial. Ação declaratória. Compensação de tributos com títulos da dívida pública. Impossibilidade. 1. Ausente o indispensável requisito do prequestionamento, inviável a apreciação da matéria em sede de recurso especial. 2. O débito tributário deve, necessariamente, ser pago "em moeda ou cujo valor nela se possa exprimir". A dação em pagamento, para o fim de quitação de obrigação tributária, só é aceita em hipóteses elencadas legalmente. 3. Em se tratando de dívida tributária, indisponível à Autoridade Fazendária, não há como se admitir a dação em pagamento por via de título da dívida pública, se este procedimento escapa à estrita legalidade. 4. Recurso Especial não conhecido." (STJ. 1ª Turma. REsp nº 616.223. Rel. Min. Luiz Fux. Julgamento em 28.9.2004)

9.4.5 Decisão judicial passada em julgado

Tributário e Processual Civil. Contribuição social sobre o lucro das empresas. Ação rescisória. Desconstituição de decisão que reconheceu a inconstitucionalidade da exação prevista na Lei 7689/88. Matéria essencialmente constitucional e jurisprudência em consonância com o acórdão recorrido. Ausência de prequestionamento. Não conhecimento do especial sob tais aspectos. Extinção do crédito tributário. Rescindida a sentença o crédito tributário fica intacto; volta-se ao status quo ante. Inocorrência de violação o art. 156, X, do CTN. I - Não cabe conhecer do recurso especial na parte em que o Tribunal a quo decidiu a questão em bases essencialmente constitucionais, estando o acórdão em consonância com jurisprudência do STJ, ausente o prequestionamento de dispositivo legal apontado como malferido. II - A decisão judicial transitada em julgado extingue o crédito tributário, a teor do disposto no art. 156, inc. X, do Código Tributário Nacional. Julgada procedente rescisória, na espécie, volta-se ao statu quo ante, resurgindo o crédito tributário, que pode ser exigido novamente do contribuinte, eis que, com a procedência da ação, desaparece a decisão judicial passada em julgado e fica sem efeito a extinção, porquanto deixou de existir a coisa julgada. III - Recurso especial parcialmente conhecido, mas improvido. (STJ. 1ª Turma. REsp nº 333.258. Rel. Min. Garcia Vieira. Julgamento em 9.4.2002)

9.4.6 Depósito

O depósito somente suspende a exigibilidade do crédito tributário se for integral e em dinheiro. (Súmula STJ nº 112)

A par disso, somente o depósito da integralidade do tributo tem o condão de suspender a sua exigibilidade (Súmula 112 do STJ e art. 151, II, do CTN) e não o pagamento em uma única ou várias parcelas do que entende, a parte executada, constituir o objeto de antecipação de tutela quanto à suficiência para quitação do débito, hipótese não comprovada nos autos". Tal entendimento encontra-se consoante a jurisprudência deste Sodalício. (STJ. 1ª Turma. REsp nº 591.255. Rel. Min. José Delgado. Julgamento em 17.2.2004)

Cuida-se do depósito judicial em dinheiro efetuado pelo contribuinte que busca, com a medida, suspender a exigibilidade do crédito tributário quando o tributo está sujeito a lançamento, condicionada a sua conversão em renda à improcedência da demanda. Não há que se falar em decadência no caso, uma vez que houve a constituição do crédito tributário por lançamento tácito. Assim, a Seção não conheceu dos embargos, pois a Segunda Turma deste Superior Tribunal, ao julgar o REsp 804.415-RS na assentada de 15/02/2007, perfilhou-se à Primeira Turma no sentido do acórdão embargado, incidindo, pois, na espécie, o verbete sumular nº 168-STJ. (EREsp 767.328-RS, Rel. Min. Herman Benjamin, julgados em 11.4.2007. *Informativo STJ*, n. 316)

Almeja-se definir se seria possível o levantamento do depósito efetuado para os fins do art. 151, II, do CTN, no caso em que o processo é extinto sem o julgamento de mérito. O Min. Relator destacou que essa questão já foi enfrentada em diversas ocasiões neste Superior Tribunal, para o qual o depósito judicial efetuado para suspender a exigibilidade do crédito tributário é feito também em garantia da Fazenda e só pode ser levantado pelo depositante após sentença final transitada em julgado em seu favor, nos termos do consignado no art. 32 da Lei nº 6.830/1980. O cumprimento da obrigação tributária só pode ser excluído por força de lei ou suspenso de acordo com o que determina o art. 151 do CTN. Fora desse contexto, o contribuinte está obrigado a recolher o tributo. No caso de o devedor pretender discutir a obrigação tributária em juízo, permite a lei que se faça o depósito integral da quantia devida para que seja suspensa a exigibilidade. Se a ação intentada, por qualquer motivo, resultar sem êxito, deve o depósito ser convertido em renda da Fazenda Pública. Essa é a interpretação que deve prevalecer. O depósito é simples garantia impeditiva do fisco para agilizar a cobrança judicial da dívida em face da instauração de litígio sobre a legalidade de sua exigência. Extinto o processo sem exame do mérito contra o contribuinte, tem-se uma decisão desfavorável. O passo seguinte, após o trânsito em julgado, é o recolhimento do tributo. Com esse entendimento, a Seção, ao prosseguir o julgamento, por maioria, conheceu dos embargos e deu-lhes provimento. Precedentes citados: EREsp 479.725-BA, *DJ* 26.9.2005; REsp 490.641-PR, *DJ* 3.11.2003; REsp 258.752-SP, *DJ* 25.2.2002, e REsp 251.350-SP, *DJ* 12.3.2001. (EREsp 215.589-RJ, Rel. Min. José Delgado, julgados em 12.9.2007. *Informativo STJ*, n. 331)

A Turma, prosseguindo o julgamento, reiterou que, extinto o feito sem julgamento de mérito, os depósitos para a suspensão da exigibilidade do crédito tributário são convertidos em renda da Fazenda Pública. Ressalvado o entendimento contrário da Min. Relatora que, não obstante, seguiu a maioria. Precedentes citados: REsp 901.052-SP, *DJ* 3.3.2008; EREsp 548.224-CE, *DJ* 17.12.2007; EREsp 215.589-RJ, *DJ* 5.11.2007; EREsp 279.352-SP, *DJ* 22.5.2006, e EREsp 227.835-SP, *DJ* 5.12.2005. (REsp 901.415-SP, Rel. Min. Eliana Calmon, julgado em 27.5.2008. *Informativo STJ*, n. 357)

9.4.7 Juros

Tributário – Execução fiscal – Violação ao art. 535 – ICMS – Índice de correção monetária – Lei estadual – Taxa SELIC – Lei 9.250/95. 1. O acórdão recorrido restou suficientemente fundamentado, não existindo a alegada omissão. Não ocorrência de violação ao art. 535 do CPC. 2. A Corte Especial do STJ, no REsp 215.881/PR, não declarou a inconstitucionalidade do art. 39, §4º da Lei 9.250/95, restando pacificado no Primeira Seção que, com o advento da referida norma, teria aplicação a taxa SELIC como índice de correção monetária e juros de mora, afastando-se a aplicação do CTN. 3. A taxa SELIC, segundo o direito pretoriano, é o índice a ser aplicado para o pagamento dos tributos federais e, havendo lei estadual autorizando a sua incidência em relação aos tributos estaduais, deve incidir a partir de 01/01/96. 4. Recurso especial improvido. (STJ. 2ª Turma. REsp nº 688.044. Rel. Min. Eliana Calmon. Julgamento em 3.2.2005)

9.4.8 Liminar em Mandado de Segurança

Processo civil e tributário. Suspensão do crédito tributário. Causa suspensiva consistente em liminar antecipatória concedida em mandado de segurança. Aplicação do art. 151, IV, do CTN. 1. À luz das hipóteses enumeradas no art. 151 do CTN é possível entrever que há causas suspensivas que antecedem à constituição do crédito tributário pelo lançamento e outras que o encontram constituído. 2. Em qualquer caso, emitida a ordem judicial suspensiva não é lícito à Administração Tributária proceder a qualquer atividade que afronte o comando judicial, sob pena de cometimento do delito de desobediência, hodiernamente consagrado e explicitado no art. 14, VI e parágrafo único Código de Processo Civil. 3. É vedado à Administração agir com desconsideração ao provimento liminar e com desprezo pelo Poder Judiciário sob o argumento de que a decisão liminar não corresponde ao trânsito em julgado da decisão final, porquanto esse argumento sofismático implica negar eficácia à antecipação da tutela que é autoexecutável e mandamental. 4. Exsurgindo a suspensão prevista no art. 151, IV, do CTN no curso do procedimento de constituição da obrigação tributária, o que se opera é o "impedimento à constituição do crédito tributário". 5. O Judiciário ao sustar a exigibilidade do crédito tributário tanto pode endereçar a sua ordem à que não se constitua o crédito, posto do seu surgimento gerar ônus ao contribuinte até mesmo sob o ângulo da expedição de certidões necessárias ao exercício de atividades laborais, como também vetar a sua cobrança, ainda que lançado o tributo previamente à ordem. 6. Prosseguir na atividade constitutiva do crédito tributário, suspensa a sua exigibilidade por força de liminar judicial, caracteriza, inequivocamente, o que a doutrina do tema denomina de Contempt of Court, por influência anglo-saxônica, hodiernamente verificável nos sistemas do civil law. 7. Precedente. 8. Recurso especial conhecido e improvido. (STJ. 1ª Turma. REsp nº 453.762. Rel. Min. Luiz Fux. Julgamento em 3.6.2003)

Processual civil e tributário. Imposto de importação. Diferencial de alíquota. Atraso no pagamento ao abrigo de decisão judicial. Posterior cassação. Efeitos. Multa. Lançamento de ofício. 1. Mandado de segurança para assegurar a manutenção da alíquota do imposto de importação de veículo novo procedente dos Estados Unidos, vigente ao tempo do ingresso da mercadoria no País. Medida liminar concedida, com o pagamento do imposto de importação à alíquota de 32%. Posteriormente, proferida sentença denegatória da segurança, sendo então lavrado auto de infração referente à diferença devida de imposto de importação, além da multa de ofício. A recorrente recolheu apenas o valor do principal e dos juros moratórios, deixando de pagar a multa, motivo pelo qual ajuizou embargos à execução objetivando afastar a sua incidência ante a sua suposta ilegalidade. 2. É cediço na jurisprudência que o provimento liminar, seja em sede de Mandado de Segurança, seja por via de antecipação de tutela, decorre sempre de um juízo provisório, passível de alteração a qualquer tempo, quer pelo próprio juiz prolator da decisão, quer pelo Tribunal ao qual encontra-se vinculado. A parte que o requer fica sujeita à sua cassação, devendo arcar com os consectários decorrentes do atraso ocasionado pelo deferimento da medida. Isto porque a denegação final opera efeitos ex tunc. (Precedentes: RESP 132.616/RS, *DJ* 26.3.2001; RESP 205.301/SP, Rel. Min. Eliana Calmon, *DJ* 9.10.2000; RESP 7.725/SP, Rel. Min. Milton Luiz Pereira, *DJ* 27.6.1994). 3. Deveras, a doutrina não discrepa do referido entendimento. Assim é que a sentença que nega a segurança é de caráter declaratório negativo, cujo efeito, como é cediço, retroage à data da impetração. Assim, se da liminar que suspendeu a exigibilidade do crédito tributário decorreu algum efeito, com o advento da sentença denegatória não mais subsiste. Nessa vereda, pontifica Hely Lopes Meirelles, com a acuidade que o notabilizou, que "uma vez cassada a liminar ou cessada sua eficácia, voltam as coisas ao statu quo ante. Assim sendo, o direito do Poder Público fica restabelecido in totum para a execução do ato e de seus consectários, desde a data da liminar" (cf. Mandado de Segurança, Ação Popular, Ação Civil Pública, Mandado de Injunção, Habeas Data, 16ª edição atualizada por Arnoldo Wald, Malheiros Editores, p. 62). O escólio de Lúcia Valle Figueiredo segue esse caminho ao dilucidar que "revogada a liminar, ou melhor dizendo, cassada, uma vez que revogação, quer na teoria geral do direito, quer no direito administrativo, tem sentido absolutamente diferenciado, ou, então, absorvida por sentença denegatória, volta-se ao statu quo ante. É dizer, o ato administrativo revigora, recobra sua eficácia, como se nunca tivesse perdido" (cf. Mandado de Segurança, 3ª edição, Malheiros Editores, p. 151) (RESP 132.616/RS, Rel. Min. Franciulli Netto, *DJ* 26.3.2001). 4. Afigura-se correta, portanto, a incidência de multa moratória quando da denegação da ordem de segurança e conseqüente cassação da liminar anteriormente deferida, uma vez que tanto a doutrina quanto a jurisprudência desta Corte estão acordes nesse sentido. 5. O Supremo Tribunal Federal, conforme ressaltado, preconiza o mesmo entendimento no verbete nº 405, que assim dispõe: "Denegado o mandado de segurança pela sentença, ou no julgamento do agravo, dela interposto, fica sem efeito a liminar concedida, retroagindo os efeitos da decisão contrária" (fls. 186/187). 6. Aliás, o art. 63, §2º, da Lei nº 9.430/96, veio reforçar referido entendimento ao dispor que "A interposição da ação judicial favorecida com a medida liminar interrompe a incidência da multa de mora, desde a concessão da medida judicial, até 30 dias após a data da publicação da decisão judicial que considerar devido o tributo ou contribuição". 7. Recurso especial provido. (STJ. 1ª Turma. REsp nº 642.281. Rel. Min. Luiz Fux. Julgamento em 26.10.2004)

9.4.9 Parcelamento

Tributário e Processual Civil. Agravo Regimental. Suspensão de débito tributário. Lançamento por homologação. Compensação informada em DCTF. Fornecimento de certidão positiva com efeito de negativa. Possibilidade. Precedentes. 1. Agravo regimental contra decisão que negou seguimento ao recurso especial da agravante. 2. Hipótese dos autos consistente em pedido de compensação do contribuinte, pelo qual visa a extinguir débitos declarados em DCTF, com supostos créditos que afirma titularizar. Existência, *in casu*, de débito já declarado em DCTF, objeto de compensação, não realizada pelo Fisco. 3. É possível a obtenção de Certidão Positiva, com efeito de Negativa, de Débito – CND (art. 205 c/c o art. 206 do CTN). 4. O entendimento que prevalece na doutrina e na jurisprudência, após alongada discussão sobre a matéria, é o de que o seu efeito é simplesmente declaratório. Essa posição determinou o assentamento doutrinário e jurisprudencial na linha de que só surge o direito ao crédito tributário após o lançamento definitivo, isto é, o formado por decisão administrativa transita em julgado e não-impugnada pela via judicial. 5. Analisando-se a sistemática do CTN, tem-se o seguinte raciocínio: parcelamento é modalidade de moratória (art. 152 e segs.); a moratória suspende a exigibilidade do crédito tributário; a certidão de que conste a suspensão do crédito tributário equipara-se "ou tem os mesmos efeitos", à CND (art. 206 c/c o art. 205) culminando na inarredável conclusão de que quem obteve parcelamento de seus débitos tem direito à obtenção de certidão, nos termos do art. 206 do CTN. 6. "A Certidão Negativa de Débito só pode ser negada se houver crédito definitivamente constituído. Mesmo que, na esfera administrativa, esteja em discussão se o contribuinte tem ou não direito de compensação, se a contribuição previdenciária comporta ou não repercussão, a certidão deve ser expedida" (REsp nº 195667/SC, 1ª Turma, *DJ* de 26.4.1999, Rel. Min. Garcia Vieira). 7. Precedentes das 1ª e 2ª Turmas e 1ª Seção do Superior Tribunal de Justiça. 8. Agravo regimental parcialmente provido, nos termos do voto. (STJ. 1ª Turma. AgRg no REsp nº 639.362. Rel. Min. José Delgado. Julgamento em 26.10.2004)

9.4.10 Restituição

Cabe a restituição do tributo pago indevidamente, quando reconhecido por decisão que o contribuinte "de jure" não recuperou do contribuinte "de facto" o "quantum" respectivo. (Súmula STF nº 546)

Agravo Regimental no Agravo de Instrumento. ICMS. Compensação. Impossibilidade. Súmula 546/STF. Incidência. 1. A jurisprudência do Supremo Tribunal Federal é firme no entendimento de que não ofende o princípio da não-cumulatividade na hipótese da legislação estadual vedar a compensação de crédito de ICMS advindo da aquisição de bens consumidos no processo de industrialização e destinados ao ativo fixo do contribuinte. 2. A restituição do tributo pago indevidamente somente é cabível quando o contribuinte de jure demonstra que não recuperou do contribuinte de fato o montante auferido. Agravo regimental a que se nega provimento. (STF. 1ª Turma. AI nº 441.964/AgR. Rel. Min. Eros Grau. Julgamento em 21.9.2004)

Na repetição de indébito tributário, a correção monetária incide a partir do pagamento indevido. (Súmula nº 162 do STJ)

Os juros moratórios, na repetição do indébito tributário, são devidos a partir do trânsito em julgado da sentença. (Súmula nº 188 do STJ)

Processo civil e tributário. Prequestionamento. Omissão na corte a quo não sanada por embargos de declaração. Adução de violação a dispositivos legais ausentes na decisão recorrida. Súmula nº 211/STJ. ISS. Repetição de indébito. Tributo, in casu, indireto. Transferência de encargo financeiro ao consumidor final. Art. 166 do CTN. Ilegitimidade ativa. Precedentes. 1. Recurso especial oposto contra acórdão que julgou procedente ação em que se objetiva declarar a inexistência de relação jurídico-tributária que autorize o recorrente a exigir de sociedade uniprofissional prestadora de serviços de contabilidade o pagamento de ISS sobre o respectivo faturamento, deferindo a restituição do valor do tributo. 2. Ausência de prequestionamento do art. 333, I, do CPC, por não ter sido o mesmo abordado, em nenhum momento, no âmbito do aresto a quo. Incidência da Súmula nº 211/STJ. 3. A respeito da repercussão, a 1ª Seção deste Tribunal, julgando os EREsp nº 168469/SP, pacificou posicionamento de que ela não pode ser exigida nos casos de repetição ou compensação de contribuições, tributo considerado direto, especialmente, quando a lei que impunha a sua cobrança foi julgada inconstitucional. Da mesma forma, a referida Seção, em embargos de divergência, pacificou o entendimento de que o art. 66 da Lei nº 8.383/91, na sua interpretação sistêmica, autoriza ao contribuinte efetuar, via autolançamento, compensação de tributos pagos cuja exigência foi indevida ou inconstitucional. 4. Tributos que comportem, por sua natureza, transferência do respectivo encargo financeiro são somente aqueles em relação aos quais a própria lei estabeleça dita transferência. Apenas em tais casos se aplica a regra do art. 166 do CTN, pois a natureza a que se reporta tal dispositivo legal só pode ser a jurídica, que é determinada pela lei correspondente e não por meras circunstâncias econômicas que podem estar, ou não, presentes, sem que se disponha de um critério seguro para saber quando se deu, e quando não se deu, a aludida transferência. 5. O art. 166 do CTN contém referência cristalina ao fato de que deve haver, pelo intérprete sempre, em casos de repetição de indébito, identificação se o tributo, por sua natureza, comporta a transferência do respectivo encargo financeiro para terceiro ou não, quando a lei, expressamente, não determina que o pagamento da exação seja feito por terceiro, como é o caso do ICMS e do IPI. A prova a ser exigida na primeira situação deve ser aquela possível e que se apresente bem clara, a fim de não se colaborar para o enriquecimento ilícito do poder tributante. Nos casos em que a lei expressamente estatui que o terceiro assumiu o encargo, há necessidade, de modo absoluto, que esse terceiro conceda autorização para repetir o indébito. 6. O tributo examinado (ISS), no caso concreto, é de natureza indireta. Apresenta-se com essa característica porque o contribuinte real é o consumidor da mercadoria objeto da operação (contribuinte de fato) e a empresa (contribuinte de direito) repassa, no preço da mercadoria, o imposto devido, recolhendo, após, aos cofres públicos o imposto já pago pelo consumidor de seus produtos. Não assume, pois, a carga tributária resultante dessa incidência. O fenômeno da substituição legal no cumprimento da obrigação, do contribuinte de fato pelo contribuinte de direito, em conseqüência, ocorre na exigência do pagamento do ISS. A repetição do indébito e a compensação do tributo questionado não podem ser deferidas sem a exigência do repasse. 7. "O ISS é espécie tributária que pode funcionar como tributo direto ou indireto. 2. Hipótese dos autos que encerra espécie de tributo indireto, porque recolhido sobre as receitas oriundas de cada encomenda, sendo suportado pelo tomador do serviço. 3. Como imposto indireto, tem aplicações, em princípio, o teor do art. 166 do CTN e o verbete 71 do STF, atualmente 546" (REsp nº 426179/SP, *DJ* de 20.9.2004, Rel. Min. Eliana Calmon). 8. Ilegitimidade ativa ad causam configurada para repetir o indébito. Precedentes desta Corte. 9. Recurso parcialmente conhecido e, nesta parte, provido. (STJ. 1ª Turma. REsp nº 657.707. Rel. Min. José Delgado. Julgamento em 28.9.2004)

Tributário. Impostos sujeito a lançamento por homologação. Prescrição decenal. Recolhimento com atraso. Denúncia espontânea. Não-cabimento. Multa moratória. Aplicação. 1. A Primeira Seção do Superior Tribunal de Justiça, no julgamento dos Embargos de Divergência no Recurso Especial nº 435.835-SC (Rel. para o acórdão Min. José Delgado), firmou o entendimento de que, na hipótese de tributo sujeito a lançamento por homologação, o prazo para a propositura da ação de repetição de indébito é de 10 (dez) anos a contar do fato gerador, se a homologação for tácita (tese dos "cinco mais cinco"), e, de 5 (cinco) anos a contar da homologação, se esta for expressa. 2. Nas hipóteses em que o contribuinte declara e recolhe com atraso tributos sujeitos a lançamento por homologação, não se aplica o benefício da denúncia espontânea e, por conseguinte, não se exclui a multa moratória. 3. Recurso especial parcialmente provido. (STJ. 2ª Turma. REsp nº 771.227. Rel. Min. João Otávio Noronha. Julgamento em 3.11.2005)

1. A Primeira Seção do Superior Tribunal de Justiça, no julgamento dos Embargos de Divergência no Recurso Especial nº 435.835-SC (Rel. p/ o acórdão Min. José Delgado), firmou o entendimento de que, na hipótese de tributo sujeito a lançamento por homologação, o prazo para a propositura da ação de repetição de indébito é de 10 (dez) anos a contar do

fato gerador, se a homologação for tácita (tese dos "cinco mais cinco"), e, de 5 (cinco) anos a contar da homologação, se esta for expressa. (STJ. 2ª Turma. REsp nº 661.419. Rel. Min. João Otávio de Noronha. Julgamento em 25.10.2005)

Tributário e processual civil. Cofins. Sociedade civil. Isenção. Matéria constitucional. Competência do STF. Compensação. Prescrição. Art. 3º da LC nº 118/05. 1. O STF tem reconhecido que o conflito entre lei complementar e lei ordinária — como é o caso da alegada revogação da Lei Complementar nº 70/91 pela Lei 9.430/96 — possui natureza constitucional. 2. Extingue-se o direito de pleitear a restituição de tributo sujeito a lançamento por homologação, não sendo esta expressa, somente após o transcurso do prazo de cinco anos contados da ocorrência do fato gerador, acrescido de mais cinco anos contados da data em que se deu a homologação tácita (EREsp 435.835/SC, julgado em 24.3.04). 3. Na sessão do dia 6.6.07, a Corte Especial acolheu a argüição de inconstitucionalidade da expressão "observado quanto ao art. 3º o disposto no art. 106, I, da Lei nº 5.172/1966 do Código Tributário Nacional", constante do art. 4º, segunda parte, da LC 118/05 (EREsp 644.736-PE, Rel. Min. Teori Albino Zavascki). 4. Nessa assentada, firmou-se o entendimento de que, "com o advento da LC 118/05, a prescrição, do ponto de vista prático, deve ser contada da seguinte forma: relativamente aos pagamentos efetuados a partir da sua vigência (que ocorreu em 9.6.05), o prazo para a ação de repetição de indébito é de cinco a contar da data do pagamento; e relativamente aos pagamentos anteriores, a prescrição obedece ao regime previsto no sistema anterior, limitada, porém, ao prazo máximo de cinco anos a contar da vigência da lei nova". 5. Recurso especial conhecido em parte e não provido. (STJ. 2ª Turma. REsp nº 955.831. Rel. Min. Castro Meira. Julgamento em 28.8.2007)

9.4.11 Suspensão da exigibilidade

Tributário. Depósito judicial. Extinção do processo sem julgamento do mérito. Impossibilidade do contribuinte efetuar o levantamento. Conversão do depósito em renda. 1. A extinção do mandado de segurança sem julgamento de mérito não impede que o valor do depósito judicial efetuado pelo contribuinte para suspender a exigibilidade fiscal enquanto perdurar a discussão da lide seja convertido em renda da Fazenda Pública. 2. A exigência de cumprimento da obrigação tributária só pode ser suspensa por lei. O contribuinte, sem causa legal em sentido contrário, está obrigado ao pagamento do tributo. 3. Precedentes: Resp 490641/PR, Rel. Min. Luiz Fux, *DJ* de 3.11.2003, p. 254; Resp 163045/SP, Rel. Min. Hélio Mosimann, *DJ* de 9.11.98, p. 74; Resp 251350/SP, Rel. Min. Humberto Gomes de Barros, *DJ* 12.3.2001, p. 97; Resp 227.958, Rel. Min. Garcia Vieira, *DJ* 7.2.2000; Resp 258752/SP, Rel. Min. Milton Luiz Pereira, *DJ* de 25.2.2002, p. 218. (STJ. 1ª Turma. REsp nº 553.541. Rel. Min. José Delgado. Julgamento em 16.12.2003)

9.4.12 Transação

Recurso Especial. Tributário. O parcelamento da dívida tributária nos embargos à execução não implica a extinção da execução mas a sua suspensão. 1. O parcelamento do débito na execução fiscal implica, tão-somente, a suspensão do processo, conservando-se perene a Certidão da Dívida Ativa a sustentar a execução até que se extinga a dívida, podendo operar-se a continuidade da execução fiscal pelo saldo remanescente, se o parcelamento não restar cumprido integralmente pelo sujeito passivo. 2. A figura do parcelamento não se confunde com a transação extintiva do crédito. A autocomposição bilateral ou transação é forma de extinção do crédito tributário, consoante determina o art.156, III, do CTN, implicando no término do direito da Fazenda Pública de cobrar a obrigação tributária. 3. Considerando que a transação é a forma pela qual as partes previnem ou terminam litígios mediante concessões mútuas, enquanto que o parcelamento é a mera dilação de prazo para o devedor honrar sua dívida, não há que falar em naturezas semelhantes. Ao revés, no parcelamento, a dívida ativa não se desnatura pelo fato de ser objeto de acordo de parcelamento, posto que não honrado o compromisso, retoma ela o os seus privilégios, incidindo a multa e demais encargos na cobrança via execução fiscal. 4. É novel regra assente no Código Tributário Nacional que o parcelamento do débito é meramente suspensivo. 5. Recurso especial provido. (STJ. 1ª Turma. REsp nº 514.351. Rel. Min. Luiz Fux. Julgamento em 20.11.2003)

Capítulo 10

Decadência e prescrição tributárias

Sumário: **10.1** Significado dos institutos da decadência e da prescrição - **10.2.** Representação gráfica no âmbito tributário - **10.3** Quadro normativo - **10.4** Decadência e prescrição como prazos - **10.4.1** Decadência tributária - **10.4.1.1** Termo inicial - **10.4.1.2** Duração - **10.4.1.3** Suspensão - **10.4.1.4** Interrupção - **10.4.2** Prescrição tributária - **10.4.2.1** Termo inicial - **10.4.2.2** Duração - **10.4.2.3** Suspensão - **10.4.2.4** Interrupção - **10.5** Prazo para a repetição de indébito - **10.6** Jurisprudência - **10.6.1** Constituição definitiva do crédito tributário - **10.6.2** Débitos declarados - **10.6.3** Lançamento por homologação - **10.6.4** Lei complementar - **10.6.5** Lei de execução fiscal - **10.6.6** Prescrição intercorrente - **10.6.7** Processo administrativo - **10.6.8** Repetição de indébito

10.1 Significado dos institutos da decadência e da prescrição

Segundo o entendimento tradicional, a decadência é o fato jurídico que faz perecer um direito pelo seu não-exercício durante certo lapso de tempo. A rigor, a decadência fulmina as pretensões constitutivas. A decadência tributária atinge o direito de lançar ou constituir o crédito.

Já a prescrição, ainda segundo a visão tradicional, é o fato jurídico que faz perecer a ação que tutela um direito pelo decurso do tempo previsto em lei sem a propositura da mesma. O direito sobrevive, mas sem proteção. O novo Código Civil, em consonância com os mais modernos estudos jurídicos, supera a premissa da ação como simples projeção de direitos subjetivos. Segundo o art. 189 do aludido Código: "Violado o direito, nasce para o titular a pretensão, a qual se extingue, pela prescrição". A rigor, a prescrição afeta as pretensões condenatórias. A prescrição tributária atinge a possibilidade de propor a ação de cobrança (representada pela execução fiscal).

Conforme Hugo de Brito Machado,[31] "O CTN, todavia, diz expressamente que a prescrição extingue o crédito tributário (art. 156, V). Assim, nos termos do Código, a prescrição não atinge apenas a ação para cobrança do crédito tributário, mas o próprio crédito, vale dizer, a relação material tributária". Nesse sentido são as lições de parte significativa dos tributaristas. Lembramos que o art. 109 do Código Tributário Nacional autoriza expressamente a fixação de efeitos específicos para institutos de direito privado, ou do direito em geral, utilizados no campo tributário.

Boa parte da doutrina tributária critica o CTN ao caracterizar a decadência como hipótese de extinção do crédito tributário. Argumenta-se que a decadência funcionaria, em verdade, como causa de exclusão do crédito, na medida em que a sua verificação impediria a constituição do crédito tributário. José Hable[32] apresenta uma interessante justificativa para a opção do legislador: "Assim, claro está que o instituto da decadência, de que trata o inc. V do art. 156 do CTN, não se refere à extinção do direito de o Fisco constituir o crédito tributário, disciplinado no caput do art. 173, e sim a um crédito constituído intempestivamente. Ou seja, apenas está a demonstrar que, se a Fazenda Pública vier a constituir o crédito tributário fora do prazo legal, estará ele extinto pela decadência".

10.2. Representação gráfica no âmbito tributário

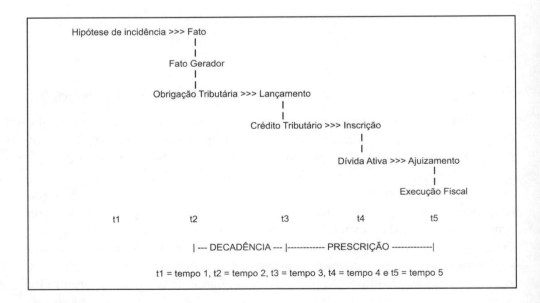

---

[31] MACHADO. *Curso de direito tributário*, p. 194.
[32] HABLE. *A extinção do crédito tributário por decurso de prazo*, p. 86.

10.3 Quadro normativo

A *Constituição de 1988*, exatamente no art. 146, inc. III, al. "b", exige a edição de lei complementar para tratar, como norma geral aplicável aos entes estatais (União, Estados, Distrito Federal e Municípios), dos institutos da decadência e da prescrição tributárias.

O Código Tributário Nacional, veiculado pela Lei nº 5.172, de 25 de outubro de 1966, cumpre as funções da *lei complementar* exigida pela Constituição de 1988 para tratar de prescrição e de decadência tributárias no art. 150, §4º; no art. 156, inc. V; no art. 173 e no art. 174. A utilização da Lei nº 5.172, de 1966, sob a égide da Constituição de 1988, decorre do fenômeno, teoria ou princípio da recepção (art. 34, §5º, do Ato das Disposições Constitucionais Transitórias – ADCT).

Parte da doutrina sustenta que o Código Tributário Nacional abre espaço para a *legislação de cada tributo* regular certos aspectos da prescrição e da decadência tributárias. Eloqüentes exemplos dessa possibilidade estariam consagrados nos arts. 45 e 46 da Lei nº 8.212, de 1991, em relação aos tributos financiadores da Seguridade Social. Os dispositivos legais em questão fixavam prazos decadencial e prescricional de 10 anos. Ocorre que tanto o Superior Tribunal de Justiça, quanto o Supremo Tribunal Federal, definiram que os vários aspectos da decadência e da prescrição tributárias reclamam lei complementar nacional, rejeitando o trato das matérias por leis ordinárias das entidades tributantes.[33] O art. 13, inc. I, al. "a", da Lei Complementar nº 128, de 2008, revogou expressamente os referidos arts. 45 e 46 da Lei nº 8.212, de 1991.

10.4 Decadência e prescrição como prazos

A identificação do termo final de um prazo (o que realmente importa para efeitos de cobrança) pressupõe a análise dos seguintes elementos: a) termo inicial; b) duração do prazo; c) hipóteses de suspensão; e d) hipóteses de interrupção.

---

[33] Confira adiante, nas considerações acerca da duração dos prazos decadencial e prescricional, menção às importantes decisões do Superior Tribunal de Justiça e do Supremo Tribunal Federal.

O curso do prazo pode ser interrompido (apaga-se o tempo já transcorrido, retomando-se a contagem "do zero" ou do marco inicial) ou suspenso (paralisação do curso com retomada considerando o tempo já decorrido).

Segundo o Código Civil (art. 132) e a Lei nº 810, de 1949 (arts. 1º e 3º), os prazos em meses e anos expiram no dia de igual número do de início, ou no imediato, se faltar exata correspondência.

10.4.1 Decadência tributária
10.4.1.1 Termo inicial

Lançamento por homologação	Ocorrência do fato gerador (art. 150, §4°, do CTN)
Outros tipos de lançamentos (direto e por declaração)	Primeiro dia do exercício seguinte àquele em que o lançamento poderia ter sido efetuado (art. 173, I, do CTN)
Lançamento anulado por vício formal	Data em que se tornar definitiva a decisão anulatória (art. 173, II, do CTN)
Notificação de medida preparatória do lançamento antes de iniciado o curso da decadência	Data da notificação (art. 173, parágrafo único, do CTN)

O prazo decadencial, ressalvados os tributos submetidos ao lançamento por homologação, inicia-se no primeiro dia do exercício financeiro seguinte àquele em que o tributo poderia ter sido lançado; se antes disto o sujeito passivo é notificado de alguma medida preparatória indispensável ao lançamento, o início do prazo decadencial é antecipado para a data dessa notificação. A notificação feita depois de iniciado o prazo decadencial não o interrompe nem o suspende, segundo o entendimento majoritário da doutrina tributária.

A partir de 1995, o Superior Tribunal de Justiça construiu uma diretriz jurisprudencial, severamente criticada na doutrina tributária, no sentido da interpretação conjugada do art. 150, §4º com o art. 173, inc. I do CTN. Segundo o STJ: "A decadência relativa ao direito de constituir crédito tributário somente ocorre depois de cinco anos, contados do exercício seguinte àquele em que se extinguiu o direito potestativo de o Estado rever e homologar o lançamento" (REsp nº 58.918). Assim, a título de exemplo do entendimento firmado no âmbito do Superior Tribunal de Justiça, se o fato gerador ocorreu em outubro de 1974, o Fisco poderia realizar a homologação até outubro de 1979 (aplicação do art. 150, §4º). O curso do prazo decadencial correria do dia 1º de janeiro de 1980 (aplicação do art. 173, inc. I) até o dia 1º de janeiro de 1985.

As discussões em torno de vários casos concretos levaram o STJ a distinguir as situações em que houve pagamento antecipado das que não houve. No primeiro caso, com pagamento antecipado, "o prazo decadencial será de cinco anos a contar da ocorrência do fato gerador". Já no segundo caso, sem pagamento antecipado, "é que se aplica o disposto no art. 173, inc. I, do CTN" (EREsp n° 278.727 e EREsp n° 572.603).

A tese dos "cinco mais cinco", decorrente da conjugação do disposto no art. 150 com a previsão existente no art. 173, perde força continuamente. Provavelmente, o maior revés da raciocínio está consagrado no julgamento, pelo STJ, do EREsp n° 276.142. Na própria ementa da decisão ficou registrado o seguinte trecho da obra de Alberto Xavier:[34]

> (...) a aplicação concorrente dos arts. 150, §4°, e 173, o que conduz a adicionar o prazo do art. 173 — cinco anos a contar do exercício seguinte àquele em que o lançamento poderia ter sido praticado — com o prazo do art. 150, §4° — que define o prazo em que o lançamento poderia ter sido praticado como de cinco anos contados da data da ocorrência do fato gerador. Desta adição resulta que o *dies a quo* do prazo do art. 173 é, nesta interpretação, o primeiro dia do exercício seguinte ao do *dies ad quem* do prazo do art. 150, §4°. A solução é deplorável do ponto de vista dos direitos do cidadão porque mais que duplica o prazo decadencial de cinco anos, arraigado na tradição jurídica brasileira como o limite tolerável da insegurança jurídica. Ela é também juridicamente insustentável, pois as normas dos arts. 150, §4°, e 173 não são de aplicação cumulativa ou concorrente, antes são reciprocamente excludentes, tendo em vista a diversidade dos pressupostos da respectiva aplicação.

O prazo de cinco anos, a contar da ocorrência do fato gerador, para homologação do pagamento antecipado foi expressamente ressalvado no final do art. 150, §4°, do CTN nos casos de dolo, fraude ou simulação. Como o CTN não estabelece explicitamente o prazo a ser considerado nas situações ressalvadas, identifica-se uma das mais acirradas disputas doutrinárias em torno do tema. O entendimento majoritário da doutrina tributária, com respaldo jurisprudencial (EREsp n° 278.727 e EREsp n° 572.603), aponta para a aplicação da regra geral presente no art. 173, inc. I, do CTN, tomando como referência a ocorrência do fato gerador. A melhor solução, entretanto, consiste em identificar o exercício em que o Fisco tomou conhecimento da ação dolosa, fraudulenta ou simulada e calcular o prazo de cinco anos a partir do primeiro dia do exercício seguinte.

10.4.1.2 Duração

O prazo decadencial é de 5 anos, conforme o disposto nos arts. 150, §4°, e 173 do Código Tributário Nacional.

---

[34] XAVIER. *Do lançamento*: teoria geral do ato, do procedimento e do processo tributário, p. 92-94.

O art. 150, §4º, do Código Tributário Nacional, admite que o prazo decadencial seja distinto dos 5 anos nos tributos submetidos ao lançamento por homologação. São várias as razões que sustentam tal distinção. Uma delas seria a complexidade da legislação relativa a determinado tributo (dificultando a realização do lançamento de ofício pela fiscalização). Outra possibilidade é a destinação social de certos tributos, como as contribuições para a seguridade. Registre-se a existência de vozes, na doutrina, que sustentam tão-somente a possibilidade de fixação de prazo inferior aos 5 anos. Também existe controvérsia acerca do tipo de lei a ser utilizado na fixação de prazo diferenciado dos 5 anos (complementar ou ordinária).

O Superior Tribunal de Justiça, por sua Corte Especial, em votação unânime, declarou a inconstitucionalidade do art. 45 da Lei nº 8.212, de 1991 (norma que fixou, como antes destacado, o prazo decadencial de dez anos para as contribuições de seguridade social). Entendeu o Tribunal que, em função do disposto no art. 146, inc. III, al. "b", da Constituição, o prazo de cinco anos previsto nos arts. 150, §4º, e 173 do Código Tributário Nacional só poderia ser alterado por lei complementar (Argüição de Inconstitucionalidade no REsp nº 616.348).

Já o Supremo Tribunal Federal, por ocasião do julgamento que resultou na edição da Súmula Vinculante nº 8 (RE nº 560.626, RE nº 556.664 e RE nº 559.882), consignou que mesmo a fixação de prazos decadenciais e prescricionais para tributos específicos depende de lei complementar nacional. Assim, restou afastada a edição de lei ordinária da entidade tributante para dispor sobre o assunto. Para o STF, a "lei" referida pelo art. 150, §4º, do Código Tributário Nacional, é necessariamente complementar.

O Supremo Tribunal Federal declarou inconstitucional lei estadual que definia prazo para a decisão final no processo administrativo fiscal sob pena de seu arquivamento e da impossibilidade de revisão ou renovação do lançamento tributário em relação ao mesmo fato gerador (espécie de "decadência intercorrente"). Afirmou-se que a matéria reclama tratamento em lei complementar (ADIN nº 124).

10.4.1.3 Suspensão

Os prazos de decadência, ao contrário dos prazos de prescrição, em regra, não se suspendem.

Admite-se uma hipótese lógica de suspensão do curso do prazo decadencial quando proferida decisão judicial que impede a ação fiscalizatória da Administração Tributária.

10.4.1.4 Interrupção

Os prazos de decadência, ao contrário dos prazos de prescrição, em regra, não se interrompem.

O art. 173, inc. II, do Código Tributário Nacional, consagra, segundo inúmeras vozes da doutrina tributária, caso de interrupção do prazo decadencial. Essa definição estaria autorizada pelo art. 109 do próprio Código. Vale registrar a existência de significativa corrente doutrinária que sustenta a inexistência, no caso, de hipótese de interrupção de decadência e a simples presença de novo prazo decadencial.

Existem entendimentos no sentido da aplicação do art. 173, inc. II do CTN quando o lançamento for realizado por autoridade incompetente (vício de competência). Entretanto, o posicionamento majoritário da doutrina considera que vício de competência não é vício de forma.

Os tributaristas, em sua maioria, consideram que a notificação mencionada no art. 173, parágrafo único, apenas antecipa o início do prazo decadencial estabelecido no inc. I do mesmo art. 173. A notificação posterior, depois de iniciado o prazo decadencial pela regra geral, não seria significativa. Uma corrente minoritária advoga que a notificação posterior abre novo prazo decadencial.

10.4.2 Prescrição tributária

10.4.2.1 Termo inicial

Segundo o art. 174 do Código Tributário Nacional, o prazo prescricional começa a fluir da data da constituição definitiva do crédito.

Segmentos significativos da doutrina tributária sustentam que a constituição definitiva do crédito tributário somente ocorre com a conclusão do processo administrativo fiscal iniciado com a lavratura do auto de infração. Nesse sentido, consolida-se a atual jurisprudência do STJ (REsp n$^{\circ}$ 649.684, REsp n$^{\circ}$ 485.738 e RE n$^{\circ}$ 91.019). O STF também decidiu nessa linha (RHC n$^{\circ}$ 90.532).

O princípio da *actio nata* tem plena aplicação na espécie. Assim, o prazo prescricional, mesmo em matéria tributária, somente poderá ser contado a partir do dia em que a ação de cobrança poderia ser proposta. Várias decisões do STJ consideram, de forma equivocada, a data da notificação da decisão final no processo administrativo fiscal como termo inicial do curso da prescrição. Ocorre que deve ser considerado o fato de que depois da notificação defere-se ao sujeito passivo, na forma da legislação de regência, certo prazo para pagar (ou parcelar) a exigência fiscal. Nesse intervalo de tempo, como ainda não é possível propor a ação de cobrança, não corre a prescrição. A rigor, o marco inicial do prazo prescricional será o dia imediatamente seguinte àquele em que findou o prazo para pagamento (ou parcelamento) da exação.

A jurisprudência do STJ acolhe a premissa de que no curso do processo administrativo fiscal, onde são apreciados as impugnações e os recursos dos sujeitos passivos, não corre prazo decadencial, nem prescricional. Menciona-se a existência de um "hiato" temporal "(...) que vai do início do lançamento, quando desaparece o prazo decadencial, até o julgamento do recurso administrativo ou a revisão ex-officio" (REsp n° 649.684 e REsp n° 485.738).

Admite-se que a prescrição, com a denominação de "intercorrente", pode ser verificada no curso do processo de execução fiscal. O art. 40, §4°, da Lei n° 6.830, de 1980, introduzido pela Lei n° 11.051, de 2004, estabelece que "o juiz, depois de ouvida a Fazenda Pública, poderá, de ofício, reconhecer a prescrição intercorrente e decretá-la de imediato". A audiência da Fazenda Pública, segundo o STJ, está voltada para a identificação de causas suspensivas ou interruptivas do prazo prescricional (REsp n° 861.459). A prescrição intercorrente, já aceita pela jurisprudência antes da referida inovação legislativa (AgRg no REsp n° 700.736 e REsp n° 608.478), pressupõe a paralisia do processo de execução fiscal por 5 (cinco) anos e a inércia (ou culpa) do exeqüente.

Nos casos de apresentação de declaração/confissão de dívida tributária não tem sentido falar em constituição definitiva do crédito, na forma do art. 174 do CTN, porque não ocorre o lançamento direto do tributo. Nessas hipóteses, são duas as possibilidades para o início do curso do prazo prescricional:

Data de vencimento do pagamento do tributo anterior à data de vencimento da entrega da declaração/confissão	Dia seguinte àquele previsto como data-limite para a entrega da declaração/confissão
Data de vencimento do pagamento do tributo posterior à data de vencimento da entrega da declaração/confissão	Dia seguinte àquele previsto como data-limite para o pagamento

Essas últimas definições coincidem, com discrepância mínima, com os entendimentos firmados pelo Superior Tribunal de Justiça (Resp n° 389.089 e REsp n° 850423).

10.4.2.2 Duração

Nos termos do art. 174 do Código Tributário Nacional, o prazo prescricional é de 5 (cinco) anos. O Código não contempla exceções ou tratamento diferenciado para tributos específicos. A regra uniforme tem sentido. Afinal, constituído o crédito, o prazo prescricional será consumido com os procedimentos de inscrição e ajuizamento da mesma forma para qualquer tributo.

Como dito anteriormente, para o STF somente a lei complementar nacional pode dispor sobre prazo prescricional tributário (RE nº 560.626, RE nº 556.664, RE nº 559.882 e Súmula Vinculante nº 8).

10.4.2.3 Suspensão

Em certas circunstâncias, suspendem o curso da prescrição aquelas causas que suspendem a exigibilidade do crédito já definitivamente constituído (art. 151 do Código Tributário Nacional), justamente porque não seria possível exercitar a ação de cobrança.

Também suspende a prescrição, por 180 (cento e oitenta) dias ou até a distribuição da execução fiscal, a inscrição em Dívida Ativa (art. 2º, §3º, da Lei nº 6.830, de 1980). Essa última hipótese tem sido aceita para os débitos não-tributários e rejeitada para os créditos tributários (REsp nº 652.482 e REsp nº 667.810). A aplicação para os créditos tributários deveria ser acatada com base na recepção pela Constituição de 1988, com força de lei complementar, do dispositivo mencionado da Lei nº 6.830, de 1980.

10.4.2.4 Interrupção

Interrompem a prescrição tributária (art. 174, parágrafo único do Código Tributário Nacional): a) despacho do juiz que ordenar a citação em execução fiscal; b) protesto judicial; c) qualquer ato judicial que constitua em mora o devedor; e d) qualquer ato (inclusive extrajudicial) que importe em reconhecimento do débito pelo devedor.

A Lei Complementar nº 118, de 2005, alterou a primeira hipótese de interrupção da prescrição tributária. Anteriormente, a interrupção em questão dependia de "citação pessoal feita ao devedor". Buscou-se, assim, afastar prejuízos à Fazenda Pública por meio de expedientes escusos de devedores que dificultam a citação pessoal e superar dissídio jurisprudencial a partir do conflito entre o Código Tributário Nacional e a Lei de Execução Fiscal (Lei nº 6.830, de 1980), que possui, no art. 8º, §2º, redação praticamente idêntica à agora consagrada no Código.

A interrupção do curso do prazo prescricional, por iniciativa do credor tributário, pode ocorrer apenas uma vez (art. 8º do Decreto nº 20.910, de 1932, art. 3º do Decreto-Lei nº 4.597, de 1942 e art. 202 do Código Civil).

Parte da doutrina tributária sustenta a existência de hipóteses de impedimento do início do curso da prescrição. Apontam-se, a título de exemplos, as seguintes situações: a) parcelamento (antes de iniciado o curso da prescrição), e b) o lapso de tempo entre a notificação da decisão final no processo administrativo e o final do prazo para pagar (ou parcelar).

10.5 Prazo para a repetição de indébito

A edição da Lei Complementar nº 118, de 2005, modificou significativamente o panorama do prazo para propositura de ação de repetição de indébito tributário.[35] Para o Superior Tribunal de Justiça, devem ser contados cinco anos a partir da data do pagamento para os recolhimentos realizados do dia 9 de junho de 2005 em diante (vigência da lei mencionada). Para os pagamentos anteriores, a prescrição observa o regime firmado na jurisprudência do Tribunal (cinco anos contados da ocorrência do fato gerador, acrescido de mais cinco anos contados da data em que se deu a homologação). Nesse último caso, deve ser considerado o limite do prazo máximo de cinco anos a contar da vigência da lei nova (AI nos EREsp nº 644.736 e REsp nº 955.831).

10.6 Jurisprudência

10.6.1 Constituição definitiva do crédito tributário

O Tribunal, por maioria, deu parcial provimento a recurso ordinário em habeas corpus, impetrado em favor de acusada pela suposta prática dos crimes previstos no art. 2º, I, da Lei 8.137/90 (sonegação fiscal) e no art. 203 do CP ("Frustrar, mediante fraude ou violência, direito assegurado pela legislação do trabalho"), para trancar o inquérito policial contra ela instaurado relativamente à investigação do possível crime de sonegação fiscal, sem prejuízo do seu prosseguimento em relação aos demais fatos. Aplicou-se o entendimento firmado pela Corte no sentido de que o prévio exaurimento da via administrativa é condição objetiva de punibilidade, não havendo se falar, antes dele, em consumação do crime material contra a Ordem Tributária, haja vista que, somente após a decisão final do procedimento administrativo fiscal é que será considerado lançado, definitivamente, o referido crédito. No que se refere ao delito tipificado no art. 203 do CP, entendeu-se que, por estarem os fatos sendo apurados ainda em fase pré-processual, sem que houvesse uma acusação formal contra a paciente, seria prematura a alegação de incompetência da Justiça Federal. Vencido, em parte, o Min. Marco Aurélio, que, por considerar que a frustração dos direitos trabalhistas estaria ligada à sonegação fiscal, ou seja, seria um iter criminis até mesmo para a sonegação, dava provimento integral ao recurso, reputando necessário se aguardar a liquidação do processo administrativo, a fim de se ter certeza quanto ao crime de sonegação. Precedentes citados: HC 88994/SP (*DJU* de 19.12.2006); HC 88657 AgR/ES (*DJU* de 10.8.2006); HC 81611/DF (*DJU* de 13.5.2005). (RHC 90532/CE, Rel. Min. Joaquim Barbosa, 1º.7.2008. *Informativo STF*, n. 513)

10.6.2 Débitos declarados

Tributário. IPI. Certidão negativa de débitos. Obrigações tributárias declaradas em DCTF. Débito declarado e não pago. Auto-lançamento. Prévio processo administrativo.

---

[35] Cf. CASTRO. Do termo inicial de contagem da prescrição qüinqüenal na repetição de indébito tributário. Disponível em: <http://www.aldemario.adv.br/presq.htm>.

Desnecessidade. Prescrição. Incidência. 1. Tratando-se de Declaração de Contribuições de Tributos Federais (DCTF) cujo débito declarado não foi pago pelo contribuinte, torna-se prescindível a homologação formal, passando a ser exigível independentemente de prévia notificação ou da instauração de procedimento administrativo fiscal. 2. Considerando-se constituído o crédito tributário a partir do momento da declaração realizada, mediante a entrega da Declaração de Contribuições de Tributos Federais (DCTF), não há cogitar-se da incidência do instituto da decadência, que retrata o prazo destinado à "constituição do crédito tributário", in casu, constituído pela DCTF aceita pelo Fisco. 3. Destarte, não sendo o caso de homologação tácita, não se opera a incidência do instituto da decadência (art. 150, §4º, do CTN), incidindo a prescrição nos termos em que delineados no art. 174, do CTN, vale dizer: no qüinqüênio subseqüente à constituição do crédito tributário, que, in casu, tem seu termo inicial contado a partir do momento da declaração realizada mediante a entrega da DCTF. 4. Recurso improvido. (STJ. 1ª Turma. REsp nº 389.089. Rel. Min. Luiz Fux. Julgamento em 26.11.2002)

Tributário. Art. 535. Tributo sujeito a lançamento por homologação. Declaração do contribuinte desacompanhada de pagamento. Prescrição. Denúncia espontânea. 1. Não caracteriza insuficiência de fundamentação a circunstância de o aresto atacado ter solvido a lide contrariamente à pretensão da parte. Ausência de violação ao art. 535 do CPC. 2. Tratando-se de tributos sujeitos a lançamento por homologação, ocorrendo a declaração do contribuinte desacompanhada do seu pagamento no vencimento, não se aguarda o decurso do prazo decadencial para o lançamento. A declaração do contribuinte elide a necessidade da constituição formal do crédito, podendo este ser imediatamente inscrito em dívida ativa, tornando-se exigível, independentemente de qualquer procedimento administrativo ou de notificação ao contribuinte. 3. O termo inicial da prescrição, em caso de tributo declarado e não pago, não se inicia da declaração, mas da data estabelecida como vencimento para o pagamento da obrigação tributária declarada. 4. A Primeira Seção pacificou o entendimento no sentido de não admitir o benefício da denúncia espontânea no caso de tributo sujeito a lançamento por homologação quando o contribuinte, declarada a dívida, efetua o pagamento a destempo, à vista ou parceladamente. Precedentes. 5. Não configurado o benefício da denúncia espontânea, é devida a inclusão da multa, que deve incidir sobre os créditos tributários não prescritos. 6. Recurso especial provido em parte. (STJ. 1ª Seção. REsp nº 850.423. Rel. Min. Castro Meira. Julgamento em 28.11.2007)

10.6.3 Lançamento por homologação

Não havendo antecipação de pagamento, o direito de constituir o crédito previdenciário extingue-se decorridos 5 (cinco) anos do primeiro dia do exercício seguinte àquele em que ocorreu o fato gerador. (Súmula TFR nº 219)

Embargos de divergência. Tributário. Lançamento por homologação. Constituição do crédito. Decadência. Cinco anos contados do fato gerador. Em se tratando de tributo sujeito a lançamento por homologação, a fixação do termo a quo do prazo decadencial para a constituição do crédito deve considerar, em conjunto, os arts. 150, §4º, e 173, I, do Código Tributário Nacional. Na hipótese em exame, que cuida de lançamento por homologação (contribuição previdenciária) com pagamento antecipado, o prazo decadencial será de cinco anos a contar da ocorrência do fato gerador. "Nas exações cujo lançamento se faz por homologação, havendo pagamento antecipado, conta-se o prazo decadencial a partir da ocorrência do fato gerador (art. 150, §4º, do CNT). Somente quando não há pagamento antecipado, ou há prova de fraude, dolo ou simulação é que se aplica o disposto no art. 173, I, do CTN (REsp nº 183.603/SP, Rel. Min, Eliana Calmon, *DJ* de 13.08.2001). Embargos de divergência acolhidos. (STJ. 1ª Seção. EREsp nº 278.727. Rel. Min. Franciulli Netto)

Nas exações cujo lançamento se faz por homologação, havendo pagamento antecipado, conta-se o prazo decadencial a partir da ocorrência do fato gerador (art. 150, §4º, do CTN), que é de cinco anos. Somente quando não há pagamento antecipado, ou há prova de fraude, dolo ou simulação, é que se aplica o disposto no art. 173, I, do CTN. A suspensão da exigibilidade do crédito tributário na via judicial impede o Fisco de praticar qualquer ato contra o contribuinte visando à cobrança de seu crédito, tais como inscrição em dívida, execução e penhora, mas não impossibilita a Fazenda de proceder à regular constituição do crédito tributário para prevenir a decadência do direito de lançar. A Seção, ao prosseguir o julgamento, conheceu dos embargos e deu-lhes provimento. Precedentes citados: EREsp 101.407-SP, *DJ* 8.5.2000; EREsp 278.727-DF, *DJ* 28.10.2003; REsp 75.075-RJ, *DJ* 14.4.2003, e REsp 106.593-SP, *DJ* 31.8.1998. (EREsp 572.603-PR, Rel. Min. Castro Meira, julgados em 8.6.2005. *Informativo STJ*, n. 250)

Tributário. Decadência. Tributo sujeito a lançamento por homologação. Termo inicial. 1. O crédito tributário constitui-se, definitivamente, em cinco anos, porquanto mesmo que o contribuinte exerça o pagamento antecipado ou a declaração de débito, a Fazenda dispõe de um quinquênio para o lançamento, que pode se iniciar, sponte sua, na forma do art. 173, I, mas que de toda sorte deve estar ultimado no quinquênio do art. 150, §4º. 2. A partir do referido momento, inicia-se o prazo prescricional de cinco anos para a exigibilidade em juízo da exação, implicando na tese uniforme dos cinco anos, acrescidos de mais cinco anos, a regular a decadência na constituição do crédito tributário e a prescrição quanto à sua exigibilidade judicial. 3. Inexiste, assim, antinomia entre as normas do art. 173 e 150, §4º do Código Tributário Nacional. 4. Deveras, é assente na doutrina: "a aplicação concorrente dos arts. 150, §4º e 173, o que conduz a adicionar o prazo do art. 173 — cinco anos a contar do exercício seguinte àquele em que o lançamento poderia ter sido praticado — com o prazo do art. 150, §4º — que define o prazo em que o lançamento poderia ter sido praticado como de cinco anos contados da data da ocorrência do fato gerador. Desta adição resulta que o dies a quo do prazo do art. 173 é, nesta interpretação, o primeiro dia do exercício seguinte ao do dies ad quem do prazo do art. 150, §4º. A solução é deplorável do ponto de vista dos direitos do cidadão porque mais que duplica o prazo decadencial de cinco anos, arraigado na tradição jurídica brasileira como o limite tolerável da insegurança jurídica. Ela é também juridicamente insustentável, pois as normas dos arts. 150, §4º, e 173 não são de aplicação cumulativa ou concorrente, antes são reciprocamente excludentes, tendo em vista a diversidade dos pressupostos da respectiva aplicação:o art. 150, §4º, aplica-se exclusivamente aos tributos 'cuja legislação atribua ao sujeito passivo o dever de antecipar o pagamento sem prévio exame da autoridade administrativa'; o art. 173, ao revés, aplica-se aos tributos em que o lançamento, em princípio, antecede o pagamento. (...) A ilogicidade da tese jurisprudencial no sentido da aplicação concorrente dos arts. 150, §4º e 173 resulta ainda evidente da circunstância de o §4º do art. 150 determinar que considera-se 'definitivamente extinto o crédito' no término do prazo de cinco anos contados da ocorrência do fato gerador.

Qual seria pois o sentido de acrescer a este prazo um novo prazo de decadência do direito de lançar quando o lançamento já não poderá ser efetuado em razão de já se encontrar 'definitivamente extinto o crédito'? Verificada a morte do crédito no final do primeiro quinquênio, só por milagre poderia ocorrer sua ressurreição no segundo". (Alberto Xavier, Do Lançamento. Teoria Geral do Ato, do Procedimento e do Processo Tributário, Ed. Forense, Rio de Janeiro, 1998, 2ª Edição, p. 92 a 94). 5. Na hipótese, considerando-se a fluência do prazo decadencial a partir de 1º.1.1991, não há como afastar-se a decadência decretada, já que a inscrição da dívida se deu em 15.2.1996. 6. Embargos de Divergência rejeitados. (STJ. 1ª Seção. EREsp nº 276.142. Rel. Min. Luiz Fux. Julgamento em 13.12.2004)

10.6.4 Lei complementar

A sociedade buscava a compensação de valores relativos à contribuição previdenciária paga sob a égide de lei reputada inconstitucional, mas o acórdão ora recorrido reconheceu, unicamente, a ocorrência da prescrição quinquenal, prazo prescricional contado do fato gerador. Nesta sede especial, o Min. Teori Albino Zavascki, em decisão monocrática, negou seguimento ao recurso, ao aplicar a conhecida tese do "cinco mais cinco" lastreada na interpretação do CTN, firmado que o prazo quinquenal deveria ser contado da data da homologação tácita. Porém, na via do agravo regimental da sociedade, apontou-se a existência de lei específica ao caso, o art. 45 da Lei nº 8.212/1991, que estipula em dez anos o prazo para que a Seguridade Social constitua o crédito tributário previdenciário. Levado a julgamento o agravo na Primeira Turma, o Min. Teori Albino Zavascki argüiu a inconstitucionalidade daquele artigo da lei. Diante disso, a Corte Especial, ao prosseguir o julgamento, por maioria, entendeu afastar a preliminar de não-conhecimento da argüição levantada pelo Min. José Delgado, em voto-vista, ao fundamento de que, uma vez posta a argüição, a Corte Especial há que a examinar sem qualquer preocupação quanto ao fato de a declaração da inconstitucionalidade beneficiar o recorrente ou o recorrido. No mérito, por unanimidade, declarou a inconstitucionalidade do art. 45 da Lei nº 8.212/1991, visto que, por força do art. 146, III, b, da CF/1988 e da constatação de que se está no trato de norma geral tributária, o prazo de cinco anos constante dos arts. 150, §4º, e 173 do CTN só poderia ser alterado por lei complementar. Argüição de Inconstitucionalidade no REsp 616.348-MG, Rel. Min. Teori Albino Zavascki, julgada em 15/8/2007. (*Informativo STJ*, n. 327)

O Tribunal negou provimento a recursos extraordinários interpostos pela Fazenda Nacional contra acórdãos do Tribunal Regional Federal da 4ª Região para confirmar a proclamada inconstitucionalidade dos arts. 45 e 46 da Lei 8.212/91, por violação do art. 146, III, b, da CF/88, e do parágrafo único do art. 5º do Decreto-lei 1.569/77, em face do §1º do art. 18 da CF/67, com a redação dada pela EC 1/69 (Lei 8.212/91: "Art. 45. O direito da Seguridade Social apurar e constituir seus créditos extingue-se após 10 (dez) anos contados: ... Art. 46. O direito de cobrar os créditos da Seguridade Social, constituídos na forma do artigo anterior, prescreve em 10 (dez) anos"; DL 1.569/77: "Art. 5º. Sem prejuízo da incidência da atualização monetária e dos juros de mora, bem como da exigência da prova de quitação para com a Fazenda Nacional, o Ministro da Fazenda poderá determinar a não inscrição como Dívida Ativa da União ou a sustação da cobrança judicial dos débitos de comprovada inexeqüibilidade e de reduzido valor. Parágrafo único. A aplicação do disposto neste artigo suspende a prescrição dos créditos a que se refere"). Atribuiu-se, à decisão, eficácia ex nunc apenas em relação aos recolhimentos efetuados antes de 11.6.2008 e não impugnados até a mesma data, seja pela via judicial, seja pela administrativa. Vencido, no ponto, o Min. Marco Aurélio, que votava contra a modulação, ressaltando a existência de jurisprudência da Corte, desde 1992, no sentido da necessidade de lei complementar para dispor sobre a matéria em exame. (...) Ao salientar, inicialmente, que o Código Tributário Nacional – CTN (Lei 5.172/66), promulgado como lei ordinária, foi recebido, como lei complementar, tanto pela CF/67 quanto pela CF/88, as quais exigiram o uso de lei complementar para as normas gerais de Direito Tributário, afastou-se a alegação de que somente caberia à lei complementar a função de traçar diretrizes gerais quanto à prescrição e à decadência tributárias e que a fixação dos prazos prescricionais e decadenciais dependeriam de lei da própria entidade tributante, já que seriam assuntos de peculiar interesse das pessoas políticas. Asseverou-se, no ponto, que a Constituição não definiu normas gerais de Direito Tributário, mas adotou expressão utilizada no próprio CTN, sendo razoável presumir que o constituinte acolheu a disciplina do CTN, inclusive referindo-se expressamente à prescrição e decadência. Assim, a restrição do alcance da norma constitucional expressa defendida pela Fazenda Nacional fragilizaria a própria força normativa e concretizadora da Constituição, que, de forma clara, pretendeu a disciplina homogênea e estável da prescrição, da decadência, da obrigação e do crédito tributário. (...) Ressaltou-se, ainda, que, não obstante a doutrina não tivesse se desenvolvido muito no sentido da busca da adequada definição para "normas gerais", seria possível extrair, na interpretação dos diversos dispositivos constitucionais que estabeleceram reserva de matéria à disciplina de lei complementar, que a esta espécie legislativa foi dada a incumbência de fixar normas com âmbito de eficácia nacional e não apenas federal. Aduziu-se que não se justificaria, ao menos mediante legislação ordinária, a criação de hipóteses de suspensão ou interrupção, nem o incremento ou redução de prazos, sob pena de se admitirem diferenciações em cada um dos Estados e Municípios e para cada espécie tributária, mesmo dentro de uma mesma esfera política, com evidente prejuízo à vedação constitucional de tratamento desigual entre contribuintes que se encontrem em situação equivalente e à segurança jurídica. (...) Citou-se, em seguida, a jurisprudência dominante da Corte no sentido da exigência de lei complementar para a disciplina dos institutos da prescrição e da decadência tributárias, inclusive quanto à definição de prazos e hipótese de suspensão da correspondente fluência e afirmou-se não haver mais dúvida de que as contribuições, mesmo as destinadas à Seguridade Social, possuem natureza tributária e se submetem ao regime jurídico-tributário. De igual modo, rejeitou-se o argumento de que as contribuições de Seguridade Social, por se sujeitarem ao disposto no art. 195 da CF, estariam excluídas da obrigatoriedade prevista no art. 146, III, b, da CF ("Art. 146. Cabe à lei complementar: ... III - estabelecer normas gerais em matéria de legislação tributária, especialmente sobre: ... b) obrigação, lançamento, crédito, prescrição e decadência tributários;"), haja vista que a norma matriz das diversas espécies de contribuição seria o art. 149 da CF, que estabelece que as contribuições de Seguridade Social estão sujeitas, também, e não exclusivamente, às regras definidas no art. 195 da CF. Portanto, não haveria incompatibilidade entre esses dispositivos, que seriam complementares e não excludentes. (...) Considerou-se, ademais, que, se o texto do §1º do art. 18 da CF/67 ensejava questionamento acerca da função da lei complementar sobre normas gerais, a CF/88 teria eliminado qualquer possibilidade de se acolher a teoria dicotômica, ao elencar, em incisos diferentes, normas gerais, conflitos de competência e limitações ao poder de tributar, e ao esclarecer que, dentre as normas gerais, a lei complementar teria de tratar especialmente de obrigação, crédito tributário, prescrição e decadência. Assim, se a Constituição Federal reservou à lei complementar a regulação da prescrição e da decadência tributárias, julgando-as de forma expressa normas gerais de Direito Tributário, não haveria espaço para que a lei ordinária atuasse e disciplinasse a mesma matéria. Em razão disso, refutou-se a assertiva de que o CTN teria previsto a possibilidade de lei ordinária fixar prazo superior a 5 anos para a homologação, pelo fisco, do lançamento feito pelo contribuinte (CTN, art. 150, §4º), pois, em razão de ser anterior à exigência de lei complementar para dispor sobre normas gerias de Direito Tributário, evidentemente não poderia estabelecer que uma lei complementar fosse necessária para definir prazo diverso à ação fiscal na constituição do crédito. Por isso, a interpretação que daí se seguiria é a de que a "lei" a que tal dispositivo legal se refere seria uma lei complementar. (...) Da mesma forma, repeliu-se a alegação de que a norma que estabelece as situações de interrupção ou suspensão da prescrição na pendência do processo seria de natureza processual e que, por isso, não poderia ter sido reconhecida a prescrição, já que a matéria não estaria sob a reserva da lei complementar. No ponto, foi dito que normas que dispõem sobre prescrição ou decadência sempre são de direito substantivo, as quais — quando fixam prazos decadenciais e prescricionais, seus critérios de fluência —, alcançam o próprio direito material debatido, seja para definir situações de extinção ou casos de inexigibilidade, sendo certo que, em Direito Tributário, ambos os institutos implicam a extinção de direitos para a Fazenda Pública. Ao frisar que a suspensão do curso do prazo prescricional, ainda que expressamente contemplada em lei complementar, não poderia conduzir à imprescritibilidade do crédito fiscal, reputou-se improcedente o argumento da recorrente de que, por estar impedida de perseguir seu crédito, que se enquadra dentre os de pequeno valor, a prescrição não poderia correr durante o período de arquivamento. Esclareceu-se que o princípio da economicidade não abrigaria esse efeito, pois, se não oportuna nem conveniente a busca do crédito pela Fazenda Pública em juízo, pela sua mínima significância ante o custo da cobrança, disso não decorreria a suspensão da fluência do prazo prescricional, sob pena de se criar regra absolutamente contraditória frente aos créditos de maior valor. Essa situação sequer seria de suspensão da exigibilidade do crédito, porque não impediria que a Fazenda Nacional utilizasse outras formas, menos onerosas, para obtenção do respectivo pagamento. Assim, nada haveria de inconstitucional no arquivamento sem baixa dos autos, nesses casos, estando o vício no parágrafo que, invadindo o campo reservado à lei complementar, prevê hipótese de suspensão da prescrição e cria situação de imprescritibilidade, que também não possui fundamento constitucional. (...) Com base na decisão acima, o Tribunal, por maioria, resolveu deliberar sobre a proposta de Súmula Vinculante acerca da matéria. Vencido, na questão, o Min. Marco Aurélio que entendia ser necessário, como regra, submeter o teor do verbete proposto à Comissão de Jurisprudência do Tribunal para uma reflexão maior, a fim de se evitarem percalços, tendo em conta o que decidido. Após, o Tribunal aprovou o Enunciado da Súmula Vinculante 8 nestes termos: "São inconstitucionais o parágrafo único do art. 5º do Decreto-lei 1.569/77 e os arts. 45 e 46 da Lei 8.212/91, que tratam de prescrição e decadência de crédito tributário". Precedentes citados no julgamento dos recursos extraordinários: RE 138284/CE (*DJU* de 28.8.92); RE 396266/SC (*DJU* de 27.2.2004); RE 456750/SC (*DJU* de 13.2.2007); RE 534856/PR (*DJU* de 22.3.2007); RE 544361/RS (*DJU* de 11.6.2007); RE 548785/RS (*DJU* de 15.8.2007); RE 552824/PR (*DJU* de 14.8.2007); RE 559991/SC (*DJU* de 29.8.2007); RE 560115/PR (*DJU* de 19.9.2007); RE 537657/PR (*DJU* de 1º.8.2007); RE 552710/SC (*DJU* de 10.9.2007); RE 546046/PR (*DJU* de 8.8.2007); RE 540704/RS (*DJU* de 8.8.2007); RE 106217/SP (*DJU* de

12.9.86). (RE nº 560.626/RS, Rel. Min. Gilmar Mendes, 11 e 12.6.2008; RE nº 556.664/RS, Rel. Min. Gilmar Mendes, 11 e 12.6.2008; RE nº 559.882/RS, Rel. Min. Gilmar Mendes, 11 e 12.6.2008. *Informativo STF*, n. 510)

O Tribunal, por maioria, julgou procedente pedido formulado em ação direta, ajuizada pelo Governador do Estado de Santa Catarina, para declarar a inconstitucionalidade da expressão "sob pena de seu arquivamento e da impossibilidade de revisão ou renovação do lançamento tributário sobre o mesmo fato gerador", contida no §4º do art. 16 ("A lei fixará prazo para o proferimento da decisão final no processo contencioso administrativo-tributário, sob pena de seu arquivamento e da impossibilidade de revisão ou renovação do lançamento tributário sobre o mesmo fato gerador"), bem como do art. 4º do Ato das Disposições Constitucionais Transitórias ("Enquanto não promulgada a lei prevista no art. 16, §4º, da Constituição, o prazo nele referido é fixado em doze meses, e em seis meses para os processos em tramitação, descontado o período necessário a realização de diligências motivadas"), ambos da Constituição estadual. Entendeu-se que a norma representaria uma espécie de decadência intercorrente, de alcance abrangente, matéria que estaria expressamente reservada à disposição geral por via de lei complementar federal (CF: "Art. 146. Cabe à lei complementar: ... III - estabelecer normas gerais em matéria de legislação tributária, especialmente sobre: ... b) obrigação, lançamento, crédito, prescrição e decadência tributários;"). Asseverou-se, entretanto, que, em face do princípio da federação, a partir da CF/88, não seria inconstitucional que o legislador estadual fixasse o tempo de tramitação de um processo administrativo tributário, mas, pelo contrário, salutar, considerada, sobretudo, a garantia da razoável duração do processo (CF, art. 5º, LXXVIII). Vencido, em parte, o Min. Menezes Direito, que acompanhava o relator somente quanto à expressão do §4º do art. 16 e, vencido, integralmente, o Min. Marco Aurélio, que julgava o pedido improcedente. (ADI 124/SC, Rel. Min. Joaquim Barbosa, 1º.8.2008. *Informativo STF*, n. 514)

10.6.5 Lei de execução fiscal

A Turma desproveu o recurso por entender que, referente à prescrição dos débitos tributários, aplica-se a regra do art. 174 do CTN em detrimento das disposições da LEF. Quanto às dívidas de natureza não-tributária, aplica-se a Lei nº 6.830/1980, sobretudo quanto aos prazos de suspensão e interrupção da prescrição. Precedentes citados: REsp 32.843-SP, *DJ* 26.10.1998, e REsp 190.092-SP, *DJ* 1º.7.2002. (REsp 652.482-PR, Rel. Min. Franciulli Netto, julgado em 10.8.2004. *Informativo STJ*, n. 217)

Execução fiscal. Prescrição. Prevalência. CTN. Em ação de execução fiscal ajuizada pela União para cobrar crédito de ITR do exercício de 1994, o deslinde da controvérsia neste Superior Tribunal reside na prevalência entre as normas: o art. 174 do CTN ou a Lei nº 6.830/1980 (Lei das Execuções Fiscais). Destacou o Min. Relator que há de ser reconhecida a primazia do art. 174 do CTN — que dispõe como dies a quo da contagem do prazo prescricional para ação executiva a data da constituição do crédito — sobre o teor do art. 2º, §3º, da Lei nº 6.830/1980 — que prevê a suspensão da prescrição por 180 dias no momento em que inscrito o crédito na dívida ativa. Pois o CTN tem natureza de lei complementar, portanto é hierarquicamente superior à citada Lei das Execuções Fiscais. No caso, explicou o Min. Relator que não há a data específica do momento em que foi constituído o crédito, sendo tomada como base a data em que o devedor foi notificado do lançamento em 3.4.1995. Como o devedor foi citado somente em 20.4.2001, a pretensão da Fazenda já havia sido atingida, por inteiro, pela prescrição (conforme a previsão do art. 174 do CTN porque já transcorrido o qüinqüênio previsto nessa norma legal), sendo irrelevante, assim, nesse caso, se houve parcelamento ou não da dívida. Com esse entendimento, a Turma, ao prosseguir o julgamento, por maioria, deu provimento ao recurso. Precedentes citados: REsp 178.500-SP, *DJ* 18.3.2002, e REsp 151.598-DF, *DJ* 4.5.1998. (REsp 667.810-PR, Rel. Min. José Delgado, julgado em 20.6.2006. *Informativo STJ*, n. 289)

10.6.6 Prescrição intercorrente

Execução fiscal. Prescrição intercorrente. O atual §4º do art. 40 da Lei nº 6.830/1980, acrescido pela Lei nº 11.051/2004, viabiliza a decretação da prescrição intercorrente por iniciativa judicial desde que ouvida a Fazenda Pública para argüir, se for o caso, causas suspensivas ou interruptivas do prazo prescricional. Sendo assim, por tratar-se de norma de natureza processual, tem aplicação imediata, inclusive os processos em curso. Note-se que, anteriormente, a jurisprudência deste Superior Tribunal tinha entendimento diferente, no sentido de que o juiz não podia reconhecer a prescrição de ofício nos processos executivos fiscais por envolver direito patrimonial (vedada pelo art. 219, §5º, do CPC). (REsp 861.459-RS, Rel. Min. Teori Albino Zavascki, julgado em 21.9.2006. *Informativo STJ*, n. 297)

Processual civil. Execução fiscal. Exceção de pré-executividade. Prescrição. Matéria de ordem pública. Possibilidade. 1. A suscitação da exceção de pré-executividade, dispensa penhora, posto limitada às questões relativas aos pressupostos processuais; condições da ação; vícios do título e prescrição manifesta. 2. O art. 40 da Lei de Execução Fiscal deve ser interpretado harmonicamente com o disposto no art. 174 do CTN, que deve prevalecer em caso de colidência entre as referidas leis. Isto porque é princípio de Direito Público que a prescrição e a decadência tributárias são matérias reservadas à lei complementar, segundo prescreve o art. 146, III, "b" da CF. 3. A mera prolação do despacho que ordena a citação do executado não produz, por si só, o efeito de interromper a prescrição, impondo-se a interpretação sistemática do art. 8º, §2º, da Lei nº 6.830/80, em combinação com o art. 219, §4º, do CPC e com o art. 174 e seu parágrafo único do CTN. 4. Após o decurso de determinado tempo, sem promoção da parte interessada, deve-se estabilizar o conflito, pela via da prescrição, impondo segurança jurídica aos litigantes, uma vez que afronta os princípios informadores do sistema tributário a prescrição indefinida. 5. Paralisado o processo por mais de 5 (cinco) anos impõe-se o reconhecimento da prescrição, ainda que de ofício, se o executado não foi citado, por isso, não tem oportunidade de suscitar a questão prescricional. Isto porque, a regra do art. 219, §5º, do CPC pressupõe a convocação do demandado que, apesar de presente à ação pode pretender adimplir à obrigação natural. 6. É inaplicável o referido dispositivo se a prescrição se opera sem que tenha havido a convocação do executado, hipótese em que se lhe apresenta impossível suscitar a questão prescricional. 7. Permitir à Fazenda manter latente relação processual inócua, sem citação e com prescrição intercorrente evidente é conspirar contra os princípios gerais de direito, segundo os quais as obrigações nasceram para serem extintas e o processo deve representar um instrumento de realização da justiça. 8. A prescrição, tornando o crédito inexigível, faz exsurgir, por força de sua intercorrência no processo, a falta de interesse processual superveniente, matéria conhecível pelo Juiz, a qualquer tempo, à luz do §3º do art. 267 do CPC. 9. Agravo Regimental desprovido. (STJ. 1ª Turma. Ag no REsp nº 700.736. Rel. Min. Luiz Fux)

Processual civil – Execução fiscal – Embargos de declaração – Violação ao art. 535 do CPC – Inocorrência – Prescrição intercorrente – Paralisação do feito – Falha no mecanismo da Justiça – Violação aos arts. 128 e 219, §§2º e 5º, do CPC e 166 do Código Civil/1916 – Ocorrência – Divergência jurisprudencial configurada – Precedentes. – O não-acatamento das argumentações contidas no recurso não implica omissão, contradição ou obscuridade, posto que ao julgador cabe apreciar a questão de acordo com o que ele entender atinente à lide. – O executivo fiscal trata de direito de natureza patrimonial e, portanto, disponível, de modo que a prescrição não pode ser declarada ex officio, a teor do disposto no art. 166 do Código Civil de 1916, bem como nos arts. 128 e 219, §5º, do CPC. – Não ocorre a prescrição intercorrente quando o exequente não deu causa à paralisação do feito. – Recurso especial conhecido e parcialmente provido. (STJ. 2ª Turma. REsp nº 608.478. Rel. Min. Francisco Peçanha Martins)

10.6.7 Processo administrativo

Tributário. Execução fiscal. Prescrição. Termo inicial. Constituição definitiva do crédito tributário. Esgotamento da via administrativa. Art. 174, do CTN. 1. A exegese do STJ quanto ao art. 174, caput, do Código Tributário Nacional, é no sentido de que, enquanto há pendência de recurso administrativo, não se admite aduzir suspensão do crédito tributário, mas, sim, em um hiato que vai do início do lançamento, quando desaparece o prazo decadencial, até o julgamento do recurso administrativo ou a revisão ex-officio. Conseqüentemente, somente a partir da data em que o contribuinte é notificado do resultado do recurso ou da sua revisão, tem início a contagem do prazo prescricional (RESP 485738/RO, Rel. Min. Eliana Calmon, *DJ* de 13.9.2004, e RESP 239106/SP, Rel. Min. Nancy Andrighi, *DJ* de 24.4.2000) 2. Destarte, salvante os casos em que o crédito tributário origina-se de informações prestadas pelo próprio contribuinte (GIA e DCTF, por exemplo), a constituição do mesmo resta definitivamente concluída quando não pode mais o lançamento ser contestado na esfera administrativa. Conclusão esta que se coaduna com a suspensão de exigibilidade do crédito tributário pela oposição de recurso administrativo (art. 151, III, do CTN). 3. In casu, verifica-se que a Fazenda constituiu o crédito tributário em 26. 6.86, tendo o contribuinte interposto recursos administrativos em 28.7.86 e em 22.6.87, este último dirigido ao Conselho de Contribuintes. Da decisão final administrativa foi intimado em 30.11.88, tendo sido a execução fiscal ajuizada em 5.8.91 e efetivada a citação em 3.10.91, o que demonstra a inocorrência da prescrição do crédito tributário sub judice, cujos fatos geradores operaram-se entre janeiro de 1984 e 31 de março de 1985. 6. Ora, "a constituição definitiva do crédito tributário pressupõe a inexistência de discussão ou possibilidade de alteração do crédito. Ocorrendo a impugnação do crédito tributário na via administrativa, o prazo prescricional começa a ser contado a partir da apreciação, em definitivo, do recurso pela autoridade administrativa. Antes de haver ocorrido esse fato, não existe 'dies a quo' do prazo prescricional, pois, na fase entre a notificação do lançamento e a solução do processo administrativo, não ocorrem nem a prescrição nem a decadência (art. 151, III, do CTN)" (cf. RESP 32.843-SP, Min. Adhemar Maciel, in *DJ* de 26.10.1998). Na mesma senda foi o decidido no RESP nº 190.092-SP, relatado pelo subscritor deste, in *DJ* de 1º.7.2002). – Recurso especial não conhecido. (RESP

173284/SP, Rel. Min. Franciulli Netto, *DJ* de 31.3.2003). 7. Recurso especial improvido. (STJ. 1ª Turma. REsp nº 649.684. Rel. Min. Luiz Fux)

Tributário – Decadência e prescrição – ICMS – Tributo lançado por homologação – Lavratura de auto de infração. 1. A antiga forma de contagem do prazo prescricional, expressa na Súmula 153 do extinto TFR, tem sido hoje ampliada pelo STJ, que adotou a posição do STF. 2. Atualmente, enquanto há pendência de recurso administrativo, não se fala em suspensão do crédito tributário, mas sim em um hiato que vai do início do lançamento, quando desaparece o prazo decadencial, até o julgamento do recurso administrativo ou a revisão ex-officio. 3. Somente a partir da data em que o contribuinte é notificado do resultado do recurso ou da sua revisão, tem início a contagem do prazo prescricional. 4. Prescrição intercorrente não ocorrida, porque efetuada a citação antes de cinco anos da data da propositura da execução fiscal. 5. Datando o fato gerador de 1989, afasta-se a decadência, porque lavrado auto de infração em 12.5.92. Impugnada administrativamente a cobrança, não corre o prazo prescricional até a decisão final do processo administrativo, quando se constitui definitivamente o crédito tributário, no caso 18.9.97. Tendo ocorrido a citação válida em 9.6.99 (art. 174, I do CTN), não há que se falar em prescrição. Afasta-se, ainda, a prescrição intercorrente, porque não decorridos mais de cinco anos entre o ajuizamento da execução fiscal e a citação válida. 6. Recurso especial provido. (STJ. 2ª Turma. REsp nº 485.738. Rel. Min. Eliana Calmon)

ICM. Correção monetária. Acréscimo. Decadência. A jurisprudência atual do STF e no sentido de que e legitima a incidência da correção monetária sobre o imposto e a multa, bem como, embora inconstitucional o acréscimo, nada impede que o juiz lhe de o verdadeiro caráter de honorários advocatícios em que e obrigatoriamente condenada a parte sucumbente. Com a lavratura do auto de infração consuma-se o lançamento do crédito tributário (art. 142 do CTN). Por outro lado, a decadência só e admissível no período anterior a essa lavratura; depois, entre a ocorrência dela e até que flua o prazo para a interposição do recurso administrativo, ou enquanto não for decidido o recurso dessa natureza de que se tenha valido o contribuinte, não mais corre prazo para decadência, e ainda não se iniciou a fluência do prazo de prescrição; decorrido o prazo para a interposição do recurso administrativo, sem que ela tenha ocorrido, ou decidido o recurso administrativo interposto pelo contribuinte, há a constituição definitiva do crédito tributário, a que alude o art. 174, começando a fluir, dai, o prazo de prescrição da pretensão do Fisco. Recurso extraordinário conhecido em parte, mas não provido. (STF. RE nº 91.019. Rel. Min. Moreira Alves. Julgamento em 18.6.79)

10.6.8 Repetição de indébito

Tributário e processual civil. Cofins. Sociedade civil. Isenção. Matéria constitucional. Competência do STF. Compensação. Prescrição. Art. 3º da LC nº 118/05. 1. O STF tem reconhecido que o conflito entre lei complementar e lei ordinária — como é o caso da alegada revogação da Lei Complementar nº 70/91 pela Lei 9.430/96 — possui natureza constitucional. 2. Extingue-se o direito de pleitear a restituição de tributo sujeito a lançamento por homologação, não sendo esta expressa, somente após o transcurso do prazo de cinco anos contados da ocorrência do fato gerador, acrescido de mais cinco anos contados da data em que se deu a homologação tácita (EREsp 435.835/SC, julgado em 24.3.04). 3. Na sessão do dia 6.6.07, a Corte Especial acolheu a argüição de inconstitucionalidade da expressão "observado quanto ao art. 3º o disposto no art. 106, I, da Lei nº 5.172/1966 do Código Tributário Nacional", constante do art. 4º, segunda parte, da LC 118/05 (EREsp 644.736-PE, Rel. Min. Teori Albino Zavascki). 4. Nessa assentada, firmou-se o entendimento de que, "com o advento da LC 118/05, a prescrição, do ponto de vista prático, deve ser contada da seguinte forma: relativamente aos pagamentos efetuados a partir da sua vigência (que ocorreu em 9.6.05), o prazo para a ação de repetição de indébito é de cinco a contar da data do pagamento; e relativamente aos pagamentos anteriores, a prescrição obedece ao regime previsto no sistema anterior, limitada, porém, ao prazo máximo de cinco anos a contar da vigência da lei nova". 5. Recurso especial conhecido em parte e não provido. (STJ. 2ª Turma. REsp nº 955.831. Rel. Min. Castro Meira. Julgamento em 28.8.2007)

Capítulo 11

Crédito tributário: garantias e preferências

Sumário: **11.1** Garantias do crédito tributário - **11.2** Preferências do crédito tributário - **11.3** Jurisprudência - **11.3.1** Mecanismo indutor de pagamentos - **11.3.2** Penhora e bem de família - **11.3.3** Penhora e preferência

11.1 Garantias do crédito tributário

Garantias são as características jurídicas que conferem segurança, estabilidade, regularidade ou celeridade no recebimento do crédito.

As garantias atribuídas pelo Código Tributário Nacional ao crédito tributário não excluem outras que sejam expressamente previstas em lei. Ademais, a natureza das garantias atribuídas ao crédito tributário não altera a essência desse nem a da obrigação tributária a que corresponda. Nessa linha, o oferecimento de garantia real (hipoteca, por exemplo) para o parcelamento de um crédito tributário não transforma a dívida em hipotecária. A enumeração de garantias presente no Código é meramente exemplificativa (não é taxativa ou exaustiva), admitindo o estabelecimento, por lei, de outras hipóteses.

Segundo o Código Tributário Nacional, responde pelo pagamento do crédito tributário a totalidade dos bens e das rendas, de qualquer origem ou natureza, do sujeito passivo, seu espólio ou sua massa falida, inclusive os gravados por ônus real ou cláusula de inalienabilidade ou impenhorabilidade, seja qual for a data da constituição do ônus ou da cláusula, excetuados unicamente os bens ou rendas que a lei declare absolutamente impenhoráveis.

São bens absolutamente impenhoráveis, segundo expressa disposição legal, entre outros: a) os vencimentos, os soldos e os salários; b) os livros, as máquinas, os utensílios e os instrumentos necessários ou úteis ao exercício de qualquer profissão; c) o anel nupcial e os retratos de família; d) o seguro de vida; e e) o imóvel residencial próprio do casal ou da entidade familiar. Essa última impenhorabilidade, prevista na Lei nº 8.009, de 1990, compreende plantações, benfeitorias de qualquer natureza e todos os equipamentos, inclusive de uso profissional, ou móveis que guarnecem a casa, desde que quitados. Excluem-se da impenhorabilidade os veículos de transporte, obras de arte e adornos suntuosos. Segundo o STJ: a) é penhorável a garagem quando ela tiver matrícula independente da unidade residencial familiar acobertada sob a proteção da Lei nº 8.009, de 1990 (EREsp nº 595.099); b) a indicação do bem de família à penhora não implica renúncia ao benefício conferido pela Lei nº 8.009, de 1990, quanto a sua impenhorabilidade (AgRg no REsp nº 813.546); e c) o conceito de impenhorabilidade de bem de família abrange também o imóvel pertencente a pessoas solteiras, separadas e viúvas (Súmula nº 364).

O art. 649, inc. I, do Código de Processo Civil, estabelece a absoluta impenhorabilidade dos "bens inalienáveis e os declarados, por ato voluntário, não sujeitos à execução". No confronto entre o art. 184 do Código Tributário Nacional e o art. 649, inc. I, do Código de Processo Civil, a doutrina entende, de forma majoritária, como passíveis de responder pelo crédito tributário os bens inalienáveis e impenhoráveis por disposição de vontade. A conclusão está em perfeita consonância com a natureza *ex lege* da obrigação tributária, tal como delineada no art. 3º do Código Tributário Nacional.

Ainda segundo o Código Tributário Nacional, presume-se fraudulenta a alienação ou oneração de bens ou rendas, ou seu começo, por sujeito passivo em débito para com a Fazenda Pública por crédito tributário regularmente inscrito como dívida ativa. Essa presunção é absoluta (ou *jure et de jure*). Se forem reservados bens suficientes ao total do pagamento da dívida não se caracteriza a fraude.

A conseqüência jurídica da alienação patrimonial em fraude contra o crédito tributário, nos termos do art. 185 do Código Tributário Nacional, é a ineficácia do ato para o Fisco. Assim, o bem, mesmo depois da operação, pode ser gravado em favor do Erário para satisfação do crédito não pago.

A Lei Complementar nº 118, de 2005, substituiu a expressão anterior "(...) como dívida ativa em fase de execução" pela nova e simples "como dívida ativa". Assim, resolve-se, por via legislativa, uma significativa discussão acerca do momento em que a fraude em questão se caracteriza. Agora, não restam dúvidas que basta a inscrição em dívida ativa, não se cogitando da propositura da ação judicial de cobrança do crédito.

A Lei Complementar nº 118, de 2005, introduziu novo artigo no Código Tributário Nacional fixando que na hipótese do devedor tributário, devidamente citado, não pagar nem apresentar bens à penhora no prazo legal e não forem encontrados bens penhoráveis, o juiz determinará a indisponibilidade de seus bens e direitos, comunicando a decisão, preferencialmente por meio eletrônico, aos órgãos e às entidades que promovem registros de transferência de bens, especialmente ao registro público de imóveis e às autoridades supervisoras do mercado bancário e do mercado de capitais, a fim de que, no âmbito de suas atribuições, façam cumprir a ordem judicial.[36]

A indisponibilidade em questão limita-se ao valor total exigível, devendo o juiz determinar o imediato levantamento da indisponibilidade dos bens ou valores que excederem o referido limite. Já os órgãos e as entidades aos quais se fizer a comunicação enviarão imediatamente ao juízo a relação discriminada dos bens e direitos cuja indisponibilidade houverem promovido.

A figura da indisponibilidade consiste na impossibilidade do proprietário do bem ou direito aliená-lo (transferir para outra pessoa) ou onerá-lo (dar em garantia como nas hipóteses de hipoteca ou penhor). Subsiste, no entanto, para o proprietário, a utilização ou posse do bem ou direito e a percepção dos frutos dele advindos. Resta claro que a indisponibilidade funciona como um importante mecanismo de resguardo dos interesses da Fazenda Pública como credora.

A relevante inovação da indisponibilidade, por ordem judicial, de bens e direitos, notadamente quando atinge o "mercado bancário" e o "mercado de capitais", representa uma crucial e necessária atualização ou modernização das iniciativas voltadas para a recuperação de créditos públicos não pagos. Com efeito, é inegável a preponderância da "forma financeira" de manifestação e circulação da riqueza, vale dizer, dos patrimônios, nos tempos atuais.

Não será proferida sentença de julgamento de partilha ou adjudicação sem prova da quitação de todos os tributos devidos relativos ao espólio.

A extinção das obrigações do falido requer prova de quitação de todos os tributos. A concessão de recuperação judicial também depende da apresentação da prova de quitação de todos os tributos. Como o Código Tributário Nacional faz expressa remissão, nesse último caso, aos arts. 151, 205 e 206, conclui-se que a existência de créditos com exigibilidade suspensa não obsta a recuperação judicial, já que fica caracterizada a regularidade fiscal da empresa. Esse regramento de comprovação de quitação de tributos no âmbito da falência e da recuperação judicial foi estabelecido pela Lei Complementar nº 118, de 2005.

O Código Tributário Nacional exige a prova de quitação de tributos devidos à Fazenda Pública interessada quando da celebração de contratos ou apresentação de propostas em concorrência pública. A quitação exigida restringe-se aos tributos relativos à atividade em cujo exercício o contratante ou proponente contrata ou concorre.

Atualmente, a Constituição (art. 195, §3º), a Lei de Licitações e Contratos Administrativos (Lei nº 8.666, de 1993), entre outros diplomas legais, exigem a prova de quitação de tributos, em certas ocasiões, inclusive de forma mais ampla

---

[36] Cf. CASTRO. A indisponibilidade de bens e direitos prevista no artigo 185-A do Código Tributário Nacional. Disponível em: <http://www.aldemario.adv.br/indisponibilidade.htm>.

que o Código Tributário Nacional. Nesse sentido, o Superior Tribunal de Justiça chancela a necessidade de comprovação da quitação dos tributos devidos para contratação com o Poder Público consubstanciada na venda de álcool carburante pelas empresas produtoras (Lei nº 8.212, de 1991, art. 47) (REsp nº 839.510).

A exigência legal de comprovação da regularidade fiscal para a prática de certos atos costuma ser chamada de mecanismo indutor de pagamentos ou técnica de interdição de direitos em função da prática de atos ilícitos.[37] Segundo Carlos Ari Sundfeld:[38]

> A regularidade das obrigações tributárias não é uma questão secundária e irrelevante. É, para o próprio Estado — e para a sociedade que recebe seus serviços — questão vital. Daí a razoabilidade da lei condicionando a aquisição ou o exercício de certos direitos de natureza econômica à regularidade fiscal.

O aludido mecanismo indutor de regularidade fiscal tem sido alvo de acesas discussões jurídicas. Não é rara a atribuição da pecha de indevida "sanção política" para a restrição decorrente da utilização do expediente.

Realmente, o trato do tema envolve uma significativa dificuldade. Por um lado, o mecanismo é admitido em inúmeras decisões judiciais. Nesse sentido, pode ser observada a manifestação do Supremo Tribunal Federal na ADIn nº 1.654. Por outro lado, também são identificadas decisões judiciais apontando para a invalidade da aplicação da técnica, como no julgamento do RE nº 413.782, da ADIn nº 3.453, da ADIn nº 173 e da ADIn nº 394. Nos dois últimos casos, o STF declarou a inconstitucionalidade de dispositivos da Lei nº 7.711, de 1988, que determinam a comprovação de regularidade fiscal nas hipóteses de transferência de domicílio para o exterior e registro ou arquivamento de contrato social e atos similares.

Aparentemente, a base das dificuldades com o mecanismo ou a técnica reside na tensão entre as necessidades de resguardar a liberdade de exercício de atividades econômicas e de financiar as atividades públicas voltadas para o cumprimento dos objetivos institucionais previstos na Constituição e nas leis de uma forma geral.

A melhor solução para o choque em questão aponta no sentido da validade jurídica do mecanismo ou técnica observados os limites da razoabilidade, notadamente para não ser afetado, de forma indevida, o desenvolvimento das atividades econômicas.

Exatamente com fundamento na proporcionalidade e na razoabilidade, o Supremo Tribunal Federal, no julgamento da AC nº 1.657, entendeu como lícita

---

[37] Cf. CASTRO. Licitude dos mecanismos de indução de regularidade fiscal. Disponível em: <http://www.aldemario.adv.br/indutor.pdf>.

[38] SUNDFELD. *Licitação e contrato administrativo*: de acordo com as leis 8.666-93 e 8.883-94, p. 122.

a exigência de regularidade tributária para o exercício da atividade econômica da fabricação de cigarros. Reconheceu-se ser compatível com o ordenamento jurídico "(...) limitar a liberdade de iniciativa em prol de outras finalidades jurídicas tão ou mais relevantes, como a defesa da livre concorrência e o exercício da vigilância estatal sobre setor particularmente crítico para a saúde pública".

Registre-se que ao julgar a ADIN nº 395, o Supremo Tribunal Federal reconheceu a constitucionalidade de norma legal que prevê a apreensão de mercadorias desacompanhadas de documentação fiscal idônea e sua retenção até a comprovação da legitimidade da posse pelo proprietário. O Tribunal afastou, no julgamento, os argumentos de: a) ofensa ao livre tráfego de pessoas ou bens; b) tratar-se de hipótese de coação ilícita para fins de pagamento de valores ao Fisco; e c) constrangimento ao livre exercício de atividade profissional. Já o Superior Tribunal de Justiça caracterizou como indevida a retenção de mercadorias importadas nas alfândegas com o propósito de forçar o pagamento de tributos. Entendeu-se presente uma restrição descabida ao livre exercício da atividade econômica (REsp nº 700.371).

11.2 Preferências do crédito tributário

As preferências são categorias de privilégios dos créditos tributários fixadoras de um benefício de ordem por ocasião dos pagamentos.

O crédito tributário prefere a qualquer outro, seja qual for sua natureza ou o tempo de sua constituição, ressalvados os créditos decorrentes da legislação do trabalho ou do acidente de trabalho.

Na falência: a) o crédito tributário não prefere aos créditos extraconcursais ou às importâncias passíveis de restituição, nos termos da lei falimentar, nem aos créditos com garantia real, no limite do valor do bem gravado; b) a lei poderá estabelecer limites e condições para a preferência dos créditos decorrentes da legislação do trabalho; e c) a multa tributária prefere apenas aos créditos subordinados.

Por força da Lei Complementar nº 118, de 2005, são considerados extracon-cursais os créditos tributários decorrentes de fatos geradores ocorridos no curso do processo de falência.

O atual regramento da preferência do crédito tributário foi estabelecido pela Lei Complementar nº 118, de 2005. Nessa matéria, o aludido diploma legal foi adotado com o explícito objetivo, conforme facilmente constatado nos debates parlamentares, de "(...) assegurar maior probabilidade de recuperação do capital dos credores privados, assim como de dar maior agilidade ao processo falimentar".

Cumpre destacar que o Código Tributário Nacional disciplina a preferência de dois tipos de créditos tributários em relação ao processo de falência. No art. 186, parágrafo único, são considerados os créditos tributários decorrentes de fatos geradores acontecidos antes da falência. Já no art. 188 são tratados os créditos tributários advindos de fatos geradores ocorridos depois da falência. No último caso, o legislador admite a continuação da atividade econômica depois de decretada a falência.

Por força do disposto no art. 186, parágrafo único, do Código Tributário Nacional, os créditos tributários decorrentes de fatos geradores acontecidos antes da falência somente serão pagos depois: a) dos créditos extraconcursais; b) das importâncias passíveis de restituição; c) dos créditos trabalhistas, no limite atual de cento e cinqüenta salários mínimos por credor; d) dos créditos decorrentes de acidentes do trabalho; e e) dos créditos com garantia real, no limite do valor do bem gravado.

Por outro lado, a posição de preferência dos créditos tributários advindos de fatos geradores ocorridos depois da falência, regulada no novo art. 188 do Código Tributário Nacional, não é tranqüila. O primeiro raciocínio possível, a partir da qualificação desses créditos como extraconcursais na lei de normas gerais tributárias, aponta para a existência de uma primazia geral e absoluta, inclusive frente aos créditos trabalhistas e de acidentes de trabalho. O segundo raciocínio aceitável busca posicionar os créditos tributários aludidos na ordem específica dos créditos extraconcursais definida na lei falimentar.

O último caminho parece mais consentâneo com a ordem jurídica posta por três razões básicas: a) a Lei Complementar nº 118, de 2005, diploma que ofertou a nova redação para o art. 188 do Código Tributário Nacional, foi discutida, votada e editada paralemente à Lei nº 11.101, de 2005 (nova Lei de Falências), buscando a conformação conjunta de um novo panorama para a recuperação de empresas; b) a categoria "créditos extraconcursais" foi criada justamente pela Lei nº 11.101, de 2005; e c) o art. 84, inc. V, da Lei nº 11.101, de 2005, define expressamente a ordem dos créditos tributários extraconcursais.

Nos termos do art. 188, §1º, do Código Tributário Nacional, contestado o crédito tributário decorrente de fato gerador ocorrido no curso da falência, o juiz remeterá as partes ao processo competente, mandando reservar bens suficientes à extinção total do crédito e seus acrescidos, se a massa não puder efetuar a garantia da instância por outra forma, ouvido, quanto à natureza e valor dos bens reservados, o representante da Fazenda Pública interessada. O mesmo procedimento deverá ser observado no processo de inventário ou arrolamento (art. 189, parágrafo único, do Código Tributário Nacional).

Os arts. 189 a 190 do Código Tributário Nacional definem hipóteses de preferência geral e absoluta do crédito tributário, inclusive frente aos créditos trabalhistas e os oriundos de acidentes de trabalho. Assim, os créditos tributários decorrentes de fatos geradores ocorridos no curso dos processos de inventário ou arrolamento (art. 189) e no decurso dos processos de liquidação (judicial ou voluntária) de pessoas jurídicas de direito privado (art. 190) deverão ser pagos preferencialmente a quaisquer outros créditos.

A cobrança judicial do crédito tributário não é sujeita a concursos de credores ou habilitação em falência, recuperação judicial, concordata, inventário ou arrolamento. É o que diz o art. 187 do Código Tributário Nacional, com redação dada pela Lei Complementar nº 118, de 2005. Portanto, a Fazenda Pública não precisa realizar a habilitação de seus créditos nos concursos mencionados. Ao contrário dos credores de uma forma geral, o Poder Público pode iniciar ou dar seguimento aos processos de execução fiscal mesmo diante de um dos concursos referidos. Tal preferência é conhecida como "supremacia do executivo fiscal".

Deve ser destacado que o chamado "juízo universal da falência", que atrai para si os processos de execução contra o falido, não atinge as execuções fiscais do Poder Público. Essa conclusão decorre tanto do disposto no art. 187 do Código Tributário Nacional, quanto do consignado no art. 76 da Lei nº 11.101, de 2005 (nova Lei de Falências).

O privilégio da Fazenda Pública de não ver paralisados ou atraídos para o juízo da falência seus processos de execução fiscal não significa que eles chegarão ao seu final com a destinação dos recursos arrecadados aos cofres públicos. Prevalece o entendimento de que os valores resultantes da alienação de bens nas execuções fiscais serão remetidos ao juízo da falência para incorporação ao monte e distribuição segundo as regras próprias de preferência.

O concurso de preferência entre as pessoas jurídicas de direito público, nas hipóteses de existirem mais de um ente público com crédito tributário a receber, deve ser resolvido com a observância da seguinte ordem na entrega de recursos (art. 187 do Código Tributário Nacional combinado com o art. 29 da Lei de Execução Fiscal): a) União e suas autarquias; b) Estados, Distrito Federal e Territórios e suas autarquias, conjuntamente e *pro rata*; e c) Municípios e suas autarquias, conjuntamente e *pro rata*.

A operacionalização das preferências envolve a verificação da existência de sobras. Nesse sentido, os créditos da União e das suas autarquias são pagos em primeiro lugar. Havendo sobras no patrimônio do devedor, os Estados, o Distrito Federal, os Territórios e suas autarquias terão seus créditos quitados. Os créditos tributários dos Municípios e de suas autarquias somente serão pagos depois de quitados os créditos federais e estaduais.

A jurisprudência firmou a premissa de que a preferência entre as pessoas jurídicas de direito público "pressupõe pluralidade de penhoras sobre o mesmo bem", sendo descabida a simples intervenção em processo de execução alheio com o objetivo de satisfação preferencial de crédito (REsp nº 654.779).

11.3 Jurisprudência

11.3.1 Mecanismo indutor de pagamentos

Julgado improcedente o pedido formulado em ação direta ajuizada pelo Governador do Estado do Amapá contra o art. 1º da Lei 350/97, do mesmo Estado, que, inserindo o parágrafo único no art. 154 da Lei 194/94, veda "a retenção ou apreensão do veículo pelo não recolhimento do imposto devido no prazo regulamentar, quando este for licenciado no Estado", estabelecendo, ainda, que "o inadimplemento impede a renovação da licença sob qualquer hipótese". O Tribunal, afastando a alegada ofensa à competência privativa conferida à União para legislar sobre transporte e trânsito, considerou que o dispositivo impugnado cuida apenas de sanção imposta em razão de inadimplemento tributário, inserindo-se, portanto, na competência legislativa dos Estados-membros, prevista no art. 155, III, da CF. (ADI nº 1.654/AP, Rel. Min. Maurício Corrêa, 3.3.2004. *Informativo STF*, n. 338)

Administrativo. Licitação. Disposições Legais e Disposições Editalícias. Demonstração Documental. Inabilitação de Concorrente. Constituição Federal, arts. 37, XXI e 195, §3º. CTN, arts. 127, II e 193. Lei 8.212/91. Lei 6.946/81. Decreto-Lei 200/67. Decreto 84.701/80. Decreto-Lei 2.300/86. Súmula 7/STJ. (...) 2. Desmerece habilitação em licitação pública a concorrente que não satisfaz as exigências estabelecidas na legislação de regência e ditadas no edital. (STJ. 1ª Turma. REsp nº 179.324. Rel. Min. Milton Luiz Pereira. Julgado em 12.3.2002)

Parte dos chamados privilégios e garantias do crédito tributário (CTN, arts. 191 e 193) foi outorgada exatamente para compensar a demora da Fazenda Pública na respectiva cobrança, de modo que, ao invés da valorização da iniciativa do credor, vige na espécie o princípio de que o crédito tributário prefere independentemente de quem tenha a precedência da penhora. Hipótese em que, mal sucedida a execução fiscal pela sucessão de leilões negativos, o crédito tributário podia, sim, concorrer ao produto da arrematação levada a efeito em execução proposta contra o devedor por terceiro. (STJ. 2ª Turma. REsp nº 74.207. Rel. Min. Ari Pargendler. Julgado em 5.5.1998)

Por entender caracterizada a ofensa à garantia do livre exercício do trabalho, ofício ou profissão (CF, art. 5º, XIII) e de qualquer atividade econômica (CF, art. 170, parágrafo único), o Tribunal, por maioria, deu provimento a recurso extraordinário, para declarar a inconstitucionalidade do inc. IV e do §4º do art. 19, do Decreto 3.017/89, do Estado de Santa Catarina, que, regulamentando o Imposto sobre Circulação de Mercadorias e Serviços naquele Estado, possibilitam que os órgãos da Diretoria de Administração Tributária proíbam a impressão de documentos fiscais para empresas em débito com a Fazenda estadual, condicionando-as a requerer ao fisco a emissão de nota fiscal avulsa a cada operação realizada. Vencido o Min. Eros Grau que desprovia o recurso por não vislumbrar restrição à atividade mercantil. (RE 413782/SC, Rel. Min. Marco Aurélio, 17.3.2005. *Informativo STF*, n. 380)

O Tribunal julgou procedente pedido formulado em ação direta ajuizada pelo Conselho Federal da ordem dos Advogados do Brasil – OAB para declarar a inconstitucionalidade do art. 19 da Lei 11.033/2004, que condiciona o levantamento ou a autorização para depósito em conta bancária de valores decorrentes de precatório judicial à apresentação, ao juízo, de certidão negativa de tributos federais, estaduais, municipais, bem como de certidão de regularidade para com a Seguridade Social, o Fundo de Garantia do Tempo de Serviço e a Dívida Ativa da União, depois de ouvida a Fazenda Pública. Entendeu-se que o dispositivo impugnado ofende os arts. 5º, XXXVI, e 100 da CF, por estatuir condição para a satisfação de direito do jurisdicionado que não está contida na norma fundamental da República. Asseverou-se que as formas de a Fazenda Pública obter o que lhe é devido estão estabelecidas no ordenamento jurídico, não sendo possível para tanto a utilização de meios que frustrem direitos constitucionais dos cidadãos. Ressaltou-se, ademais, que a matéria relativa a precatórios, tal como tratada na Constituição, não chama a atuação do legislador infraconstitucional, menos ainda para impor restrições que não se coadunam com o direito à efetividade da jurisdição e o respeito à coisa julgada. (ADI nº 3.453/DF, Rel. Min. Cármen Lúcia, 30.11.2006. *Informativo STF*, n. 450)

O Tribunal julgou improcedente pedido formulado em ação direta ajuizada pelo Conselho Federal da Ordem dos Advogados do Brasil – OAB contra o §7º do art. 163 da Constituição do Estado de São Paulo, que prevê não se compreender como limitação ao tráfego de pessoas ou bens, a apreensão de mercadorias desacompanhadas de documentação fiscal idônea e sua retenção até a comprovação da legitimidade da posse pelo proprietário. Entendeu-se não se estar diante de hipótese normativa de coação para fins de pagamento de valores ao Fisco, mas de atribuição inerente ao poder de polícia tributária, ou seja, fiscalização do cumprimento da legislação tributária. Afastou-se, também, a alegação de que o dispositivo questionado estaria a constranger o contribuinte a desempenhar a sua atividade profissional, em afronta ao art. 5º, XIII, da CF. Asseverou-se que a garantia fundamental do livre exercício de qualquer trabalho, ofício ou profissão está subordinada ao atendimento das qualificações profissionais que a lei estabelecer, sendo que a observância dos recolhimentos tributários no desempenho dessas atividades impõe-se legal e legitimamente. Da mesma forma, rejeitou-se a assertiva de contrariedade aos Enunciados 70, 323 e 547 da Súmula do STF, ao fundamento de que estes proíbem a Administração Pública de interditar estabelecimento, apreender mercadorias ou cercear o exercício de atividades profissionais daqueles que se encontram em débito com suas obrigações fiscais como meio de coagi-los a pagar suas dívidas sem que sejam observados os processos próprios para o alcance desse objetivo. (ADI 395/SP, Rel. Min. Cármen Lúcia, 17.5.2007. *Informativo STF*, n. 467)

O Tribunal, por maioria, indeferiu medida cautelar em ação cautelar proposta contra a União por empresa fabricante de cigarros, na qual visava à atribuição de efeito suspensivo a recurso extraordinário por ela interposto em face de acórdão proferido pelo TRF da 2ª Região que, ao dar provimento à apelação da União, declarara a constitucionalidade do art. 2º, II, do Decreto-lei 1.593/77, com a redação dada pela Lei 9.822/99, que autoriza a Secretaria da Receita Federal a cancelar, a qualquer tempo, o registro especial para o exercício, por empresa do setor tabagista, de atividade de fabricação e comercialização de produtos do tabaco, ante o descumprimento de obrigação tributária. Tendo em conta a singularidade factual e normativa do caso, entendeu-se faltar razoabilidade jurídica ao pedido, salientando-se que poderia haver periculum in mora inverso, consistente na exposição dos consumidores, da sociedade em geral e, em particular, da condição objetiva da livre concorrência, ao risco da continuidade do funcionamento de empresa para tanto inabilitada./ Aduziu-se que o Decreto-lei 1.593/77 impôs como condição inafastável para o exercício da atividade econômica em questão um conjunto de requisitos que, não atendidos, acarretam a ilicitude da produção, e que haveria justificativa extrafiscal para a exigência da regularidade tributária, que, em princípio, à vista das características do mercado concentrado da indústria de cigarros, seria proporcional e razoável. Afirmou-se que o IPI – Imposto sobre Produtos Industrializados é rubrica preponderante no processo de formação do preço do cigarro, produto extremamente gravoso à saúde e tributado pela mais alta alíquota desse imposto, e que a diferença a menor no seu recolhimento tem reflexo superlativo na definição do lucro da empresa. Considerou-se, diante das características do mercado de cigarros, que tem na tributação dirigida um dos fatores determinantes do preço do produto, ser compatível com o ordenamento limitar a liberdade de iniciativa em prol de outras finalidades jurídicas tão ou mais relevantes, como a defesa da livre concorrência e o exercício da vigilância estatal sobre setor particularmente crítico para a saúde pública, não havendo se falar em lesão a direito subjetivo da autora, mas em ato administrativo regular que impediu a continuidade de uma situação ilegal./Registrou-se, ainda, que a empresa não estaria se recusando a pagar tributo controvertido, nem teria apresentado justificativas convincentes contra a argüição de inadimplemento, revelando, na verdade, adotar estratégia de não recolhimento sistemático de tributos como meio de obter vantagens competitivas indevidas, e figurando, inclusive, como uma das maiores sonegadoras de tributos do país. Concluiu-se não estar configurado caso de sanção política tendente a compelir contribuinte inadimplente a pagar tributo, diante da finalidade jurídica autônoma de que se reveste a norma, em resguardo da livre concorrência, e também de sua razoabilidade, e de não se aplicarem, à espécie, o precedente invocado pela recorrente (RE 415015/RS, *DJU* de 15.4.2005) e os Enunciados das Súmulas 70, 323 e 547, do STF. Vencidos os Ministros Joaquim Barbosa, relator, Marco Aurélio, Celso de Mello e Sepúlveda Pertence que deferiam a cautelar, para preservar o resultado útil do processo, dada a gravidade da sanção imposta à empresa e a possível irreversibilidade dos efeitos dela decorrentes. (AC 1657 MC/RJ, Rel. orig. Min. Joaquim Barbosa, Rel. p/ o acórdão Min. Cezar Peluso, 27.6.2007. *Informativo STF*, n. 473)

Descabe a retenção de mercadorias importadas nas alfândegas, com o fim de compelir o pagamento de tributos, medida essa que viola o livre exercício da atividade econômica (arts. 5º, XIII, e 170, parágrafo único, da CF/1988). Precedentes citados: REsp 493.316-DF, *DJ* 2.6.2003; REsp 513.543-PR, *DJ* 15.9.2003, e REsp 789.781-RS, *DJ* 1º.3.2007. (REsp 700.371-CE, Rel. Min. Eliana Calmon, julgado em 7.8.2007. *Informativo STJ*, n. 326)

A Turma reiterou que, para contratação com o Poder Público, as empresas produtoras de álcool carburante, na venda de sua produção à Petrobrás, devem comprovar a quitação dos tributos devidos, ou seja, a regularidade fiscal (Lei nº 8.212/1991, art. 47). Isso porque a Petrobrás integra a administração indireta, subordinada às normas de contratação com o Poder Público. Precedentes citados: REsp 478.071-PB, *DJ* 18.8.2006, e REsp 720.359-PE, *DJ* 13.2.2006. (REsp 839.510-DF, Rel. Min. Luiz Fux, julgado em 4.10.2007. *Informativo STJ*, n. 334)

O Tribunal conheceu parcialmente de duas ações diretas ajuizadas pela Confederação Nacional da Indústria – CNI e pelo Conselho Federal da Ordem dos Advogados do Brasil e, na parte conhecida, julgou procedente o pedido nelas formulado para declarar a inconstitucionalidade do art. 1º, I, III e IV, e §§1º, 2º e 3º da Lei 7.711/88, que obriga a comprovação de regularidade fiscal na hipótese de transferência de domicílio para o exterior, vincula o registro ou arquivamento de contrato social e atos similares à quitação de créditos tributários, e dispõe sobre a realização de convênios entre os entes federados para fiscalização do cumprimento das restrições. Preliminarmente, o Tribunal assentou a perda do interesse processual no prosseguimento do controle concentrado e abstrato de constitucionalidade em relação ao Decreto 97.834/89, em razão de sua revogação pelo Decreto 99.476/90. Também declarou a perda do objeto relativamente ao inc. II do art. 1º do referido diploma legal, no que concerne à regularidade fiscal, ante sua revogação pela Lei 8.666/93. No ponto, esclareceu-se que aquela norma obrigava a comprovação da quitação de créditos tributários exigíveis, para que fosse permitida a participação do contribuinte em processo de habilitação ou licitação promovida por órgão da Administração Direta, e que, atualmente, a Lei 8.666/93 possui norma semelhante (art. 27, IV), que exige dos interessados à habilitação em licitação a comprovação de regularidade fiscal. No mérito, aplicou-se a orientação firmada em vários precedentes, e constante dos Enunciados 70, 323, 547, da Súmula do STF, no sentido da proibição constitucional às sanções políticas, sob pena de ofensa ao direito ao exercício de atividades econômicas e profissionais lícitas (CF, art. 170, parágrafo único), ao substantive due process of law (ante a falta de proporcionalidade e razoabilidade de medidas gravosas que se predispõem a substituir os mecanismos de cobrança de créditos tributários) e ao devido processo legal, manifestado na garantia de acesso aos órgãos do Executivo ou do Judiciário tanto para controle da validade dos créditos tributários quanto para controle do próprio ato que culmina na restrição. Precedentes citados: RE 413782/SC (*DJU* de 3.6.2005); RE 434987/RS (*DJU* de 14.12.2004); 424061/RS (*DJU* de 31.8.2004); RE 409956/RS (*DJU* de 31.8.2004); RE 414714/RS (*DJU* de 11.1.2004); RE 409958/RS (*DJU* de 5.11.2004). (ADI 173/DF, Rel. Min. Joaquim Barbosa, 25.9.2008; ADI 394/DF, Rel. Min. Joaquim Barbosa, 25.9.2008. *Informativo* n. 521)

11.3.2 Penhora e bem de família

Penhora. Garagem independente. Residência. Bem de família. Trata-se de saber se pode ser penhorado o box de garagem com matrícula independente e registro próprio dissociado da unidade residencial impenhorável por ser considerada bem de família. A Corte Especial, ao prosseguir o julgamento, por maioria, pacificou a jurisprudência divergente, considerando penhorável a garagem quando ela tiver matrícula independente da unidade residencial familiar acobertada sob a proteção da Lei nº 8.009/1990. Precedentes citados: REsp 316.686-SP, *DJ* 29.3.2004; REsp 541.696-SP, *DJ* 28.10.2003; REsp 311.408-SC, *DJ* 1.10.2001; REsp 205.898-SP, *DJ* 1.7.1999; REsp 23.420-RS, *DJ* 26.9.1994, e REsp 182.451-SP, *DJ* 14.12.1998. (EREsp 595.099-RS, Rel. Min. Felix Fischer, julgados em 2.8.2006. *Informativo STJ*, n. 291)

A indicação do bem de família à penhora não implica renúncia ao benefício conferido pela Lei nº 8.009/1990 quanto a sua impenhorabilidade, máxime se tratar de norma cogente contendora de princípio de ordem pública, consoante a jurisprudência do STJ. Assim, essa indicação não produz efeito capaz de ilidir aquele benefício. Com esse entendimento, a Turma, ao prosseguir o julgamento, por maioria, proveu o agravo e o recurso especial. O voto-vencido entendia que, ao revés, da indicação resulta a renúncia à benesse, visto que o direito à impenhorabilidade não seria similar à indisponibilidade. Precedentes citados: REsp 684.587-TO, *DJ* 14.3.2005; REsp 242.175-PR, *DJ* 8.5.2000, e REsp 205.040-SP, *DJ* 13.9.1999. (AgRg no REsp 813.546-DF, Rel. originário Min. Francisco Falcão, Rel. para acórdão Min. Luiz Fux, julgado em 10.4.2007. *Informativo STJ*, n. 316)

O conceito de impenhorabilidade de bem de família abrange também o imóvel pertencente a pessoas solteiras, separadas e viúvas. Rel. Min. Eliana Calmon, em 15.10.2008. (Súmula STJ nº 364)

11.3.3 Penhora e preferência

Tributário. Crédito tributário municipal e estadual. Penhora sobre o mesmo bem. Arrematação. Concursus fiscalis. 1. É cediço que a instauração do concurso de credores pressupõe pluralidade de penhoras sobre o mesmo bem. Assim, discute-se a preferência quando há execução fiscal e recaia a penhora sobre o mesmo bem, excutido em outra demanda executiva. 2. Isto porque é assente na Corte que "O direito de preferência não concede à entidade autárquica federal a prerrogativa de intervir em execução movida pela Fazenda do Estado, a que é estranha, para reivindicar a satisfação preferencial de seu crédito, sem obedecer às formalidades processuais atinentes à espécie. Para instauração do 'concursus fiscalis' impõe-se a pluralidade de penhoras sobre o mesmo bem, devendo, portanto, a autarquia federal, provar haver proposto ação de execução, e que nela tenha restado penhorado o bem anteriormente excutido na ação movida pelo Fisco Estadual. Inteligência dos arts. 612 e 711 do CPC" (REsp nº 36.862-6/SP, Rel. Min. Demócrito Reinaldo, *DJ* de 19.12.1994). 3. Assentando o Tribunal a quo que a execução fiscal movida pela Fazenda do Estado está garantida com o mesmo bem que restou penhorado na execução movida pelo fisco municipal, não há como afastar o direito de preferência do Estado sobre o produto da arrematação, ex vi do art. 187 do CTN e 29 da LEF, ressalvados eventuais créditos trabalhistas, conforme preceituam os arts. 184 e 186 do CTN. 4. A regra do art. 187 do CTN é especial em relação à regra geral do art. 130 do mesmo diploma. Este último dispositivo assegura apenas a subrogação na praça, sem disciplinar a hipótese de pluralidade de sistemas e o concurso de credores preferenciais. 5. Em caso da venda ser efetuada em autos onde se cobra crédito público de outra entidade federativa, no caso, o Estado, ao efetuar-se a alienação, o arrematante fica liberado de quaisquer outros encargos e o valor depositado é distribuído na ordem legal pelo art. 187 do CTN. Nesse caso, liberado o imóvel ao adquirente, receberá o que detém título melhor de preferência. E sobre o valor depositado, aplicando-se a ordem disposta no art. 187 do CTN, bem como no art. 29 da Lei 6.830/80 segunda a qual recebe em primeiro lugar a União, e, posteriormente Estados, após, Municípios. 6. Precedentes jurisprudenciais do STJ (EREsp 167.381/SP, Rel. Min. Francisco Falcão, *DJU* de 16.9.02; Resp 131.564, Rel. Min. Castro Meira, *DJ* de 14.9.2004; REsp 74153, Rel. Min. Milton Luiz Pereira, *DJ* de 7.10.96; REsp nº 36.862-6/SP, Rel. Min. Demócrito Reinaldo, *DJ* de 19.12.1994). 7. Recurso especial provido. (STJ. 1ª Turma. REsp nº 654.779. Rel. Min. Luiz Fux. Julgado em 8.3.2005)

Capítulo 12

Administração Tributária

Sumário: **12.1** Administração Tributária - **12.2** Fiscalização - **12.3** Sigilo comercial - **12.4** Dever de informar e sigilo profissional - **12.5** Sigilo fiscal - **12.6** Convênios de cooperação - **12.7** Inscrição e Dívida Ativa - **12.8** Certidão negativa - **12.9** Certidão positiva com efeito de negativa - **12.10** Tipos de certidão - **12.11** Outras regras acerca de certidões - **12.12** Jurisprudência - **12.12.1** Certidão de dívida ativa - **12.12.2** Certidão e caução - **12.12.3** Certidão e débito declarado - **12.12.4** Fiscalização - **12.12.5** Inscrição em dívida ativa e prescrição

12.1 Administração Tributária

Denomina-se *Administração Tributária* o conjunto de órgãos públicos com a incumbência de aplicar a legislação tributária e verificar a correção de sua aplicação por parte de terceiros. As principais atividades da Administração Tributária são a fiscalização, a arrecadação e a cobrança (administrativa e judicial) dos tributos.[39]

A *Administração Tributária*, por sua inegável importância, ostenta *status* constitucional. No art. 37, inc. XVIII, o constituinte conferiu à *administração fazendária* precedência, dentro de suas áreas de competência e jurisdição, sobre os demais setores administrativos, na forma da lei. Já no art. 145, §1º, deferiu expressamente à Administração Tributária poderes, nos termos da lei, para identificação do patrimônio, dos rendimentos e das atividades econômicas do contribuinte. A Emenda Constitucional nº 42, de 2003, ao incluir o inc. XXII no art. 37 da Constituição, caracterizou explicitamente as administrações tributárias da União, dos Estados, do Distrito Federal e dos Municípios como

---

[39] LACERDA; CASTRO; GAMA. Procuradoria-Geral da Fazenda Nacional: uma solução viável e socialmente justa para o aumento consistente e duradouro da arrecadação. Disponível em: <http://www.aldemario.adv.br/daupropostas.pdf>; CASTRO. A advocacia pública e a recuperação de créditos públicos não pagos. Disponível em: <http://www.aldemario.adv.br/advpub.htm>.

atividades essenciais ao funcionamento do Estado e determinou que terão recursos prioritários para a realização de suas atividades, serão exercidas por servidores de carreiras específicas e atuarão de forma integrada, inclusive com o compartilhamento de cadastros e de informações fiscais, na forma da lei ou convênio.[40] A EC nº 42, de 2003, introduziu, ainda, entre as competências do Senado Federal, a avaliação periódica: a) da funcionalidade do Sistema Tributário Nacional (estrutura e componentes) e b) do desempenho das administrações tributárias.

A Lei nº 11.457, de 2007, promoveu uma significativa mudança na Administração Tributária Federal. Com efeito, ao criar a Secretaria da Receita Federal do Brasil, no âmbito do Ministério da Fazenda, eliminou a administração apartada das contribuições previdenciárias federais realizada pela Secretaria da Receita Previdenciária do Ministério da Previdência Social. A referida lei estabelece expressamente que a nova Secretaria da Receita Federal do Brasil exercerá as competências da antiga Secretaria da Receita Federal e administrará as atividades de tributação, fiscalização, arrecadação, cobrança e recolhimento das contribuições sociais previstas nas alíneas a, b e c do parágrafo único do art. 11 da Lei nº 8.212, de 1991 (contribuições previdenciárias).

Percebe-se, na mencionada Lei nº 11.457, de 2007, uma forte preocupação com a destinação específica (e exclusiva) da arrecadação das contribuições previdenciárias ao pagamento de benefícios do Regime Geral de Previdência Social (arts. 2º, §1º, e 26). Afinal, como modalidade de contribuição social, a contribuição previdenciária apresenta como traço característico a chamada afetação ou vinculação a determinadas despesas.

12.2 Fiscalização

A fiscalização consiste basicamente na competência deferida constitucional e legalmente ao Poder Público para pesquisar a ocorrência de fatos geradores, a extensão das obrigações nascidas e o efetivo e escorreito cumprimento dos deveres fiscais. A atividade fiscalizatória, segundo expressa regra legal, atinge toda e qualquer pessoa, quer seja natural, jurídica, contribuinte, não-contribuinte, isenta ou imune.

A fiscalização tributária pode lançar mão do auxílio da força pública (federal, estadual ou municipal) quando vítima de embaraço, desacato ou quando necessária para efetivar medida prevista na legislação tributária. Entende-se por auxílio da força pública o apoio para execução de atos materiais por parte das corporações policiais.

---

[40] CASTRO. Os orçamentos da Procuradoria-Geral da Fazenda Nacional. Disponível em: <http://www.aldemario. adv.br/orcapgfn.htm>.

A autoridade administrativa que proceder ou presidir a quaisquer diligências de fiscalização lavrará os termos necessários para que se documente o início do procedimento, na forma da legislação aplicável, que fixará prazo máximo para a conclusão daquelas. Os termos em questão serão lavrados, sempre que possível, em um dos livros fiscais exibidos; quando lavrados em separado deles se entregará, à pessoa sujeita à fiscalização, cópia autenticada pela autoridade.

No julgamento da ADIN nº 395, o Supremo Tribunal Federal reconheceu a constitucionalidade da apreensão de mercadorias desacompanhadas de documentação fiscal idônea e sua retenção até a comprovação da legitimidade da posse pelo proprietário. Segundo o STF, trata-se, na hipótese, de atribuição inerente ao poder de polícia tributária, ou seja, fiscalização do cumprimento da legislação tributária.

12.3 Sigilo comercial

Ainda segundo a legislação tributária, não prevalecem contra a fiscalização as regras excludentes ou limitativas do direito de examinar mercadorias, livros ou documentos comerciais.

Os livros obrigatórios de escrituração comercial e fiscal e os comprovantes dos lançamentos neles efetuados serão conservados até que ocorra a prescrição dos créditos tributários decorrentes das operações a que se refiram.

12.4 Dever de informar e sigilo profissional

Existe o dever de tabeliães, escrivães, serventuários de ofício e outras pessoas ou entidades, conforme previsão legal, de informar ao Fisco acerca de bens, negócios e atividades de terceiros. Esse dever de informar encontra limite no *sigilo profissional* (guarda de segredo em razão do ofício ou função).

O dever de informar ao Fisco foi consideravelmente ampliado com a edição da Lei Complementar nº 105, de 2001. Esse diploma legal estabelece expressamente a possibilidade de a Fazenda Pública obter informações bancárias ou financeiras do contribuinte diretamente das instituições onde elas são realizadas. Ficou, assim, afastada a necessidade de intermediação judicial.

Persiste, pelo visto até a manifestação definitiva do Supremo Tribunal Federal, uma significativa discussão acerca da constitucionalidade da Lei Complementar nº 105, de 2001. Nesse sentido, vários juristas argumentam, sem razão, que o diploma legal em tela atinge, de forma inconstitucional, os direitos de intimidade e vida privada dos contribuintes.[41]

---

[41] Cf. CASTRO. A constitucionalidade da transferência do sigilo bancário para o fisco preconizada pela Lei Complementar nº 105/2001. Disponível em: <http://www.aldemario.adv.br/sigilob.htm>.

12.5 Sigilo fiscal

Na medida em que o Fisco tem o direito de manusear informações dos particulares está obrigado, em regra, a não divulgar (tomar a iniciativa de publicizar) tais informações. A prestação de informações à Justiça e os convênios de cooperação tributária entre os entes estatais não afetam o sigilo fiscal.[42]

A Lei Complementar nº 104, de 2001, ao alterar vários dispositivos do Código Tributário Nacional, estabeleceu que não é vedada a divulgação de certas informações, tais como: a) relativas a inscrições na Dívida Ativa da Fazenda Pública; b) representações fiscais para fins penais; e c) parcelamento ou moratória. Ademais, foram consignados expressamente casos de transferência do sigilo fiscal necessários para o exercício de atividades de inegável interesse público. São elas: a) requisição de autoridade judiciária no interesse da justiça; e b) solicitações de autoridade administrativa no interesse da Administração Pública, desde que seja comprovada a instauração regular de processo administrativo, no órgão ou na entidade respectiva, com o objetivo de investigar o sujeito passivo a que se refere a informação, por prática de infração administrativa. O intercâmbio de informação sigilosa, no âmbito da Administração Pública, será realizado mediante processo regularmente instaurado, e a entrega será feita pessoalmente à autoridade solicitante, mediante recibo, que formalize a transferência e assegure a preservação do sigilo.

O art. 46 da Lei nº 11.457, de 2007, define a possibilidade da Fazenda Nacional celebrar convênios com entidades públicas e privadas para a divulgação de informações relativas a débitos inscritos ou submetidos a parcelamento ou moratória.

12.6 Convênios de cooperação

A Fazenda Pública da União e as dos Estados, do Distrito Federal e dos Municípios prestar-se-ão mutuamente assistência para a fiscalização dos tributos respectivos e permuta de informações, na forma estabelecida, em caráter geral ou específico, por lei ou convênio. A Fazenda Pública da União, na forma estabelecida em tratados, acordos ou convênios, poderá permutar informações com Estados estrangeiros no interesse da arrecadação e da fiscalização de tributos, conforme regra introduzida no Código Tributário Nacional pela Lei Complementar nº 104, de 2001.

---

[42] Cf. CASTRO. Sigilo fiscal: delimitação. Disponível em: <http://www.aldemario.adv.br/artsigfis.htm>.

12.7 Inscrição e Dívida Ativa

O crédito tributário não pago, na forma prevista na legislação própria, e não sujeito a qualquer das causas de suspensão da exigibilidade, é encaminhado para inscrição na chamada Dívida Ativa pela repartição administrativa competente. O ato de inscrição constitui-se em controle administrativo da legalidade do crédito tributário e suspende a prescrição, para todos os efeitos de direito, por 180 (cento e oitenta) dias ou até a distribuição da execução fiscal, se essa ocorrer antes de findo aquele prazo.

Registre-se a existência de uma forte resistência a aplicação da suspensão da prescrição de débitos tributários por ocasião da inscrição em dívida ativa, conforme estabelece o art. 2º, §3º da Lei nº 6.830, de 1980 (REsp 652.482). Argumenta-se, em síntese, que a hipótese de suspensão de prescrição tributária reclamaria, em função do art. 146, inc. III, al. "b" da Constituição, a edição de lei complementar, e não, simples lei ordinária. O equívoco do raciocínio mencionado reside no fato de desconsiderar que o aludido dispositivo da Lei nº 6.830, de 1980, foi editado antes da Constituição de 1988 e recepcionado por essa com o *status* de lei complementar.

A expressão dívida ativa aponta para a existência de um registro ou cadastro específico onde constam todos os créditos não honrados pelos devedores. Esse registro pode e deve, pela magnitude das informações envolvidas e necessidade de precisão no seu manuseio, utilizar recursos informatizados para armazenamento dos dados e seu processamento.[43]

No tocante aos créditos tributários federais, os órgãos da Secretaria da Receita Federal do Brasil encaminham aos órgãos da Procuradoria-Geral da Fazenda Nacional os créditos não pagos para fins de inscrição. Nos órgãos locais da PGFN, o ato de inscrição é realizado pelo Procurador da Fazenda Nacional.[44]

A dívida regularmente inscrita goza de presunção relativa (*juris tantum*) de certeza e liquidez. A atualização monetária e a fluência de juros de mora não excluem a liquidez do crédito. A presunção referida pode ser afastada, em regra no processo autônomo de embargos à execução, por prova inequívoca a cargo de quem a aproveite.

Segundo regras legais expressas no Código Tributário Nacional e na Lei de Execução Fiscal, para cada crédito inscrito em dívida ativa deve ser lavrado termo próprio com as seguintes informações: a) nome do devedor, dos co-responsáveis e, sempre que conhecido, o domicílio ou residência de um e de

---

[43] Cf. CASTRO. Dívida Ativa: comentários aos arts. 201 a 204 do Código Tributário Nacional. Disponível em: <http://www.aldemario.adv.br/dauctncom.htm>.

[44] Cf. CASTRO. Os Procuradores da Fazenda Nacional. Brasília, 27 ago. 2004. Disponível em: <http://www.aldemario.adv.br/pfnsnovo.htm>.

outros; b) valor originário da dívida, bem como o termo inicial e a forma de calcular os juros de mora e demais encargos previstos em lei; c) origem, natureza e fundamento legal da dívida; d) indicação, se for o caso, de estar a dívida sujeita à atualização monetária, bem como o respectivo fundamento legal e o termo inicial para o cálculo; e) data e número da inscrição no Registro da Dívida Ativa e f) número do processo administrativo ou do auto de infração, se neles estiver apurado o valor da dívida. O STJ já decidiu, ao julgar o REsp nº 844.936, pela nulidade da certidão de dívida ativa que não discrimina corretamente os valores em cobrança e compromete a defesa do executado. No mesmo sentido, é obrigatória a descrição do fato constitutivo da infração, não sendo aceitável uma menção genérica (multa de postura geral) (REsp nº 965.223).

Da inscrição lavra-se o competente termo. Expede-se também, com os mesmos elementos do termo, certidão que instruirá a ação judicial de execução fiscal do crédito em questão. Essa certidão pode ser substituída, por omissões ou erros, até a decisão de primeira instância, devolvido o prazo de defesa acerca da parte modificada. Já decidiu o STJ, em consonância com entendimento majoritário na doutrina, no sentido da possibilidade da cobrança judicial prosseguir com expurgo de valor indevido da certidão de dívida ativa e apuração do valor devido remanescente por simples cálculo aritmético (AgRg nos EDcl no Ag nº 537.169 e EREsp nº 602.002). No entanto, não é viável a cobrança, aproveitando a mesma CDA (substituída): a) quando o caso não enseja um simples ajuste no valor da certidão, requer um novo lançamento, nova apuração da base de cálculo e desconstituição de quase toda a escrita fiscal no período (para reconstituir o valor correto sem as parcelas consideradas inconstitucionais) (EREsp nº 602.002) e b) na ausência de requisitos essenciais, como a origem especificada da dívida e o exercício a que se refere (AgRg no REsp nº 942.982).

Segundo o STJ, a Fazenda Pública pode substituir a CDA, antes da sentença de mérito, para viabilizar a cobrança do IPTU de novo proprietário (REsp nº 840.623).

O art. 11 do Decreto-Lei nº 1.893, de 1981, já considerava público o registro da Dívida Ativa da União, dele podendo ser extraídas as certidões negativas ou positivas, requeridas por qualquer pessoa, natural ou jurídica, para defesa de direitos ou esclarecimentos de situações.

As últimas modificações realizadas no Código Tributário Nacional, conforme referência anterior, reforçam o caráter público do cadastro da Dívida Ativa. Essa publicidade cria as condições necessárias para o afastamento das conseqüências negativas, nas várias transações econômicas, da fraude à execução.

12.8 Certidão negativa

A lei pode exigir, para a prática de certos atos, que seja realizada a prova da quitação de determinados tributos ou de todos os tributos de certo contribuinte por intermédio de certidão negativa. Essa será fornecida no prazo de 10 dias da data da entrada do requerimento na repartição fiscal.

A Lei nº 9.051, de 1995, fixa o prazo de 15 dias, contados do registro do pedido no órgão expedidor, para emissão de certidões para a defesa de direitos e esclarecimentos de situações. Esse prazo não prevalece, em relação ao prazo de 10 dias previsto no Código Tributário Nacional, por ser norma especial a regra fixada nesse último diploma legal.

Essa prova de quitação tanto poderá se dar por exigência do Poder Público, em atos como participação em licitação e contratação, como também por ser de interesse do próprio contribuinte, de qualquer pessoa que queira realizar certos negócios com esse ou mesmo para simples verificação de sua situação perante o Fisco.

Na Administração Tributária federal poderão ser fornecidas certidões tanto pelos órgãos da Secretaria da Receita Federal do Brasil como pelos órgãos da Procuradoria-Geral da Fazenda Nacional, respeitadas as áreas de competências. Entretanto, por força de lei, em todos os casos em que for exigida a apresentação de provas de quitação de tributos federais, incluir-se-á, obrigatoriamente, dentre aquelas, a certidão negativa de inscrição de dívida ativa da União, fornecida pela Procuradoria-Geral da Fazenda Nacional (art. 62 do Decreto-Lei nº 147, de 1967).

Nos termos do Decreto nº 5.586, de 2005, a prova de regularidade fiscal perante a Fazenda Nacional será efetuada mediante certidão conjunta expedida pela Secretaria da Receita Federal do Brasil e Procuradoria-Geral da Fazenda Nacional. As certidões conjuntas podem ser emitidas: a) pela internet e b) nas unidades dos dois órgãos fazendários mencionados. A Portaria Conjunta PGFN/SRF nº 3, de 2005, estabelece que somente produzirá efeitos a certidão conjunta cuja autenticidade for confirmada nos endereços eletrônicos dos dois órgãos da Administração Tributária federal.

12.9 Certidão positiva com efeito de negativa

Tem os mesmos efeitos de certidão negativa aquela em que conste a existência de créditos: a) não vencidos; b) em curso de cobrança executiva em que tenha sido efetivada a penhora; e c) cuja exigibilidade esteja suspensa, por quaisquer das causas elencadas no art. 151 do Código Tributário Nacional.

A certidão positiva com efeito de negativa, prevista expressamente no art. 206 do Código Tributário Nacional, tem sido denominada freqüentemente de certidão de regularidade.

Segundo o STJ, a ação cautelar pode ser utilizada pelo contribuinte antes da ação de execução fiscal para garantir o juízo de forma antecipada com o oferecimento de caução. Assim, seria viável a obtenção de certidão positiva com efeito negativo (REsp nº 912.710).

12.10 Tipos de certidão

A rigor, são 3 (três) as certidões possíveis retratando a situação fiscal do contribuinte. Em primeiro lugar, tem-se a certidão positiva que demonstra a existência de créditos não pagos. Os débitos declarados e não honrados, mesmo na ausência lançamento formal, impõem a emissão de certidões positivas (REsp nº 780.167). A certidão negativa, por sua vez, afirma a inexistência de pendências com o Fisco. Por fim, a certidão positiva com efeitos de negativa (ou certidão de regularidade) atesta a existência de créditos em aberto, mas devido a circunstâncias expressamente previstas em lei, deve ser acatada como se negativa fosse.

12.11 Outras regras acerca de certidões

Independentemente de disposição legal permissiva, diz o Código Tributário Nacional que será dispensada a prova de quitação de tributos, ou o seu suprimento, quando se tratar de prática de ato indispensável para evitar a caducidade de direito, respondendo, porém, todos os participantes no ato pelo tributo porventura devido, juros de mora e penalidades cabíveis, exceto as relativas a infrações cuja responsabilidade seja pessoal ao infrator.

A certidão negativa expedida com dolo ou fraude, que contenha erro contra o Fisco, responsabiliza pessoalmente o funcionário que a expedir, pelo crédito e juros de mora. Cabe, ainda, responsabilidade criminal e administrativa (ou funcional).

12.12 Jurisprudência

12.12.1 Certidão de dívida ativa

CDA. Ausência. Especificação. Exercício. Trata-se de recurso contra acórdão do TJ-RS que concluiu pela nulidade da CDA porque englobava diversos exercícios fiscais num único valor sem a devida discriminação, sendo omissa quanto ao livro e à folha da inscrição. Entendeu, ainda, cabível o reconhecimento ex officio da prescrição. A questão está em saber se é válida uma CDA para cobrança de tributo de mais de um exercício, em que não estão especificados os valores por período. A Min. Relatora entende que a ausência de discriminação dos valores por exercício, bem como dos juros e multa moratória compromete a defesa do executado, que fica tolhido de questionar as importâncias e a forma de cálculo. Não se trata de mera formalidade, sendo, portanto, nulo o título e conclui que, embora a prescrição não possa ser decretada de ofício, prevalece o fundamento da nulidade da CDA, suficiente, por si só, para manter o julgado. Precedente citado: REsp 733.432-RS, *DJ* 8.8.2005. (REsp 844.936-RS, Rel. Min. Eliana Calmon, julgado em 22.8.2006. *Informativo STJ*, n. 294)

A questão está em saber se é válida uma CDA para cobrança de tributo que não discrimina o fato gerador (pressuposto de fato) que levou à aplicação da multa. Para a Min. Relatora, a omissão da descrição do fato constitutivo da infração representa causa de nulidade da CDA por dificultar a ampla defesa do executado. Não se trata de mera formalidade, sendo, portanto, nulo o título. A CDA é título formal, cujos elementos devem estar bem delineados, a fim de dar efetividade ao princípio constitucional da ampla defesa do executado. Diante disso, torna-se obrigatória a descrição do fato constitutivo da infração, não sendo suficiente a menção genérica à multa de postura geral", como origem do débito a que se refere o art. 2º, §5º, III, da Lei nº 6.830/1980. (REsp 965.223-SP, Rel. Min. Eliana Calmon, julgado em 18.9.2008. *Informativo STJ*, n. 368)

Inconstitucionalidade. Majoração. ICMS. A declaração da inconstitucionalidade da majoração da alíquota do ICMS em 1% não determina a inexigibilidade do título executivo (CDA), visto que se impõe o prosseguimento da execução quanto ao valor correto, apurável por simples cálculos aritméticos. Tal entendimento não afronta o art. 741, II, parágrafo único, do CPC (que considera inexigível o título judicial lastreado em lei ou ato normativo tido pelo STF como inconstitucional ou incompatível com a CF/1988), pois a declaração de inexigibilidade só atinge parte dos valores contidos na CDA. Precedentes citados: AgRg no REsp 617.700-SP, *DJ* 27.9.2004; EDcl no REsp 429.611-SC, *DJ* 14.2.2005; AgRg no Ag 576.568-SP, *DJ* 23.8.2004, e AgRg nos EDcl no REsp 686.588-SP, *DJ* 16.5.2005. (AgRg nos EDcl no Ag 537.169-RS, Rel. Min. Humberto Martins, julgado em 17.8.2006. *Informativo STJ*, n. 293)

A questão consistiu em saber se pode ser considerada válida à certidão de dívida ativa (CDA) em que houve a inclusão da contribuição para o Instituto do Açúcar e do Álcool (IAA) que fora considerada inconstitucional pelo STF. Assim, no que concerne à exclusão dessas parcelas da base de cálculo do ICMS, se poderia ser realizada por simples operação aritmética, ou seria necessário novo lançamento. Destacou o Min. Relator que a jurisprudência deste Superior Tribunal tem entendido que as alterações que possam ocorrer na CDA por simples operação aritmética não ensejam sua nulidade, fazendo-se no título que instrui a execução fiscal o decote da majoração indevida. Entretanto o presente caso não comporta um simples recorte no valor da CDA, requer um novo lançamento, nova apuração da base de cálculo do imposto, com a desconstituição de quase toda a escrita fiscal no período, inclusive anulando-se todas as notas fiscais do período para reconstituir o correto cálculo do ICMS sem as parcelas consideradas inconstitucionais. Com esse entendimento, a Seção, ao prosseguir o julgamento, por maioria, deu provimento aos embargos a fim de declarar que a CDA objurgada não possui certeza e liquidez, uniformizando a jurisprudência quanto à questão. Precedente citado: REsp 196.663-SP, *DJ* 13.3.2000. (EREsp 602.002-SP, Rel. Min. Humberto Martins, julgados em 27.6.2007. *Informativo STJ*, n. 325)

O Min. Relator salientou que a obrigação tributária real é propter rem, por isso o IPTU incide sobre o imóvel (art. 130 do CTN). Ainda que alienada a coisa litigiosa, é lícita a substituição das partes (art. 42 do CPC), preceito que se aplica à execução fiscal, em cujo procedimento há regra expressa de alteração da inicial, qual a de que é lícito substituir a CDA antes do advento da sentença. O IPTU tem como contribuinte o novo proprietário (art. 34 do CTN), porquanto se consubstanciou a responsabilidade tributária por sucessão, em que a relação jurídico-tributária deslocou-se do predecessor ao adquirente do bem. Por isso impedir a substituição da CDA pode ensejar que as partes dificultem ao Fisco, até a notícia da alienação, a exigibilidade judicial do crédito sujeito à prescrição. In casu, não houve a citação da referida empresa, tendo a Fazenda Pública requerido a substituição da CDA e a citação do atual proprietário do imóvel. Conseqüentemente, descoberto o novo proprietário, fica manifesta a possibilidade de que, na forma do art. 2º da Lei nº 6.830/1980, a Fazenda Pública substitua a CDA antes da sentença de mérito, impedindo que as partes, por negócio privado, infirmem as pretensões tributárias. (REsp 840.623-BA, Rel. Min. Luiz Fux, julgado em 6.9.2007. *Informativo STJ*, n. 330)

A jurisprudência deste Superior Tribunal entende que é possível a substituição da CDA antes da prolação da sentença se houver erro material ou formal. Contudo, na espécie, não se trata de erro material, mas da ausência de requisitos essenciais a convalidar a CDA: origem especificada da dívida, o exercício a que se refere a dívida que lhe dá origem (IPVA) e a especificação do veículo (não consta nem o número da placa). Logo, o Fisco está impossibilitado de substituir o título executivo, pois não há tutela na Lei nº 6.830/1980 nem no CTN para esse mister. Assim, a Turma negou provimento ao agravo regimental interposto pela Fazenda estadual. Precedente citado: AgRg no REsp 932.402-RS, *DJ* 26.6.2007. (AgRg no REsp 942.982-RS, Rel. Min. José Delgado, julgado em 20.9.2007. *Informativo STJ*, n. 332)

12.12.2 Certidão e caução

A Turma reiterou o entendimento de que, antes da ação de execução fiscal, pode o contribuinte interpor ação cautelar para garantir o juízo de forma antecipada (oferecimento de caução), para o fim de obter certidão positiva com efeito negativo. Contudo, na espécie, o executivo fiscal já havia sido proposto pelo INSS. Logo, necessária a comprovação dos requisitos do art. 206 do CTN, quais sejam: a efetivação da penhora nos autos da ação executiva fiscal ou a suspensão da exigibilidade do crédito tributário, nos termos do art. 151 do CTN, hipótese em que não se enquadra a cautelar da caução. Precedentes citados: EREsp 815.629-RS, *DJ* 6.11.2006; REsp 889.770-RS, *DJ* 17.5.2007, e REsp 883.459-SC, *DJ* 7.5.2007. (REsp 912.710-RN, Rel. Min. Luiz Fux, julgado em 19.6.2008. *Informativo STJ*, n. 360)

12.12.3 Certidão e débito declarado

Tributário. Obrigações tributárias informadas em declaração. Débito declarado e pago a menor. Certidão negativa de débito. Recusa legítima. 1. Não foram cumpridas as formalidades exigidas pelos artigos 541, parágrafo único, do Código de Processo Civil e 255 do RISTJ. Dissídio jurisprudencial não configurado. 2. Em se tratando de tributo lançado por homologação, ocorrendo a declaração do contribuinte e na falta de pagamento da exação no vencimento, fica elidida a necessidade da constituição formal do débito pelo Fisco quanto aos valores declarados. 3. A declaração do contribuinte "constitui" o crédito tributário relativo ao montante informado e torna dispensável o lançamento, sendo legítima a recusa na expedição de certidão negativa de débito. 4. A ausência de inscrição do crédito tributário em dívida ativa não é causa suficiente à expedição de certidão positiva com efeitos de negativa, tendo que vista que tal circunstância não se enquadra nas restritas hipóteses do art. 206 do CTN. 5. Recurso especial improvido. (STJ. 2ª Turma. REsp nº 780.167. Rel. Min. Castro Meira. Julgamento em 18.10.2005)

12.12.4 Fiscalização

O Tribunal julgou improcedente pedido formulado em ação direta ajuizada pelo Conselho Federal da Ordem dos Advogados do Brasil – OAB contra o §7º do art. 163 da Constituição do Estado de São Paulo, que prevê não se compreender como limitação ao tráfego de pessoas ou bens, a apreensão de mercadorias desacompanhadas de documentação fiscal idônea e sua retenção até a comprovação da legitimidade da posse pelo proprietário. Entendeu-se não se estar diante de hipótese normativa de coação para fins de pagamento de valores ao Fisco, mas de atribuição inerente ao poder de polícia tributária, ou seja, fiscalização do cumprimento da legislação tributária. Afastou-se, também, a alegação de que o dispositivo questionado estaria a constranger o contribuinte a desempenhar a sua atividade profissional, em afronta ao art. 5º, XIII, da CF. Asseverou-se que a garantia fundamental do livre exercício de qualquer trabalho, ofício ou profissão está subordinada ao atendimento das qualificações profissionais que a lei estabelecer, sendo que a observância dos recolhimentos tributários no desempenho dessas atividades impõe-se legal e legitimamente. Da mesma forma, rejeitou-se a assertiva de contrariedade aos Enunciados 70, 323 e 547 da Súmula do STF, ao fundamento de que estes proíbem a Administração Pública de interditar estabelecimento, apreender mercadorias ou cercear o exercício de atividades profissionais daqueles que se encontram em débito com suas obrigações fiscais como meio de coagi-los a pagar suas dívidas sem que sejam observados os processos próprios para o alcance desse objetivo. (ADI 395/SP, Rel. Min. Cármen Lúcia, 17.5.2007. *Informativo STF*, n. 467)

12.12.5 Inscrição em dívida ativa e prescrição

A Turma desproveu o recurso por entender que, referente à prescrição dos débitos tributários, aplica-se a regra do art. 174 do CTN em detrimento das disposições da LEF. Quanto às dívidas de natureza não-tributária, aplica-se a Lei nº 6.830/1980, sobretudo quanto aos prazos de suspensão e interrupção da prescrição. Precedentes citados: REsp 32.843-SP, *DJ* 26.10.1998, e REsp 190.092-SP, *DJ* 1º.7.2002. (REsp 652.482-PR, Rel. Min. Franciulli Netto, julgado em 10.8.2004. *Informativo STJ*, n. 217)

Capítulo 13

Noções do processo administrativo tributário

Sumário: **13.1** Acepções e espécies - **13.2** Determinação e exigência do crédito tributário - **13.3** Consulta - **13.4** Jurisprudência - **13.4.1** Arrolamento - **13.4.2** Consulta - **13.4.3** Depósito recursal - **13.4.4** Discussão administrativa e discussão judicial - **13.4.5** Processo administrativo fiscal - **13.4.5.1** Avocatória - **13.4.5.2** Duração - **13.4.5.3** Notificação - **13.4.6** Locatário

13.1 Acepções e espécies

São duas as acepções da expressão processo administrativo tributário. Na primeira, com sentido amplo, cogita-se do conjunto de atos administrativos tendentes ao reconhecimento de uma situação jurídica pertinente à relação entre o Fisco e o contribuinte. Já na segunda, com sentido restrito, tem-se uma espécie de processo administrativo destinada à determinação e exigência do crédito tributário.

A atividade desenvolvida no processo administrativo fiscal é de natureza administrativa e vinculada às determinações legais.

Assim, é possível encontrar processos administrativos fiscais com os mais diversos objetivos, a saber: a) reconhecimento de direitos (como isenções e imunidades); b) parcelamento de débitos; c) restituição de valores (diante de pagamentos a maior ou indevidos); d) consulta; e e) determinação e exigência do crédito tributário.

13.2 Determinação e exigência do crédito tributário

É a mais importante das espécies de processos administrativos fiscais, destinada a dar suporte ao lançamento direto ou por declaração.

No âmbito da União, o processo administrativo fiscal de determinação e exigência do crédito tributário encontra-se regulado pelo Decreto nº 70.235, de 1972, diploma normativo com força de lei, como reconhecem os Tribunais e o legislador, que já o alterou por meio de várias leis ordinárias.

O processo de determinação e exigência do crédito tributário divide-se em duas fases: a) unilateral ou não contenciosa; e b) bilateral, contenciosa ou litigiosa.

A fase não contenciosa começa pelo ato da autoridade competente tendente à realização do lançamento. Esse ato, devidamente comunicado ao contribuinte e com prazo de validade, pode ser, entre outros: a) termo de início de fiscalização; b) apreensão de mercadorias; ou c) começo do despacho aduaneiro. O início da fiscalização tem como efeito a exclusão da espontaneidade da denúncia prevista no art. 138 do Código Tributário Nacional.

Diante de descumprimento da legislação tributária, a autoridade ou o agente competente lavra o chamado auto de infração, cientificando o contribuinte. Nele, entre outros elementos, estará presente a descrição objetiva, clara e completa do fato caracterizador da infração da legislação tributária, viabilizando assim o exercício da defesa pelo contribuinte.

A fase contenciosa começa com a impugnação do lançamento realizado pela fiscalização por intermédio do auto de infração. Depois da impugnação serão realizados os atos instrutórios (diligências, perícias, etc.) e o julgamento em primeira instância, segundo o princípio do livre convencimento do julgador (quanto à valoração da prova).

Proferida a decisão de primeira instância, normalmente uma decisão mono-crática ou singular, cabe, em regra, recurso para um órgão superior, geralmente colegiado. É comum a previsão do chamado recurso de ofício quando a decisão de primeira instância é favorável ao contribuinte em certas circunstâncias.

Num primeiro momento, o Supremo Tribunal Federal decidiu pela consti-tucionalidade da fixação legal da necessidade de depósito para o recurso da primeira para a segunda instância administrativa (ADInMC nº 1.976). O Superior Tribunal de Justiça, por sua vez, reconheceu a legalidade, em relação ao CTN, do depósito recursal (AgRg no Ag nº 443.937).[45] Esses posicionamentos foram superados posteriormente quando o STF entendeu como inconstitucional a exigência de depósito prévio como condição de admissibilidade de recurso na esfera administrativa por envolver violações ao contraditório e a ampla defesa e ao direito de petição (RE nº 388.359, RE nº 389.383 e RE nº 390.513). O STJ também redefiniu seu posicionamento (REsp nº 943.116 e AgRg no Ag nº 829.932).

---

[45] Cf. CASTRO. Refutação dos argumentos contrários ao depósito recursal parcial no âmbito do processo admi-nistrativo fiscal. Disponível em: <http://www.aldemario.adv.br/artigo10n.htm>.

Nos termos da Lei n° 10.522, de 2002, aplicável ao processo administrativo fiscal no âmbito da Secretaria da Receita Federal do Brasil, o depósito foi substituído pela exigência do recorrente arrolar bens e direitos de valor equivalente a 30% (trinta por cento) da exigência fiscal definida na decisão de primeira instância, limitado o arrolamento, sem prejuízo do seguimento do recurso, ao total do ativo permanente, se pessoa jurídica, ou ao patrimônio, se pessoa natural. No julgamento da ADIn n° 1.922 e da ADIn n° 1.976, o STF entendeu que não houve alteração substancial na mudança do depósito prévio para o arrolamento de bens. Segundo o STF, o arrolamento de bens mantém a mesma dificuldade, para realização do recurso administrativo, presente na necessidade de efetivar depósito em dinheiro.

O arrolamento antes mencionado foi tratado inicialmente pela Lei n° 9.532, de 1997, quando estabeleceu que a autoridade fiscal competente procederá ao arrolamento de bens e direitos do sujeito passivo sempre que o valor dos créditos tributários de sua responsabilidade for superior a trinta por cento do patrimônio conhecido e o valor desses créditos seja superior a quinhentos mil reais.[46] O STJ, no julgamento do REsp n° 689.472, decidiu que o arrolamento fiscal prescinde de crédito previamente constituído.

Uma interessante e relevante discussão, levantada por Hugo de Brito Machado,[47] consiste na verificação da possibilidade de o interessado que não seja sujeito passivo (a exemplo do locatário que assume a responsabilidade contratual pelo pagamento do IPTU) impugnar o lançamento. Segundo o eminente tributarista citado, a Lei n° 9.784, de 1999, assim como a cláusula constitucional do devido processo legal, viabilizariam a iniciativa do mero interessado. No caso específico do locatário, o STJ já firmou entendimento de que não cabe a atuação direta do mesmo contra o lançamento tributário (REsp n° 656.631).

Ao julgar o RE n° 233.582, o Supremo Tribunal Federal reconheceu a constitucionalidade do art. 38 da Lei n° 6.830, de 1980. A regra em questão estabelece que a propositura, pelo contribuinte, de ação judicial voltada para discutir débito inscrito em Dívida Ativa importa em renúncia ao poder de recorrer na esfera administrativa e desistência do recurso acaso interposto. Não se vislumbrou, no comando legal, ofensa ao direito de livre acesso ao Judiciário e ao direito de petição.

O Supremo Tribunal Federal declarou inconstitucional lei estadual que definia prazo para a decisão final no processo administrativo fiscal sob pena de seu arquivamento e da impossibilidade de revisão ou renovação do lançamento tributário em relação ao mesmo fato gerador (espécie de "decadência

---

[46] Cf. CASTRO. Penhora administrativa e arrolamento de bens e direitos. Disponível em: <http://www.aldemario. adv.br/artigo2.htm>.

[47] MACHADO. Curso de direito tributário, p. 400.

intercorrente"). Afirmou-se, entretanto, com base no princípio federativo, a constitucionalidade da fixação, pelo legislador estadual, de prazo de tramitação de um processo administrativo tributário, em atenção à garantia constitucional da razoável duração do processo (ADIN nº 124).

O STJ reputou constitucional e legal determinada norma estadual que confere a possibilidade de o Secretário de Fazenda rever decisão do conselho de contribuintes estadual por meio de avocatória (RMS nº 26.228).

A Súmula nº 355 do STJ reconhece a validade da notificação do ato de exclusão do Programa de Recuperação Fiscal (REFIS) pelo Diário Oficial ou pela internet.

13.3 Consulta

Para eliminar dúvida acerca de fato concreto ou de situação hipotética o contribuinte pode lançar mão do processo de consulta. Durante a consulta, ou seja, depois de formulada e antes da resposta, fica vedada a ação fiscal contra o contribuinte em relação à matéria consultada (REsp nº 600.218).

Nos termos da Lei nº 9.430, de 1996, o processo de consulta relacionado com os tributos administrados pela Secretaria da Receita Federal do Brasil são solucionados em instância única pelo órgão regional. O órgão central será acionado no caso de consulta formulada por órgão central da Administração Tributária ou por entidade representativa de categoria profissional ou econômica de âmbito nacional. O órgão central também resolverá, mediante recurso especial, as divergências entre soluções de consultas.

13.4 Jurisprudência

13.4.1 Arrolamento

Preliminarmente, o Tribunal considerou prejudicada a ação ajuizada pela CNI no que se refere ao art. 33, caput e parágrafos, da norma impugnada, haja vista que, depois da concessão da liminar, teria ocorrido alteração do quadro normativo inicialmente impugnado, não havendo dispositivos idênticos ou similares nas reedições da Medida Provisória ou na lei de conversão, o que inviabilizaria o controle. Também reconheceu o prejuízo da ação proposta pelo Conselho Federal da OAB, por falta de aditamento relativamente à lei de conversão. Afastou, ainda, a preliminar de prejudicialidade da ação proposta pela CNI em relação ao art. 32 da aludida Medida Provisória, por entender que a substituição do depósito prévio pelo arrolamento de bens não implicara alteração substancial do conteúdo da norma impugnada. Asseverou, no ponto, que a obrigação de arrolar bens criara a mesma dificuldade que depositar quantia para recorrer administrativamente. Considerou superada, ademais, a análise dos requisitos de relevância e urgência da Medida Provisória 1.699-41/98, em virtude de sua conversão em lei. Quanto ao mérito, o Tribunal julgou procedente o pedido formulado para declarar a inconstitucionalidade do art. 32 da Medida Provisória

1.699-41/98, convertida na Lei 10.522/2002, reportando-se à orientação firmada nos recursos extraordinários 388359/PE, 389383/SP e 390513/SP anteriormente mencionados. O Min. Sepúlveda Pertence também fez ressalva quanto aos fundamentos de seu voto vencido nesses recursos extraordinários. (ADI 1922/DF, Rel. Min. Joaquim Barbosa, 28.3.2007; ADI 1976/DF, Rel. Min. Joaquim Barbosa, 28.3.2007. *Informativo STF*, n. 461)

Arrolamento. Bens. Direitos. Contribuinte. O Tribunal de origem entendeu desarrazoado o arrolamento de bens levado a efeito pela Fazenda Pública enquanto pendente de recurso o processo administrativo tendente a apurar o valor do crédito tributário, uma vez que não haveria crédito definitivamente constituído. O Min. Relator esclareceu que a medida cautelar fiscal ensejadora de indisponibilidade do patrimônio do contribuinte pode ser intentada mesmo antes da constituição do crédito tributário, nos termos do art. 2º, V, b, e VII, da Lei nº 8.397/1992 (com a redação dada pela Lei nº 9.532/1997), o que implica raciocínio analógico no sentido de que o arrolamento fiscal também prescinde de crédito previamente constituído, uma vez que não acarreta efetiva restrição ao uso, alienação ou oneração dos bens e direitos do sujeito passivo da obrigação tributária, revelando caráter ad probationem e, por isso, autoriza o manejo da ação cabível contra os cartórios que se negarem a realizar o registro de transferência dos bens alienados. Isso posto, a Turma, ao prosseguir o julgamento, por maioria, deu provimento ao recurso. (REsp 689.472-SE, Rel. Min. Luiz Fux, julgado em 5.10.2006. *Informativo STJ*, n. 299)

13.4.2 Consulta

É certo que o processo administrativo de consulta produz pelo menos dois efeitos: a) suspensão do curso do prazo para pagamento do imposto, em relação à situação que está sendo discutida; e b) impedimento, até o término do prazo fixado na resposta, para o início de qualquer procedimento fiscal destinado à apuração de infrações relacionadas com a matéria consultada. Contudo, no presente caso, encontra-se correto o v. acórdão rechaçado na medida em que reconheceu que, nos termos do art. 48, §5º, da Lei 9430/96, o recurso interposto sobre a resposta dada à consulta, quando divergir de outra conclusão, não tem efeito suspensivo. Portanto, não ocorreu, in casu, violação ao disposto no art. 151, III do Código Tributário Nacional. (STJ. 1ª Turma. REsp nº 600.218. Rel. Min. José Delgado. Julgamento em 23.3.2004)

13.4.3 Depósito recursal

Em seguida, por ausência de plausibilidade jurídica da tese de ofensa ao direito de petição, aos princípios do devido processo legal e da ampla defesa (CF, art. 5º, XXXIV, LIV e LV), o Tribunal, por maioria, indeferiu pedido de medida liminar contra o §2º do art. 33 do Decreto Federal 70.235/72, com redação dada pelo art. 32 da MP 1.863/99 ("art. 33. §2º Em qualquer caso, o recurso voluntário somente terá seguimento se o recorrente o instruir com prova do depósito de valor correspondente a, no mínimo, trinta por cento da exigência fiscal definida na decisão"). Vencido o Min. Marco Aurélio que a deferia, por entender, num primeiro exame, estar caracterizada a ofensa ao art. 5º, LV, da CF, que assegura a todos os litigantes, seja em processo administrativo ou judicial, a ampla defesa. (ADInMC 1.922-DF e ADInMC 1.976-DF, Rel. Min. Moreira Alves, 6.10.99. *Informativo STF*, n. 165)

Tributário. Recurso especial. Exigibilidade do depósito prévio. Recurso administrativo. Ausência de incompatibilidade com o art. 151, inc. III, do CTN. Precedentes do STF e STJ. 1. Não se conhece de recurso especial quando a decisão atacada baseou-se, como fundamento central, em matéria de cunho eminentemente constitucional (a constitucionalidade do referido depósito, por não ir de encontro aos princípios constitucionais da ampla defesa e do contraditório para interpor recurso na via administrativa – art. 5º, LIV e LV, da CF/88), com alicerce, ainda, em decisão prolatada pelo colendo STF. O STF pronunciou-se sobre o tema em comento: ADIn's nºs 836-6/DF, Rel. em. Min. Francisco Resek, 922/DF e 1.976/DF, ambas do em. Rel. Min. Moreira Alves. No mesmo sentido: RE nº 210244/GO, Rel. Min. Neri da Silveira, *DJ* de 19.3.1999; RE nº 235833/GO, Rel. Min. Sepúlveda Pertence. 2. Apesar de haver fundamento infraconstitucional (art. 151, do CTN), não prevalece este em detrimento da abordagem central de natureza constitucional. 3. O pressuposto de admissibilidade do recurso administrativo, consubstanciado na exigência do depósito recursal, não se incompatibiliza com a regra prevista no mencionado art. 151 do CTN. 4. A jurisprudência do STF e do STJ concluíram pela constitucionalidade e legalidade da exigência do depósito prévio recursal. 5. Agravo Regimental improvido. (STJ. 2ª Turma. AgRg no Ag 443.937. Rel. Min. Francisco Peçanha Martins. Julgamento em 7.12.2004)

É inconstitucional a exigência de depósito prévio como condição de admissibilidade de recurso na esfera administrativa. Nesse sentido, o Tribunal, por maioria, deu provimento a recurso extraordinário interposto contra acórdão do Tribunal Regional Federal da 5ª Região, e declarou a inconstitucionalidade do art. 33, §2º, do Decreto 70.235/72, na redação do art. 32 da Medida Provisória 1.699-41/98, convertida na Lei 10.522/2002 – v. *Informativo* 423. Entendeu-se que a exigência do depósito ofende o art. 5º, LV, da CF — que assegura aos litigantes, em processo judicial ou administrativo, e aos acusados em geral, o contraditório e a ampla defesa, com os meios e recursos a ela inerentes —, bem como o art. 5º, XXXIV, a, da CF, que garante o direito de petição, gênero no qual o pleito administrativo está inserido, independentemente do pagamento de taxas. Vencido o Min. Sepúlveda Pertence que, reportando-se ao voto que proferira no julgamento da ADI 1922 MC/DF (*DJU* de 24.11.2000), negava provimento ao recurso, ao fundamento de que exigência de depósito prévio não transgride a Constituição Federal, porque esta não prevê o duplo grau de jurisdição administrativa. (RE 388359/PE, Rel. Min. Marco Aurélio, 28.3.2007. *Informativo STF*, n. 461)

Trata-se de recurso contra acórdão que considerou legal a exigência de depósito prévio do valor da multa para a interposição de recurso administrativo. O Min. Relator aduziu que o fato de se condicionar a interposição de recurso administrativo a depósito prévio da multa devida em decorrência da possível infração afronta claramente o princípio da ampla defesa, assegurado pela Carta Magna, porquanto, havendo impossibilidade de se efetuar o depósito, a defesa do requerido, na instância administrativa, fica cerceada. Isso posto, a Turma deu provimento ao recurso. Precedentes citados do STF: AC 1.566-MG, *DJ* 27.4.2007; ADI 1.073-DF, *DJ* 28.5.2001; do STJ: AgRg no Ag 112.789-PA, *DJ* 30.6.1997, e RMS 240-SP, *DJ* 1º.6.1992. (REsp 943.116-SP, Rel. Min. José Delgado, julgado em 19.6.2007. *Informativo STJ*, n. 324)

Quanto à interposição de recurso administrativo sem o recolhimento prévio do depósito de que trata o art. 126, §1º, da Lei nº 8.213/1991, com a redação dada pela Lei nº 10.684/2003, este Superior Tribunal e o STF entendiam, de forma iterativa, que a exigência do depósito prévio recursal era legal e constitucional. Todavia, no julgamento da ADI n° 1.976-7/DF, o STF reviu sua posição e afastou a exigência do depósito prévio em recursos administrativos. Considerou-se que a limitação do depósito prévio para levar o processo administrativo ao Conselho do Contribuinte apresenta-se como uma obstrução ao direito de defesa, afetando diretamente os direitos e garantias individuais. Assim, diante da posição adotada pelo STF, a exigência do depósito prévio de trinta por cento do valor da dívida como requisito para a interposição de recurso administrativo não mais pode prevalecer, sob pena de que seja esvaziado o direito dos administrados de recorrerem administrativamente. Precedentes citados do STF: RE 311.023-3-RJ, *DJ* 26.10.2001, e ADIn 1.976-7-DF, *DJ* 5.6.2007; do STJ: AgRg no RMS 14.030-RJ, *DJ* 9.9.2002. (AgRg no Ag 829.932-SP, Rel. Min. João Otávio de Noronha, julgado em 20.9.2007. *Informativo STN*, n. 332)

13.4.4 Discussão administrativa e discussão judicial

Em conclusão de julgamento, o Tribunal, por maioria, negou provimento a recurso extraordinário em que se discutia a constitucionalidade do parágrafo único do art. 38 da Lei 6.830/80 ("Art 38. A discussão judicial da Dívida Ativa da Fazenda Pública só é admissível em execução, na forma desta Lei, salvo as hipóteses de mandado de segurança, ação de repetição do indébito ou ação anulatória do ato declarativo da dívida, esta precedida do depósito preparatório do valor do débito, monetariamente corrigido e acrescido dos juros e multa de mora e demais encargos. Parágrafo único. A propositura, pelo contribuinte, da ação prevista neste artigo importa em renúncia ao poder de recorrer na esfera administrativa e desistência do recurso acaso interposto"). Tratava-se, na espécie, de recurso interposto contra acórdão do Tribunal de Justiça do Estado do Rio de Janeiro, que negara provimento à apelação da recorrente e confirmara sentença que indeferira mandado de segurança preventivo por ela impetrado, sob o fundamento de impossibilidade da utilização simultânea das vias administrativa e judicial para discussão da mesma matéria – v. *Informativos* 349 e 387. Entendeu-se que o art. 38, da Lei 6.830/80 apenas veio a conferir mera alternativa de escolha de uma das vias processuais. Nesta assentada, o Min. Sepúlveda Pertence, em voto-vista, acompanhou a divergência, no sentido de negar provimento ao recurso. Asseverou que a presunção de renúncia ao poder de recorrer ou de desistência do recurso na esfera administrativa não implica afronta à garantia constitucional da jurisdição, uma vez que o efeito coercivo que o dispositivo questionado possa conter apenas se efetiva se e quando o contribuinte previa o acolhimento de sua pretensão na esfera administrativa. Assim, somente haverá receio de provocar o Judiciário e ter extinto o processo administrativo, se este se mostrar mais eficiente que aquele. Neste caso, se houver uma solução administrativa imprevista ou contrária a seus interesses, ainda aí estará resguardado o direito de provocar o Judiciário. Por outro lado, na situação inversa, se o contribuinte não esperar resultado positivo do processo administrativo, não hesitará em provocar o Judiciário tão logo possa, e já não se interessará mais pelo que se vier a decidir na esfera administrativa, salvo no caso de eventual sucumbência jurisdicional. Afastou, também, a alegada ofensa ao direito de petição, uma vez que este já teria sido exercido pelo contribuinte, tanto que haveria um processo administrativo em curso. Concluiu que o dispositivo atacado encerra preceito de economia processual que rege tanto o processo judicial quanto o administrativo. Por fim, registrou que já se admitia, no campo do processo civil, que a prática de atos incompatíveis com a vontade de recorrer implica renúncia a esse direito de recorrer ou prejuízo do recurso interposto, a teor do que dispõe o art. 503, caput, e parágrafo único, do CPC, nunca tendo se levantado qualquer dúvida acerca da constitucionalidade dessas normas. Vencidos os Ministros Marco Aurélio, relator, e Carlos Britto que davam provimento ao recurso para declarar a inconstitucionalidade do dispositivo em análise, por vislumbrarem ofensa ao direito de livre acesso ao Judiciário e ao direito de petição. (RE 233582/RJ, Rel. orig. Min. Marco Aurélio, Rel. p/ o acórdão Min. Joaquim Barbosa, 16.8.2007. *Informativo STF*, n. 476)

13.4.5 Processo administrativo fiscal

13.4.5.1 Avocatória

É pacífico o entendimento de que é constitucional e legal a norma estadual que estabelece a possibilidade de o secretário de fazenda rever decisão do conselho de contribuintes estadual. No caso, o secretário fez uso regular da avocatória para revisar decisão que reconhecera a decadência do crédito tributário, pois esse tema insere-se no genérico conceito presente na norma autorizadora da avocação, o art. 124, II, do Dec. estadual nº 2.473/1979 (resguardar interesse de ordem pública e a estrita observância da Justiça Fiscal e da legalidade dos atos). Guardaria, também, compatibilidade com o art. 266, §2º, do Código Tributário estadual, que condiciona as decisões administrativas desfavoráveis à fazenda pública ao crivo daquele secretário. Ressalvou-se o uso da ação judicial própria. Com esse entendimento, a Turma negou provimento ao recurso, no que foi acompanhada, apenas quanto ao resultado, pelo Min. Carlos Fernando Mathias (juiz convocado do TRF da 1ª Região), pois entendia não haver prova pré-constituída devido à falta nos autos de documento essencial. (RMS 26.228-RJ, Rel. Min. Castro Meira, julgado em 15.4.2008. *Informativo STJ*, n. 352)

13.4.5.2 Duração

O Tribunal, por maioria, julgou procedente pedido formulado em ação direta, ajuizada pelo Governador do Estado de Santa Catarina, para declarar a inconstitucionalidade da expressão "sob pena de seu arquivamento e da impossibilidade de revisão ou renovação do lançamento tributário sobre o mesmo fato gerador", contida no §4º do art. 16 ("A lei fixará prazo para o proferimento da decisão final no processo contencioso administrativo-tributário, sob pena de seu arquivamento e da impossibilidade de revisão ou renovação do lançamento tributário sobre o mesmo fato gerador"), bem como do art. 4º do Ato das Disposições Constitucionais Transitórias ("Enquanto não promulgada a lei prevista no art. 16, §4º, da Constituição, o prazo nele referido é fixado em doze meses, e em seis meses para os processos em tramitação, descontado o período necessário a realização de diligências motivadas"), ambos da Constituição estadual. Entendeu-se que a norma representaria uma espécie de decadência intercorrente, de alcance abrangente, matéria que estaria expressamente reservada à disposição geral por via de lei complementar federal (CF: "Art. 146. Cabe à lei complementar: ... III - estabelecer normas gerais em matéria de legislação tributária, especialmente sobre: ... b) obrigação, lançamento, crédito, prescrição e decadência tributários;"). Asseverou-se, entretanto, que, em face do princípio da federação, a partir da CF/88, não seria inconstitucional que o legislador estadual fixasse o tempo de tramitação de um processo administrativo tributário, mas, pelo contrário, salutar, considerada, sobretudo, a garantia da razoável duração do processo (CF, art. 5º, LXXVIII). Vencido, em parte, o Min. Menezes Direito, que acompanhava o relator somente quanto à expressão do §4º do art. 16 e, vencido, integralmente, o Min. Marco Aurélio, que julgava o pedido improcedente. (ADI 124/SC, Rel. Min. Joaquim Barbosa, 1º.8.2008. *Informativo STF*, n. 514)

13.4.5.3 Notificação

É válida a notificação do ato de exclusão do programa de recuperação fiscal do Refis pelo Diário Oficial ou pela Internet. (Súmula nº 355 do STJ)

13.4.6 Locatário

Processual civil e tributário – Locatário – Taxa de limpeza pública, conservação de vias e logradouros e combate a sinistros – Ausência de legitimidade ativa ad causam para figurar na relação jurídica-tributária – Precedentes Do STJ. 1. O locatário, por não deter a condição de contribuinte, não possui legitimidade ativa para impetrar mandado de segurança objetivando o não-recolhimento de IPTU e taxas. Precedentes do STJ. 2. É cediço na Corte que o locatário é parte ilegítima para impugnar o lançamento do IPTU, porquanto não se enquadra na sujeição passiva como contribuinte e nem como responsável tributário. Precedentes: AgRg AG 508.796.RJ, Rel. Min. Franciulli Netto, *DJU* de 30.06.2004; REsp 604.109.RJ, Rel. Min. Castro Meira, Segunda Turma, *DJU* de 28.06.2004; REsp 124.300.SP, Rel. Min. Milton Luiz Pereira, Primeira Turma, *DJU* de 25.06.2001; REsp 228.626.SP, Rel. Min. Francisco Peçanha Martins, Segunda Turma, *DJU* de 03.04.2001. 3. Recurso especial provido. (STJ. 1ª Turma. REsp nº 656.631. Rel. Min. Luiz Fux. Julgamento em 16.8.2005)

Capítulo 14

Noções do processo judicial tributário

Sumário: **14.1** Garantias constitucionais - **14.2** Espécies de processos - **14.3** Ações de iniciativa do Fisco - **14.3.1** Execução fiscal - **14.3.2** Cautelar fiscal - **14.4** Ações de iniciativa do contribuinte - **14.4.1** Ação cautelar - **14.4.2** Ação anulatória - **14.4.3** Ação declaratória - **14.4.4** Ação de consignação em pagamento - **14.4.5** Ação de repetição de indébito - **14.4.6** Mandado de segurança - **14.5** Ações de controle de constitucionalidade - **14.6** Ação civil pública - **14.7** Desnecessidade de depósito prévio para discussão judicial do tributo - **14.8** Modulação temporal de efeitos de decisões judiciais - **14.9** Jurisprudência - **14.9.1** Ação cautelar - **14.9.2** Ação civil pública - **14.9.3** Ação de consignação em pagamento - **14.9.4** Ação declaratória - **14.9.5** Ação declaratória de constitucionalidade - **14.9.6** Depósito prévio ou preparatório - **14.9.7** Execução fiscal, anulatória e declaratória - **14.9.8** Execução fiscal. Exceção de pré-executividade - **14.9.9** Execução fiscal. Penhora - **14.9.10** Inconstitucionalidade (efeitos) - **14.9.11** Mandado de segurança - **14.9.12** Modulação temporal de efeitos de decisões judiciais

Inexistem, em regra, leis processuais específicas para resolver os conflitos entre o Fisco e o contribuinte. Assim, o chamado processo judicial tributário, salvo nos casos de execuções e cautelares fiscais, rege-se pela legislação processual comum e por construções doutrinárias e jurisprudenciais.

14.1 Garantias constitucionais

Uma das mais importantes garantias constitucionais, aplicável ao processo judicial tributário, é a inafastabilidade do controle judicial, consagrada na cláusula do art. 5º, inc. XXXV, da Carta Magna ("a lei não excluirá da apreciação do Poder Judiciário lesão ou ameaça a direito").

Nesses termos, a lei, qualquer lei, não pode, direta ou indiretamente (mediante requisitos incongruentes ou desprovidos de razoabilidade), evitar que o Poder Judiciário, por seus membros, tome conhecimento e decida sobre lesão ou ameaça a direito do contribuinte.

No processo judicial tributário as partes podem alegar tudo aquilo que seja útil em sua defesa. Ademais, todos os meios de prova, desde que lícitos, podem ser utilizados (ampla defesa). Também devem ser garantidos o conhecimento dos atos praticados no processo e a possibilidade de contraposição (contraditório).

14.2 Espécies de processos

Os processos judiciais podem ser classificados em três tipos básicos: a) de conhecimento, b) de execução, e c) cautelar.

No processo de conhecimento o juiz é chamado para resolver uma controvérsia de direito material. Ele pode: a) afirmar a existência ou não de uma relação jurídica; b) condenar ou não uma das partes a uma prestação; e c) constituir ou não uma situação jurídica nova.

Já no processo de execução, onde uma das partes dispõe de um título executivo (judicial ou extrajudicial), não se discute uma questão de direito propriamente. Nesse caso, o juiz é chamado para realizar uma série de atos ou providências para concretizar ou materializar o direito já reconhecido no título.

O processo cautelar visa a preservar situações de fato para que um direito possa ser usufruído no futuro.

14.3 Ações de iniciativa do Fisco

14.3.1 Execução fiscal

Quando os créditos, tributários ou não, da Fazenda Pública não são pagos em tempo hábil ocorre a inscrição dos mesmos no cadastro da Dívida Ativa. A certidão do termo de inscrição funciona como o título executivo extrajudicial a ser utilizado pelo Fisco para cobrar esses créditos em juízo. A Lei nº 6.830, de 1980, regula o processo de execução fiscal.

Proposta a ação de execução fiscal para o recebimento de crédito tributário ou não tributário será promovida a citação do devedor. O devedor depois de citado poderá, em cinco dias, pagar a dívida ou garantir o juízo, mediante fiança bancária, depósito ou nomeação de bens à penhora. A inércia do devedor abre a possibilidade de a Fazenda Pública indicar bens do devedor à penhora.

O STJ admite a possibilidade de nomeação de direitos creditórios sobre precatório judicial em sede de execução fiscal (AgRg no REsp nº 826.260) e reconhece como pacífica a jurisprudência no sentido de que, no trato de nomeação à penhora, é legítima a recusa do exeqüente de bem de difícil alienação (AgRg no Ag nº 727.021). O Tribunal ressalva que a penhora pode recair sobre precatório cuja devedora não seja a própria exeqüente, e sim outra entidade pública (EREsp 834.956 e EAg nº 782.996).

Como foi destacado no Capítulo 11, a Lei Complementar nº 118, de 2005, introduziu novo artigo no Código Tributário Nacional fixando que na hipótese do devedor tributário, devidamente citado, não pagar nem apresentar bens à penhora no prazo legal e não forem encontrados bens penhoráveis, o juiz determinará a indisponibilidade de seus bens e direitos.[48]

A garantia do juízo, por qualquer de suas formas, permite ao devedor propor embargos à execução. Nesse processo autônomo, em relação ao de execução fiscal, o devedor vai perseguir a desconstituição do título executivo manejado pela Fazenda Pública para cobrá-lo. Admite-se a tentativa de desconstituir o título executivo utilizado pela Fazenda Pública ou o reconhecimento da inexistência de obrigação mediante a propositura de ações anulatórias ou declaratórias, conforme registros logo adiante. Os embargos à execução devem ser reunidos com as referidas ações anulatórias ou declaratórias para solução uniforme das questões levantadas (CC nº 38.045). Segundo o STJ, só deve ser paralisada a execução fiscal, quando proposta ação anulatória, se houver garantia mediante depósito integral ou penhora (REsp nº 856.786).

A doutrina e a jurisprudência reconhecem a possibilidade do contribuinte apresentar, no processo de execução fiscal, a chamada exceção de pré-executividade. Trata-se de simples petição, sem embargos ou penhora, onde são levantadas matérias de ordem pública e nulidades absolutas que não reclamam, para caracterização, produção de provas (REsp nº 769.152, REsp nº 838.399 e EREsp nº 866.632).

Superados os embargos à execução em favor da Fazenda Pública ou na ausência deles, será realizado o leilão dos bens penhorados no processo de execução fiscal.

14.3.2 Cautelar fiscal

A medida cautelar fiscal, instituída pela Lei nº 8.397, de 1992, tem como objetivo indisponibilizar, nas hipóteses previstas, bens e direitos do devedor. A medida pode ser proposta antes da execução fiscal ou no curso desse processo.

A Fazenda Pública, por intermédio da cautelar fiscal, consegue resguardar o patrimônio do devedor para eventual utilização, mediante penhora, no processo de execução fiscal. A cautelar fiscal é especialmente útil como medida paralela a um longo processo de discussão administrativa dos créditos apurados pelo Fisco e quando for identificada a probabilidade de alienação patrimonial.

---

[48] Cf. CASTRO. A indisponibilidade de bens e direitos prevista no artigo 185-A do Código Tributário Nacional. Disponível em: <http://www.aldemario.adv.br/indisponibilidade.htm>.

14.4 Ações de iniciativa do contribuinte

14.4.1 Ação cautelar

Segundo o STJ, a ação cautelar pode ser utilizada pelo contribuinte antes da ação de execução fiscal para garantir o juízo de forma antecipada com o oferecimento de caução. Assim, seria viável a obtenção de certidão positiva com efeito negativo (REsp nº 912.710).

14.4.2 Ação anulatória

Trata-se de um processo de conhecimento no qual o contribuinte pretende anular um ato administrativo, notadamente o lançamento. Por ser uma ação de rito ordinário (também conhecida como ação ordinária) são admissíveis todos os meios de prova e ampla discussão das questões de fato e de direito.

14.4.3 Ação declaratória

Assim como a ação anulatória, a ação declaratória também consiste num processo de conhecimento que segue o rito ordinário. O pedido do contribuinte, no entanto, é a declaração de inexistência de relação jurídica que permita a cobrança do tributo em função da não-ocorrência do fato gerador ou da invalidade da lei que sustenta a pretensão do Fisco.

O STJ já decidiu que a ação declaratória só pode ser utilizada quando há uma delimitação objetiva da questão. Uma mera suposição de existência futura da relação jurídico-tributária não autoriza o manejo da ação (REsp nº 963.950).

14.4.4 Ação de consignação em pagamento

Pressupõe que o pagamento, além de ser um dever do contribuinte, é, também, um direito desse. Assim, quando o Fisco cria obstáculos ao pagamento, conforme enumeração prevista no art. 164 do Código Tributário Nacional, o contribuinte pode realizar o depósito do valor que entende devido obtendo a liberação de sua obrigação (REsp nº 720.624 e REsp nº 724.704). Ensejam a consignação: a) a recusa de recebimento (hipótese extremamente rara ante a forma atual de recolhimento dos tributos mediante guia preenchida pelo contribuinte e apresentada perante a rede bancária); b) subordinação do pagamento ao recolhimento de outro tributo ou penalidade, ou ao cumprimento de obrigação acessória; c) subordinação do recebimento ao cumprimento de exigências ilegais e d) exigência do tributo por mais de uma pessoa jurídica de direito público.

14.4.5 Ação de repetição de indébito

Trata-se de outro processo de conhecimento sujeito ao rito ordinário. Nesse tipo de ação o contribuinte pretende a condenação da Fazenda Pública a devolver, restituir ou repetir o indébito, ou seja, o recolhimento realizado a maior ou de forma indevida.

O art. 166 do Código Tributário Nacional determina que a restituição de tributos que comportam, por sua natureza, transferência do respectivo encargo financeiro somente será feita a quem prove haver assumido o referido encargo, ou, no caso de tê-lo transferido a terceiro, estar por esse expressamente autorizado a recebê-lo.

14.4.6 Mandado de segurança

O mandado de segurança é uma garantia constitucional do cidadão (art. 5º, inc. LXIX) utilizada para evitar (preventivo) ou reparar uma lesão contra direito líquido e certo (implica que o fato do qual decorre é incontroverso). A ação, de rito especial, na qual não se admite a produção de provas, está regulada pela Lei nº 1.533, de 1951.

É relativamente freqüente o mandado de segurança preventivo para evitar a cobrança (o lançamento) de tributo que o contribuinte julga baseado em lei inconstitucional. Trata-se, na hipótese, de impetração preventiva diante da ameaça de constituição do crédito (REsp nº 761.376). Afinal, não seria razoável presumir que a autoridade tributária, por exercer atividade administrativa vinculada à lei, vai negar conseqüência ao comando normativo.

14.5 Ações de controle de constitucionalidade

As ações de controle de constitucionalidade, embora não manejadas ou propostas diretamente pelo contribuinte (art. 103 da Constituição), podem produzir conseqüências diretas para esses últimos por conta dos efeitos gerais, "*que a todos favorecem ou prejudicam*".

Na ação direta de inconstitucionalidade, ao reconhecer o vício maior de um ato normativo, o Supremo Tribunal Federal inviabiliza a continuidade da cobrança baseada no ato analisado e enseja a restituição dos recolhimentos já realizados. Foi assim, por exemplo, no reconhecimento da inconstitucionalidade de dispositivos da Emenda Constitucional nº 3, de 1993, e da Lei Complementar nº 77, também de 1993, relacionados com o IPMF cobrado no ano de 1993 e de entidades imunes.

O reconhecimento da inconstitucionalidade da legislação de regência de determinado tributo pode conduzir ao retorno da vigência (repristinação) da legislação anterior que regulava a cobrança. Com efeito, o reconhecimento da inconstitucionalidade de uma norma implica, em regra, na sua nulidade com efeitos retroativos ou *ex tunc* (REsp nº 689.040 e EREsp nº 645.155). Assim, conclui-se que o preceito normativo inconstitucional não produziu efeitos jurídicos, notadamente o efeito revocatório da legislação anterior. A aplicação desse raciocínio pode ser observada no caso do PIS (REsp nº 587.518) e no caso do "crédito-prêmio do IPI" (REsp nº 591.708).

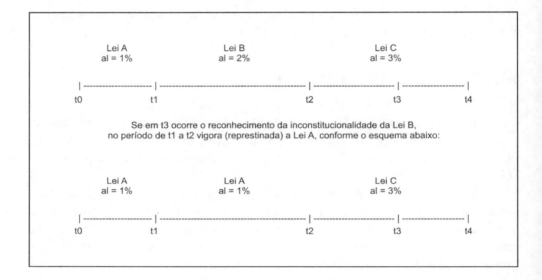

Na ação declaratória de constitucionalidade, ao proclamar a compatibilidade de certo ato normativo com a Constituição, superando uma séria controvérsia judicial acerca da constitucionalidade da norma (ADC nº 8), o Supremo Tribunal Federal viabiliza a continuidade da cobrança de certo tributo. Um dos mais expressivos exemplos dessa situação ocorreu com a declaração de constitucionalidade da Lei Complementar nº 70, de 1991, diploma que instituiu a COFINS (ADC nº 1).

14.6 Ação civil pública

O entendimento atualmente prevalecente aponta para a impossibilidade do Ministério Público utilizar a ação civil pública com o objetivo de deduzir pretensão sobre matéria tributária (REsp nº 861.714).

14.7 Desnecessidade de depósito prévio para discussão judicial do tributo

O Supremo Tribunal Federal, ao julgar a ADIn nº 1.074, reconheceu, por ofensa à garantia de acesso ao Poder Judiciário e aos princípios da ampla defesa e do contraditório, a inconstitucionalidade da exigência de depósito prévio ou preparatório, por parte do contribuinte, nas ações judiciais, inclusive cautelares, que tenham por objeto a discussão de débito tributário.

14.8 Modulação temporal de efeitos de decisões judiciais

Ultimamente, discute-se com intensidade a chamada modulação temporal das decisões judiciais com o propósito de conferir eficácia prospectiva a preceitos normativos reconhecidamente revogados. Na matéria, o Supremo Tribunal Federal e o Superior Tribunal de Justiça convergem no sentido de que a modulação temporal de efeitos prospectivos é providência excepcional e só cabível no caso da declaração de inconstitucionalidade (art. 27 da Lei nº 9.868, de 1999) (RE nº 353.657 e EREsp nº 738.689).

14.9 Jurisprudência

14.9.1 Ação cautelar

A Turma reiterou o entendimento de que, antes da ação de execução fiscal, pode o contribuinte interpor ação cautelar para garantir o juízo de forma antecipada (oferecimento de caução), para o fim de obter certidão positiva com efeito negativo. Contudo, na espécie, o executivo fiscal já havia sido proposto pelo INSS. Logo, necessária a comprovação dos requisitos do art. 206 do CTN, quais sejam: a efetivação da penhora nos autos da ação executiva fiscal ou a suspensão da exigibilidade do crédito tributário, nos termos do art. 151 do CTN, hipótese em que não se enquadra a cautelar da caução. Precedentes citados: EREsp 815.629-RS, *DJ* 6.11.2006; REsp 889.770-RS, *DJ* 17.5.2007, e REsp 883.459-SC, *DJ* 7.5.2007. (REsp 912.710-RN, Rel. Min. Luiz Fux, julgado em 19.6.2008. *Informativo STJ*, n. 360)

14.9.2 Ação civil pública

Ilegitimidade. MP. Ação civil pública. TARE. Em recente sessão de julgamento, a Turma modificou seu entendimento sobre a legitimidade do MP em interpor ação civil pública para deduzir matéria tributária. Agora reiterou o posicionamento no sentido de ser o MP impedido de utilizar a ação civil pública com o objetivo de deduzir pretensão sobre matéria tributária (art. 1º, parágrafo único, da Lei nº 7.347/1985), que, na espécie, consiste na anulação do Termo de Adesão à Regime Especial – TARE – firmado entre o Distrito Federal e seus contribuintes. Precedente citado: REsp 855.691-DF. (REsp 861.714-DF, Rel. Min. Castro Meira, julgado em 10.10.2006. *Informativo STJ*, n. 300)

14.9.3 Ação de consignação em pagamento

Processual civil. Tributário. Recurso especial. Ação de consignação em pagamento. Art. 164 do CTN. Obtenção de parcelamento. Art. 38 da Lei nº 8.212/91. Impossibilidade. Inadequação da via eleita. 1. A ação consignatória, que é de natureza meramente declaratória, tem por escopo tão-somente liberar o devedor de sua obrigação, com a quitação de seu débito, por meio de depósito judicial, quando o credor injustificadamente se recusa a fazê-lo. Na seara fiscal é servil ao devedor para exercer o direito de pagar o que deve, em observância às disposições legais pertinentes. 2. Prevendo a Lei nº 8.212/91, em seu art. 38, a concessão de parcelamento, como favor fiscal, mediante condições por ela estabelecidas, a inobservância dessas condições impede o contribuinte de usufruir do benefício. 3. O deferimento do parcelamento do crédito fiscal subordina-se ao cumprimento das condições legalmente previstas. Dessarte, afigura-se inadequada a via da ação de consignação em pagamento, cujo escopo é a desoneração do devedor, mediante o depósito do valor correspondente ao crédito, e não via oblíqua à obtenção de favor fiscal em burla à legislação de regência. 4. Precedente: REsp nº 694.856/RS, 1ª Turma, Rel. Min. Teori Albino Zavascki, *DJ* de 7.3.2005. 5. Recurso especial improvido. (STJ. 1ª Turma. REsp nº 720.624. Rel. Min. Luiz Fux. Julgamento em 28.6.2005)

Tributário e Processual Civil. Ação consignatória. Natureza e finalidade. Obtenção de parcelamento de débito. Impossibilidade. Caráter constitutivo. Ausência de prequestionamento. I - Não se conhece de recurso especial quando apontados artigos de Lei supostamente malferidos que não foram debatidos pelo Colegiado a quo, apesar da oposição de embargos de declaração com este fim. Ausência do indispensável prequestionamento viabilizador da instância extraordinária. Incidência do verbete sumular nº 211 deste STJ. II - "1. O depósito em consignação é modo de extinção da obrigação, com força de pagamento, e a correspondente ação consignatória tem por finalidade ver atendido o direito — material — do devedor de liberar-se da obrigação e de obter quitação. Trata-se de ação eminentemente declaratória: declara-se que o depósito oferecido liberou o autor da respectiva obrigação. 2. Sendo a intenção do devedor, no caso concreto, não a de pagar o tributo, no montante que entende devido, mas sim a de obter moratória, por meio de parcelamento em 240 meses, é inviável a utilização da via consignatória, que não se presta à obtenção de provimento constitutivo, modificador de um dos elementos conformadores da obrigação (prazo)" (REsp nº 600.469/RS, Rel. Min. Teori Albino Zavascki, *DJ* de 24.5.2004). III - Recurso especial parcialmente conhecido e, nesta parte, desprovido. (STJ. 1ª Turma. REsp nº 724.704. Rel. Min. Francisco Falcão. Julgamento em 26.4.2005)

14.9.4 Ação declaratória

Descabe a ação para declarar a inexistência de relação jurídica tributária que, no caso, obrigue a autora ao recolhimento de multa moratória de tributos da SRF e INSS (art. 67 da Lei nº 9.430/1996 e 35 da Lei nº 8.212/1991), ainda que sob a alegação de que tais dispositivos não poderiam ser confrontados com o benefício da denúncia espontânea (art. 138 do CTN). A Turma entendeu que somente é possível a via declaratória quando há delimitação objetiva da questão e não sobre a suposta existência de futura relação jurídico-tributária. Precedentes citados: AgRg no REsp 891.182-RJ, *DJ* 6.8.2007; REsp 72.417-RJ, *DJ* 22.3.1999; REsp 91.640-RJ, *DJ* 24.2.1997, e REsp 37.762-MS, *DJ* 11.9.1995. (REsp 963.950-DF, Rel. Min. José Delgado, julgado em 8.4.2008. *Informativo STJ*, n. 351)

14.9.5 Ação declaratória de constitucionalidade

Ação declaratoria de constitucionalidade. Arts. 1º, 2º, 9º (em parte), 10 E 13 (em parte) da Lei Complementar nº 70, de 30.12.91. COFINS. – A delimitação do objeto da ação declaratoria de constitucionalidade não se adstringe aos limites do objeto fixado pelo autor, mas estes estao sujeitos aos lindes da controversia judicial que o autor tem que demonstrar. – Improcedencia das alegações de inconstitucionalidade da contribuição social instituida pela lei complementar nº 70/91 (COFINS). Ação que se conhece em parte, e nela se julga procedente, para declarar-se, com os efeitos previstos no §2º do art. 102 da Constituição Federal, na redação da Emenda Constitucional nº 3, de 1993, a constitucionalidade dos arts. 1º, 2º E 10, bem como das expressões "a contribuição social sobre o faturamento de que trata esta lei não extingue as atuais fontes de custeio da seguridade social" contidas no art. 9º, e das expressões "esta lei complementar entra em vigor na data de sua publicação, produzindo efeitos a partir do primeiro dia do mês seguinte nos noventa dias posteriores, aquela publicação, ..." constantes do art. 13, todos da Lei Complementar nº 70, de 30 de dezembro de 1991. (STF. Pleno. ADC nº 1. Rel. Min. Moreira Alves. Julgamento em 1º.12.93)

Ação declaratória de constitucionalidade – Processo objetivo de controle normativo abstrato – A necessária existência de controvérsia judicial como pressuposto de admissibilidade da ação declaratória de constitucionalidade – Ação conhecida. – O ajuizamento da ação declaratória de constitucionalidade, que faz instaurar processo objetivo de controle normativo abstrato, supõe a existência de efetiva controvérsia judicial em torno da legitimidade constitucional de determinada lei ou ato normativo federal. Sem a observância desse pressuposto de admissibilidade, torna-se inviável a instauração do processo de fiscalização normativa "in abstracto", pois a inexistência de pronunciamentos judiciais antagônicos culminaria por converter, a ação declaratória de constitucionalidade, em um inadmissível instrumento de consulta sobre a validade constitucional de determinada lei ou ato normativo federal, descaracterizando, por completo, a própria natureza jurisdicional que qualifica a atividade desenvolvida pelo Supremo Tribunal Federal. – O Supremo Tribunal Federal firmou orientação que exige a comprovação liminar, pelo autor da ação declaratória de constitucionalidade, da ocorrência, "em proporções relevantes", de dissídio judicial, cuja existência — precisamente em função do antagonismo interpretativo que dele resulta — faça instaurar, ante a elevada incidência de decisões que consagram teses conflitantes, verdadeiro estado de insegurança jurídica, capaz de gerar um cenário de perplexidade social e de provocar grave incerteza quanto à validade constitucional de determinada lei ou ato normativo federal. (STF. Pleno. ADC nº 8. Rel. Min. Celso de Mello. Julgamento em 13.10.1999)

14.9.6 Depósito prévio ou preparatório

Por vislumbrar ofensa à garantia de acesso ao Poder Judiciário (CF, art. 5º, XXXV), bem como à da ampla defesa e do contraditório (CF, art. 5º, LV), o Tribunal julgou procedente pedido formulado em ação direta ajuizada pela Confederação Nacional da Indústria – CNI, para declarar a inconstitucionalidade do caput do art. 19 da Lei 8.870/94, que prevê que as ações judiciais, inclusive cautelares, que tenham por objeto a discussão de débito para com o INSS serão, obrigatoriamente, precedidas de depósito preparatório. (ADI 1074/DF, rel. Min. Eros Grau, 28.3.2007. *Informativo STF*, n. 461)

14.9.7 Execução fiscal, anulatória e declaratória

Processo civil. Execução fiscal e ação anulatória do débito. Conexão. 1. Se é certo que a propositura de qualquer ação relativa ao débito constante do título não inibe o direito do credor de promover-lhe a execução (CPC, art. 585, §1º), o inverso também é verdadeiro: o ajuizamento da ação executiva não impede que o devedor exerça o direito constitucional de ação para ver declarada a nulidade do título ou a inexistência da obrigação, seja por meio de embargos (CPC, art. 736), seja por outra ação declaratória ou desconstitutiva. Nada impede, outrossim, que o devedor se antecipe à execução e promova, em caráter preventivo, pedido de nulidade do título ou a declaração de inexistência da relação obrigacional. 2. Ações dessa espécie têm natureza idêntica à dos embargos do devedor, e quando os antecedem, podem até substituir tais embargos, já que repetir seus fundamentos e causa de pedir importaria litispendência. 3. Assim como os embargos, a ação anulatória ou desconstitutiva do título executivo representa forma de oposição do devedor aos atos de execução, razão pela qual quebraria a lógica do sistema dar-lhes curso perante juízos diferentes, comprometendo a unidade natural que existe entre pedido e defesa. 4. É certo, portanto, que entre ação de execução e outra ação que se oponha ou possa comprometer os atos executivos, há evidente laço de conexão (CPC, art. 103), a determinar, em nome da segurança jurídica e da economia processual, a reunião dos processos, prorrogando-se a competência do juiz que despachou em primeiro lugar (CPC, art. 106). Cumpre a ele, se for o caso, dar à ação declaratória ou anulatória anterior o tratamento que daria à ação de embargos com idêntica causa de pedir e pedido, inclusive, se garantido o juízo, com a suspensão da execução. (STJ. 1ª Seção. CC nº 38.045. Rel. p/ acórdão Min. Teori Albino Zavascki. Julgamento em 12.11.2003)

Débito fiscal. Anulação. Prejudicialidade. Descabimento. Suspensão. Execução. Depósito. A Turma decidiu que só há relação de prejudicialidade entre a ação anulatória no caso de conexão com a ação de execução do mesmo débito fiscal quando houver garantia do depósito integral ou penhora, porquanto, sem garantia, não há paralisação da execução. Precedentes citados: REsp 834.028-RS, *DJ* 30.6.2006; REsp 411.643-GO, *DJ* 15.5.2006, e AgRg no REsp 747.183-RS, *DJ* 19.12.2005. (REsp 856.786-RS, Rel. Min. Eliana Calmon, julgado em 28.11.2006. *Informativo STJ*, n. 306)

14.9.8 Execução fiscal. Exceção de pré-executividade

Execução fiscal. Exceção. Pré-executividade. A doutrina entende que só por embargos pode defender-se o executado, porém admite também a exceção de pré-executividade para tal escopo. Essa exceção, como consabido, consiste na possibilidade de, em execução, mediante simples petição, sem embargos ou penhora, argüir-se as matérias referentes à ordem pública, nulidade absoluta e prescrição. Sucede que, no trato de execução fiscal, essa tolerância doutrinária esbarra na necessidade de fazer prova de direito líquido e certo. (REsp 838.399-SP, Rel. Min. Eliana Calmon, julgado em 17.8.2006. *Informativo STJ*, n. 293)

Prescrição. Dívida ativa. Exceção de pré-executividade. Ação. Sócio. É cabível a argüição da prescrição em exceção de pré-executividade se não houver necessidade de dilação probatória. Outrossim, o prazo para o redirecionamento da ação de execução fiscal, quanto ao sócio responsável pelo pagamento, é de cinco anos a contar da citação da empresa devedora. Precedentes citados: EREsp 388.000-RS, *DJ* 28.11.2005; REsp 740.025-RJ, *DJ* 20.6.2005; REsp

722.515-SP, *DJ* 6.3.2006, e REsp 851.410-RS, *DJ* 28.9.2006. (REsp 769.152-RS, Rel. Min. João Otávio de Noronha, julgado em 24.10.2006. *Informativo STJ*, n. 302)

A Seção reafirmou que a jurisprudência admite a exceção de pré-executividade para discutir matérias de ordem pública em execução fiscal nas hipóteses de ilegitimidade passiva, pressupostos processuais, condições da ação etc. desde que sua interposição não necessite de dilação probatória. Precedentes citados: AgRg no Ag 591.949-RS, *DJ* 13.12.2004; AgRg no Ag 561.854-SP, *DJ* 19.4.2004; AgRg no REsp 588.045-RJ, *DJ* 28.4.2004; REsp 541.811-PR, *DJ* 16.8.2004, e REsp 287.515-SP, *DJ* 29.4.2002. (EREsp 866.632-MG, Rel. Min. José Delgado, julgados em 12.12.2007. *Informativo STJ*, n. 342)

14.9.9 Execução fiscal. Penhora

Execução fiscal. Penhora. Direito. Crédito. Precatório. Na espécie, o recurso funda-se, tão-somente, no reconhecimento ou não da possibilidade de nomeação dos direitos creditórios sobre precatório judicial ofertado pelo executado para garantia do juízo em sede de execução fiscal promovida pelo Estado de Rio Grande do Sul. Note-se que aduz o recorrente que, em nenhum momento, postulou a compensação dos créditos e seu inconformismo repousa no deferimento à nomeação a penhora dos direitos de crédito para com o Instituto de Previdência do Estado do Rio Grande do Sul – Ipergs decorrente de ação judicial (precatório). Para o Min. Teori Albino Zavascki, condutor da tese vencedora, o crédito representado por precatório é bem penhorável, mesmo que a entidade dele devedora não seja a própria exequente. Outrossim, a penhora de crédito em que o devedor é terceiro está prevista expressamente no art. 671 do CPC. Ainda, ressaltou, quanto à possibilidade de nomeação à penhora de créditos de precatório, que, no REsp 791.651-SP, *DJ* 19.12.2005, a 1ª Seção assentou entendimento de ser possível a penhora sobre crédito relativo a precatório contra a própria Fazenda Pública exequente para fins de garantia do juízo. Com esse esclarecimento, a Turma, ao prosseguir o julgamento, deu provimento ao agravo regimental para negar provimento ao recurso especial. Precedentes citados: Ag no REsp 351.912-SP, *DJ* 10.5.2004; Ag 524.141-SP, *DJ* 3.5.2004; EREsp 399.557-PR, *DJ* 3.11.2003; AgRg no REsp 664.100-SP, *DJ* 14.3.2005, e REsp 365.095-ES, *DJ* 9.12.2003. (AgRg no REsp 826.260-RS, Rel. originário Min. José Delgado, Rel. para acórdão Min. Teori Albino Zavascki, julgado em 20.6.2006. *Informativo STJ*, n. 289)

A penhora pode recair sobre precatório cuja devedora não seja a própria exeqüente, e sim outra entidade pública. A penhora de precatório corresponde à penhora de crédito em que o devedor é terceiro e está expressamente prevista no art. 671 do CPC. A recusa, por parte do exeqüente, da nomeação feita pelo executado da penhora de crédito prevista em precatório devido por terceiro pode ser justificada por quaisquer das causas previstas no art. 656 do CPC, mas não pela alegação de impenhorabilidade do bem oferecido. Assim, a Seção negou provimento aos embargos. Precedentes citados: AgRg no Ag 782.996-RS, *DJ* 14.12.2006, e REsp 888.032-ES, *DJ* 22.2.2007. (EREsp 834.956-RS, Rel. Min. Humberto Martins, julgados em 11.4.2007. *Informativo STJ*, n. 316)

É pacífico neste Superior Tribunal o entendimento acerca da possibilidade de nomeação à penhora de precatório, uma vez que a gradação estabelecida no art. 11 da Lei nº 6.830/1980 e no art. 656 do CPC tem caráter relativo por força das circunstâncias e do interesse das partes em cada caso concreto. Essa possibilidade decorre do princípio de que a execução deve-se operar pelo meio menos gravoso ao devedor. Penhora de precatório corresponde à penhora de crédito. Assim, nenhum impedimento para que a penhora recaia sobre precatório expedido por pessoa jurídica distinta da exeqüente. Nada impede, por outro lado, que a penhora recaia sobre precatório cuja devedora seja outra entidade pública que não a própria exeqüente. A penhora de crédito em que o é o devedor terceiro é prevista expressamente no art. 671 do CPC. A recusa, por parte do exeqüente, da nomeação à penhora de crédito previsto em precatório devido por terceiro pode ser justificada por qualquer das causas previstas no CPC (art. 656), mas não pela impenhorabilidade do bem oferecido. Precedente citado: AgRg no REsp 826.260-RS, *DJ* 7.8.2006. (EAg 782.996-RS, Rel. Min. Humberto Martins, julgados em 23.5.2007. *Informativo STJ*, n. 321)

Nomeação. Penhora. Notas. Banco Central. É pacífica a jurisprudência no sentido de que, no trato de nomeação à penhora, é legítima a recusa do exeqüente de bem de difícil alienação, tal como no caso, de notas do Banco Central do Brasil, de custosa comercialização e duvidosa liquidez segundo a apreciação do Tribunal de origem. Daí que, para a averiguação da alegada liquidez, negociabilidade, existência de cotação em bolsa e violação do princípio da menor onerosidade, haveria o necessário revolvimento de provas, obstado pela Súm. nº 7-STJ. Diante desse entendimento, ao prosseguir o julgamento, a Turma negou provimento ao agravo. O Min. Teori Albino Zavascki acompanhou a Min. Relatora, porém com outro fundamento. Precedentes citados: AgRg no Ag 705.716-SP, *DJ* 28.11.2005, e AgRg no Ag 737.980-RS, *DJ* 22.5.2006. (AgRg no Ag 727.021-SP, Rel. Min. Denise Arruda, julgado em 24.10.2006. *Informativo STJ*, n. 302)

14.9.10 Inconstitucionalidade (efeitos)

Processual civil. Tributário. Declaração de inconstitucionalidade de lei, em controle concentrado. Suspensão dos dispositivos pelo senado. Eficácia ex tunc. Inaptidão da lei inconstitucional para produzir quaisquer efeitos. Inocorrência de revogação. Distinção entre declaração de inconstitucionalidade e revogação de lei. PIS. Exigibilidade nos moldes da LC 7/70 até março/1996, a partir de quando começa a vigorar a sistemática prevista na MP 1.212/95. 1. O vício da inconstitucionalidade acarreta a nulidade da norma, conforme orientação assentada há muito tempo no STF e abonada pela doutrina dominante. Assim, a afirmação da constitucionalidade ou da inconstitucionalidade da norma, tem efeitos puramente declaratórios. Nada constitui nem desconstitui. Sendo declaratória a sentença, a sua eficácia temporal, no que se refere à validade ou à nulidade do preceito normativo, é ex tunc. 2. A revogação, contrariamente, tendo por objeto norma válida, produz seus efeitos para o futuro (ex nunc), evitando, a partir de sua ocorrência, que a norma continue incidindo, mas não afetando de forma alguma as situações decorrentes de sua (regular) incidência, no intervalo situado entre o momento da edição e o da revogação. 3. A não-repristinação é regra aplicável aos casos de revogação de lei, e não aos casos de inconstitucionalidade. É que a norma inconstitucional, porque nula ex tunc, não teve aptidão para revogar a legislação anterior, que, por isso, permaneceu vigente. 4. No caso dos autos, a suspensão da execução dos Decretos-leis 2.445/88 e 2.449/88, em razão do reconhecimento de sua inconstitucionalidade pelo STF, faz com que não tenham essas leis jamais sido aptas a realizar o comando que continham, permanecendo a sistemática de recolhimento do PIS, estabelecida na Lei Complementar 7/70, inalterada até março de 1996, quando passou a produzir efeito a MP 1.212/95 (ADIn 1.417-0/DF, Pleno, Min. Octávio Gallotti, *DJ* de 23.3.2001). 5. Recurso especial a que se nega provimento. (STJ. 1ª Turma. REsp nº 587.518. Rel. Min. Teori Albino Zavascki. Julgamento em 4.3.2004)

Tributário. IPI. Crédito-prêmio. Decreto-lei 491/69 (art. 1º). Inconstitucionalidade da delegação de competência ao Ministro da Fazenda para alterar a vigência do incentivo. Eficácia declaratória e ex tunc. Manutenção do prazo extintivo fixado pelos Decretos-leis 1.658/79 e 1.722/79 (30 de junho de 1983). 1. O art. 1º do Decreto-lei 1.658/79, modificado pelo Decreto-lei 1.722/79, fixou em 30.06.1983 a data da extinção do incentivo fiscal previsto no art. 1º do Decreto-lei 491/69 (crédito-prêmio de IPI relativos à exportação de produtos manufaturados). 2. Os Decretos-leis 1.724/79 (art. 1º) e 1.894/81 (art. 3º), conferindo ao Ministro da Fazenda delegação legislativa para alterar as condições de vigência do incentivo, poderiam, se fossem constitucionais, ter operado, implicitamente, a revogação daquele prazo fatal. Todavia, os tribunais, inclusive o STF, reconheceram e declararam a inconstitucionalidade daqueles preceitos normativos de delegação. 3. Em nosso sistema, a inconstitucionalidade acarreta a nulidade ex tunc das normas viciadas, que, em conseqüência, não estão aptas a produzir qualquer efeito jurídico legítimo, muito menos o de revogar legislação anterior. Assim, por serem inconstitucionais, o art. 1º do Decreto-lei 1.724/79 e o art. 3º do Decreto-lei 1.894/81 não revogaram os preceitos normativos dos Decretos-leis 1.658/79 e 1.722/79, ficando mantida, portanto, a data de extinção do incentivo fiscal. 4. Por outro lado, em controle de constitucionalidade, o Judiciário atua como legislador negativo, e não como legislador positivo. Não pode, assim, a pretexto de declarar a inconstitucionalidade parcial de uma norma, inovar no plano do direito positivo, permitindo que surja, com a parte remanescente da norma inconstitucional, um novo comando normativo, não previsto e nem desejado pelo legislador. Ora, o legislador jamais assegurou a vigência do crédito-prêmio do IPI por prazo indeterminado, para além de 30.6.1983. O que existiu foi apenas a possibilidade de isso vir a ocorrer, se assim o decidisse o Ministro da Fazenda, com base na delegação de competência que lhe fora atribuída. Declarando inconstitucional a outorga de tais poderes ao Ministro, é certo que a decisão do Judiciário não poderia acarretar a conseqüência de conferir ao benefício fiscal uma vigência indeterminada, não prevista e não querida pelo legislador, e não estabelecida nem mesmo pelo Ministro da Fazenda, no uso de sua inconstitucional competência delegada. 5. Finalmente, ainda que se pudesse superar a fundamentação alinhada, a vigência do benefício em questão teria, de qualquer modo, sido encerrada, na melhor das hipóteses para os beneficiários, em 05 de outubro de 1990, por força do art. 41, §1º, do ADCT, já que o referido incentivo fiscal setorial não foi confirmado por lei superveniente. 6. Recurso especial a que se nega provimento. (STJ. 1ª Turma. REsp nº 591.708. Rel. Min. Teori Albino Zavascki. Julgamento em 8.6.2004)

IPTU. Repetição. Indébito. Inconstitucionalidade. Efeito ex tunc. Em retificação à notícia do REsp 689.040-RJ (v. *Informativo*, n. 272), leia-se: O provimento jurisdicional de declaração de inconstitucionalidade gera nulidade da norma que, em regra, terá efeito ex tunc. Pelo princípio do art. 27 da Lei nº 9.868/1999, que pode também ser aplicado em controle incidental, há casos em que, em circunstâncias excepcionais e para preservar outros valores constitucionalmente relevantes, o juiz poderá restringir os efeitos do controle de constitucionalidade. Na hipótese, todavia, reconheceu-se a inconstitucionalidade do tributo IPTU do município do Rio de Janeiro (art. 67 da Lei municipal nº 691/1984), devendo tal declaração, segundo a jurisprudência do STJ e do STF, ter eficácia ex tunc e não ex nunc. Precedentes citados do STF: AgRg na AI 440.881-RJ, *DJ* 5.8.2005; AgRg na AI 501.706-RJ, *DJ* 6.5.2005; AgRg na AI 449.535-RJ, *DJ* 13.5.2005; do STJ: AgRg no REsp 725.945-RJ, *DJ* 17.10.2005. (REsp 689.040-RJ, Rel. Min. Teori Albino Zavascki, julgado em 2.2.2006. *Informativo STJ*, n. 273)

Inconstitucionalidade. Repristinação. A Seção reafirmou, ao prosseguir o julgamento, o entendimento segundo o qual a não-repristinação é regra aplicável aos casos de revogação de lei, e não aos casos de inconstitucionalidade. É que a norma inconstitucional, porque nula ex tunc, não teve aptidão para revogar a legislação anterior, que, por isso, permaneceu vigente. Assim, reconheceu-se a repristinação do disposto no art. 22 da Lei nº 8.212/1991, compelindo-se a empresa embargante a pagar as diferenças das contribuições à Previdência Social relativas ao período anterior à declaração de inconstitucionalidade do §2º do art. 25 da Lei nº 8.870/1994. Precedente citado: EREsp 445.455-BA, *DJ* 5.12.2005. (EREsp 645.155-AL, Rel. Min. José Delgado, julgados em 26.4.2006. *Informativo STJ*, n. 282)

14.9.11 Mandado de segurança

ISS. Consulta. Incidência. MS preventivo. A recorrida formulou consulta à prefeitura para obter esclarecimento sobre a exigência de ISS em razão da atividade que exerce. O município respondeu que, naquele caso, incidia o tributo. Então, a recorrida impetrou o writ. A Turma entendeu que o MS, na espécie, era cabível, pois, devido à resposta afirmativa, estaria caracterizada uma ameaça devido à cobrança de pagamento de ISS se houvesse transferência da sede para aquele município. Não se trata de lei em tese, mas real ameaça do alegado direito líquido e certo, que pode ser obstada por meio de mandado de segurança preventivo. Contudo, quanto à natureza da empresa, incidem as Súmulas ns. 282 e 356 do STF. Assim, a Turma conheceu em parte do recurso, mas, nessa parte, negou-lhe provimento. (REsp 761.376-PR, Rel. Min. Castro Meira, julgado em 15.8.2006. *Informativo STJ*, n. 293)

14.9.12 Modulação temporal de efeitos de decisões judiciais

Trata-se de discussão sobre o crédito-prêmio IPI em que a empresa reivindica o seu benefício de 1998 a 2003 para futuras compensações tributárias, em ação proposta no ano 2003. As instâncias ordinárias consideram improcedente o pedido. Isso posto, o Min. Relator, apoiado em decisões da Seção, reafirmou que o crédito do IPI, previsto no art. 1º do DL nº 491/1969, não se aplica às vendas para o exterior realizadas após 4.10.1990, só se aplica àquelas realizadas entre 30.6.1983 e 4.10.1990 e negou provimento aos embargos. Mas, após voto-vista do Min. Herman Benjamin, embora sustentando que o benefício fiscal em exame foi extinto em 30.6.1998, no prazo previsto na legislação instituidora, ou, se assim não se entendendo, seu término teria ocorrido em 1990, nos termos do §1º do art. 41 do ADCT, teceu considerações sobre o cabimento, em hipóteses excepcionais, da modulação temporal de efeitos prospectivos das decisões judiciais a respeito do tema. Em razão das discussões que se seguiram, o Min. Relator, após pedido de vista dos autos, entendeu quanto a essa questão que, salvo nas hipóteses excepcionais previstas no art. 27 da Lei nº 9.868/1999, é incabível ao Judiciário, sob pena de usurpação da atividade legislativa, promover a modulação temporal das suas decisões para o efeito de dar eficácia prospectiva a preceitos normativos reconhecidamente revogados. Destacou ainda decisão do STF no mesmo sentido proferida em questão de ordem no RE 353.657-5-PR, segundo a qual aplicação da modulação temporal de efeitos prospectivos a julgamento é situação excepcional e só cabível no caso da declaração de inconstitucionalidade. Com esse entendimento, a Seção, ao prosseguir o julgamento, por maioria, preliminarmente rejeitou a proposta de modulação dos efeitos prospectivos da decisão e, no mérito, também por maioria, negou provimento aos embargos. Precedentes citados: REsp 652.379-RS, *DJ* 1º.8.2006, e EREsp 396.836-RS, *DJ* 5.6.2006. (EREsp 738.689-PR, Rel. Min. Teori Albino Zavascki, julgados em 27.6.2007. *Informativo STJ*, n. 325)

Referências

ALEXANDRINO, Marcelo; PAULO, Vicente. *Direito tributário na Constituição e no STF*: teoria, jurisprudência e 330 questões. 3. ed. rev. e atual. até a EC 31/2000. Rio de Janeiro: Impetus, 2001.

BORBA, Cláudio. *Direito tributário*: teorias e 600 questões. 5. ed. Rio de Janeiro: Impetus, 2000.

CARRAZZA, Roque Antônio. *Curso de direito constitucional tributário*. 4. ed. rev. ampl. e atual. pela Constituição Federal de 1988. São Paulo: Malheiros, 1993.

CARVALHO, Paulo de Barros. *Curso de direito tributário*. 6. ed. atual. de acordo com a Constituição Federal de 1988. São Paulo: Saraiva, 1993.

CASSONE, Vittório. *Direito tributário*: fundamentos constitucionais da tributação, classificação dos tributos, interpretação da legislação tributária, doutrina, prática e jurisprudência. 12. ed. São Paulo: Atlas, 2000.

CASTRO, Aldemario Araujo. "Acordo dos Usineiros": principais aspectos das "transações tributárias" realizadas entre o Estado de Alagoas e várias empresas do setor sucroalcooleiro em relação à cobrança do ICM sobre a "cana própria". Disponível em: <http://www.aldemario.adv.br/artigo1.htm>. Acesso em: 3 mar. 2009.

CASTRO, Aldemario Araujo. A advocacia pública e a recuperação de créditos públicos não pagos. Brasília, 24 mar. 2003. Disponível em: <http://www.aldemario.adv.br/advpub.htm>. Acesso em: 3 mar. 2009.

CASTRO, Aldemario Araujo. A constitucionalidade da transferência do sigilo bancário para o fisco preconizada pela Lei Complementar nº 105/2001. Brasília, 25 maio 2001. Disponível em: <http://www.aldemario.adv.br/sigilob.htm>. Acesso em: 3 mar. 2009.

CASTRO, Aldemario Araujo. A especificidade da compensação tributária. Brasília, 30 set. 2004. Disponível em: <http://www.aldemario.adv.br/artigo8.htm>. Acesso em: 3 mar. 2009.

CASTRO, Aldemario Araujo. A imunidade tributária do livro eletrônico. Brasília, 21 ago. 2004. Disponível em: <http://www.aldemario.adv.br/livroelet.htm>. Acesso em: 3 mar. 2009.

CASTRO, Aldemario Araujo. A imunidade tributária prevista no artigo 155, parágrafo terceiro da Constituição Federal. Disponível em: <http://www.aldemario.adv.br/artigo5.htm>. Acesso em: 3 mar. 2009.

CASTRO, Aldemario Araujo. A indisponibilidade de bens e direitos prevista no artigo 185-A do Código Tributário Nacional. Brasília, 30 abr. 2005. Disponível em: <http://www.aldemario.adv.br/indisponibilidade.htm>. Acesso em: 3 mar. 2009.

CASTRO, Aldemario Araujo. As apólices da dívida pública emitidas no início do século e a impossibilidade de serem utilizadas no âmbito tributário. Disponível em: <http://www.aldemario.adv.br/artigo13.htm>. Acesso em: 3 mar. 2009.

CASTRO, Aldemario Araujo. Breves considerações acerca das exações instituídas pela Lei Complementar nº 110/2001. Brasília, 3 out. 2001. Disponível em: <http://www.aldemario.adv.br/fgtsald.htm>. Acesso em: 3 mar. 2009.

CASTRO, Aldemario Araujo. Considerações acerca do art. 163 do CTN: imputação de pagamento no direito tributário brasileiro. Disponível em: <http://www.aldemario.adv.br/artigo8.htm>. Acesso em: 3 mar. 2009.

CASTRO, Aldemario Araujo. Constitucionalidade da exigência pecuniária, efetivada pelo Poder Público, desprovida de natureza tributária. Maceió, 8 jan. 2006. Disponível em: <http://www.aldemario.adv. br/exigpecu.htm>. Acesso em: 3 mar. 2009.

CASTRO, Aldemario Araujo. Constitucionalidade da nova sistemática legal dos depósitos judiciais e extrajudiciais de tributos federais. Disponível em: <http://www.aldemario.adv.br/artigo14.htm>. Acesso em: 3 mar. 2009.

CASTRO, Aldemario Araujo. Declaração e confissão de dívida tributária: realizadas pelo sujeito passivo nos tributos submetidos à sistemática de lançamento por homologação. Disponível em: <http://www. aldemario.adv.br/artigo3.htm>. Acesso em: 3 mar. 2009.

CASTRO, Aldemario Araujo. Dívida Ativa: comentários aos arts. 201 a 204 do Código Tributário Nacional. Disponível em: <http://www.aldemario.adv.br/dauctncom.htm>. Acesso em: 3 mar. 2009.

CASTRO, Aldemario Araujo. Do termo inicial de contagem da prescrição qüinqüenal na repetição de indébito tributário. Brasília, 19 set. 2002. Disponível em: <http://www.aldemario.adv.br/presq.htm>. Acesso em: 3 mar. 2009.

CASTRO, Aldemario Araujo. Efeito vinculante administrativo em matéria tributária: virtudes e vicissitudes. Brasília, 22 abr. 2000. Disponível em: <http://www.aldemario.adv.br/efevin2.htm>. Acesso em: 3 mar. 2009.

CASTRO, Aldemario Araujo. Licitude dos mecanismos de indução de regularidade fiscal. Brasília, 7 mar. 2006. Disponível em: <http://www.aldemario.adv.br/indutor.pdf>. Acesso em: 3 mar. 2009.

CASTRO, Aldemario Araujo. Mercadoria virtual: aspectos tributários relevantes. Brasília, 31 jan. 2006. Disponível em: <http://www.aldemario.adv.br/mv.pdf>. Acesso em: 3 mar. 2009.

CASTRO, Aldemario Araujo. Norma geral antielisiva (art. 116, parágrafo único do CTN): constitucionalidade e outros aspectos relevantes. Brasília, 28 dez. 2002. Disponível em: <http://www. aldemario.adv.br/nga.pdf>. Acesso em: 3 mar. 2009.

CASTRO, Aldemario Araujo. O condicionamento das imunidades tributárias presente na cláusula constitucional das "finalidades essenciais". Brasília, 30 jun. 2005. Disponível em: <http://www. aldemario.adv.br/imunidadec.pdf>. Acesso em: 3 mar. 2009.

CASTRO, Aldemario Araujo. Os fundamentos jurídicos da tributação da renda universal no direito brasileiro. Brasília, 20 jul. 2005. Disponível em: <http://www.aldemario.adv.br/universal.pdf>. Acesso em: 3 mar. 2009.

CASTRO, Aldemario Araujo. Os orçamentos da Procuradoria-Geral da Fazenda Nacional. Brasília, 19 nov. 2004. Disponível em: <http://www.aldemario.adv.br/orcapgfn.htm>. Acesso em: 3 mar. 2009.

CASTRO, Aldemario Araujo. Os Procuradores da Fazenda Nacional. Brasília, 27 ago. 2004. Disponível em: <http://www.aldemario.adv.br/pfnsnovo.htm>. Acesso em: 3 mar. 2009.

CASTRO, Aldemario Araujo. Penhora administrativa e arrolamento de bens e direitos. Disponível em: <http://www.aldemario.adv.br/artigo2.htm>. Acesso em: 3 mar. 2009.

CASTRO, Aldemario Araujo. Refutação dos argumentos contrários ao depósito recursal parcial no âmbito do processo administrativo fiscal. Disponível em: <http://www.aldemario.adv.br/artigo10n. htm>. Acesso em: 3 mar. 2009.

CASTRO, Aldemario Araujo. Sigilo fiscal: delimitação. Brasília, 27 jul. 2003. Disponível em: <http:// www.aldemario.adv.br/artsigfis.htm>. Acesso em: 3 mar. 2009.

COÊLHO, Sacha Calmon Navarro. Comentários à Constituição de 1988: sistema tributário. 5. ed. rev. e atual. Rio de Janeiro: Forense, 1993.

DINIZ, Maria Helena. *Curso de direito civil brasileiro*. 3. ed. São Paulo: Saraiva, 1987. v. 2: Teoria geral das obrigações.

FANUCCHI, Fábio. *Curso de direito tributário brasileiro*. 4. ed. São Paulo: Resenha Tributaria: Instituto Brasileiro de Estudos Tributários, 1977. 2 v.

HABLE, José. *A extinção do crédito tributário por decurso de prazo*. Brasília: Brasília Jurídica, 2004.

HARADA, Kiyoshi. *Direito financeiro e tributário*. 1. ed., 2. tiragem. São Paulo: Atlas, 1996.

LACERDA, Paulo Cesar Negrão de; CASTRO, Aldemario Araujo; GAMA, Evandro Costa. Procuradoria-Geral da Fazenda Nacional: uma solução viável e socialmente justa para o aumento consistente e duradouro da arrecadação. Brasília, 2 nov. 2002. Disponível em: <http://www.aldemario.adv.br/daupropostas.pdf>. Acesso em: 3 mar. 2009.

MACHADO, Hugo de Brito. *Curso de direito tributário*. 21. ed. rev., atual. e ampl. de acordo com as EC 32 e 33/2001. São Paulo: Malheiros, 2002.

MAIA, Mary Elbe Gomes Queiroz. *Imposto sobre a renda e proventos de qualquer natureza*: princípios, conceitos, regra-matriz de incidência, mínimo existencial, retenção na fonte, renda transnacional, lançamento e apreciações críticas. Barueri, SP: Manole, 2004.

MORAES, Bernardo Ribeiro de. *Compêndio de direito tributário*. 4. ed. rev. aum. e atual. até 1993. Rio de Janeiro: Forense, 1995.

ROSA JÚNIOR, Luiz Emygdio Franco da. *Novo manual de direito financeiro e direito tributário*. 9. ed. a luz da Constituição de 1988 atual. e aum. Rio de Janeiro: Renovar, 1993.

SUNDFELD, Carlos Ari. *Licitação e contrato administrativo*: de acordo com as leis 8.666-93 e 8.883-94. São Paulo: Malheiros, 1994.

TORRES, Ricardo Lobo. *Curso de direito financeiro e tributário*. 2. ed. Rio de Janeiro: Renovar, 1995.

XAVIER, Alberto Pinheiro. *Do lançamento*: teoria geral do ato, do procedimento e do processo tributário. 2. ed. totalmente reformulada e atual. Rio de Janeiro: Forense, 1998.

Esta obra foi composta em fonte Garnet corpo 11,5 e
impressa em papel Offset 75g (miolo) e Supremo 250g (capa)
pela Gráfica e Editora O Lutador.
Belo Horizonte/MG, maio de 2009.